Autoridade e conflito no Brasil colonial
O GOVERNO DO MORGADO DE MATEUS
EM SÃO PAULO (1765-1775)

Autoridade e conflito no Brasil colonial
O GOVERNO DO MORGADO DE MATEUS
EM SÃO PAULO (1765-1775)

2ª edição revista

Heloísa Liberalli Bellotto

Copyright © 2007 Heloísa Liberalli Bellotto

Edição: Joana Monteleone
Assistente editorial e capa: Clarissa Boraschi Maria
Copydesk: Carlos Villarruel
Revisão: Vivian Miwa Matsushita
Projeto gráfico e diagramação: Djinani S. de Lima
Imagens da capa: Da esquerda para a direita – detalhe da fachada principal da Casa de Mateus em
Portugal, com as armas da Casa; Mapa de Demonstração da nova Campanha de Guarapuava, 1772;
Mapa de Demonstração de uma Porção do Rio Ygatemy, Lugar da Fortaleza de Nossa Senhora dos
Prazeres, 1772; e retrato de D. Luís de Souza Botelho Mourão, Morgado de Mateus.

Dados Internacionais de Catalogação na Publicação (CIP)
(Câmara Brasileira do livro, SP, Brasil)

Bellotto, Heloísa Liberalli
   Autoridade e conflito no Brasil colonial: o governo do Morgado de Mateus
em São Paulo (1765-1775)/ Heloísa Liberalli Bellotto. – 2. ed.
São Paulo: Alameda, 2007.

Bibliografia.
ISBN: 978-85-98325-54-5

   1. Brasil – História – Período colonial 2. Brasil – Política e governo – Período
colonial 3. Mourão, Luís Antônio de Sousa Botelho, Morgado de Mateus,
1722-1798 4. São Paulo (Estado) – História I. Título. II. Título: o governo do
Morgado de Mateus em São Paulo (1765-1775)

07–5397   CDD–981.61

Índices para catálogo sistemático:
1. São Paulo: Província: História – 981.61

[2007]
Todos os direitos desta edição reservados à

ALAMEDA CASA EDITORIAL
Rua Ministro Ferreira Alves, 108 – Perdizes
CEP 05009-060 – São Paulo – SP
Tel. (11) 3862-0850
www.alamedaeditorial.com.br

À memória de
Carlos Henrique Robertson Liberalli,
meu pai e mestre maior.

Sumário

INTRODUÇÃO   9

O espaço, o homem e o instrumento

A Capitania de São Paulo: evolução, extinção e restauração   21

D. Luís Antonio de Souza Botelho Mourão, Morgado de Mateus   45

As instruções de governo   59

O exercício da direção

Primeiras providências, posse e proposições   77

Militarização   91

Exploração e conquistas territoriais   103

Política de urbanização   147

Política econômica   173

Outras atividades administrativas   201

Resistência e reação   215

A ruptura na ação

Socorros ao Sul *versus* "diversão" pelo Oeste   229

Iguatemi em xeque   257

Intriga e oposição   273

A substituição no governo   283

A DEFESA DE UM PROCESSO ADMINISTRATIVO

Balanço do governo	291
Luta contra o ostracismo	301

CONSIDERAÇÕES FINAIS 309

DOCUMENTAÇÃO

Abreviaturas	317
Fontes manuscritas	319
Fontes impressas	323
Bibliografia consultada	329

Introdução

> Eu achei esta Capitania morta e ressucitala hé
> mais difícil do que criala de novo. O criar está na
> responsabilidade de qualquer homem. O Ressucitar foi
> milagre reservado para Cristo. Para crear o Mundo
> bastou a Deos, hum fiat, para o restaurar depois de
> perdido, foi necessario humanar a sua Onipotencia,
> gastar trinta annos, e dar a vida.
>
> Do Morgado de Mateus
> ao marquês de Lavradio, 1772

Com o estudo do governo do Morgado de Mateus na Capitania de São Paulo, durante os dez anos que se seguiram ao restabelecimento do seu governo autônomo, em 1765, pretende-se evidenciar a existência de um processo administrativo expresso, por um lado, nos constantes choques entre os elementos locais e o personalismo do capitão general, e, por outro, nos desajustes entre as ordens reais e sua execução pelo governador, cuja ação, sob a aparência de obediência, facilitava rumos autonomistas.

Este trabalho visa, pois, analisar o primeiro governo que a Metrópole estabelecia em São Paulo, depois da perda de sua autonomia em 1748. Com a descoberta do ouro, a antiga capitania vicentina foi perdendo sua importância como centro propulsor da penetração para o interior, ficando relegada a segundo plano. Tal fato decorria, em parte, da perda de contingentes populacionais e, em parte, por não poder participar da economia mineira que, depois da abertura do Caminho Novo, iria eleger o Rio de Janeiro como sua via de saída para o exterior. Ademais, não obstante ter criado as novas capitanias de Goiás e Mato Grosso (por razões ligadas ao fisco e a solução de questões geopolíticas), interessava à Coroa, no Estado do Brasil, centralizar mais o poder. Todo o sul da colônia "sob um só mando" era a medida administrativa que Portugal julgava ser a mais acertada para organizar o combate à ameaça espanhola ao Rio Grande. E esse papel deveria caber ao Rio de Janeiro, para onde se transferiria a sede do governo em 1763. Quando Pombal, paradoxalmente servindo-se quase que dos mesmos argumentos que justificaram a extinção, restabeleceu a capitania em 1765, recorreu a D. Luís Antonio de Souza Botelho Mourão, Morgado de Mateus, para restaurá-la.

A interpretação particular (freqüentemente assente no reconhecimento das possibilidades locais da geografia, economia e sociedade) que o Morgado de Mateus imprimiu às normas gerais ditadas pela Metrópole, a ponto de gerar divergências irreconciliáveis, permite a conclusão de que as condições de São Paulo e do Brasil, na segunda metade do século XVIII, começavam a repudiar uma administração à distância e alienada de suas necessidades.

Ao mesmo tempo que combatia focos de resistência, representados em muitos casos pelas câmaras municipais, o governador, para exercer o poder, criava regimentos militares e enfrentava a magistratura. Configurava-se assim uma contradição: ao constituir órgãos de obediência, a autoridade central ensejava o revelar da consciência do poder local.

A administração portuguesa, quando atuando no meio colonial, teria de moldar-se a ele (ainda que o combatesse), pois a lei só se exerceria se os recursos locais o permitissem.

O fomento constituía-se em convergência de objetivos: enriquecimento dos súditos e do próprio Estado. Sendo o fomento elemento fundamental da dinâmica do mercantilismo, as ordens metropolitanas que visavam à recuperação econômica tiveram papel decisivo no processo da restauração de São Paulo. O momento crítico da decadência do ouro requeria novas fontes de rendimento. Estas teriam de ser encontradas na agricultura e nas suas possibilidades de comércio exterior. São Paulo restaurado poderia responder pela dupla função: o encargo militar e a produção rentável.

O longo período de extinção que conduziu à marginalização paulista tornou seus habitantes extremamente sensíveis à importância do poder. O sentido de independência e rebeldia que fora, aos olhos da Metrópole, a sua característica, fortaleceu-se enquanto a atenção de Lisboa estava toda voltada para as áreas mineiras do Centro-Leste e do Oeste e as zonas açucareiras do Nordeste. O antagonismo seria inevitável quando os antigos bandeirantes passassem a sentir a presença autoritária de um capitão general. O encontro entre São Paulo e um governador cioso do cumprimento de suas Instruções de Governo, interpretadas a seu modo e levadas a cabo segundo as necessidades que ele considerava as mais imediatas, traçaria para a capitania rumos que se desenvolveriam no sentido de instruir autonomia e, depois, independência. Trata-se, portanto, de revelar São Paulo nos anos iniciais e decisivos da sua restauração, sob o peculiar exercício do poder, como o entendia o Morgado de Mateus. Assim, e nesse sentido, está esquematizado este trabalho.

Os componentes prévios daquele encontro são estudados na primeira parte: a capitania, desde os primeiros tempos vicentinos até sua restauração em 1765. Dar-se-á ênfase ao estudo das razões da sua extinção, em 1748, e dos dezessete anos em que ela sobreviveu como comarca subordinada ao governo do Rio de Janeiro. O Restaurador, D. Luís Antonio de Souza Botelho Mourão, Morgado de Mateus, desde a instituição do Morgado em 1641, até sua chegada ao Brasil. As Instruções do Governo, seu instrumento de ação.

Na segunda parte, por "exercício da direção" entende-se o comportamento administrativo do Morgado de Mateus enquanto pôde desenvolver seus planos com o apoio e o estímulo da Metrópole. São analisadas suas proposições para restaurar a economia e o prestígio de São Paulo, que ele deixou transparecer em seu discurso de posse; suas preocupações com a expansão territorial, com a urbanização e com a recuperação econômica. A seguir, questões administrativas de vária ordem foram abordadas em seus aspectos mais relevantes. A militarização e o aspecto do governo Mateus que mais tem chamado a atenção daqueles que têm se preocupado com o tema. Neste trabalho ela desfruta de posição importante mas não preponderante.

A ação do governador, assim como a interrupção que sofre em seu processo (no momento em que passa a não contar mais com o beneplácito real) obedecem a um quadro temático, mais vantajosamente delineado na ordem cronológica. Só assim é possível entender o desenho crescente dos antagonismos (inseridos na interpretação e aplicação das ordens superiores) dada a maneira como o Morgado de Mateus exercia o poder central. Nesse mesmo antagonismo fortaleciam-se os dois pólos: governante e governados.

São Paulo tratava de sobreviver a um enfraquecimento demográfico, econômico e político, resultante, em grande parte, da perda das zonas mineiras. Era preciso colocar a capitania, no tempo mais breve possível, em condições de assumir o papel que lhe propunha o governo ao restaurá-la: participação efetiva – preponderante mesmo – no combate ao espanhol e na criação de novos proventos à Coroa, através de uma dinamização da sua economia.

A administração foi analisada a partir das Instruções e das próprias preferências do Morgado de Mateus para levá-las a efeito: a militarização, a exploração territorial e o fomento patente, este, na política econômica e na urbanização. Procurou-se, outrossim, ressaltar a resistência e a oposição que o processo administrativo sofreu, em alguns de seus aspectos.

A terceira parte é definida como uma ruptura no exercício do poder, ou, pelo menos, na sua conveniente execução. Deu-se aquela quando chegou ao clímax a divergência entre D. Luís Antonio e o governo metropolitano, no concernente à defesa do Sul. Esse período, iniciado em fins de 1771, foi vivamente ocupado pelas preocupações com a sobrevivência do Iguatemi – o mais distante e o mais acalentado empreendimento –, fosse como praça militar fosse como centro de colonização e povoamento.

Definem-se, portanto, dois momentos na gestão Mateus: no primeiro o capitão general contava com a aprovação, o incentivo mesmo da Metrópole. As restrições, ainda que existentes, eram poucas e em aspectos não relevantes; no segundo, quando a administração de São Paulo parecia ter adquirido rumos não condizentes com os desígnios superiores, apresentou-se ao Morgado o dilema da opção: o prosseguimento de sua obra, como ele a entendia, ou o enquadramento total ao esquema traçado por Lisboa.

O elemento local nas diferentes áreas de ação do governador aparece ora resistindo à imposição de uma nova ordem, como na subtração à mobilização militar, ora colaborando, ainda que a contragosto, para a conquista de novos sertões, para a implantação de centros urbanos, ou, ainda, para a renovação agrícola.

A ruptura com o governo central, entretanto, não se deu em razão da resistência local às diretrizes e aos métodos pelos quais aquele exercício derivou. Ela originou-se na razão direta dos desentendimentos com o vice-rei e com os objetivos da Coroa. Prova-se que a força local funcionou antes como dinamizadora da própria ação do governo delegado, e não como embargo. Não foi sua influência o que pesou na consideração metropolitana. Só no momento em que os desentendimentos (nos quais a empresa do Iguatemi tinha parte preponderante) atingiram as relações entre a Secretaria dos Negócios da Marinha e Ultramar e o governo de São Paulo, e que se concretizou o definitivo afastamento do Morgado de Mateus de seu cargo, em 1775.

A momentosa questão das hostilidades espanholas em território do Rio Grande do Sul, agravadas na década de 1770, fazia com que as atenções de Lisboa se voltassem para aquela área. No entanto, o governador de São Paulo estava dominado, antes de tudo, pela sua proposta ou tática de fazer, pelo Oeste, uma poderosa "diversão" aos castelhanos.

A parte final do trabalho abrange um período posterior ao governo em questão e pretende discutir a defesa do Morgado. O que chamamos "Balanço" do governo constitui-se por dois importantes documentos. O primeiro é o ofício pelo qual D. Luís Antonio entrega o governo a Martim Lopes Lobo de Saldanha, seu sucessor. Aí relaciona toda a sua obra, definindo as várias etapas, de acordo com a ordem de importância que julgava terem. Realizava quase uma antecipada defesa das acusações que lhe seriam feitas. O segundo documento é o ofício pelo qual o novo capitão-general procura mostrar ao governo central a inverdade das afirmações de seu antecessor.

Os anos decorridos entre a saída de São Paulo e sua morte, em 1798, foram gastos pelo Morgado de Mateus em tentativa de reabilitação e constante defesa de sua ação.

Ao final, é retomada a discussão em torno das atitudes do capitão-general que, encarnando o poder central, procurava neutralizar uma oposição (possivelmente constituída antes mesmo de sua chegada) através do prestígio militar, de um lado, e ação de fomento econômico, de outro. Essa neutralização era indispensável não só no sentido de possibilitar a boa execução do governo, mas também no de manter o prestígio do governador perante a Corte.

O governo do Morgado de Mateus, ou seja, a ação de D. Luís Antonio de Souza Botelho Mourão à frente dos destinos da Capitania de São Paulo chamou nossa atenção quando da leitura do livro de Maria Theresa Petrone sobre a cana-de-açúcar em São Paulo, a partir da segunda metade do século XVIII (*A lavoura canavieira em São Paulo*: expansão e declínio, 1765-1851). A visão dos problemas que afligiam a capitania recém-restaurada, a atividade e a tenacidade dos esforços daquele governador em prol da revitalização de São Paulo levaram-nos a pensar na possibilidade de estudar seu período de governo. Averiguamos que, para um momento tão importante na evolução histórica de São Paulo, qual seja o da sua restauração no século XVIII, não havia sido feita nenhuma pesquisa mais profunda que abrangesse em seus aspectos administrativos os dez anos da gestão Mateus.

Os trabalhos existentes a respeito, geralmente artigos em revistas especializadas ou partes de obras mais gerais, ora abrangem períodos daquele governo ora referem-se apenas a alguns aspectos. Em 1938, Américo Brasiliense Antunes de Moura estudou os primeiros anos do governo do Morgado de Mateus usando criterioso aparato documental do Arquivo do Estado, desconhecendo, porém, as fontes portuguesas. Sua maior preocupação foi com os problemas territoriais. Enaltece a obra daquele governador, para ele, mais que tudo valiosa na questão do "rumo ao Ocidente" (*Governo do Morgado de Mateus no vice-reinado do Conde da Cunha; São Paulo restaurado*). Mario Neme, em artigo publicado nos *Anais do Museu Paulista* em 1973, delineia uma visão de conjunto da obra do Morgado de Mateus, não reservando, entretanto, nenhuma palavra para as razões de sua destituição nem para o Iguatemi (*Um capitão general reformista*). Dauril Alden, em seu livro sobre o marquês de Lavradio, aborda a questão das relações entre aquele vice-rei e o Morgado de Mateus. Para caracterizá-las, o autor faz um estudo amplo, dando ênfase aos desentendimentos entre o governo de São Paulo e as autoridades metropolitanas, diante da propensão daquele em enviar homens ao Iguatemi, em detrimento do combate aos castelhanos no Sul ("Relations with Governors and Captains-General: Lavradio versus Luís Antonio de Sousa", in *Royal Government in Colonial Brazil*). Alice Canabrava e Maria Luiza Marcilio serviram-se dos recenseamentos realizados por ordem do Morgado de Mateus para estudar, respectivamente, os níveis de riqueza da capitania e o povoamento e a população da Cidade de São Paulo (*Uma economia de decadência: os níveis de riqueza na Capitania de São Paulo, 1765-1767* e *A Cidade de São Paulo. povoamento e população, 1750-1850*). Imprimindo demasiado cunho de regionalismo paulista, também Caio Jardim, Antonio de Toledo Piza e Aluísio de Almeida estudaram o governo em questão (respectivamente, *A Capitania de São Paulo sob o governo do Morgado de Mateus, 1765-1775*; *O militarismo em São Paulo* e *O maldito Iguatemi*).

Duas teses apresentadas à Universidade de São Paulo continham capítulos referentes à administração que ora estudamos: a de Hilda Pívaro Stadnik sobre a recuperação econômica da área paulista na segunda metade do século XVIII (Doutoramento, 1972) e a de Nanci Leonzo sobre as Companhias de Ordenanças na Capitania de São Paulo (Mestrado, 1975). Dedicaram ainda sua atenção ao governo do Morgado de Mateus, além de Maria Theresa Petrone, já mencionada, embora preocupados com estudos de mais amplas dimensões, os seguintes historiadores: Afonso Taunay (*História da cidade de São Paulo no século XVIII*), Myriam Ellis (*São Paulo: de capitania a província*) e Suely Robles de Queiroz (*A lavoura da cana-de-açúcar em São Paulo*). Alguns autores do século XVIII e do XIX que estudaram a decadência e as tentativas de recuperação de São Paulo demoraram-se nas medidas adotadas pelo Morgado de Mateus: Marcelino Cleto (*Dissertação a respeito da Capitania de S. Paulo, sua decadência*), Castro e Mendonça (*Memória econômica política da capitania*), Veloso de Oliveira (*Memórias sobre o melhoramento da Província de S. Paulo*), Arouche de Toledo Rendon (*Reflexos sobre o Estado em que se acha a agricultura*) e Machado d'Oliveira (*Quadro histórico da Província de São Paulo*).

Em São Paulo, as fontes de arquivo do presente trabalho têm como base principal a documentação constituída pela correspondência ativa e passiva de D. Luís Antonio. Entenda-se por "correspondência" de um administrador colonial com seus superiores e com seus subordinados a forma como se processa o receber e o dar ordens. Era em forma de correspondência que lhe chegavam a legislação e as disposições da Coroa; da mesma forma ele fazia chegar a voz da Metrópole e a sua própria aos seus lugares-tenentes e aos órgãos de administração local. O núcleo fundamental dessa correspondência acha-se no Arquivo do Estado de São Paulo e está publicada em "Documentos Interessantes para a história e costumes de São Paulo". Dos 91 volumes, 23 contêm material relativo ao governo em questão. A leitura-fichamento desses volumes foi o ponto de partida da pesquisa. Ainda neste arquivo, consultamos códices não publicados relativos a "Avisos e Cartas Régias" e a "Provisões Régias".

No Rio do Janeiro recorremos ao Arquivo de Mateus da Biblioteca Nacional e ao Arquivo Histórico do Itamarati. O primeiro também chamado Coleção Morgado de Mateus é a parte do Arquivo da Casa de Mateus (Vila Real, Portugal) que foi adquirida pela Biblioteca Nacional, durante a gestão do Prof. Celso Cunha (1956-1960). Constitui-se, principalmente, de material concernente ao Governo de São Paulo, no período 1720-1775. O material existente no Rio de Janeiro compõe-se de cerca de 4.500 documentos, arranjados em códices, objetos de um catálogo publicado por aquela biblioteca em 2000. Muitos dos ofícios e cartas têm ali uma das três cópias que a sistemática burocrática pombalina estabelecia para a correspondência oficial. Os outros exemplares acham-se no Arquivo Histórico Ultramarino, em Lisboa, e no Arquivo do Estado, em São Paulo. Grande parte do material inédito é constituída por representações populares dirigidas ao governador. Trata-se de material rico em importantes dados para a história de São Paulo. Interessou-nos, nessa Coleção, entre outros documentos, a correspondência entre D.

Francisco Inocêncio de Souza Coutinho, governador de Angola (1764-1772), e D. Luís Antonio, que na mesma época governava São Paulo, e o "Diário de Governo" do Morgado de Mateus, objeto de próximo estudo nosso.

No Arquivo Histórico do Itamarati encontra-se documentação de interesse geopolítico, notadamente o material iconográfico relativo ao Iguatemi. São deste arquivo alguns dos mapas estampados neste livro, conforme o crédito que os acompanha.

Em Portugal, o Arquivo Histórico Ultramarino de Lisboa possibilitou completar a pesquisa, principalmente no que se refere à correspondência do governo de São Paulo para Secretaria de Estado dos Negócios da Marinha e Ultramar e também aos pareceres e consultas do Conselho Ultramarino. Foram examinadas todas as caixas dos documentos referentes à Capitania paulista, então denominados, naquele arquivo, de Maços São Paulo, sobretudo os relativos aos anos de 1748 a 1776. Todo esse material acha-se hoje disponível na íntegra aos pesquisadores em CD-Rom, graças ao Projeto Resgate de Documentação Histórica Barão do Rio Branco, do Ministério da Cultura do Brasil.

No Arquivo Nacional da Torre do Tombo, em Lisboa, foram compulsados "Livros da Chancelaria" de D. José e de Da. Maria e "Maços do extinto Conselho de Guerra", visando o estabelecimento dos dados para a reconstituição da carreira e da vida do Morgado de Mateus em Portugal. Pela mesma razão recorremos aos "Documentos da 3ª Divisão", no Arquivo Histórico Militar, também em Lisboa. E na Biblioteca Pública de Évora foi possível obter dados manuscritos com alguma informação sobre a vida de D. Luís Antonio, nos anos posteriores à sua estada em São Paulo.

Na Seção Reservados da Biblioteca Nacional de Lisboa, compilamos dados relativos às atividades dos paulistas e de seus governantes no período 1748-1777, principalmente através do Códice 4530, intitulado "Capitania de São Paulo".

Ainda em Portugal, para tentar documentar a biografia de D. Luís Antonio de Souza, antes e depois do período em que governou São Paulo, estivemos no Arquivo da Universidade de Coimbra; no Porto, em seus Arquivo Distrital, Arquivo da Cidade e Seção de Manuscritos da Biblioteca Municipal; em Amarante, na Casa de Moleiros e no Registro Civil; em Vila Real, no Registro Civil e no Solar de Mateus; em Braga, no Arquivo Distrital e, em Viana do Castelo, no Castelo de São Tiago de Barra do Rio Lima.

As fontes impressas e a bibliografia foram consultadas na Biblioteca do Instituto de Estudos Brasileiros da Universidade de São Paulo, na Seção de Obras Raras da Biblioteca Municipal de São Paulo, no Real Gabinete Português de Leitura do Rio de Janeiro, na Biblioteca Nacional de Lisboa e na Biblioteca da Sociedade de Geografia de Lisboa. Os mapas foram obtidos no acervo do Arquivo Histórico Ultramarino de Lisboa, no Arquivo Histórico do Itamarati e nos Manuscritos da Coleção J. F. de Almeida Prado, do Instituto de Estudos Brasileiros da Universidade de São Paulo.

Esta pesquisa, durante os quatro anos em que se desenvolveu, só se tornou possível graças às excepcionais condições de trabalho que o Instituto de Estudos Brasileiros da Universidade de São Paulo proporciona ao seu corpo de pesquisadores, ao qual pertencemos desde 1969. Fazemos público o apoio e a compreensão que seu diretor, o Prof. Dr. José Aderaldo Castello nunca nos negou, em todas as fases do trabalho, assim como a solidariedade de todos os seus funcionários e pesquisadores. Em especial, agradecemos à Profa. Yêdda Dias Lima, pesquisadora do Setor de Literatura, a valiosa colaboração, no que se refere à revisão, e às bibliotecárias Maria Itália Causin, Catarina Cristóforo e Rosemarie Horch que, inclusive, forneceram material que nos passara despercebido. Cumpre ressaltar a ajuda constante e o incentivo insistente dos colegas pesquisadores do Setor de História, Dra. Arlinda Rocha Nogueira, Dra. Lucy Maffei Hutter e Dr. José Eduardo Marques Mauro. Ao Ministério da Educação e Cultura de Portugal, que nos concedeu a bolsa para pesquisa, devemos a possibilidade de termos investigado em arquivos e bibliotecas portuguesas, de março a setembro de 1974. Entre outros, em Portugal, somos gratas ao Dr. Alberto Iria e ao Dr. Luiz de Bivar Guerra em Lisboa, à Dra. Maria Lígia Brandão em Coimbra, aos Moura Basto em Amarante e ao Dr. Egídio Guimarães em Braga, pela gentileza com que nos receberam e orientaram, Agradecemos também o apoio que nos proporcionaram o Prof. Dr. Manoel Lelo Belloto e os demais professores ex-colegas do Departamento de História da Faculdade de Filosofia, Ciências e Letras de Assis. À Profa. Marta Gonçalves, chefe do Arquivo Histórico do Itamarati, agradecemos o acesso a seu Arquivo e o empréstimo de catálogos. Ao Prof. Darcy Damasceno, que então dirigia a Seção de Manuscritos da Biblioteca Nacional do Rio de Janeiro, o reconhecimento pela presteza com que sempre nos atendeu. Ao Prof. Dr. Jorge Borges de Macedo, orientador responsável pela pesquisa em Portugal, que com irrestrita boa vontade apontou arquivos e documentos, providenciou contatos e fez sugestões e reparos ao plano inicial, muito ficamos a dever pela colaboração e pelo estímulo constante. Seu falecimento em 1997 deixa uma insubstituível lacuna na historiografia portuguesa. À Profa. Dra. Maria Teresa Schorer Petrone, orientadora desde os primeiros momentos, cuja segurança, zelo e paciência possibilitaram levar a cabo a tese, agradecemos o incentivo e a confiança, a objetividade das críticas e o acerto das sugestões.

Este trabalho, em sua forma inicial, intitulado: *O governo do Morgado de Mateus*: primórdios da restauração da Capitania de São Paulo (1765-1775), foi apresentado, em 1976, como tese para obtenção do grau de doutor, junto ao Departamento de História da Faculdade de Filosofia, Letras e Ciências Humanas da Universidade de São Paulo. Contou com a abalizada crítica dos seguintes professores da Universidade de São Paulo, que integraram a banca examinadora: Profa. Dra. Alice Canabrava, da Faculdade de Economia e Administração; Prof. Dr. Benedito de Lima Toledo, da Faculdade de Arquitetura e Urbanismo; Profa. Dra. Maria Theresa Schorer Petrone, Profa. Dra. Laima Mesgravis e Prof. Dr. Fernando Novais, todos do Departamento de História da Faculdade de Filosofia, Letras e Ciências Humanas. A primeira edição data de 1979, publicada pelo então Conselho de Artes e Ciências Humanas da Secretaria de Estado da Cultura do Estado de São Paulo e constituiu o volume 36 da Coleção Textos e Documentos.

É evidente que, passados estes mais de vinte anos, a produção historiográfica a respeito desse período da história luso-brasileira, em especial da história de São Paulo, do século XVIII, recebeu novos aportes; estes, no entanto, no que foi possível constatar, não trazem novas informações pontuais que pudessem desmentir ou acrescentar fatos ou argumentos ao texto da primeira edição. Assim, é preciso advertir que a bibliografia aqui assinalada é datada daquela ocasião; mesmo porque aumentá-la, acarretaria também ampliar demasiadamente o texto, seria, praticamente, reescrevê-lo, o que não estava na nossa intenção, nem da editora Alameda.

Algumas mudanças, acréscimos e supressões contidas nesta segunda edição, portanto, não advêm da historiografia recente, mas sim da intensa pesquisa realizada, de forma não contínua, porém constante, desde 2003, no Arquivo familiar da Casa de Mateus, em Vila Real, Trás os Montes, Portugal. A reorganização deste extraordinário acervo, contendo documentos de quatro séculos de história dos membros das famílias titulares daquela Casa nobre, por obra do invulgar empenho do seu atual titular, D. Fernando de Albuquerque, conde de Mangualde, em divulgar informações sobre seus antepassados, entre eles, D. Luís Antônio, o 4º Morgado de Mateus, é que tornou possível nosso acesso às novas informações que vieram enriquecer esta segunda edição. À D. Fernando, à sua família, e aos arquivistas da Casa de Mateus, o meu público e profundo agradecimento.

Enfim, para todos aqueles que acreditaram que a pesquisa chegaria a bom termo, fazemos nossas as palavras do Morgado de Mateus, em seu discurso de posse no governo de São Paulo, ao dizer que esperamos ter tido "todos os acertos para que cumprindo as nossas obrigações, satisfaçamos como devemos a pública esperança".

O ESPAÇO, O HOMEM E O INSTRUMENTO

A Capitania de São Paulo:
evolução, extinção e restauração

> Todas as couzas no principio são debeis e parecem arduas, a deligencia e o tempo as facilita e aperfeiçoa, e estou certo sobre as experiencias do mundo que se trabalhar-mos com o mesmo cuidado levantaremos desta ruina a mais florecente e feliz Provincia.
>
> Do Morgado de Mateus
> a Lourenço Ribeiro, 1767

Metais e pedras preciosas animaram e justificaram a penetração no Novo Continente, desde o século XVI. Os portugueses perseguiam as possibilidades do "Dourado", no rumo incerto da "serra resplandecente".[1] Os esforços que nesse sentido se fizeram, desde os primeiros anos da colonização, partiram inicialmente de Porto Seguro, cuja posição geográfica fazia crer uma ligação com Potosi. Pelo rio São Francisco, seria viável atingir-se o Peru.[2] Também, para o Sul, pela chamada "Costa do Ouro e da Prata,[3] haveria condições para se chegar a "Serra da Prata". A existência de uma rota indígena mostrava a viabilidade da ligação entre o litoral vicentino e o Paraguai, e daí aos contrafortes andinos. Foi assim, no sentido da prospecção do ouro, que se delineou o papel e o destino da Capitania de São Vicente: propulsora de forças para o sertão, principalmente quando as buscas começaram a se concentrar na região Centro-Oeste.

---

[1] A influência da fantasia, do mistério e da possibilidade de um Éden de notáveis riquezas no esforço colonizador do português foram estudados por Sérgio Buarque de Holanda no seu *Visão do paraíso*: os motivos edênicos no descobrimento e colonização do Brasil, 1969, e por Carl George Friederici em *Caráter e descoberta da América pelos europeus*, 1967. (Observação: as referências bibliográficas completas acham-se no fim do livro, na seção "Bibliografia consultada".)

[2] A própria criação do Governo Geral poderia estar ligada a essas pretensões. Para os primeiros tempos da Bahia, ver o trabalho de J. F. de Almeida Prado, *A Bahia e as Capitanias do centro do Brasil*, 1945.

[3] Cujos pontos extremos seriam: Cabo Frio (ou São Vicente) e o rio de Santa Maria (ou de Solís ou da Prata).

Não foi outra a missão do vicentino, no dizer de J. F. de Almeida Prado, senão a de, na caça ao índio ou na prospecção de jazidas preciosas, "palmilhar morros e vales sem se ater a linhas divisórias, valer-se de acidentes topográficos em intérminas caminhadas, vadear rios, devassar sertões, explorá-los e conquistá-los para a Coroa".[4] A extensão territorial da Capitania de São Vicente, chamada de "São Paulo" desde fins do século XVII, originou-se dos quinhões doados a Martim Afonso de Souza e Pero Lopes de Souza: as donatarias de São Vicente, Itanhaém, Santo Amaro e Santana.[5] Abrangiam a costa, desde Cabo Frio até o Prata, na altura de Maldonado. E para o interior, as atuais regiões de Minas Gerais, Goiás e Mato Grosso. Dada a fragilidade da Linha de Tordesilhas, seu domínio atingia ainda as proximidades do Paraguai e do Alto Peru. E foi nessa vasta área que agiram os vicentinos em iniciativas oficiais ou particulares.

A fundação da Vila de São Vicente, em 1532, assinalou o início do povoamento e exploração da região paulista. Várias foram as tentativas que se fizeram a partir dali, em busca do ouro.[6] A própria criação da Repartição Sul, em 1608, demonstrava a valorização da área meridional da colônia. O seu primeiro governador e também superintendente das Minas de Ouro, D. Francisco de Souza, foi o grande incentivador da exploração sistemática em demanda de ouro na região vicentina. Para Carvalho Franco, deixou ele "fixadas definitivamente com ciência perfeita do terreno duas das grandes diretrizes da expansão paulista no século que nascia: o centro mineiro e a região paraná-paraguaia".[7]

---

[4] João Fernando de Almeida Prado, *São Vicente e as Capitanias do Sul do Brasil*: as origens (1501-1531), 1961, p. 11.

[5] As capitanias paulistas constituíam-se das porções doadas a Martim Afonso de Souza (São Vicente propriamente dita e sua seqüência, não contígua, que era Itanhaém), e a Pero Lopes de Souza (Santo Amaro ou Santos e sua seqüência, não contígua, que eram as Terras de Santana), abrangendo as 150 léguas de costa, desde o rio Macaé, até Laguna. Os problemas originados pelos incidentes conhecidos como Guerra dos Emboabas fizeram que D. João V fosse aconselhado a transformar toda a vasta região mineira e paulista em capitanias da Coroa. Para tanto, seria necessário efetuar-se a compra das doações. As sucessões hereditárias de Pero e Martim Lopes de Souza haviam feito chegar, em 1709, a propriedade daquelas terras ao marquês de Cascais e a condessa de Vimieiro (não antes de intermináveis questões entre várias facções incluindo os Monsanto e os condes da Ilha do Príncipe). Em abril de 1709, decidiu-se a compra das capitanias de Santos e São Vicente (como a esta altura já eram também denominadas partes das de Santo Amaro, Itanhaém e Santana). A compra foi efetivada em 1712 (DI 47, p. 82-3 – Carta Régia a Francisco de Távora sobre a compra da Capitania de Santos e São Vicente ao Marquês de Cascais...). Para a evolução das capitanias paulistas, ver, além desse volume do DI, o livro de Benedito Calixto, *Capitanias paulistas*. No Auto de Posse da Capitania de São Paulo, de 25 de fevereiro de 1714, figuram as condições e o preço pago a Cascais pelas ditas terras (DI 8, p.307-8).

[6] Ver Lucy Maffei e Arlinda Rocha Nogueira, *O ouro na Capitania de São Vicente nos séculos XVI e XVII*.

[7] Francisco de Assis Carvalho Franco, *Dicionário de bandeirantes e sertanistas do Brasil*, séc. XVI, XVII, XVIII, 1954, p. 395. A Repartição Sul era uma divisão criada em 1608, constituída pelas capitanias de São Vicente, Espírito Santo e Rio de Janeiro, separada da Bahia e das demais capitanias que formavam o Estado do Brasil.

As pesquisas se concentravam pouco a pouco, fechando círculo em torno da serra de Sabarabuçu, porém ainda sem grandes resultados. A descoberta oficial do ouro só viria na última década do século XVII, com os achados de Antonio Rodrigues Arzão (1693) e Bartolomeu Bueno de Siqueira (1694).[8]

A caça ao índio e sua venda como braço escravo no litoral, ou para servir no Nordeste açucareiro, surgiu como uma lucrativa opção, notadamente enquanto o ouro, a não ser em pequenas amostras, não se manifestava.

A Vila de São Paulo de Piratininga, que vicejava em torno do Colégio fundado pelos jesuítas em 1554, começou a criar importância em razão de sua posição geográfica, aberta às rotas do sertão. Isolado geograficamente, o burgo paulista devia bastar-se a si mesmo. Era, antes de tudo, zona de transição, entroncamento de caminhos. Galgada a serra, a penetração poderia ser feita, por São Paulo, para os campos do Sul, para as serranias mineiras e para o Oeste, sempre ao longo dos rios. No planalto foi se desenvolvendo uma comunidade luso-tupi, de forte miscigenação, que buscava no sertão a sua subsistência.

O paulista chegou ao bandeirismo por estreitos condicionalismos: a geografia, que lhe apontava o interior do continente; a ausência de "lavoura de exploração" que o enraizasse; o caráter aventureiro – herdado do índio – rude e flexível às dificuldades do sertão; as possibilidades do ouro e do mercado da mão-de-obra indígena. Ora tornando mais importante a atividade pesquisadora de metais ora a da caça ao índio, os paulistas foram alargando o ecúmene português na América.

Após a Restauração ibérica o bandeirismo de apresamento decaiu. Não porque existissem novamente "fronteiras" entre os domínios de Portugal e os de Espanha na América,[9] mas porque o índio se tornara produto comercialmente pouco lucrativo. O raio de ação do paulista fora demasiadamente longe e, uma vez que o preço do açúcar caíra no mercado

---

[8] A insistência com que os paulistas pesquisavam de há muito a mesma região, sem que o ouro fosse divulgado, levou o governador do Rio de Janeiro, Antonio Paes de Sande, em 1692, a levantar a hipótese de que, mesmo sabedores da existência das minas eles não se interessavam por sua divulgação. Esses homens, "adversíssimos a todo acto servil", afirmava Sande, temiam que as minas redundassem em seu prejuízo: seriam a "ruína de suas pessoas, casas e família". As suas descobertas e tudo que tinham realizado em benefício da Fazenda Real acabariam por ser "prêmio dos estranhos sem merecimento". Assim, como não quisessem ser "quase escravos dos que os hão de ir dominar", disporiam de todas "as indústrias de se não descobrir a preciozidade daquelas minas" (ABN, Rio de Janeiro, 39, 1917). A suposição de que os paulistas escamoteavam a descoberta do ouro por temer sua sujeição ao jugo da Metrópole e à rivalidade dos forasteiros fez com que a Coroa concedesse honras e mercês aos que se empregassem naquele mister (Carta Régia de 13 de janeiro de 1690, apud Basilio de Magalhães, *Documentos relativos ao bandeirismo paulista e questão conexas*, p. 268).

[9] Jaime Cortesão não vê causa da expansão bandeirante na união das Coroas. Isso porque, diz ele, Portugal conserva seus foros e privilégios. Inclusive houve protestos de autoridades espanholas às investidas paulistas, durante aquele período (*Raposo Tavares e a formação territorial do Brasil*, 1958, p. 87).

mundial e a vinda do negro oferecia melhor mão-de-obra, não compensava ir tão longe prear índios. Para os homens de São Paulo apresentou-se o dilema: voltar-se para atividades agropecuárias, em cuja direção São Paulo não oferecia grandes condições, ou redobrar esforços em torno do ouro. A Coroa também empenhava-se na procura de novas fontes de riqueza, já que o açúcar brasileiro encontrara forte rival no antilhano. Portanto, pelo esforço conjunto da Metrópole e dos paulistas chegou-se às descobertas de Cataguazes. Assim, a atenção da colônia e da Metrópole no limiar do século XVIII, voltava-se para a região das minas. Dentro de seus próprios limites geográficos os antigos vicentinos encontravam a fonte de seus futuros problemas e de sua posterior ruína.

A posse paulista nas Minas Gerais entrou em choque com a vinda de forasteiros e as dissensões culminaram com a Guerra dos Emboabas, em 1708. A criação da Capitania de São Paulo e Minas do Ouro, em 1709,[10] passando para a Coroa a Capitania hereditária de São Vicente, não resolveu os problemas dos paulistas, nem os da Metrópole, que se via a par com o descaminho do ouro. Fazia-se urgente, ao menos aos olhos de Lisboa, a separação das duas áreas. Concentrando a região mineira numa capitania autônoma, solidamente vigiada e controlada, o governo faria diminuir as possibilidades de fraude aos quintos reais.

Assim, deu-se, em 1720, a separação entre São Paulo e Minas.[11] Para esta última área e para as regiões de Goiás e Mato Grosso, onde o ouro e os diamantes também vinham sendo explorados, é que se voltou toda a atenção governamental. Abria-se nova era na colonização, centralizada nas áreas de mineração. Controlar o afluxo demográfico de colonos e forasteiros, organizar o abastecimento e o comércio, fazer obedecer à legislação fiscal e canalizar o ouro para Lisboa tornaram-se as metas obsessivamente perseguidas pela Metrópole. Esta, que nos séculos precedentes se fizera tão ausente como autoridade, passava agora a sobrepor-se à iniciativa e ao poderio locais.

Mas, o que preocupava o governo português não era apenas o problema de assegurar, a todo custo, os quintos do ouro, evitando descaminhos e fraudes e protegendo e controlando novos achados. As capitanias centrais e sulinas do Estado do Brasil, apresentavam à Metrópole, em meados do século XVIII, grandes desafios. Entre esses, destacava-se a necessidade de organizar, no Prata, uma ação bélica contra as ofensivas espanholas. Os pontos nevrálgicos eram a colônia de Sacramento e as proximidades da lagoa dos Patos.

---

[10] Carta Régia de 9 de novembro de 1709 (DI 47, p. 65-6).

[11] Alvará de 2 de dezembro de 1720 (DI 11, p. 6-7). Estabelecia D. João V que, "por ser muito conveniente a Meu Serviço e bom governo das Capitanias de S. Paulo e Minas, e a sua melhor defeza, que a de S. Paulo se separe das que pertencem às Minas", ficando "dividido todo aquelle districto, que athé agora estava na Jurisdição de hum só Governador, em dous Governos e dous Governadores".

Era necessário manter a soberania e o controle sobre a vasta extensão que a atividade bandeirante agregara à Linha de Tordesilhas, ao mesmo tempo que era preciso cessar aquela expansão. Isso porque Portugal não tinha condições de manutenção de área tão vasta.[12]

Apresentava-se também a premência de fomento à agricultura e ao comércio, visando à obtenção de novos recursos para a Coroa, assim como resolver problemas locais de subsistência. A grande concentração de população que o surto aurífero provocara em Minas já fizera patente o quanto ainda era precário o abastecimento na colônia. É portanto, dentro das novas linhas de ação mercantilista que atuariam os vice-reis, primeiro, sediados na Bahia e, depois de 1763, no Rio de Janeiro.

Perdido o quinhão mineiro, São Paulo apresentava agricultura improdutiva (salvo escassa exceção no litoral açucareiro) e população dispersa. O abastecimento das minas, o comércio do gado sulino e as Monções eram as atividades nas quais os paulistas iam buscar seu sustento. Assim, a antiga capitania vicentina não oferecia elementos de interesse à Fazenda Real. Era nas zonas mineiras e no Sul ameaçado pelos espanhóis que se concentrava a atenção da Metrópole. Tal fato reflete-se nos novos fracionamentos que seriam infligidos a São Paulo.

Antônio Gomes Freire de Andrada, conde de Bobadela, governador e capitão-general do Rio de Janeiro desde 1733, pensava que, por razões de segurança das minas de Cuiabá e de Goiás,[13] aquelas regiões deviam ter governos separados do de São Paulo. Já o litoral deveria ser unificado administrativamente para melhor organização da defesa da Colônia do Sacramento e do Rio Grande de São Pedro.[14] Esta parece ter sido a política seguida por Lisboa. Sucessivamente todo o Sul foi adjudicado ao Rio de Janeiro – que, não sem razão, foi tornado capital em 1763 – e foram implantadas as duas capitanias no Oeste, como propusera Bobadela. Em 1738, uma Provisão Régia separou a Ilha de Santa Catarina e o Rio Grande do território paulista, unindo-os ao Rio de Janeiro.[15] Queria o rei que, para defesa mais conveniente de Colônia e do Rio Grande "fiquem todos os portos e lugares da Marinha debaixo de hum só mando".

---

[12] "Exagerou-se contudo o alcance da colonização portuguesa. A Colônia se localizou além dos limites que naturalmente, por força da ocupação efetiva, cabiam ao domínio lusitano, Portugal agiu nesse caso como os litigantes numa demanda judicial que sempre pedem mais do que realmente lhes cabe, para assim conseguirem o justo que pretendem" (Caio Prado Júnior, *Formação dos limites meridionais do Brasil*, 1953, p. 166).

[13] Descoberta respectivamente em 1718 a 1725 (Cf. Charles Boxer, *A idade do ouro de Brasil*, p. 260-83, e Azevedo Marques, *Apontamentos*, t. 21, p. 297 e 407).

[14] Ver em DI 24, p.253, as alterações na Capitania de São Paulo propostas por Gomes Freire de Andrada. Este foi freqüentemente acusado da ambição de querer ter sob sua autoridade todo o Sul do Estado do Brasil, de cujo vice-reinado planejaria ser o titular. Sua morte, em 1763, frustrou tal intento. Sobre a personalidade e o governo do conde de Bobadela, ver o trabalho de Artur Cesar Ferreira Reis, "O governo de Gomes Freire de Andrada", na revista *Estudos Históricos*, Marília, 1965.

[15] Provisão Régia de 11 de agosto de 1738 (DI 47, p. 109-11).

Assim também, por Resolução de dezembro de 1740, o governo retirou Laguna da jurisdição de São Paulo, passando-a também para a futura sede do vice-reinado.[16]

Por fim, pelo Alvará de 9 de maio de 1748, eram criadas as capitanias de Goiás e Mato Grosso, desmembrando-as de São Paulo.[17] Com isso, o governo procurava resolver, pelo menos teoricamente, a questão da segurança do ouro e dos diamantes naquela região, assim como a das fronteiras de Mato Grosso, já consagradas pelo *uti possidetis*.

Privada de suas áreas mais ricas, a capitania paulista viu também cassada sua autonomia política. Considerava o rei, pelo mesmo Alvará, "ser desnecessário, que haja mais em S. Paulo Governador com Patente de Capitão General".

O território de São Paulo, "athé os confins dos Governos das Minas Geraes, do Rio de Janeiro e da Ilha de Santa Catherina" seria administrado do ponto de vista militar pelo governador da Praça de Santos. Este, por sua vez, estaria sob a jurisdição do governador do Rio de Janeiro, como já o eram os "mais governos desta costa athé a colônia". A permanência do capitão-general D. Luís de Mascarenhas não teria mais razão de ser. Ele devia recolher-se ao Reino.[18]

---

[16] Ordens Régias, 4 de janeiro de 1741 (BN, Lisboa, Seção Reservados, Cód. 238, p. 196).

[17] "D. João, por graça de Deus, rei de Portugal e dos Algarves, d'aquem e d'além mar em Africa e senhor da Guiné, etc. Paço saber a vós Gomes Freire de Andrada governador e capitão-general da Capitania do Rio de Janeiro, que por ter resoluto se criem de novo dois Governos, um nas Minas de Goyaz e outro nas de Cuyabá, e por considerar ser desnecessario que haja mais em S. Paulo governador com patente de capitão-general, razão por que mando que D. Luiz de Mascarenhas se recolha para o reino na primeira frota. Hei pelo bem, pela resolução de 7 do presente mez e anno, em consulta do meu conselho ultramarino, commeter-vos a administração interina dos ditos dois novos Governos enquanto não sou servido nomear governadores para elles, a qual administração vos ordeno exerciteis, debaixo da mesma homenagem que me déste pelo Governo que oecupais; e por ser conveniente que as duas comarcas de S. Paulo e Paranaguá, que medeam e são mais vizinhas d'essa Capitania do Rio de Janeiro fiquem como estavam antes que se creasse o Governo de S. Paulo, e como estão os governadores da ilha de Santa Catarina do Rio de S. Pedro e da Colonia, e os confins do mesmo Governo subalterno de Santos serão para a parte do norte por onde partem os Governos d'essa mesma Capitania do Rio de Janeiro e S. Paulo, para a parte do sul por parte o mesmo Governo de S. Paulo com o da ilha de Santa Catarina, e no interior do sertão pelo Rio Grande pelo Rio Sapucahy, ou por onde vos parecer, e se vos avisa que os confins do governo de Goyaz hão de ser da parte do sul pelo Rio Grande, da parte de leste por onde hoje partem os Governos de S. Paulo e das Minas Gerais, e da parte do norte por onde parte o mesmo Governo de S. Paulo com os de Pernambuco e Maranhão e os confins do Governo de Matto-Grosso e Cuyabá hão de ser para a parte de S. Paulo pelo dito Rio Grande, e pelo que respeita à sua confrontação com os Governos de Goyaz e Maranhão, vista a pouca distancia que ainda ha d'aquelles sertões, tenho determinado se ordene a cada um dos novos governadores, e também ao do Maranhão, informem por onde poderá determinar-se mais commoda e naturalmente a divisão" (DI 73, p. 122-3).

[18] O ofício de Marco Antônio de Azevedo Coutinho a D. Luís de Mascarenhas, datado de 17 de maio de 1748, comunicava o Alvará, de 9 de maio. *Ordens Régias* (BN, Lisboa, Seção Reservados, Cód. 238, p. 196).

Um Parecer do Conselho Ultramarino, de 29 de janeiro de 1748,[19] deixa bem claro o pensamento governamental a respeito de São Paulo:

> O governo de S. Paulo não se erigio porque se reputasse necessário [...] senão porque sendo então S. Paulo o Caminho e Comunicação das Minas Geraes pareceu preciso crear naquella parte, Governador que podesse mais facilmente acudir as ditas Minas quando os negócios dellas o requeressem [...] Hoje, porém, refletindo no numero e qualidade dos habitantes, dependencias e commercio, considera o Conselho tão superflua a assistencia do Governador e Capitão General [...] como a reputa indispensável nos districtos de Goyas e Cuyabá".[20]

Assim, ao mesmo tempo que se demonstrava a necessidade de ter capitães-generais em Goiás e Mato Grosso, por causa das "terras minerais de ouro e diamantes" da ocorrência de povoações privadas de assistência, da existência de gentios bravios e da grande distância dos centros administrativos, aludia-se às precárias condições do "numero e qualidade dos habitantes, dependencias e commercio" de São Paulo.[21]

Em conclusão, a extinção ligava-se à necessidade da Metrópole de proporcionar assistência de governador no extremo-Oeste junto às fontes de produção do ouro, pela impossibilidade de um governo instalado no burgo piratiningano responder pela vasta região. O deslocamento de capitães-generais, necessário, mas problemático, bem o demonstrava. A presença da autoridade fazia-se urgente.

As centenas de paulistas e adventícios – "frausteiros" ou emboabas que chegavam ao arraial cuiabano, embaraçavam, no entanto, e cada vez mais, a ação do velho guarda-mor

---

[19] "Parecer do Conselho Ultramarino e despachos do Rei sobre a conveniência de se estabelecerem governos separados em Goiás e Mato Grosso, frisando-se a importância estratégica deste último território" (In Jaime Cortesão, *Alexandre de Gusmão e o Tratado de Madrid*, t. 2, doc. 3, p. 127. BNRJ, Rio de Janeiro, Consultas... Cód. 1, 8, 18, nº 29).

[20] "Com effeito considerando os governadores menos necessaria a sua presença em S, Paulo fizerão quasi sempre a sua residencia nas Minas Geraes. Descobrindo-se depois as do Cuiabá, e havendo esperanças de se acharem outras nos Goyas, e reconhecendo-se que não podia o Governador das Minas Geraes onde era precizo rezidisse, dar providências às outras que se tinham descoberto, e se esperavão, resolveu Vossa Magestade que, alem do Governo das Geraes, houvesse o de S. Paulo em cuja jurisdição poz as ditas novas Minas, e para ellas forão logo residir os Governadores, enquanto Vossa Magestade por algumas queixas particulares lho não proibio". A alusão é a Rodrigo César de Menezes (que governou entre os anos de 1721 e 1727, dois dos quais passados em Cuiabá), Antônio Luís de Távora, conde de Sarzedas (1732-1739) e D. Luís de Mascarenhas (1739-1748), capitães-generais de São Paulo, cujos constantes deslocamentos para as regiões auríferas do Oeste criaram problemas não só com administradores daquelas minas, como também para o bom andamento da vida administrativa da capitania. Sobre os principais acontecimentos dos primeiros tempos de Cuiabá, ver *Chronicas de Cuyabá*... (RIHGSP), São Paulo, v. 4, p. 4-217).

[21] Já em 1734 uma junta convocada pelo então governador de São Paulo, conde de Sarzedas, por ordem do rei, propôs uma forma de melhor conservar a estabilidade das Minas de Goiás: a criação de governos autônomos em Mato Grosso e Goiás (Cf. Azevedo Marques, *Apontamentos*, t. 2, p. 413-4).

Paschoal Moreira, com notório prejuízo da justiça e do fisco. Vivia aquele povo entregue inteiramente às suas paixões, sem forma alguma de ordem política e de governo econômico [...] embora, se tivesse ensaiado entre eles uma espécie de senado, onde tomavam parte o guarda-mor, um escrivão, o meirinho, e doze colatários eleitos, com o pomposo título de deputados.[22]

Já a criação da Capitania de Goiás relacionava-se, antes, à proibição de extrair diamantes de suas minas, estando sujeita aquela extração à mesma arrematação dos diamantes do Serro Frio.[23]

A vigilância da cobrança dos quintos também podia ser mais eficiente com a criação das novas capitanias. O contrabando do ouro era notório e praticado em larga escala. "É de se esperar que alguém se prive voluntariamente de uma quinta parte de seu capital, quando pode poupá-la, com pequeno trabalho e risco?", perguntava, com lucidez, Alexandre de Gusmão, em 1750.[24]

Com vistas ao problema geopolítico platino, a criação de Mato Grosso permitiria o reforço das fronteiras. Além disso, o povoamento do extremo-Oeste, estimulado pela criação da capitania, era a garantia para o *uti possidetis*, condição jurídica que seria chamada à luz no Tratado de Madri de 1750.

O ato da extinção acabava, portanto, de despojar São Paulo das áreas mineradoras de vulto, que ainda possuía em Mato Grosso e Goiás. E conferia-lhe, sobretudo, um papel no novo esquema de centralização administrativa. Unida ao Rio de Janeiro, como já o eram os governos do Rio Grande e da Ilha de Santa Catarina, proporcionaria a unificação da ação bélica, em todo o Sul, sob o comando único de Gomes Freire de Andrada.

Mas, quanto à sobrevivência econômica, a situação da capitania era bastante difícil. Como reconhece Caio Prado Júnior, era a "zona mais pobre do Brasil colônia".[25]

Valendo-se, ainda uma vez mais, da posição geográfica de São Paulo,[26] ao mesmo tempo obedecendo à sua decantada índole de homens "adversíssimos a todo acto servil",[27] que não toleraria o agora tão pesado braço da Metrópole, os paulistas voltavam-se às atividades

---

[22] Sérgio Buarque de Hollanda, *Monções*, 1945, p. 75.

[23] Ofício de Marco Antonio de Azevedo a D. Luís de Mascarenhas, datado de 17 de maio de 1748, cit., nota 18.

[24] Apud Charles Boxer, *A idade do ouro no Brasil*, 2.ed., p. 219.

[25] *Evolução política do Brasil*, 1953, p. 29.

[26] Ver Jaime Cortesão (*Fundação de São Paulo*, 1955) e Caio Prado Júnior (*O fator geográfico na formação e no desenvolvimento da cidade de São Paulo*, 1953).

[27] Relatório do governador Antônio Paes de Sande. ABN, Rio de Janeiro, 1917, cit.

comerciais para além dos limites da sua capitania. A construção do Caminho Novo, em 1733, ligando de forma direta o Rio de Janeiro a Minas, prejudicara grandemente o paulista que antes abastecia aquela região de cereais, carne, sal, açúcar e artigos manufaturados, inclusive instrumentos para o trabalho da mineração.[28] Sua atividade, agora, concentrava-se nas Monções – frotas fluviais de abastecimento da região aurífera de Mato Grosso[29] e no comércio do gado muar do Rio Grande até a região das Minas Gerais.[30]

Se, como dizia o Alvará da extinção, o "número e a qualidade dos habitantes" era pequeno, pois os paulistas se achavam fora, na lida das mencionadas atividades mercantis; se suas "dependências" eram agora restritas, em vista das espoliações territoriais; ao "comércio" não se deveria atribuir a mesma negatividade. Era florescente, para monçoeiros e tropeiros. Alice Canabrava, em estudo sobre os níveis de riqueza na Capitania de São Paulo, na segunda metade do século XVIII, mostra que "nessas grandes correntes de comércio interno estão as sementes das fortunas que, ao tempo do governo do Morgado de Mateus, atraíam os capitais de maior vulto na Capitania Paulista".[31]

Assim, a sobrevivência da capitania extinta e seu inter-relacionamento com as regiões vizinhas foi assegurado pelas Monções e Tropas nas suas respectivas rotas do Cuiabá e do Viamão. As atividades econômicas realizadas no próprio território da capitania eram de pequeno vulto: a lavoura e a mineração, nas pouco produtivas lavras de Apiaí e do Paranapanema. A agricultura era, tão-somente, a de subsistência, realizada no sistema itinerante, em tomo do milho, feijão e mandioca.

O comércio do muar surgiu para prover a necessidade de transporte, na primeira metade do século XVIII, principalmente na região mineradora, em razão da escassez de cavalos. Foi pelos anos 1730 que Cristovão Pereira de Abreu começou a trazer não só muares, como também cavalos arrebanhados no Prata. O que possibilitou a regularidade de tal comércio foi a "rota do Viamão". Só depois de 1750 é que já se pode falar no caminho definitivamente aberto entre o Rio Grande e São Paulo, por Santo Antônio da Patrulha, São Francisco de Paula, Campos da Vacaria, Lages, Campos Gerais, Itararé e Sorocaba.[32]

---

[28] Sobre o Caminho Novo, ver Antonil, *Cultura e opulência...* Ver também Mafalda Zamella, *O abastecimento das Minas Gerais no século XVIII*, e Myrian Ellis, *Contribuição ao estudo das arcas mineradoras do século XVIII*.

[29] Estudadas por Sérgio Buarque de Hollanda (*Monções*) e Afonso d'E. Taunay (*Relatos monçoeiros*).

[30] Estudado por José Alipio Goulart (*Tropas e tropeiros*); Maria Theresa Petrone (*Comércio e tributação do gado*); Aluisio de Almeida (*O tropeirismo e a Feira de Sorocaba*); e Pierre Deffontaines (*As feiras de burro de Sorocaba*).

[31] "Uma economia de decadência", RBE, Rio de Janeiro, 1972.

[32] Alfredo Ellis Júnior e Myriam Ellis estabelecem taxativamente que "o ciclo do muar nasceu com a feitura da estrada do Rio Grande do Sul a São Paulo em 1729..." (*A economia paulista no século XVIII*, 1950) referindo-se, provavelmente, ao "novo caminho que se descobriu das Campanhas do Rio Grande e Nova Colônia do

O que vinha sendo utilizado, até então, eram caminhos parciais, sendo o principal deles aberto em 1728, a Estrada dos Conventos. Saíam as Tropas regularmente de Viamão, em setembro e outubro, chegando a Sorocaba em janeiro, fevereiro ou março. Pagavam no "Registro de Curitiba" os direitos que tinham sido estabelecidos em 1747 e rematados na Corte, por meio de contratos, a partir de 1752. Essa atividade paulista veio a ser

> o elo de integração do Sul do país na economia colonial brasileira, contribuindo inclusive para assegurar sua posse definitiva ao domínio português. Em parte, também é responsável pelas lutas travadas entre lusos e castelhanos nas margens do Prata, desde a criação de Colônia do Sacramento em 1680 e que se prolongariam até o Segundo Reinado.[33]

As atividades das Monções serviam a uma "comunidade de três ou quatro mil homens concentrados em uma breve faixa de terra que os aluviões auríferos delimitavam, apartada dos povoados paulistas por uma áspera navegação, em que se gastava mais tempo do que de Lisboa [...]".[34] A lavoura em Cuiabá era praticada (milho, feijão, abóbora, banana, mandioca), mas não em larga escala, pois o trabalho constante que exigia não era lucrativo como o da extração aurífera. O gado acarretava menor mão-de-obra, mas encontrava obstáculo na falta do sal, "verdadeiro artigo de luxo, faltando geralmente para consumo dos moradores, algumas vezes, para os próprios batizados".[35] Portanto, contavam os cuiabanos, antes de tudo, com o abastecimento trazido de São Paulo pelo longo roteiro fluvial do Tietê, Paraná, Pardo, Fazenda de Camapuã, Coxim, São Lourenço e Cuiabá. A maior parte da carga era constituída de armas (principalmente as de propriedade do Estado), sal, escravos, vinhos, azeite, aguardente (a do Reino e a da terra) e artigos manufaturados.

Qual teria sido, realmente, para os paulistas, as vantagens advindas do comércio fluvial para o Cuiabá? Mesmo considerada atividade regular e lucrativa, as Monções ocupavam uma pequena parcela da população. Nos recenseamentos da capitania (ainda que de data posterior à restauração) é constante a ocorrência de "mercadores" ou "negociantes", sem que se possa discernir se as suas ocupações eram em torno das Tropas, das Monções ou

---

Sacramento para a Vila de Curitiba no ano de 1727 por ordem do governador e general de São Paulo [...]" (RIHGB, 1906, apud Alípio Goulart, op. cit., p. 214) e cujo "abridor" seria Francisco de Souza Faria. Mas, Bartolomeu Paes de Abreu já tinha autorização régia para abrir o caminho, para o que se oferecera, desde 1722 (DI 18, p. 41-2). Entretanto, o Morgado de Mateus, em 1767, afirmaria "[...] 1743, em que foi aberto o caminho do Rio Grande de S. Pedro té esta cidade e no de 1747 se estabeleceo o Registro onde hoje se acha para se segurarem os reaes direitos dos animaes que por elle passão" (DI 67, p. 140).

[33] Maria T. Petrone, *Comércio e tributação de gado*, 1971, p. 18.

[34] Sérgio Buarque de Hollanda, *Monções*, p. 77.

[35] Ibidem, p. 82.

do pequeno comércio localizado nos centros urbanos ou, ainda, se se ocupavam exclusivamente com a venda de escravos.[36]

A avaliação da pujança do comércio cuiabano está no próprio desenvolvimento de Araritaguaba (Porto Feliz). Também outras vilas da capitania prosperaram em decorrência de suas atividades de fornecimento de canoas e víveres.

No que toca a agricultura, com tudo o que pudesse ter de restrito e acanhado, o certo é que ocupava 50% da população, dedicada, antes de tudo, à lavoura de subsistência. Não há, antes da restauração, preocupação com o plantio de produtos exportáveis. O açúcar, por exemplo, era, na época, de produção insignificante, não pesando em nada na economia paulista.[37] A agricultura, realizada no sistema dos "sítios volantes" (que serão tão condenados posteriormente, como veremos adiante) visava, quando não à própria subsistência, ao abastecimento dos núcleos urbanos e das Tropas.[38] Eram cultivados quase que exclusivamente o feijão, o milho, a mandioca (esta mais no litoral do que na serra-acima) e, em bem menor escala, o trigo e o arroz. Aliando-se essa produção a uma criação de suínos para o fornecimento indispensável do toucinho, está constituído o quadro da alimentação do paulista no século XVIII.

É de assinalar que, Tropas, Monções e agricultura de subsistência asseguravam a vida econômica, ainda que pobre e precária, da capitania extinta. Permitiram, outrossim, a constituição de uma infra-estrutura, se bem que igualmente frágil, sobre a qual pode se equilibrar o aparato militar que seria imposto a seguir. De fato, foi no aperfeiçoamento dos caminhos do Sul, toscamente abertos pelos tropeiros, que encontraram as autoridades do Estado do Brasil as possibilidades de socorro ao Rio Grande e à Colônia de Sacramento, ameaçadas pelos espanhóis. Foi no roteiro das Monções que se apoiaram as expedições de exploração e conquista da região do rio Paraná, assim como para implantação dos presídios que constituiriam a linha do sistema de defesa do Oeste; foi essa agricultura de subsistência que pode responder às solicitações do governo, para a alimentação dos soldados que demandavam o Oeste e o Sul.[39]

---

[36] Ver dados fornecidos por Maria Luiza Marcilio, *A cidade de São Paulo*; Luis Lisanti, *Comércio e capitalismo*; e Alice Canabrava, op. cit.

[37] Maria T. Petrone, *A lavoura canavieira em São Paulo*, p. 9.

[38] Caio Prado Júnior assinala como a agricultura de subsistência encontrou condições propícias ao longo das grandes vias de comunicação, freqüentadas pelas Tropas e pelas boiadas. O consumo do milho pelas bestas, diz ele, é volumoso e constitui negócio lucrativo para os fornecedores (*Formação do Brasil contemporâneo*: Colônia, 4.ed., 1953, p. 157). Beatriz W. de Cerqueira Leite, em *Região Bragantina* – estudo econômico-social, demonstra o abastecimento regular da cidade de São Paulo feito pela zona de Bragança, Atibaia e Nazaré.

[39] É abundante, por exemplo, a documentação sobre compras de feijão, milho, farinha e toucinho – suas quantidades, preços pagos e fornecedores, quando das partidas das expedições para o Iguatemi. (Encontra-se essa documentação em vários volumes dos *Documentos Interessantes*, mormente os números de 5 a 10, referentes especialmente ao Iguatemi e outras expedições.)

No quadro decadente da capitania, para o qual o Morgado de Mateus iria chamar a atenção da Metrópole desde o início de seu governo, pode D. Luís Antonio, no entanto, encontrar as condições de infra-estrutura econômica que possibilitariam sua obra posterior, não obstante os entraves de toda sorte que enfrentaria.

***

Quanto à administração, a capitania de São Paulo, após a extinção do cargo de governador, seria subordinada ao capitão-general do Rio de Janeiro, como vimos. Assuntos militares ficavam a cargo do governador da Praça de Santos, na época Luís de Sá e Queiroga. Na realidade, suas atribuições eram mais amplas. Comprovam-no as "Várias ordens para o coronel governador da Praça de Santos" em 1755 referentes à cobrança dos quintos e outros direitos, isenções fiscais, cumprimento de leis, obras públicas etc.[40] Não resta dúvida de que o maior peso da administração cabia ao governador de Santos. Tanto que, em 25 de fevereiro de 1750, queixava-se Sá e Queiroga a Gomes Freire de Andrada do excesso de trabalho que tinha com a jurisdição sobre as duas comarcas e pedia melhor pagamento. Acrescentava que "[...] he mais merecedor deste Governo de ter o soldo do de Santa Catherina por aquelle, ter, sem comparação, menos trabalho que este [...]".[41]

Mas, ainda assim, não podia escapar ao controle do conde de Bobadela. Aliás, o próprio Alvará de 1748 dizia que o governador de Santos seria subordinado ao do Rio de Janeiro.

A Provedoria da Capitania continuava sediada em Santos. Com a separação de Minas Gerais, Goiás e Cuiabá, muitos dos direitos antes concernentes a ela passaram às novas unidades.[42] E São Paulo via-se sem rendas públicas que não as reais para pagar seus funcionários.[43] O provedor de São Paulo, Godoy Moreira, lamentava aquele estado de coisas: "São Paulo [...] depois de verse na posse daquillo de que os outros hoje se utilizão se ve nos termos de pedir esmolas".[44]

Do ponto de vista burocrático, instalava-se uma certa confusão. Os papéis do governo que tinham sido organizados desde 1721, no governo Rodrigo César de Menezes,

---

[40] BN, Lisboa, Seção Reservados, Cód. 238, p. 239 ss.

[41] AHU, Lisboa, "São Paulo", Doc. nº 1885.

[42] "Rellação de como principiou a Provedoria da Capitania de São Paulo, e do Estado della, pelo Provedor da Fazenda José Godoy Moreira", s. d. (1761-1765?) (BN, Lisboa, Seção Reservados, Cód. 4530, p. 1-5), A obrigatoriedade de Goiás, assim como a do Rio de Janeiro, de passar consignações a São Paulo vinha sendo desobedecida.

[43] Inclusive os ordenados requeridos pelos ensaiadores e fundidores da Casa da Fundição, como está documentado nos Códices do Conselho Ultramarino, v. 64 e 124 (AHU, Lisboa), e no Códice 238, p. 237 (BN, Lisboa, Seção Reservados).

[44] "Rellação...", cit.

foram dispersos, indo para o governador da Praça de Santos, para o capitão-general no Rio de Janeiro ou para a sede das novas capitanias. As ordens régias eram canalizadas para São Paulo por diferentes vias.[45] O próprio Conselho Ultramarino, em 2 de setembro de 1748, embora a capitania já estivesse extinta desde maio, mandava ordens a "quem estiver governando a Capitania de S. Paulo", para, logo abaixo, no mesmo texto, corrigir para "destricto de S. Paulo". E, em 13 de junho, já endereçava as Cartas Régias, ao "Governador da Capitania de São Paulo".[46]

A Câmara – de secular tradição de altivez e independência – arvorava-se em autoridade máxima e entrava em questiúnculas com o ouvidor.[47] Autodefinindo-se como "cabessa desta República", a Câmara de São Paulo, em representação enviada ao rei, em 30 de dezembro de 1748,[48] diante da chegada, à cidade, de "pessoas com cargos, ocupaçõens, e contractos sem se saber se são ou não verdadeiros", propunha que essas pessoas deveriam ser registradas "neste Sennado, com a penna de que o não fazendo serem prezas, e autuadas", tornando-se sem efeito o respectivo cargo ou contrato. A Carta Régia de 14 de outubro de 1749[49] ordenava ao ouvidor determinar que aquelas pessoas se registrassem naquele Senado. A reclamação da Câmara fora, aparentemente, acatada. Mas, ao mesmo tempo, pela Carta Régia do dia 16 do mesmo mês e ano,[50] esclarecia que "aos officiais das Camaras não toca a execução das ordens do governo e das da Administração da Fazenda Real", e as ordens que "os officiais da Camara devem executar lhe são encaminhadas para terem dellas notícias".

Pelo Parecer de 25 de fevereiro de 1750,[51] que lhe fora solicitado, sobre esse mesmo assunto, o então governador da Praça de Santos, Sá e Queiroga, sugeria que, se os cargos fossem militares, assim como patentes de governadores, o registro seria feito no Livro das Vedorias; se de Justiça, pelos ouvidores das comarcas, se da Fazenda, pelos das provedoria. No caso de contratos, se reais, nas provedorias, e se particulares, não teriam obrigação de registro, sequer na Câmara. Afirmava que,

---

[45] Era ao ouvidor que o rei ordenava, em 10 de julho de 1748, que mandasse consertar o caminho de Santos a São Paulo (AHU, Lisboa, Cód. do Conselho Ultramarino, nº 236), como também era ao ouvidor que se comunicava a concessão de direitos iguais às das Santas Casas da Corte à Santa Casa de Misericórdia de São Paulo (AHU, Lisboa, Cód. do Conselho Ultramarino, nº 194, p. 103v).

[46] AHU, Lisboa, Cód. do Conselho Ultramarino, nº 236.

[47] Acerca da nulidade que o mesmo queria dar à eleição de vereadores, em 1747, por não ter podido eleger um protegido seu, segundo alegava a Câmara (AHU, Lisboa, Cód. do Conselho Ultramarino, nº 236).

[48] AHU, Lisboa, "São Paulo", Doc. nº 1884.3.

[49] AHU, Lisboa, Cód. do Conselho Ultramarino, nº 236, p. 384.

[50] Ibidem, p. 388v.

[51] AHU, Lisboa, "São Paulo", doc. nº 1884.1.

do modo que age a Camara não procura o bem da Republica mas tão somente arroga a sy a Regalia de ter Intendencia sobre todas as ocupações e contractos, com notavel confuzão, das jurisdiçõens, e que lhe dem entrada todas as pessoas que o fizerem naquela Cidade o que seria hu insoportavel onus para todas as pessoas que nella entrão frequentemente é hua porta aberta, ou ocazião proxima para os ditos Camaristas cometerem mil extorsões, e violencias contra os foraneos; como já tem algúmas vezes feito, ainda carecendo da jurisdição que agora pedem a V. Magestade [...]

Ao que o relator do Conselho Ultramarino acrescentava um taxativo: "Pareceme o mesmo que ao governador".

É que a Câmara da Cidade de São Paulo vinha de uma longa tradição de liberdade e privilégios.[52] No Brasil colonial, o poder municipal representara a autoridade presente e atuante, pelo menos no período que antecedeu à descoberta do ouro, quando, então, deu-se a progressiva interferência da Metrópole. Não pretendia a Coroa despender grandes gastos com a colônia americana, verificada, logo nos primeiros tempos, a inexistência de riquezas imediatas. Assim, foi entregue a particulares a exploração do país auferindo o governo central, unicamente, os lucros de taxas, arrematações, contratos, estancos etc. Ao capital particular coube nos primeiros tempos brasileiros o aproveitamento do solo: aos proprietários de terras cabiam as despesas com a exploração agrícola e com as expedições de conquista do sertão, aliadas à procura de metais preciosos. Ora, eram os senhores rurais que também detinham toda a força política e administrativa, através das Câmaras.

Escolhidos por esses "homens bons", legislando sobre comércio, povoamento e ereção de vilas, questões indígenas e outras atribuições, as Câmaras Municipais foram, até a descoberta do ouro, forças locais de grande poder e que cresceram à sombra do desinteresse metropolitano.[53] As Câmaras Municipais do Brasil atribuíam a si próprias prerrogativas que iam além da natureza do poder municipal; queriam deliberar sobre a administração geral da capitania. Assim, geraram-se conflitos entre Câmaras e governadores, em várias ocasiões e em vários pontos da colônia. No dizer de Rodolfo Garcia "foi preciso tempo

---

[52] A vila de São Paulo passara à categoria de cidade, em 1711 (Carta Régia a Antônio Albuquerque Coelho de Carvalho, Arquivo da Câmara de São Paulo. Livro de Registro de Alvarás e Ordens Régias, apud Azevedo Marques, *Apontamentos...*, t. 2, p. 395). Muitos historiadores vêem nessa "elevação" uma espécie de compensação aos paulistas após a Guerra dos Emboabas. De há muito, a Câmara enviava à Corte insistentes pedidos nesse sentido.

[53] O município constituía-se de uma vila ou cidade e seu termo, sobre os quais a Câmara exercia a sua jurisdição. Representava-se por seu território, pelourinho e estandarte. O pessoal constitutivo das Câmaras eram o juiz (seu presidente) e três ou quatro vereadores, escrivão, procurador e tesoureiro. Os juízes de fora apareceram nos fins do século XVII, para coibir abusos, mas já anunciando a interferência maior do poder central nas atividades municipais, anunciadora da perda da liberdade, que se efetivaria no século seguinte.

e energias da parte dos poderes gerais para se ir gradualmente forçando as Câmaras a circunscreverem-se na órbita de suas atribuições marcadas nas Ordenações do Reino; e isso só se conseguiu, mais ou menos, no correr do século XVIII".[54] Nas áreas mais ricas, as do açúcar ou da mineração, onde o poder central fazia-se mais presente, a autoridade das Câmaras Municipais não era tão grande como naquelas áreas que vegetavam à margem do sistema econômico colonial.

Na capitania paulista, despovoada e pobre, exerciam as Câmaras, notadamente a da Cidade de São Paulo, poder bastante relevante. Freqüentemente elas dirigiam-se diretamente à Corte, como porta-vozes dos paulistas. Seria a representação dos camaristas, alertando sobre a grande decadência em que se achava a capitania um dos elementos imediatos para a restauração de São Paulo.

***

O Tratado de El Pardo, em 1761, anulando as linhas estabelecidas pelo de Madri, havia mostrado a impraticabilidade das vias diplomáticas para o estabelecimento das fronteiras sulinas.[55]

A Guerra dos Sete Anos colocara Portugal e Espanha novamente em campos opostos na política européia, reacendendo as lutas em torno da Colônia do Sacramento e das terras do Rio Grande de São Pedro.[56] A importância estratégica dos dois pontos, para ambas as Coroas, era evidente.

---

[54] Rodolfo Garcia, *Ensaio sobre a história política e administrativa do Brasil*, 1956, p. 95-6. Ver também, sobre o assunto, Raimundo Faoro, *Os donos do poder*, 2.ed., 1975, p. 186; e Caio Prado Júnior, *Formação do Brasil contemporâneo*: Colônia, 4.ed., 1953, p. 316.

[55] O Tratado de Madri, em 1750, foi uma conseqüência lógica dos avanços que os lusitanos já haviam feito, extrapolando a linha de Tordesilhas. As comissões demarcatórias das duas nações conseguiram levar a efeito, mais ou menos satisfatoriamente, o seu trabalho. A criação da Capitania de Mato Grosso, em 1748, tornara mais consistente o princípio do *"uti possidetis"* que foi a tônica das conversações portuguesas cujo negociador, o visconde de Vila Nova de Cerveira, obedecia às diretrizes de Alexandre de Gusmão e de Marco Antônio de Azevedo Coutinho. Entretanto, houve uma exceção, na região dos Sete Povos das Missões. Ali os jesuítas espanhóis e os índios por eles administrados recusaram-se a deixar o território, agora português, acarretando oposição de lusos e espanhóis. Essa "Guerra Guaranítica", que durou de 1753 a 1756, ocasionou a suspensão das demarcações e a não-entrega da Colônia do Sacramento aos espanhóis.

[56] Portugal não quisera aderir ao "Pacto de Família", assinado em 1761, entre os Bourbon reinantes em Espanha, Nápoles e Parma, para dar apoio ao Bourbon Luiz XV, em sua luta contra a Inglaterra. D. José I preferiu continuar sendo o tradicional aliado dos ingleses. Como conseqüência do Pacto Pombal previa rompimento com a Espanha. Em carta a Bobadela avisava que tomasse precauções, sem, entretanto, deixar entravar possibilidades de guerra (Doc.1-28-27-2, citado por Jonatas Rego Monteiro em *A Colônia do Sacramento (1680-1777)*, v. 1, p. 280).

A nova Colônia do Sacramento representava o velho sonho português quinhentista de alcançar o Prata.[57] Desde a sua fundação, em 1680, tinha sido fulcro de protestos diplomáticos entre Portugal e Espanha, presa de ataques, escoadouro de contrabando da prata do Peru e alvo do ilícito comércio inglês. Ao final e ao cabo representava, para as duas nações ibéricas, muito mais problemas e dificuldades que compensações.

Até 1737, Laguna era a última povoação, na costa, antes de Colônia, já que os espanhóis haviam se estabelecido definitivamente em Montevidéu, a partir de 1726. A necessidade de preencher esse vazio era urgente, como o era a recuperação de Montevidéu. Nesse sentido, Gomes Freire ordenou a fundação da povoação de Rio Grande de São Pedro (ou Nova Colônia de São Pedro), no canal de acesso à lagoa dos Patos, localizando-a entre os fortes de Jesus-Maria-José, ao Norte e São Miguel, ao Sul fundados na mesma ocasião. Assegurava-se, assim, possibilidade de maior vigilância à Colônia e ao Rio Grande.[58]

Aqueles dois pontos disputados por uma e outra Coroa representavam para Portugal a legitimação de territórios conquistados, ainda que de difícil manutenção. Para a Espanha, significavam, antes de mais nada, antepor uma barreira à presença inglesa.[59] A tomada de Colônia[60] e a invasão do Rio Grande pelas tropas de Cevallos, em 1762, acarretavam troca de protestos, baseando-se, tanto o governo de Pombal, como o de Carlos III, nas

---

[57] "Por que fundá-la tão afastada das outras possessões portuguezas? por que este era o meio de evitar as costas áridas do Rio Grande do Sul? ou por que julgou el-rei que o melhor meio de sustentar e affirmar seus direitos era levá-los ao extremo? A ultima hypothese parece a mais justa" (J. Capistrano de Abreu, *Sobre a Colônia do Sacramento...*, 1938, p. 73).

[58] O brigadeiro Silva Paes, governador do Rio Grande, em carta a Gomes Freire, assim se exprimira: "Estou convencido de que é melhor conservar o Rio Grande que Montevidéu (ou) mesmo Colônia porque é contínuo ao nosso território. Se se puser a questão abandonar este ou aquele presídio eu sou a favor de entregar o último e reter e desenvolver [o Rio Grande]..." (apud Dauril Alden, *Royal Government in Colonial Brazil*, p. 81-2).

[59] Com referência ao comércio inglês no Prata, Olga Pantaleão (*A penetração comercial da Inglaterra na América Espanhola*, p. 157-61) afirma que as restrições impostas aos carregamentos dos navios de registro e a distância das fontes abastecedoras legalizadas com relação aos platinos fizeram que eles recorressem ao contrabando para se proverem das mercadorias européias necessárias. "Os ingleses utilizavam-se da Colônia do Sacramento para as suas transações com o mundo hispano-americano, aproveitando-se de tratados anglo-lusitanos que permitiram a sua participação no comércio colonial português. Nas negociações de paz luso-espanholas de 1713-1715 a Inglaterra apoiou as pretensões portuguesas sobre a Colônia do Sacramento, que ela poderia usar como seu próprio território." Os seus navios uniam-se às frotas portuguesas em Lisboa e, do Rio de Janeiro, seguiam para a Colônia "empório de tráfico e contrabando do rio da Prata", no dizer de João Lúcio de Azevedo. "Os comerciantes ingleses empregavam, muitas vezes, os portugueses como intermediários em seus negócios hispano-americanos."

[60] "[...] em 1762, ao tomarem Sacramento dos Portugueses, os espanhóis apresaram 27 embarcações inglesas ricamente carregadas, ali ancoradas. Essa utilização da Colônia do Sacramento como base de contrabando por portugueses e ingleses explica a ansiedade da Espanha em retirá-la das mãos de Portugal" (Olga Pantaleão, op. cit., p. 159-60).

multiformes interpretações dos Tratados de Tordesilhas, Utrecht, Madri e El Pardo. Como este último anulara o de Madri, já não era preciso obedecer à cláusula de que, em caso de guerra entre os dois países, as beligerâncias não deveriam refletir-se nos respectivos domínios americanos.

Antes mesmo da questão européia ter levado Portugal e Espanha a um rompimento formal, o governador de Buenos Aires já montava um grande aparato militar diante de Colônia. A invasão colheu o Sul completamente despreparado. A eficiência da ação espanhola, com sua superioridade numérica e ativada pela animosidade de Cevallos, demonstrou a precariedade do sistema de defesa ao Sul do Estado do Brasil.[61]

Gomes Freire de Andrade tem sido acusado de ter contemporizado demais, ao providenciar recrutamento tardio, e por não ter reforçado as guarnições. Isso, não obstante ter recebido de Pedro de Cevallos intimações para que se retirasse de terras que pertenceriam a Castela, em decorrência dos tratados não vigentes.[62] Mas também tem sido defendido por outros, no sentido de que estivera sempre atento aos problemas do Sul, enviando todo o reforço militar com que pode contar.[63] Bobadela, efetivamente, não tinha meios para uma maior ofensiva. Se nem mesmo em território metropolitano se pudera fazer frente aos exércitos espanhóis, sendo necessário o concurso do conde de Lippe e de soldados irlandeses enviados pela Inglaterra, o que não dizer das tropas coloniais!

Naquele confronto de forças patenteava-se a necessidade de uma infra-estrutura de defesa na Repartição Sul. Para organizá-la, seria preciso um general de formação, caráter e interesse essencialmente militares, se possível moldado dentro das novas diretrizes que Lippe

---

[61] Colônia dispunha de novecentos combatentes, quando capitulou ao cerco dos quatro mil homens de Cevallos, após 24 dias de resistência, em 29 de outubro de 1762 (Artur Ferreira Filho, *História geral do Rio Grande do Sul*. 4.ed., 1974, p. 52). Jonatas do Rêgo Monteiro especifica a distribuição numérica dos soldados de Colônia, cujas guarnições estavam, também, distribuídas nas ilhas de São Gabriel, Duas Irmãs e Martim Garcia (op. cit., v. 1, p. 381-2). O Forte de Santa Tereza tinha quatrocentos homens para se oporem a três mil espanhóis; e o de São Miguel contava com trinta homens, que o haviam abandonado, antes que fosse ocupado (A. Ferreira Filho, op. cit.).

[62] Teria apenas removido do rio Pardo para o rio Grande destacamento de Dragões de seiscentos (A. Ferreira Filho, op. cit., p. 37) e substituindo-os por duzentos aventureiros chamados de São Paulo (Cf. Américo Brasiliense A. de Moura, *O governo do Morgado de Mateus...*, p. 28). Ou ainda, por negligência, não avisando ao brigadeiro Vicente da Silva Fonseca, governador de Colônia, sobre as advertências de Pombal, quanto às possibilidades de invasão (Cf. Jonatas do Rêgo Monteiro, op. cit., v. 1, p. 380-1). Entretanto, para essa última hipótese, pode-se justificar a atitude de Bobadela, uma vez que o secretário dos Negócios do Reino pedira que não se alertasse a população sobre a possível guerra.

[63] "[...] não despregou os olhos da região nevrálgica [...]" (Cf. Artur Cezar Ferreira Reis, *O governo de Gomes Freire de Andrada*, p. 250); "[...] a notícia da perda de Colônia [...] originou a causa principal de sua doença [...] a seu falecimento, pois havendo sido aquella praça tanto do seu particular cuidado, nos repetidos e avultados socorros [...] (Cf. Varnhagen, *História do Brasil*, 3.ed., t. 4, p. 230). Sobre Gomes Freire, ver também "Catálogo dos Capitães Móres, Governadores, Capitães Generais e Vice Reis", RIHGB, t. 2, 3.ed., 1916, p. 92.

imprimira ao Exército português. Bobadela era, decerto, um militar de carreira, mas que, nos seus alquebrados setenta anos, já servira devidamente a seu país. Outrossim, a distância entre o Rio de Janeiro e os pontos nevrálgicos do Sul, prejudicada ainda pelas dificuldades de comunicação, tornava impraticável a teoria do Sul "sob um só mando".

A transferência da capital do Estado do Brasil, em 1763, fora resultado da proeminência que o Rio de Janeiro atingira nos meados do século XVIII, em relação a Salvador. Tornara-se um importante centro econômico e estratégico-militar. Pela proximidade com a região aurífera, era o porto natural de escoamento do metal precioso, especialmente depois da construção do Caminho Novo. Essa nova via de acesso às Gerais facilitou também a entrada dos produtos vindos da Metrópole e de escravos, que passaram a ser tão requisitados naquela região.

Além disso, estavam sob a jurisdição do Rio de Janeiro, a Colônia do Sacramento e as capitanias subordinadas da Ilha de Santa Catarina e do Rio Grande de São Pedro, que requeriam especial atenção em decorrência da ameaça espanhola. Igualmente, desde 1748, a Capitania de São Paulo era-lhe subordinada. O movimento do porto, por si só, já justificava que o centro administrativo passasse a ser ali exercido.[64] A Relação do Rio de Janeiro fora instalada em 1751, como também ali se estabeleceram uma Intendência do Ouro e uma Mesa de Inspeção. Quando, em 1763, a Coroa decidiu dar aos capitães-generais do Rio de Janeiro *status* de vice-reis, estava tão somente reconhecida, se bem que tardiamente, a sua ascendência política e econômica.[65] A capital devia estar junto aos dois focos de atenção: a região do ouro e a região do conflito com os espanhóis. A propósito da transferência da sede do governo para o Rio de Janeiro, diz Southey: "Ficando mais perto tanto de Minas como do Prata, adquirira esta cidade maior importância que a Bahia, sobre ter a vantagem de ser mais segura e bem fortificado o seu porto, enquanto o da antiga capital era incapaz de tal defesa".[66]

Apesar da devolução de Colônia aos portugueses, após o Tratado de Paris, que em fevereiro de 1763 punha fim à Guerra dos Sete Anos, grande parte do Rio Grande permanecia sob domínio espanhol. Contra tal situação faziam-se urgentes as soluções. Não foi a capitania subalterna do Rio Grande de São Pedro, criada em 1738, a encarregada da expulsão do inimigo. Para isso São Paulo seria restaurada, dividindo com o Rio de Janeiro a responsabilidade da defesa do Sul. A razão não podia ser só porque eram os paulistas,

---

[64] O porto do Rio de Janeiro, nessa época, foi estudado por Corcino Medeiros dos Santos em *O Comércio do Porto do Rio de Janeiro com o de Lisboa de 1763 a 1808*, 1973.

[65] Dauril Alden, op. cit., p. 45.

[66] Robert Southey, *História do Brasil*, 3.ed. bras., t.6, p. 123.

de longa data, reconhecidos pela Metrópole como os mais aptos para a vida militar, pois poderiam ser eles recrutados para servir nas raias meridionais, mesmo estando a capitania extinta ou não. É que o Rio Grande, de povoamento tão precário e recente, e sem a necessária organização administrativa, não oferecia ainda condições para ser uma capitania. São Paulo, sim, bastando apenas restaurar seu governo. De mais a mais, o restabelecimento não seria somente um elemento da política pombalina no Prata. Na sua raiz apresentavam-se outras questões, sem fugir às diretrizes que o governo de D. José traçara para o Brasil: defesa do território, expansão econômica e fortalecimento do poder central, aliados ao "propósito obsessor" de combater e destruir a Companhia de Jesus.[67]

A restituição da autonomia da capitania não obedecia apenas a uma necessidade geral, geopolítica e administrativa (a defesa do Sul e do Oeste, assim como a impossibilidade do Rio de Janeiro em "responder por tudo"), mas também atendia a uma necessidade local e econômica (o estado da economia e da população de São Paulo e a diminuição da mineração). Ademais de pôr fim aos atritos sulinos, a Metrópole buscava novas fontes econômicas em vista da decadência das minas. Passava-se à revalorização das áreas coloniais, independentemente do ouro. São Paulo, a não ser nas pequenas manchas da lavoura de subsistência, era campo virgem e aberto a um possível renascimento da agricultura.

Na segunda metade do século XVIII, a economia portuguesa apresentava quadro bastante difícil. A sua feição, na primeira metade da centúria, fora de estabilidade, mas a situação agravara-se, principalmente a partir de 1762, com a crise do ouro brasileiro.[68] À frente de um império grande demais para se sustentar, com um território metropolitano culturalmente "viciado" pelo jesuitismo, carente demográfica e economicamente, Pombal tentava resolver a crise com o reforço do fisco, com reformas de toda ordem e com o

---

[67] É João Lúcio de Azevedo quem o afirma em seu *Política de Pombal relativa ao Brasil*, embora não se deva exagerar o papel deste antijesuitismo. Jorge Borges de Macedo, em seus trabalhos em torno do tema e da época, tem procurado subtrair aos estudos pombalinos as posições tendenciosas com que têm sido feitos: "Toda a ação pombalina é conseqüência do ódio antijesuítico", diz Lúcio de Azevedo; Pombal estava "enfeitiçado pelo capitalismo", diz o visconde de Carrnaxide; "Instrumento dos iluministas", diz ainda outro historiador. Para O. Martins, Pombal chegou ao ponto de criar um "falso Portugal de importação [...] O personalismo da bibliografia pombalina é flagrante [...]" (*Portugal e a economia "pombalina"*, p. 82). Ver também Alfredo Duarte Rodrigues, *Pombal e seus biógrafos*; e Antonio Ferrão, *O Marquês de Pombal e a expulsão dos jesuítas*.

[68] Jorge Borges de Macedo, em *Portugal e a economia "pombalina"*, partindo da dualidade Portugal-Brasil, na qual se assentava todo o sistema econômico português do tempo, discute os elementos que tomaram patente a situação: diminuição do movimento no porto de Lisboa, queda na extração do ouro e diamantes (o que acarretava baixa nos quintos arrecadados), problemas no mercado do açúcar e de escravos e, ainda, concorrência dos vinhos, crise do trigo, de mão-de-obra, pescarias etc. "Assim, a crise nos rendimentos do Estado, a dificuldade nos pagamentos internacionais, a crise comercial e a crise de produção nos principais produtos de exportação dominam esta segunda fase da governação pombalina" – fase que seria a de 1760 a 1764.

aumento do poder central. Suas soluções eram pensadas em razão direta dos problemas propostos.[69] A luta seria no território português pela indústria, contra a mentalidade impregnada de jesuitismo, contra o domínio inglês no comércio externo, contra o abandono da terra. Na colônia, contra o desleixo no fisco, contra o contrabando e pelo incentivo à agricultura. Os elementos fundamentais de sua obra concentraram-se no fortalecimento do poder central. Uma das vias para alcançá-lo seria o afastamento dos nobres que ocupavam posições destacadas,[70] servindo-se na melhor forma mercantilista da classe comercial favorecida pelos monopólios e pelas Companhias de Comércio. Também pela política realista visava aquele fortalecimento. Nesse sentido, a maior medida seria a expulsão jesuítica e a conseqüente secularização de suas missões. Na recuperação econômica do Estado voltou-se Pombal para a revitalização da agricultura, para a criação de companhias de comércio e para a indústria.[71] Para o Estado do Brasil as medidas centralizadoras concretizaram-se na extinção das donatarias, reforço das fronteiras e na mudança da capital.

Dentro desse esquema, seria possível, na década de 1760, pensar-se no restabelecimento de São Paulo. Para Portugal, prendia-se às proposições pombalinas de defesa geopolítica, de reativação econômica – ainda que no sentido do pacto colonial – e centralização político-administrativa. Para a capitania, significaria a luta contra a dispersão demográfica e da lavoura, como também poderia assumir um papel no esquema militar que seria montado para a ofensiva no Prata. Também não deve ser desprezada a hipótese de São Paulo vir a constituir um tampão defensivo entre a arca hispano-americana e a região da mineração. Paralelamente cobriria a defesa da capital recém-transferida. Para seus habitantes seria uma forma de sanar a prolongada pobreza, trazendo soluções para os problemas sobre os quais há muito se lamentavam.

---

[69] "Toda a legislação e atuação pombalinos são [...] frutos do momento e de nenhum modo obedecem a planos pré-estabelecidos de reforço do Estado, salvaguarda da economia etc." (ibidem).

[70] A culpabilidade imputada aos Távora no episódio do atentado à D. José, em 1756, é um dos mais sugestivos exemplos.

[71] Ao Portugal pré-pombalino não haviam chegado as "luzes do séc. XVIII": valorização da ciência e dos conhecimentos técnicos, o racionalismo, o anticlericalismo, o "burguês à conquista do mundo", que, advindo do crescimento demográfico e urbano, iria entrar em choque com a nobreza. Um sinal dos novos tempos começou a ser dado por Ribeiro Sanches (*Carta sobre a educação da mocidade*); Antonio Luiz Verney (*Verdadeiro método de estudar*); Luiz da Cunha (*Instruções a Marco Antonio de Azevedo Coutinho, Testamento político... a Máximas...*) e outros. Nas *Máximas sobre a reforma da Agricultura, Comercio Milícias, Marinha, Tribunaes e Fabricas de Portugal...* dirigidas a D. José, então ainda príncipe, D. Luiz, na época embaixador de Portugal em França (BN, Coleção Pombalina, 51) mostra o quadro do país: terras incultas, caminhos impraticáveis prejudicando o comércio, manufaturas perdidas, povoações desertas, exércitos mal-equipados etc. Preconizava que "a salvação dos povos consiste na cultura das terras". Que a pouca população ativa poderia ser aumentada, diminuindo-se o número de gente nos conventos que nada produziam e também evitar o êxodo para as colônias, permitindo-se, no Brasil, o estabelecimento de estrangeiros com suas famílias para povoar e cultivar suas vastas áreas. As idéias de D. Luiz da Cunha enquadravam-se na escola fisiocrata do século XVIII, pela qual a agricultura deveria ocupar lugar primordial nas atividades econômicas de uma nação.

Essas queixas eram levadas ao conhecimento da Corte, principalmente por meio de representações dos oficiais da Câmara de São Paulo. Em data de 30 de setembro de 1762, pediam eles que se mandasse um capitão-general para São Paulo.[72] Queixavam-se eles de que a sujeição ao Rio de Janeiro e a "falta de hum General" ocasionavam abusos na administração da justiça, porque os ouvidores não teriam quem lhes fizesse sombra. O capitão-general do Rio de Janeiro não os poderia evitar pela distância e pelo peso das atividades que já lhes estavam adjudicadas. Indicavam, pois, que se nomeasse Alexandre Luiz de Souza e Menezes o governador da Praça de Santos que, na última missão que estivera a cumprir na cidade de São Paulo, a de arregimentar companhias de soldados e oficiais para o Sul, "fez mais público o seu talento, e mais manifesto o zelo do Real Serviço". Repetiam a idéia que seria a tônica em quase todas as reivindicações do mesmo teor: a de que se

> S. Magestade houve por bem mandar General para Goyas e Mato Grosso, parece que também esta Cidade, que em outro foy cabessa daquellas Capitanias tem júz a mesma graça e hoje com mayor rezam que se acham condecorados com Bispo, e Cathedral, e nam desmerecem os Paulistas; porque sam elles os que mais utilidades tem dado a Real Coroa de V. Magestade nas muitas Minas que tem descuberto.

Que o rei os atendesse para "utilidade do bem comum e aumento da Real Fazenda". A representação recebeu Consulta do Conselho Ultramarino, datada de 12 de dezembro de 1763.[73] Em outra representação de 12 de fevereiro de 1763,[74] os vereadores de São Paulo reiteravam as mesmas ponderações expostas ao rei em setembro de 1762, e das quais não haviam recebido resposta. Argumentavam, agora, com mais veemência, maiores detalhes e mais significativos exemplos. Acusavam frontalmente Gomes Freire de Andrada de ter prejudicado São Paulo: "Vossa Magestade houve por bem annexar esta capitania a do

---

[72] Representação dos oficiais da Câmara da cidade de São Paulo a D. José I, de 30 de setembro de 1762 (AHU, Lisboa "São Paulo", Doc. nº 2180).

[73] AHU, Lisboa, Cod. do Conselho Ultramarino, 239, p.222v, e AHU, "São Paulo", doc., nº2200. À margem do documento lê-se: "Tenho dado providências, Nossa Senhora da Ajuda, 7 de janeiro de 1765, com a rubrica de S. Magestade". A função das consultas era a de "preparar" o material que devia ser levado ao Rei. O conteúdo dos requerimentos era resumido geralmente com longos trechos citados, praticamente reproduzindo o documento *in totum*. Terminava por encaminhá-lo à "Real Presença", para as providências de que o rei fosse "servido". Algumas vezes emitiam juízo de valor, através de um parecer. (Sobre a estrutura e funções do Conselho Ultramarino, ver o estudo de Marcelo Caetano sobre o assunto.)

[74] "Registro de uma carta que os officiaes da Camara escreveram a Sua Magestade fidelissima em vereança de 12 de fevereiro de 1763" (RGCMSP, São Paulo, v. 10, p. 470).

Rio de Janeiro, talvez por informações de quem neste particular mais attendia a ampliar os limites da sua jurisdição do que o real serviço de Vossa Magestade". Em outro trecho, tornavam a acusá-lo pela "opposição que sempre teve a esta Capitania".[75] Lembravam o quanto os paulistas haviam contribuído para o aumento do território e da Fazenda Real. Assim como haviam descoberto as minas das Gerais e dos "Goiazes", "teriam descoberto outras muitas se tivesse havido aqui generais de zelo igual ao de Rodrigo Cesar de Menezes", que os havia persuadido sempre a novas explorações. Mas Bobadela nunca concedera licença para explorar o Oeste, embora as notícias do Tibaji fossem promissoras. Outro argumento importante que levantavam era o de que a estrita sujeição ao Rio de Janeiro obrigava o uso assíduo dos caminhos terrestres entre as duas cidades, o que significava "quinze dias de viagem por caminhos impraticáveis e sujeitos a mil perigos e inúmeros trabalhos e para se ir por mar são evidentes os riscos de vida e nem sempre há embarcações promptas".[76] E finalizavam por repetir que se "os Goiazes e Cuiabá tem hoje generaes parece que com maior razão o deve haver nesta capitania à qual em outro tempo foram sujeitas todas aquellas minas e não se deve negar à cabeça a honra que se concede aos membros".

Os camaristas, ao que parece, viam na subordinação ao Rio de Janeiro um dos motivos fundamentais de sua penúria. Na carta ao bispo frei D. Antônio da Madre de Deus Galvão na qual pediam sua intercessão junto à Metrópole para que a capitania tivesse novamente um capitão-general, afirmavam, "Parece que tantos são os passos que esta Capitania tem dado para a sua última decadência quantos são os momentos que está anexa à do Rio de Janeiro".[77] Este era o ponto de vista dos paulistas, os que mais se sentiam prejudicados por aquela situação. Mas para a autoridade governamental, que o vice-rei o conde da Cunha representava,[78] os prejuízos do Estado estavam em primeiro lugar.

Com mais poder que a dos paulistas, teria pesado, na decisão da Coroa de restaurar São Paulo, o ofício que o conde da Cunha enviou, em 12 de agosto de 1764, a Francisco

---

[75] A tese aventada por alguns historiadores imbuídos de arraigado regionalismo paulista, como Caio Jardim, Toledo Piza, A. Brasiliense de Moura e mesmo Taunay, é a de que havia, por parte da Coroa, certo intuito de "castigar os paulistas", por seu orgulho e atuação independente. A idéia de que Gomes Freire era "contra São Paulo" toma corpo quando argumentam que os passos concretos para a restauração só foram dados após a sua morte, em 1º de janeiro de 1763. Também suas divergências com D. Luís de Mascarenhas, capitão-general ao tempo da extinção, teria sido razão para que a capitania passasse a ser-lhe subordinada.

[76] Sobre os caminhos entre o Rio e São Paulo, ver Afonso Taunay, *História da cidade de São Paulo do séc. XVIII*, 1934, cap. 11, p. 70-5.

[77] "Registro de uma carta que os officiaes da Camara escreveram ao excellentissimo senhor bispo desta diocese" (RGCMSP, São Paulo, v. 10, p. 473).

[78] Com a transferência da capital para o Rio de Janeiro, o título de vice-rei do Estado do Brasil passou a ser oficialmente conferido. O primeiro foi D. Antônio Alvares da Cunha, conde da Cunha, que, também sendo o capitão-general do Rio de Janeiro, exerceu aquela função de 1763 a 1767.

Xavier de Mendonça Furtado, secretário dos Negócios da Marinha e Ultramar.[79] Relatando o estado em que se achavam as duas capitanias que governava, apontava os prejuízos que via na subordinação de São Paulo. Afirmava que,

> matéria que necessita de providência é a prejudicial impossibilidade que há para poder governar a Capitania de São Paulo o Governador do Rio de Janeiro; porque uma Capitania tão larga e tão distante desta, com habitantes excessivamente inquietos e revoltosos, em território abundante em minas de ouro e nas vesinhanças dos Castelhanos, parece que são bastantes motivos para deverem ter um bom Governador, e Capitão General como elles pretendem, e como, muitos annos houve...

O conde da Cunha tocava em pontos vitais: a extensão territorial, o caráter dos paulistas e a perigosa proximidade dos castelhanos. Aludia também à carência de tropas que assegurassem a defesa. A militarização a ela inerente não poderia ser desprezada na questão da volta à autonomia de São Paulo. Só não se referia à "pobreza e ruína" para que se completasse o quadro dos fatores da restauração. Entretanto, parece que o fizera em carta anterior, de 13 de julho de 1764. Dessa carta só se tem notícia pela resposta de Mendonça Furtado, de 4 de fevereiro do ano seguinte;[80] "[...] Sendo prezente a S. Mages-tade pela carta de Vossa Excelencia que trousse a data de 13 de julho do ano próximo passado do mizerável estado a que se achava reduzida a Capitania de São Paulo, por falta de governo [...]".

De posse de todos esses argumentos, Pombal restaurava a Capitania de São Paulo, pela nomeação de D. Luís Antonio de Souza Botelho Mourão, em 14 de dezembro de 1764.[81] O Decreto de 5 de janeiro de 1765 "porque sua Magestade hé por bem de erigir Governador e Capitão General da Capitania de São Paulo" estabelecia:

> Sendo-me prezente a grande necessidade que ha de se erigir Governador e Capitão General na Capitania de São Paulo, na mesma forma e com a mesma jurisdição que já an-tecedente o houve nella: Sou Servido restabelecer a mesma Capitania a seu antigo estado e,

---

[79] DI 11, p. 209-11. Também poderiam ter pesado na resolução de restabelecer São Paulo as notícias de perturbações que ocorriam em terras da capitania extinta, em razão do fracionamento de seu governo: por exemplo, as vilas de Guaratinguetá e Moji sem meios de defesa contra ataques índios, arbitrariedades de ouvidores, transferências indiscriminadas de soldados etc. (Ver os documentos "São Paulo" de AHU, Lisboa, entre os anos de 1748 e 1765).

[80] DI 47, p. 144.

[81] Sabe-se, pela declaração do próprio Morgado de Mateus: "Foy Sua Magestade servido nomear-me Go-vernador e Capitam General desta Capitania de São Paulo a 14 de dezembro de 1764 [...]" (1º de julho de 1767. DI 23, p. 250).

nomear para Governador e Capitão General do mesmo Governo a Dom Luís Antonio de Souza Botelho Mourão, que servirá por tempo de trez annos e mais que decorrer em quanto lhe não nomear sucessor. O Conselho Ultramarino o tenha assim entendido e lhe mande passar os despachos necessários. Palácio de Nossa Senhora da Ajuda a cinco de janeiro de mil setecentos e sessenta e cinco.[82]

Evidentemente, repetimos, não se pode ver, como móveis da restauração, simplesmente, os problemas transpirados por Cunha, ou pela Câmara de São Paulo, e atendendo tão-somente às necessidades regionais. Já nos referimos à conjuntura ibero-sul-americana, admitido o fracasso representado pelo Tratado de El Pardo, de 1761. A retomada da autonomia administrativa de São Paulo era elemento eminentemente importante na política de defesa de Colônia e do Rio Grande do Sul, tanto quanto era elemento da segurança da região Oeste, fronteira de difusa propriedade.

Constata-se assim que, paradoxalmente, o que havia sido razão para a extinção de São Paulo, ou seja, os espanhóis no Sul e a segurança das fronteiras do Oeste, o era agora para seu restabelecimento. A Alexandre de Gusmão parecera mais conveniente o estar todo o Sul sob um só comando e o Oeste, pelas razões do *uti possidetis*, ter governo separado. Já Pombal optara por instalar governador em São Paulo, encarregando-o da militarização da capitania. Esta faria frente à belicosidade no Sul e não só defenderia as fronteiras do Oeste, como poderia ali estender os domínios portugueses.

Apresentava-se, assim, no momento, uma convergência de situações e necessidades, propiciando a restauração. Inadiável e há muito ansiada, a "existência" de São Paulo impunha-se.

Dentro da orientação do governo e dado o estado da capitania, a restauração foi um ato perfeitamente natural. Como natural parece ter sido, dentro do mais rígido esquema pombalino, a escolha do "Restaurador".

Pertencer, de preferência, à fidalguia, ser um militar experiente, com prestígio na Corte e alto grau de fidelidade ao rei e à pátria eram as características que se esperavam de um administrador colonial. Por tudo isso, foi colocado à frente dos destinos de São Paulo restaurada D. Luís Antonio de Souza Botelho Mourão, Morgado de Mateus.

---

[82] "São Paulo", Doc., nº 2215 e Cód. do Conselho Ultramarino 3, Livro 4 de Decretos. A Carta Patente e a Carta Régia, publicadas em DI 19, p. 437-40, repetem os mesmos termos. Ainda no AHU outros documentos referem-se a seu soldo de 10.000 crz. por ano e outros papéis de praxe da nomeação. Em 17 de janeiro, no ofício já referido, Mendonça Furtado comunicava essa nomeação ao conde da Cunha. Ordenava-lhe que instruísse o novo mandatário nas "matérias daquele governo" e que tomasse "Assento dos limites por onde deveria partir a dita Capitania com as de Minas e Goiaz". Da mesma forma, as "Instruções", de 26 de janeiro, que o governador nomeado trazia, eram dirigidas ao vice-rei (DI 47, p. 144).

D. Luís Antonio de Souza Botelho Mourão,
Morgado de Mateus

> Sua Magestade que Deos Guarde quando he
> servido nomear hum Capitão General para esta ou
> aquella Capitania, sabe muito bem o que faz, e a quem
> escolhe para lhe fiar a direção dos mais graves negocios
> de Sua Coroa.
>
> Do Morgado de Mateus
> à Câmara de Paranaguá, 1767

A Casa de Mateus representava, no século XVIII, a convergência de famílias cujos varões, de longa data, serviam ao país no campo administrativo, no cultural e no militar.[1] Abrangia, então, um morgado e capela[2] que fora instituído por Antônio Álvares Coelho, em 1641.[3] Acrescido de outros bens e rendimentos, pelas sucessivas alianças familiares, passou, nos anos finais do século XVII, ao seu terceiro titular, Antônio José

---

[1] O nome da família passou a se confundir com o do palácio barroco, hoje monumento nacional, o "Solar de Mateus", construído em 1690, na Freguesia de São Martinho de Mateus, o "Lugar de Mateus", nos arredores de Vila Real de Trás-os-Montes, em Portugal. Um esquema genealógico dos "Souzas, Botelhos, da Caza de Matheus" feito nos inícios do século XIX (BMP, Porto; Seção de Manuscritos, Ms. 425, F8), assim como a árvore genealógica estabelecida por Luís de Bivar Guerra, em *O Brasão dos Morgados de Mateus* (1963), baseada nos arquivos daquela Casa, fazem figurar entre os Souza, Botelho, Aguiar, Alvares e Mourão vários titulares da nobreza, fidalgos da Casa Real, senhores de terras, lentes da Universidade de Coimbra e eclesiásticos de renome, com serviços prestados em guerras, em órgãos governamentais, assim como em domínios ultramarinos.

[2] Um morgado era constituído por um conjunto de bens vinculados, inalienáveis, indivisíveis e que, por morte do possuidor, passava ao filho primogênito (que recebia também o título de Morgado, acrescido do nome da Casa ou terras que lhe competiam). Seriam os morgados a forma institucional e jurídica de defender a base econômica territorial da nobreza, livrando as terras de retalhação por vendas ou doações. Morgado, vínculo e capela são muitas vezes confundidos. O vínculo era o não se poder "alhear, nem aforar, nem descambar, nem vender, nem repartir pelos filhos, os bens do Morgado (Bluteau, *Vocabulário*, t. 9, p. 496). A capela consistia na "afectação de domínios e seus rendimentos a serviços religiosos, em regra, por intenção dos instituidores" (Armando de Castro, "Morgado", In: Joel Serrão (ed.) *Dic. Hist. Portugal*, v. 3, p. 109-12).

[3] Para a instituição do Morgado de Mateus, Pinho Leal fixa a data de 1620, enquanto Pereira da Silva situa-a em 1643. Entretanto, Bivar Guerra, possivelmente mais bem documentado (Maço 59, nº 1, do Arquivo da Casa de Mateus), dá a instituição como tendo sido em 5 de dezembro de 1641. O instituidor, Antônio Alvares Coelho, era casado com Helena Alvares Mourão, filha do instituidor da Casa da Cumieira. Desde aí uniram-se

Botelho Mourão, fidalgo da Casa Real, cavaleiro da Ordem de Cristo e tenente-coronel do Regimento de Chaves.[4] Casou-se ele, em 1721, com Dona Joana Maria de Souza Mascarenhas e Queirós, natural e Morgada de Moroleiros (hoje, Morleiros) em Amarante. Desse casamento nasceu D. Luís Antonio de Souza Botelho Mourão. Era da família materna que herdava a mais nobre linhagem e a tradição militar.[5] O avô materno, D. Luís Antonio de Sousa, viria a ter influência decisiva na sua formação.[6]

Embora seus pais vivessem normalmente em Mateus, D. Luís Antonio era "natural da Freguesia de São Veríssimo de Riba Tâmega, Distrito da Vila de Amarante,[7] provavelmente por estar situada nessa freguesia a Casa de Moroleiros. Nessa propriedade de seus avós maternos[8] nasceu o 4º Morgado de Mateus, futuro governador de São Paulo, em 21 de fevereiro de 1722.[9]

---

esses dois morgados, aos quais, mais tarde, serão adjudicados outros, pela adição de novos ramos familiares. A sucessão deu-se na filha de Maria Coelho, casada com o primo Mathias Alvares Mourão. Na falta de filhos destes, foi ao sobrinho Dr. Mathias (ou Matheus) Alvares Botelho Mourão que coube ser o 2º Morgado de Mateus. De seu casamento com a prima D. Maria Coelho de Barros e Faria houve vários filhos, sendo o herdeiro o primogênito Diogo Alvares Botelho Mourão, arcediago de Labruja. Este desistiu a favor de seu irmão Antônio José Alvares Mourão, pai de D. Luís Antonio. (Os dados referentes à Casa de Mateus, além do citado manuscrito da Biblioteca Municipal do Porto e do trabalho de Bivar Guerra, podem ser encontrados em Armando de Matos, *A casa de Mateus* (1930); A. Soares Pinho Leal, *Portugal antigo e moderno*, v. 5, p. 126; Antônio Pereira da Silva, *Nobres casas de Portugal*, v. 1, p. 11; Felgueiras Gayo, *Nobiliário de famílias de Portugal*, título dos Souzas, p. 116; Canaes de Fígueiredo Castelo Branco, *Costado das famílias*, t. 1, p. 62; A. Antero da Silveira Pinto, *Resenha das famílias titulares e grandes*, v. 2, p. 762, e o verbete sobre o conde de Vila Real (R. Geram. Braz, 1928); BN Sec. Re., Lisboa, Cód. 223: "Rellação de Vila Real e seu termo".

[4] Armando de Matos, op. cit., p. 35.

[5] O bisavô D. Antônio Luís de Sousa, 2º marquês das Minas, teve destaque nas guerras da Restauração e como governador de Armas do Minho. Foi governador e capitão-general do Brasil, de 1684 a 1687. O 1º marquês das Minas, D. Francisco de Sousa, foi governador geral do Brasil, de 1591 a 1602, e administrador das Minas de Ouro, em 1605, quando da criação da Repartição Sul do Estado do Brasil, tendo sido o grande incentivador das prospecções de ouro pelos paulistas (Carvalho Franco, *Dicionário de bandeirantes e sertanistas*).

[6] Era filho natural legitimado de D. Antônio Luís de Sousa, 2º marquês das Minas, e de Maria Thereza Colan, irlandesa. Nasceu em 1671 e foi governador do Castelo de Viana, onde morreu em 1749. Foi muitas vezes o governador de Armas do Minho, nos impedimentos do marquês de Angeja e do conde de Areias (cf. AHM, Lisboa, L; 19, 1º Div., 3ª Seção).

[7] Dos documentos sobre a sua vida e carreira, o único que faz menção expressa ao local de nascimento é uma "Carta de Padrão", de D. José, datada de 1752, para recebimento de uma tença, por parte de D. Luís (ANTT, Lisboa, Chancelaria de D. José, Livro 44, p. 304).

[8] Hoje conservada e habitada, pertencendo à Freguesia de São Gonçalo, de Amarante, uma vez que a de São Veríssimo foi extinta, persistindo a igreja que lhe dava o nome.

[9] Na tentativa de localizar o Registro Paroquial de seu nascimento, foram infrutíferas nossas buscas no Registro Civil de Amarante (onde estariam os Livros Paroquiais das Freguesias de São Gonçalo e da extinta de São Veríssimo) e nos Arquivos Distritais, tanto de Braga como do Porto, para onde foram mandados os documentos paroquiais remanescentes do grande número que foi destruído ou perdido durante as invasões francesas nos inícios do século XIX. Assim, os dados do dia e mês foram obtidos em Brasiliense de Moura (*O governo do Morgado de Mateus*, p. 35), sem que os genealogistas que ele menciona o confirmem, dando apenas informações gerais sobre a sua vida e a de outros da linhagem. A mesma data foi-nos confirmada por informações orais do Dr. Bivar Guerra que, a par de Armando de Matos, é dos que mais se têm preocupado com os aspectos históricos, heráldicos e genealógicos da Casa de Mateus. Seus dados são baseados no Arquivo daquela Casa.

Em muito tenra idade foi o Morgado de Mateus[10] viver no Minho, em companhia do avô, D. Luís Antonio de Sousa, então governador do Castelo de São Tiago da Barra da Vila de Viana. Comprova-o a afirmação, no *Diário de Governo de São Paulo*, de que o dia 2 de fevereiro era muito importante para o governador de São Paulo, por várias razões ali explicitadas. Entre elas, porque "nelle entrou em Vianna menino a primeira vez no ano de 1723 debaixo da tutela de seu avô Dom Luís de Souza, Governador do Castelo [...]".[11] Que já era soldado em 1725 documenta-o, além de afirmação sua,[12] a "Carta de Padrão" de D. José, da qual consta ter D. Luís Antonio de Souza Botelho Mourão, "[...] serviços feitos na Província de Entre Douro e Minho por espaço de 13 annos e 9 dias em Praça de soldado na Guarnição do Castello de S. Thiago da Barra da Villa de Vianna continuados desde 1º deste anno de 1725 the 21 de fevereiro de 1738 [...]".[13] Assim, pelo menos até os seus 16 anos teria, certamente, permanecido naquela Praça.

Nada se sabe dos estudos de D. Luís Antonio nos anos de sua infância e adolescência, que terão sido efetuados, dentro do próprio Castelo de Viana. Sua formação teria obedecido, desde então, a uma forte influência militar, com orientação do próprio avô.[14] Em 1735, um documento do extinto Conselho de Guerra assinala várias promoções a sargento-mor de batalha, constando, entre outros, o nome de D. Luís Antonio de Souza.[15] E em maio de 1739 foi-lhe concedida uma licença de dois meses.[16]

Quanto ao ano, fora a mesma referência de Brasiliense de Moura, A. Antero da Silveira Pinto, em *Resenha das famílias titulares e grandes de Portugal*, v. 2, p. 762, dá 1722 como o ano de nascimento de D. Luís Antonio. Além disso, há a afirmação dele próprio, em ofício de 1766: "[...] sentei praça aos 3 anos de idade [...]" (DI 19, p. 183); ora, se em outro ofício do mesmo ano (DI 23, p. 82-4) afirma "...me sentarão praça de soldado no anno de mil setecentos e vinte e cinco...", é óbvio concluir-se que nasceu em 1722.

[10] A partir daqui designar-se-á simplesmente como Morgado de Mateus, ao 4º deste nome, isto é, a D. Luís Antonio de Souza (como ele mesmo assinava) ou acrescido do Botelho Mourão, identificado em Portugal como "o que governou São Paulo". Nos meios portugueses o Morgado de Mateus mais conhecido como tal é D. José Maria do Carmo de Sousa, filho de D. Luís Antonio, e que se celebrizou como diplomata e editor de *Os Lusíadas* (1815).

[11] Teria um ano de idade? (AM/BN, Rio de Janeiro, Doc. nº 1268-1280: *Diário*, dia 2 de fevereiro de 1770).

[12] Veja o fim da nota 9.

[13] ANTT, Lisboa, Chancelaria de D. José, Livro 44, p. 304.

[14] Era comum que os filhos de fidalgos e nobres da época recebessem, antes de encaminharem-se para as carreiras das armas, das leis ou da Igreja, educação por parte de parentes eclesiásticos, como aconteceu, por exemplo, com o marquês do Lavradio, completando-a depois, com viagens e estadas no exterior. O Real Colégio dos Nobres só seria fundado em 1761. Percorremos detalhadamente todos os livros da Correspondência do Castelo de Viana com a Corte – durante o período 1725-1749 – existentes no Arquivo Histórico Militar, em Lisboa. Não há menção alguma ao neto do governador; nem o Morgado de Mateus faz referências a esse tempo na sua correspondência publicada ou inédita. Na Universidade de Coimbra pudemos constatar que ali não realizou estudos, havendo registro de matrícula apenas de antepassados seus, os Alvares Mourão, e a do seu filho, D. José Maria.

[15] ANTT, Lisboa, Conselho de Guerra, ano 1735, Maço 94, maio, dia 27, nº 6. Não se tratava, evidentemente, do avô homônimo, pois a documentação do Arquivo Histórico Militar, citada na nota 6 deste capítulo, refere-se, também em 1735, ao "Dom Luís Antônio de Souza, brigadeiro de Infantaria a cujo cargo se acha o governo de Armas da Província do Minho".

[16] ANTT, Lisboa, Conselho de Guerra, Ano de 1739, Maço, 98, maio, dia 1º, nº 40.

O *Diário de Governo*[17] assinala que pelo falecimento do seu avô, "[...] deixando de todo aquela terra (Viana) entrou de assistencia na sua Caza de Matheus no ano de 1750".[18] Entretanto, antes mesmo da morte de D. Luís de Souza, ocorrida em 7 de dezembro de 1749,[19] foi seu neto nomeado para Mestre de Campo de Auxiliares do Distrito do Porto. Do decreto dessa nomeação constava que estava "lançado sobre um requerimento do interessado".[20] Teria ido para o Porto? Teria ido para Mateus, onde, parece, a morte do pai fazia sua presença bastante necessária? Permaneceria em Viana? Brasiliense de Moura afirma que o Morgado de Mateus contava trinta anos quando lhe nasceu uma filha natural.[21] Ora, o processo de legitimação dessa filha requerido por ele em 1779 diz que na época residia na "Vila de Viana do Lima".[22] Portanto, é possível que em 1752 ainda lá permanecesse. Ser Mestre de Campo do Porto não o obrigava a residir naquela cidade. Mesmo quando residente em Mateus seus postos militares foram no Porto, em Viana ou em Bragança.

Sem que se possa precisar a data (mas seria pouco antes de 1756), D. Luís Antonio recebeu em Vila Real, a D. Vicente de Souza Coutinho, que ia tratar o casamento do rico morgado com sua irmã D. Leonor de Portugal".[23] Pouco depois teria ido à capital, pois o *Diário* assinalava: "... sahio de Lisboa com o seu cazamento ajustado no ano de 175 (*sic*) em cujo dia se desse tão bem na Caza dos Moleyros a primeira missa a Nossa Senhora na nova Capella daquele Morgado que a muitos annos estava por fazer [...]".[24] Assim, em 1756[25] casou-se, em Amarante, na Casa de Morleiros, com Dona Leonor Ana

---

[17] AM/BN, Rio de Janeiro, Doc. nº 1268-1280.

[18] Provavelmente em razão da morte do pai.

[19] Brasiliense de Moura, op. cit., p. 36.

[20] ANTT, Lisboa, Conselho de Guerra, Ano de 1749, Maço 108, julho, Decreto nº 23 do dia 12: "Fazendo mercê do posto de mestre de campo de auxiliares do distrito do Porto, vago por falecimento de Rodrigo de Sousa a D. Luís Antônio de Sousa Botelho Mourão, filho do Tenente-Coronel de cavalaria que pertenceu à praça de Chaves, Antônio Joseph Botelho Mourão [...]".

[21] Op. cit., p. 37. Vários documentos referentes a esta filha, Teresa Maciel, que aos cinco anos de idade foi viver em Mateus, estão hoje disponíveis no Arquivo da Casa de Mateus, em Vila Real.

[22] ANTT, Lisboa, Chancelaria de D. Maria I, Livro 4º, p. 122 e 123.

[23] "A casa da Rua da Fonte do Chão, em Vila Real, a utilizou como pousada D. Luís de Sousa Botelho Mourão, ainda solteiro, para receber a D. Vicente de Sousa Coutinho [...]" (Luís de Bivar Guerra, op. cit., p. 23).

[24] AM/BN, Rio de Janeiro, Doc. nº 1268-1280. Dia 2 de fevereiro de 1770.

[25] A data é oferecida por Brasiliense de Moura, que diz que "mediante licença régia, casou D. Luís em 1756", mas não localizou o documento comprobatório dessa licença. Nossas pesquisas no ANTT e nos Registros Paroquiais já citados foram infrutíferas nesse sentido. No entanto, na pesquisa recente no Arquivo da Casa de Mateus, localizou-se um documento apresentado como um rol de todos os gastos com pessoal, bebidas, alimentos, louças e instrumental de cozinha, feito por ocasião do "púcaro d'água" (nome que corresponde ao que hoje, se denomina em Portugal, o "copo d'água", isto é uma recepção festiva realizada por ocasião de casamentos, noivados, batizados etc.) realizado em março de 1755, oferecido por D. Luís à família de D. Leonor, provavelmente em virtude do compromisso de noivado.

Luisa José de Portugal. Nascera ela em Lisboa em 1722, filha de D. Rodrigo de Sousa Coutinho, segundo filho do conde de Redondo. Era irmã de Francisco Inocêncio de Sousa Coutinho, e de D. Vicente Roque de Sousa Coutinho, diplomatas muito ligados ao marquês de Pombal, tendo sido embaixadores, por ele nomeados, respectivamente na Espanha e na França. Em junho do mesmo ano recebia o Senhorio do Concelho de Honra de Ovelha, povoação situada na Serra do Marão, nas proximidades de Mateus.[26]

O casal, após seu casamento, passou a residir no Porto, à rua das Flores, onde, em 1758, nasceu o filho primogênito, José Maria do Carmo.[27] Dali, onde detinha o posto de Mestre de Campo de um dos Terços Auxiliares, desde 1749, exercia D. Luís os seus afazeres militares, principalmente de arregimentação e recenseamento militar por toda a região Norte do país. Em tempos de paz, não se exigia a constante presença do comandante à frente de seu regimento. Em ocasião de guerra, sim. E esta, mostrou-se, efetivamente, em 1762.[28]

A Campanha de 1762, na qual D. Luís Antonio tomou parte foi um episódio, em território continental, da Guerra dos Sete Anos. Portugal não quisera aderir ao Pacto de Família, que visava unir os Bourbon reinantes na Europa contra a Inglaterra, e recusou-se a fechar seus portos ao comércio inglês. Por essa razão, a Espanha e a França declararam-lhe guerra.

A ofensiva franco-espanhola contra Portugal foi fulminante. Em abril de 1762, sob o comando do marquês de Sarriá e de O'Reilly, deu-se a invasão em direção à Miranda do Douro. Esta capitulou, assim como Bragança e Chaves, que era melhor praça de Trás-os-Montes. No início de junho os franco-espanhóis dirigiram-se à Vila Real, de

---

[26] Recebendo o Senhorio do Concelho de Honra da povoação de Ovelha passava o Morgado de Mateus a ter em relação a ela um domínio praticamente feudal sobre a renda, a distribuição e circulação econômicas, assim como as relações humanas, inerentes ao sistema (cf. verbetes "Concelho", "Honra" e "Regime Senhorial", In: *Dic. Hist. Port.*). O Alvará de Mercê do Senhorio do Concelho de Honra de Ovelha dizia: "Eu el Rey Faço saber que hávendo resposta a meu reprezentar Dom Luís Antônio de Souza Botelho Mourão, Fidalgo da Minha Caza e Mestre de Campo de Infantaria Auxiliar de Partido do Porto por ter sido deferido pellos serviços de seu avô D. Luís Antônio de Souza entre outras mercês com a promessa de hum lugar de Cem vesinhos para erigir Villa [...] e atendendo a haver-lhe feito mercê de Senhorio de hum lugar e comprimento da referida promessa fazer-lhe merce do Senhorio do Concelho e honra de Ovelha situado na Serra do Marão que divide as duas províncias do Minho e Tras-os-Montes para a sua custa fazer villa de que se poderá chamar Senhor [...]" Lisboa, 26 de junho de 1756 (ANTT, Lisboa, Chancelaria de D. José, Livro 26, p. 73v).

[27] Em 9 de março, prova-o o registro de nascimento existente no Arquivo da Casa de Mateus. A casa da rua das Flores permaneceu muitos anos arrolada como patrimônio da família.

[28] Dos três Terços Auxiliares, o de D. Luís correspondia a Penafiel e Beirão (cf. DI 19, p. 183). O "Terço do Mestre de Campo D. Luís Antônio de Souza" contava, em 1756, com um sargento-mor, vários cargos vagos de oficiais, 216 soldados com armas e 97 sem armas (AHM; Lisboa, 3ª div. 37ª seção, nº 1, caixa 1). Em 1762 é que seriam preenchidos os "postos vagos [...] para o Terço de que he Mestre de Campo Dom Luís Antônio de Souza" (AHM, Lisboa, 3ª div., 27ª seção, nº 5, caixa 1).

onde pretendiam atingir o Porto. Deu-se, porém, o fenômeno significativo da resistência popular dos camponeses transmontanos, que tornaria extremamente inseguro qualquer movimento das tropas invasoras, condenando-as a uma prolongada imobilidade. Ao mesmo tempo, esboçava-se um ataque pelo Alto Alentejo, na altura de Badajoz.[29]

Por "descuidos de uma dilatada paz",[30] o Exército português estava mal equipado, desorganizado e desfalcado. Se havia quadros da oficialidade à qual pertenciam muitos estrangeiros, que tinham suas regalias, o soldado mal armado, mal pago, mal vestido e mal alimentado tinha uma instrução militar e disciplina deficientes. A gente mais pobre e desprotegida era a que estava sujeita aos recrutamentos periódicos. Muitos oficiais praticavam o absenteísmo sendo os títulos uma forma de remuneração. A prestação de serviços não tinha prazos, podendo alastrar-se por anos e anos. As fronteiras desguarnecidas e o material bélico inexistente completam o quadro.

Para fazer face a essa situação, foi colocado à frente do exército o conde de Lippe.[31] Diante da má vontade inicial dos oficiais portugueses, do despreparo dos soldados e da situação das praças, tudo o que ele pôde fazer foi tentar impedir a penetração dos invasores. Nos últimos meses ordenou uma ofensiva rápida e em frentes esparsas. Entretanto, a "Paz de Fontainebleau" (3 de fevereiro de 1763) punha fim à Guerra dos Sete Anos, facilitando o final da invasão.[32]

O Morgado de Mateus tomou parte num dos episódios mais importantes da Campanha, qual seja, o da resistência nortenha.

> Foi o mesmo General Dom Luiz de Souza o qual sendo Mestre de Campo de Auxiliares de Penafiel e Bayrão do Districto do Porto, achando-se tomadas na Província de Tras-os-Montes as Praças de Miranda, Bragança, Chaves e Villa Real ocupada por hum destacamento de 200 cavaleiros e mil infantes as ordens do Coronel Alexandre Ornelli que depois foi Governador de Habana, se resolveo a entrar na Província passando o Marão com 800 homens do seu Terço, e com a noticia da sua marcha dezamparou Alexandre Ornelli, Villa Real, e o dito D. Luiz Antonio entrou nella a [...] (sic) de junho de 1762, e tomando as passagens do Homezio e

---

[29] Sobre a Campanha de 1762, ver Carlos Selvagem, *Portugal militar*: compêndio de história militar e naval de Portugal; J. M. Latino Coelho, *História militar e política de Portugal desde fins do século XVIII até 1814*; Ernesto Augusto Pereira, *O Conde de Lippe em Portugal*; João Lúcio de Azevedo, *O Marquês de Pombal e sua época*; e o verbete "Schaumburg-Lippe" na *Enciclopédia portuguesa e brasileira*, v. 27, p. 855.

[30] E. A. Pereira, op. cit., cap. 4, p. 50.

[31] Wilhem de Schaumburg-Lippe Buckburg, conde alemão nascido na Inglaterra, onde era marechal de Campo, depois de ter se distinguido em lutas em Hanover. A indicação para que passasse para Portugal foi do próprio rei Jorge II.

[32] A verdadeira contribuição de Lippe, no entanto, veio depois: reorganizou as forças militares portuguesas nos dois anos em que permaneceu em Portugal, a pedido de Pombal. Introduziram-se as diretrizes da escola militar prussiana de Frederico II (de quem Lippe era dileto discípulo) tanto no sentido da organização como

Rio Tua se conservou 13 dias sem poder ser atacado por onze mil homens que se achavão em Chaves as ordens do Marquez de Savalhos General, e por dito mil homens que se achavão em Mirandella as ordens do Marquez de Tremanes. E deu, com esta deligencia tempo com que chegasse de Thomar o Marquez de Marialva com as nossas Tropas, e lhe segurou a passagem do Pezo da Regoa para poder passar o Douro, e entrar na Provincia, que logo abandonou o Marquez de Sarriá com todo o Exercito Castelhano.[33]

Por esse merecimento foi D. Luís Antonio promovido a coronel de Infantaria, em 30 de setembro de 1762,[34] quando ainda se travavam combates na Beira Baixa. Saía o Morgado, do Terço Auxiliar do Porto para o 2º Batalhão do Regimento de Bragança, em Trás-os-Montes, próximo da fronteira espanhola.[35]

Em conseqüência do fim da Campanha, foram alterados os efetivos militares de regimentos e batalhões; muitos por terem sido reunidos para combater os inimigos e, outros, por já obedecerem aos novos esquemas estabelecidos por Lippe. O Decreto de 10 de maio de 1763 relacionava essas alterações, por armas e por província. No item relativo à "Artilharia", na Província de Trás-os-Montes consta que o Regimento de que "he coronel actual D. Luís Antonio de Sousa Botelho" deveria conservar a mesma separação para ser reduzido à "nova formatura".[36]

---

no emprego da estratégia. Aliás, vamos encontrar essas mesmas diretrizes na ação do Morgado de Mateus. Nas suas obras fundamentais, o conde deixou assentes ensinamentos militares que estabelecera para Portugal e colônias (*Regulamento para o exercício e disciplina dos Regimentos de Infantaria dos Exércitos...* 1763; *Direcçõens que ham de servir para os senhores coroneis, tenentes coroneis e majores dos Regimentos de Infantaria dos Exercitos de sua Majestade executarem com precizão os grandes movimentos das tropas...* 1767; *Novo methodo para dispor hum corpo de infantaria...* 1767; *Memoria sobre os exercicios de meditação militar...* 1773; exemplares raros existentes na Biblioteca do Real Gabinete Português de Leitura, do Rio de Janeiro).

[33] DI 19, p. 183 – Transcrevemos o documento por ser o que apresenta com relativa riqueza de detalhes a atuação de D. Luís Antonio na Campanha de 1762. A incursão em Trás-os-Montes foi a mais concreta invasão de território português, naquela ocasião. Se a chamada "Defesa da passagem do rio Tua" foi o episódio decisivo na desistência dos espanhóis na tentativa de invasão de Portugal, e se o grande nome daquela defesa foi o Morgado de Mateus, é natural que tivesse obtido, com isso, prestígio e admiração junto à Corte.

[34] ANTT, Lisboa, Conselho de Guerra, 1762, maço 121: "Decreto de 30 de setembro de 1762, acerca do provimento de vários postos no exército... Relação dos postos que S. M. houve por bem prover em resolução de 24 de setembro de 1762". Na relação dos coronéis de Infantaria figura: "Dom Luís Antonio de Souza para o Regimento formado do Segundo Batalhão de Bragança de que foi Coronel Bento Joseph de Figueiredo Sarmiento".

[35] O Regimento de Infantaria de Bragança, criado em 1707, foi um dos de maior tradição em Portugal e depois no Brasil. Oriundo do Terço de Bragança, que já existia em 1666, foi dividido em dois, em 20 de abril de 1762: o 2º Regimento foi formado do primitivo 2º Batalhão. Este 2º Regimento veio a se constituir no único de Bragança, já que o primeiro veio, inteiro, para o Rio de Janeiro, em 1767, tendo se integrado depois da Independência ao exército brasileiro (Antônio José Babula Cid, *Unidades de infantaria*: sua evolução desde 1640. Lisboa, 1956).

[36] ANTT, Lisboa, Conselho de Guerra, 1763, Maço 123: "Decreto de 10 de maio de 1763, sobre alterações e reduções na força do exército em conseqüência da terminação da guerra".

Não obstante haver documentação relativa às promoções, foi impossível encontrar a indicação de seu posto de coronel dos Dragões de Chaves, que já havia sido ocupado pelo pai. Assim como nada foi encontrado com referência à Alcaidaria-Mor de Bragança;[37] nem sobre a comenda que consta da sua titulação, D. Luís Antonio, nas vésperas de sua nomeação para São Paulo, detinha já os seguintes títulos: Morgado de Mateus (acrescido de outros morgados: Moroleiros, Sabrosa e Cumieira), Fidalgo da Casa de Sua Majestade e de seu Conselho,[38] Senhor Donatário da Vila de Ovelha do Marão, Alcaide-Mor da Cidade de Bragança, Comendador da Comenda de Santa Maria de Vimioza da Ordem de Cristo[39] e Governador do Castelo da Barra de Viana. Este honroso cargo, de governador no posto militar onde havia passado seus primeiros anos, foi recebido em 17 de junho de 1764.[40]

Qual teria sido o critério para a escolha de D. Luís Antonio para ser o "Restaurador de São Paulo"? De quem teria partido a sugestão de seu nome, uma vez que não era conhecido na colônia? A Câmara de São Paulo havia sugerido para governador Alexandre Luís de Sousa Meneses, que chefiava a Praça de Santos. Portanto, a idéia não partira daqui. Teria sido sugerido pelo Conselho Ultramarino? Por Francisco de Mendonça Furtado, que nessa altura era o secretário dos Negócios da Marinha e Ultramar? Escolha pessoal do rei ou de Pombal? Por influência da família de sua mulher – os Sousa Coutinho? (que na mesma ocasião tiveram Francisco Inocêncio nomeado como governador de Angola). Pelos méritos de seu avô materno – D. Luís Antonio de Sousa, pela sua experiência militar, pela repercussão que o episódio da defesa da passagem do rio Tua em 1762 pudera ter na Corte? Fora o primeiro a ser convidado? Nenhuma das hipóteses pode ser desenvolvida satisfatoriamente. A nosso ver, sua participação na campanha contra os franco-espanhóis parece ser a razão mais plausível.

Quem era esse fidalgo nortenho, militar de carreira do ponto de vista pessoal? Sua maneira de ser, pensar e atuar à frente do governo de São Paulo pode ser esclarecida, se estudada a luz de seus feitos anteriores? Não há sombra de dúvida de que a maneira de agir de um

---

[37] Como se tratava de cargo ao mesmo tempo militar e honorífico, é possível que ele coincidisse, sistematicamente, com a detenção do posto de comando de um dos Regimentos de Infantaria

[38] Como não encontramos a concessão real da Carta de Moço Fidalgo nem de Fidalgo da Casa Real, será lícito supor-se que a fidalguia teria sido concedida a seu pai por duas vidas no Alvará de 15 de junho de 1717.

[39] Este, provavelmente herdado do pai, já figura no referido manuscrito da Biblioteca do Porto, como "Cavaleiro da Ordem de Cristo".

[40] ANTT, Lisboa, Conselho de Guerra, ano de 1764, Maço 123, junho, Decreto nº 55 do dia 17 "nomeando governador do Castelo de Vianna o Coronel de infantaria D. Luís Antônio de Souza, em atenção ao seu merecimento e serviços (e o Decreto nº 58 nomeava o seu substituto para o Regimento de Bragança, demonstrando, assim, ao menos para este caso, a impossibilidade de acumulação de cargos).

indivíduo não se desvincula de sua formação e de sua posição social. Tudo isso eivado do "espírito do seu tempo". E trata-se de século XVIII. E de século XVIII ibérico.[41]

O ser "um homem do seu tempo" infiltrava-se no seu modo de perceber e criar. Buscava no âmago das coisas – na sua mais ampla riqueza – os recursos que, em seguida, usava. O ser conhecedor dos males sociais do território metropolitano, dos problemas econômicos que afetavam Portugal e Império, e das formas culturais e políticas de que se revestia o governo pombalino foi-lhe, sem dúvida, de grande valia, ao tentar soluções válidas para São Paulo e para o Estado do Brasil.

A população portuguesa em território metropolitano era de cerca de dois milhões de habitantes. Os seus estratos eram o clero, a nobreza e um terceiro estado que compreendia variada gama social.

O estado eclesiástico era poderoso, cheio de privilégios e imunidades, bens e rendimentos, regido por leis próprias, quase um "Estado dentro do Estado".[42] Poderoso no conjunto, pois no seu interior debatiam-se categorias muito diversas que iam desde os párocos, de rendimentos por vezes muito limitados, até os bispos e arcebispos de extraordinárias rendas e privilégios. Havia a mesma disparidade no clero regular. Os conventos eram numerosos – cuja inutilidade social era muitas vezes referida.[43] No ensino, até o governo de Pombal predominava a influência da Companhia de Jesus que, por sua posição cultural contrária a revisão dos princípios religiosos e filosóficos fora das normas impostas pelo Concílio de Trento, era vista como adversária ao despotismo ilustrado.[44] Vários autores atribuem aos inacianos o atraso cultural de grande parte da população portuguesa, até os meados do século XVIII.

A nobreza, por sua vez, tinha assumido papel de grande independência desde as guerras da Restauração (já que tinha sido o sustentáculo da realeza para a vitória). Passava a ser, na fase de radicalização do absolutismo, um elemento que devia escolher: ou inseria-se no esquema da monarquia absoluta ou seria combatida, como forma de

---

[41] A sociedade portuguesa do Antigo Regime mereceu estudos, entre outros, de Vitorino Magalhães Godinho (*A estrutura da antiga sociedade portuguesa*, 1971), e foi descrita, tal como se apresentava nos meados do século XVIII, pelos coevos José Gorani (*Portugal: a corte e o país no ano de 1765*), Charles François Dumouriez (*Etat présent du royaume de Portugal en l'année 1766*), Jacome Ratton (*Recordaçoens*) e D. Luiz da Cunha (op. cit.).

[42] Vitorino Magalhães Godinho, op. cit., p. 68.

[43] "[...] bocas que comem, sem braços que trabalhem e vivendo a custa dos que para se sustentarem e pagarem os tributos que se lhes impõem, cavão, semeão e colhem o que Deos lhes dá com o suor de seu rosto [...]" (*Instruções inéditas de D. Luis da Cunha e Marco Antônio de Azevedo Coutinho...*, p. 44). Pombal iria combater esse estado de coisas determinando a diminuição do número de conventos. V. Magalhães Godinho dá uma proporção, no século XVIII em Portugal, de um religioso para cada 36 habitantes (op. cit., p. 69).

[44] Luís Cabral de Moncada, *Mística e racionalismo em Portugal no século XVIII*; ver também Laerte Ramos de Carvalho, *As reformas pombalinas da instrução pública*.

influência própria. Entretanto, por força do mercantilismo, o Estado-mercador aliara-se a um determinado tipo de nobre "um tipo social característico, o fidalgo-negociante, o alto funcionário-mercador enobrecido"[45] – no qual ainda não se podia ver uma burguesia concretamente delineada porque faltava o capitalismo que a caracterizasse. A nobreza, ademais, detinha a propriedade da terra, que o sistema de morgado e capela tornava ainda mais sólida. E esse regime facilitava a ligação da aristocracia com o terceiro estado.

O terceiro estado compreendia um amplo leque de categorias sociais que iam desde os mercadores urbanos e proprietários rurais até aqueles a quem competia "trabalhar e servir".[46] Nessa acepção estão incluídos todos os que não eram eclesiásticos nem nobres: desde os pequenos agricultores e comerciantes, passando pelos artífices, os oficiais (componentes da administração publica), até os lavradores e camponeses, marinheiros e pescadores e servidores urbanos. Entretanto, havia setores ambíguos, quase que constituindo uma faixa de transição entre a nobreza e o "povo". Citemos os escalões superiores do funcionalismo; os mercadores de "grosso trato", os armadores, e assim como os que depois foram conhecidos como profissionais liberais.

Dentro desse contexto, D. Luís Antonio de Sousa Botelho Moura era um Fidalgo da Casa Real[47] e um militar de carreira. Os militares representavam a "nobreza política", de que nos fala Antonio Vilas Boas Sampaio.[48] E quando era possível aliar essa nobreza à "hereditária", o indivíduo tinha realmente seu lugar de destaque na sociedade portuguesa do Antigo Regime. Mesmo que a Pombal o "estado militar" não fosse simpático, pois não lhe interessava como força,[49] sabia que era com ele que deveria contar para a tarefa administrativa na área belicosa do Sul do Brasil. Além disso, era um "homem da Serra do Marão". A nosso ver, não é possível dissociar o seu temperamento do de um transmontano típico,[50] sem que isso signifique teorização de determinismo geográfico.

---

[45] Vitorino Magalhães Godinho, op. cit., p. 75.

[46] A palavra "povo" se vai "isolando no sentido de se tornar sinônima de povo miúdo, arraia miúda [...] Não se aplicava usualmente aos mercadores ricos nem aos elementos mais baixos da população (a gente baixa, 'os perversos ociosos')" (J. B. de Macedo, "Povo" [na época moderna], In: *Dic. Hist. Port.*, v. 3, p. 458-9).

[47] O Ms. da Biblioteca do Porto, já citado, e vários documentos designam-no como Fidalgo sem que tenhamos encontrado nos Arquivos consultados sua Carta de Fidalguia. A verdade é que já o era em 1756, pois consta como tal, na concessão do Senhorio de Ovelha.

[48] *Nobiliarchia portuguesa*: tratado de nobreza hereditária e política, 1754, p. 137.

[49] Charles-François Dumouriez, *Etat présent du Royaume de Portugal*, 1766, p.107.

[50] A região a que nos referimos – abstração feita às divisões político-administrativas entre o Douro Litoral e Trás-os-Montes – é a que engloba a serra do Marão e a do Alvão, aquela espécie de triângulo formado pelos cursos do Douro, Tâmega e de Tinhela, triângulo que é cortado no sentido norte-sul pelo rio Gorgo e do qual Vila Real é o ponto central. Marcada pelo isolamento geográfico – a serra, os rios, os vales de difícil acesso e clima áspero, onde longos invernos alternam-se com verões violentos –, sempre foi região de pouca comunicação com o resto do país, inclusive desde os tempos romanos, que ali deixaram vestígios quase nulos. O clima rigoroso, a paisagem árida, as lides de uma agricultura difícil e a marginalização relativamente à vida nacional, parecem ter plasmado homens "francos, sinceros, bravos [...]". E, como é comum acontecer em povos

No mais ativo dos capitães-generais que teve o Brasil na fase final do período pombalino,[51] portanto, é preciso ver comportamentos inerentes à sua posição social dentro de um regime senhorial, ainda que específico, limitado e decadente; à sua religiosidade e à sua formação militar. Disso resultara o retrato de um caráter autoritário, com um sentido de autoridade e hierarquia levado às raias do exagero, no qual a tenacidade em relação aos desafios caracterizar-se-á por uma coerência a toda prova. O moralismo e o ritual cotidiano de piedade e religião – entendamo-los dentro de sua época; a disciplina e o autoritarismo, na sua formação fortemente eivada do militar; a tenacidade, a teimosia e a inflexibilidade, ao transmontano. E esse temperamento, se, de um lado, podia servir da melhor forma à causa do centralismo, de outro, chocar-se-ia, inevitavelmente, com a maneira de ser dos paulistas.

Haveria, ademais da carreira militar e certo realce de nascimento, um traço que fosse comum aos governadores coloniais?[52] O parecer de um procurador da Coroa, em 1715, afirmava que um governador devia ser corajoso, prudente, ter prática militar e, se possível, ter "sangue ilustre". Apesar de que, dizia, em alguns casos, isso podia ser prejudicial no sentido de tiranizar os vassalos. Também "não devia ser rapaz", pois da pouca idade não se espera muita prudência nem experiência.[53] Preencheria o Morgado de Mateus esses requisitos? Obedeceriam à mesma tônica os capitães-generais que serviram no Brasil, em África e Ásia, em épocas aproximadas a que ele serviu em São Paulo? Um Bobadela, um Mendonça Furtado, um conde da Cunha, um Azambuja, um Lavradio, um Sousa Coutinho ou um Luís de Albuquerque e Cáceres? Todos eles eram de origem fidalga e

---

fronteiriços, levam os transmontanos ao extremo a xenofobia, no caso, em relação à Espanha. Na caracterização do homem transmontano, feita por vários autores, pode-se enquadrar a maneira de ser do Morgado de Mateus. Para Dumouriez, seriam "[...] cheios de preconceitos, de amor patriótico e ódio ao que não fosse nacionalista" (op. cit., p. 167 ss.); "Homens inteiros, saibrosos, altos, espadaudos que olham de frente e têm no rosto as mesmas rugas da terra que só conhece as transações bruscas, como as das nevadas letárgicas das longas invernias para a inclemência das estiagens nos verões caniculares [...]" (Barros Ferreira, *Encicl. port. bras.*); "O transmontano é robusto e inteligente, habita um clima seco e rigoroso com paisagem vasta, floresta de carvalhos e castanheiras gigantes com largos horizontes [...] O espírito do transmontano é rasgado e místico; sua poesia é idealista [...]" (Francisco Manuel Alves, *Portugal: Trás-os-Montes*, 1929).

[51] *"Of all the Capitain-general who served in Brazil during Viceroy Lavradio's administration Luis Antônio de Sousa was most energetic, possibly the ablest, and certainly the most contentious"* (Dauril Alden, op. cit., p. 459).

[52] "...os governadores que (Pombal) enviou para as diferentes províncias eram, na verdade, portadores de nova mística: eram 'governadores pombalinos'" (A. da Silva Rêgo, *O ultramar português no século XVIII* (1700-1833), p. 19).

[53] Citado por Alberto Lamego nos *Anais do IV Congresso de História Nacional*, v. 6, p. 115 a 249, em um trabalho sobre as invasões francesas no Rio de Janeiro, que Dauril Alden menciona (op. cit., p. 4, nota 2). Esse autor norte-americano lamenta que se tenha extraviado um documento do IHGB que poderia trazer maior contribuição para a caracterização dos capitães-generais. Trata-se de: "Dessertação instructiva sobre a escolha dos governadores das conquistas; a sua existência nos governos; e o seu regresso para a Corte".

oficiais da Marinha ou do Exército. Havia, portanto, um denominador comum a que não escapava o Morgado de Mateus. Mas dificilmente se poderá saber de quem teria partido a escolha de seu nome para governar a restabelecida Capitania de São Paulo, como já vimos.

O que concretamente se pode dizer é que D. Luís Antonio, aos 43 anos, foi nomeado pelo Decreto de 5 de janeiro de 1765 para governar a capitania restaurada.[54] Sabemos, contudo, como já vimos, por sua própria declaração, que em 14 de dezembro de 1764 já estava escolhido para o cargo. Há documento constante de um dos Livros da Chancelaria de D. José sob o título: "D. Luís Antonio de Souza Botelho Mourão – Patente de Governador e Capitão General da Capitania de São Paulo", datado de Lisboa, 7 de janeiro de 1765.[55]

Diz o rei que

> sendo presente a grande necessidade que há de se erigir governador e Capitão General na Capitania de São Paulo na mesma forma e com a mesma juresdição que já antecedente houve nella: Sou servido restabelecer a mesma Capitania a seu antigo estado: Hey por bem nomear para Governador e Capitão General do mesmo governo a D. Luís Antonio de Souza Botelho Mourão que servira por tempo de tres annos e o mais que decorra enquanto lhe não nomear sucessor e com o dito governo havera ordenado de vinte mil cruzados cada anno [...]

A mesma Carta Patente estabelecia que a posse fosse dada pelo "meu Governador que ao presente for da mesma Capitania e em sua falta os officiaes da Camara da cidade de S. Paulo" a D. Luís e a todos "officiaes de guerra, justiça, Fazenda e Mayores e menores [...]"

A data de nomeação pressupõe que o convite lhe era anterior e chegava assim ao seu averbamento legal. Mas nada sabemos sobre a data em que teria sido formulada ou feita a designação, caso não tivesse havido convite, mas ordem de marcha.

Os dois meses seguintes terão sido empregados na ultimação do pessoal que acompanhava o novo governador de São Paulo e nos preparativos para a partida. Deixava no seu Palácio de Mateus, sua esposa, D. Leonor e quatro filhos: José Maria do Carmo, nascido em 1758; Maria do Carmo, nascida em 1759; Francisca Joana do Carmo, nas-

---

[54] No mesmo dia foi nomeado Tomás Pinto da Silva para secretário da capitania (AHU, Lisboa, "São Paulo", Doc. nº 2216).

[55] ANTT, Lisboa, Chancelaria de D. José, Livro 29, p. 214. Na mesma data o secretário do Conselho Ultramarino ordenava a D. Luís que pagasse o "novo direito" devido por sua nomeação (AHU, Lisboa, "São Paulo", Doc. nº 2217).

cida em 1761 e que faleceria aos 10 anos, quando o pai ainda se achava governando São Paulo e Antônio José do Carmo, nascido em 1762 e que também morreria cedo, aos 18 anos de idade.

O embarque para o Brasil seria em 23 de março, em Lisboa, mas a partida só se deu a 27, devido ao mau tempo. Depois de uma travessia cheia de reveses, em 18 de junho, a nau de guerra, Nossa Senhora da Estrela adentrou a baía de Guanabara, no Rio de Janeiro. Atracou dois dias depois e neste mesmo dia 20 D. Luís recebeu a bordo a visita do vice-rei, Conde da Cunha e de outras autoridades, tendo sido conduzido, logo a seguir, aos aposentos que lhe estavam destinados no Palácio, sede do governo naquela capital.[56]

---

[56] A descrição do embarque da viagem transatlântica, e da chegada ao Rio de Janeiro, cuja redação deve ser atribuída ao secretário Tomás Pinto da Silva, constitui a *"Derrota que fez o Exmo. Sr. Luís Antônio de Souza*, Governador e Capitão General da cidade (*sic*) de São Paulo vindo para a do Rio de Janeiro em a Nao de Guerra N. Srª da Estrella de que era comandante D. Manoel Machado". A *Derrota e o Diário* constituem um núcleo de 13 volumes, já mencionados, e estão catalogados sob o nº 1268-1280, no *Arquivo de Mateus*, da Biblioteca Nacional do Rio de Janeiro. Na verdade, o original deste Diário, hoje, em parte custodiado nesta instituição brasileira e parte pelo Arquivo da Casa de Mateus, ia sendo elaborado pelo secretário do governador e foi sendo paulatinamente enviado para a sua esposa, D. Leonor, para que ela acompanhasse todas as atividades do seu marido em terras do Brasil, como ele mesmo afirmou, por ocasião do primeiro envio, alguns dias após a sua chegada no Rio de Janeiro.

As instruções de governo

> para Vossa Senhoria entrar no seu Governo com hum cabal conhecimento das principais disposições com que Sua Magestade desde os princípios de seu feliz Reinado tem procurado consolidar o dominio das Capitanias do Brazil pelos meyos mais proprios, e efficazes [...]
>
> Do conde de Oeiras ao Morgado de Mateus,
> 26 de janeiro de 1765

O corpo fundamental das instruções é constituído por duas Cartas Instrutivas de Pombal, então conde de Oeiras, ambas datadas de 26 de janeiro de 1765[1] e dirigidas respectivamente ao Morgado de Mateus e ao vice-rei, conde da Cunha.[2] A importância e a atenção que mereccm advêm do fato de englobarem as diretrizes oficiais para a capitania, exprimindo as preocupações maiores do momento. Seu estudo serve ainda para constatar se durante a gestão de D. Luís Antonio aquelas instruções foram acatadas e fielmente cumpridas, se o foram em parte, ou foram ignoradas, dando-nos assim informações de interesse para as condições reais da administração colonial da época.

Ao Morgado de Mateus instruía-se sobre as fórmulas com que Portugal procurava "consolidar o dominio das Capitanias do Brazil pelos meyos mais proprios, e efficazes,

---

[1] AESP, São Paulo, TC, Avisos e Cartas Régias, Lata 62, nº 420, Livro 169. Também AHU, Lisboa, "São Paulo", Doc. 2221. Para Marcos Carneiro de Mendonça, as Instruções ou Cartas Instrutivas dirigidas aos capitães-generais, na administração pombalina, correspondiam aos Regimentos dos Governadores Gerais. Estes, como aqueles, constituíam, a seu ver, "a espinha mestra do pensamento da Metrópole em relação ao Brasil, quer sob o ponto de vista geral, quer políticos, administrativos, militares, econômicos, judiciários, eclesiásticos" ("O pensamento da metrópole portuguesa em relação ao Brasil", RIHGB, Rio de Janeiro, 257, p. 43-61, out./dez. 1962).

[2] D. Antônio Alvares da Cunha, o conde da Cunha, sobrinho de D. Luís da Cunha, tinha sido governador de Angola e embaixador em Espanha. Foi nomeado, em 1763, para ser o primeiro vice-rei a instalar-se no Rio de Janeiro, quando da transferência da capital do Estado do Brasil.

não só em quanto ao estabelecimento da economia interior do mesmo Estado; mas ainda em quanto a conservação e defeza delle contra os seus confinantes e orgulhozos Inimigos.[3] E acrescentava-se:

> De sorte que se possão retorquir contra elles os mesmos ardilozos artificios, de que por tantos annos se serviram doloza e clandestinamente, para adiantarem as uzurpaçõens, e se avançarem, e internarem pelos Dominios deste Reino, sem acharem nos seus caminhos contradictores, que se lhes oppuzessem.

Ora, nessa afirmação do ministro do Reino poderia encontrar o Morgado de Mateus o caminho aberto e a justificativa para suas pretensões no Oeste, a partir de 1767, principalmente na implantação da Praça de Nossa Senhora dos Prazeres e São Francisco de Paula do Iguatemi, junto ao rio do mesmo nome.[4] Não estava, portanto, extrapolado o espírito das Instruções, como o próprio governo português acusaria mais tarde. Simplesmente o governador de São Paulo usava as Instruções no sentido de poder "retorquir contra elles (os espanhóis) os mesmos ardilozos artifícios para avançarem pelos Dominios" de Portugal.

O grande temor de Pombal, em que os castelhanos, incluindo aí também "jesuítas e seus índios", poderiam não só se sustentar "naquellas uzurpações mas passarem pelo meyo dellas a internar-se ainda mais na Capitania de São Paulo; atacando o rio Pardo, e Viamão, para se avizinharem cada vez de mais perto ao Rio de Janeiro e as Minas".

Um dos motivos da restauração de São Paulo estava aí: vir a ser um forte tampão entre a região hispano-americana e a área que abrigava Minas e a capital do Estado de Brasil, Rio de Janeiro. Se se desse o caso do governante de São Paulo perceber alguma manobra espanhola naquele sentido, deveria dissimular, "procurando entreter os castelhanos", enquanto se providenciassem socorros. Outra não foi a intenção do Morgado de Mateus quando elaborou a sua decantada "diversão" pelo Iguatemi, em relação ao Sul da colônia.[5]

A ação contra os castelhanos devia ser levada a efeito em comum acordo com Luís Diogo Lobo da Silva, capitão-general e governador de Minas. Este poderia concorrer com vinte ou trinta mil negros dos cem mil que existiam nas quatro comarcas daquela capitania. Só assim poder-se-ia destruir o inimigo e "recuperar todo o território que elles

---

[3] Ibidem, na carta dirigida ao Morgado de Mateus.

[4] A esta empresa designaremos, daqui por diante, Iguatemi, pelo grande número de vezes que deveremos nos referir a ela no decorrer do trabalho.

[5] A questão da "diversão" pelo Oeste será objeto de um dos próximos capítulos.

nos tem roubado athe a Margem Septentrional do Rio da Prata; cujo descobrimento, e occupação he certo que esta coroa deve aos bons Habitantes da Capitania de S. Paulo". Que forças conjuntas de Minas e São Paulo combatessem, sem admitir réplica ou demora, impedindo que chegassem a se unir forças espanholas de Colônia, Montevidéu ou Maldonado. Finalizava o ministro por estabelecer as medidas a tomar em relação ao aprisionamento e envio de inimigos capturados para o Rio ou para a Bahia. A preocupação única do governo parecia ser a defesa do território, contra as conquistas já efetuadas pelos espanhóis e sua possível continuação. Nessa defesa é que deveria residir a meta de D. Luís Antonio.

A carta dirigida ao conde da Cunha tinha a mesma finalidade, mas era muito mais detalhada. Pode ser considerada, mesmo, o fulcro das Instruções.

Começava por deixar entrever que a restauração da Capitania de São Paulo tornava realizável o desejo de alguns paulistas de explorar os "novos sertões". A serra de Apucarana era especialmente lembrada. A sua conquista devia ser empreendida. Através de vinte itens Pombal discorria sobre os temas para ele quase obsessivos, no que tocava ao Brasil: o combate aos espanhóis e o necessário preparo militar para tanto; os jesuítas que, no seu entender, estavam implicados nas usurpações territoriais e a situação dos índios.

Quanto à preparação bélica, chamava novamente à luta o brio dos habitantes de São Paulo.[6] Dizia Pombal que "Todas as Historias do Brazil e do que se tem passado nesse Continente nos ensinão, que nelle forão sempre os Paulistas os flagellos dos Castelhanos", e que destruindo esses últimos tinham dilatado os domínios de Portugal. Quanto aos jesuítas, vinham sendo "inimigos que temos de combater e temos combatido, em todas as fronteiras do Pará, Maranhão, de Cuyabá, de Goyas, do Piahuy e nas dessa parte do Sul". Os inacianos serviam-se dos índios – acusava Pombal –, armando-os e despertando-lhes o ódio aos portugueses. Para fazer frente a esses dois antagonistas, deveriam ser usados os paulistas. Para tanto, seriam fornecidos os meios necessários. Que se apelasse para a sua decantada vaidade, lembrando-lhes os feitos dos antepassados contra os castelhanos. Criar-se-ia assim ambiente próprio para levantar Terços de Milícias ou Ordenanças. Que se os graduasse nos vários postos, de modo que estes "se fação apiticiveis a vaidade dos moradores principaes daquella Capitania".

Havia outras formas de "fomentar a vaidade dos Paulistas": por exemplo, o governador, à frente de um Terço que fosse o "Regimento do General";[7] concessão de certas

---

[6] Não era de agora a atitude da metrópole de alimentar a vaidade dos paulistas e elogiar-lhes a coragem e o desprendimento, sempre que fosse necessário aos seus interesses.

[7] A criação deste Regimento e a pompa exigida pelo Morgado de Mateus foram em cumprimento de ordens superiores, como se vê, e não uma encenação de sua vaidade, como querem ver alguns historiadores.

prerrogativas de hábitos e tenças aos oficiais das Tropas pagas, privilégios que só tinham os do Reino; mercê de "senhorios de terras que se forem descubrindo es restaurando das Invazões dos jezuitas Castelhanos, a proporção do serviço que cada hum dos referidos Paulistas lhe fizer". Para obter-se a base territorial para esses senhorios as aldeias de índios poderiam ser transformadas em vilas.

O primeiro ministro frisava, enfaticamente, no item 13 que "os offeciaes e soldados dos ditos Regimentos já se vê, que esceptuando-se os Ajudantes, e os Sargentos Mores, devem ser os naturaes de São Paulo, ou Aventureiros habituados a vida dos Certões pois que para as emprezas de que se trata, são os Paulistas e Certanistas, os soldados mais próprios". Como a Provedoria de São Paulo não podia arcar com o pagamento de todos os oficiais e soldados, era necessário que se compensasse essa falta com "honras, distinções e promessas de conveniencias". Ajuntava que tal já vinha sendo praticado, com feliz sucesso nas capitanias de Mato Grosso e Piauí.

Além dos paulistas, o governo central pensava no aproveitamento dos "Índios naturaes dos Certões das Fronteiras dos Dominios de Hespanha". Eles "devião constituir a principal força e a principal riqueza para nos defendermos nas mesmas Fronteiras". A copiosa legislação sobre a questão da liberdade dos índios era lembrada.[8] Com isso, se lhes tirava da "escravidão jesuítica"; seriam agora "no Temporal Governados pelos Generaes, e Ministros de Sua Majestade, e pelos seus Principaes, ou chefes das suas respectivas Nações [...]" e cuja aplicação fora estendida também ao Estado do Brasil, por Alvará de 8 de maio de 1758. Em prol da defesa dos índios era que havia sido estabelecido o "Directorio para o governo Politico, e Economico das Aldeyas dos mesmos indios" (Alvará de 17 de agosto de 1758).[9] Pombal apontava ainda que era preciso seguir ao que se chamara "Pontos principaes a que se reduzem os abuzos com que os Religiozos da Companhia de Jesus tem uzurpado os Dominios da America Portugueza e Hespanhola [...]". Era sabido que os índios tinham sido o sustentáculo das forças e das riquezas dos inacianos na América. A única arma, julgava Pombal, com que Portugal poderia defender-se dessas intromissões seria a "restituição da Liberdade e Civilização dos mesmos índios [...]". A experiência no Maranhão fora apreciável para a melhoria das condições de seu governo e comércio.

---

[8] Que se aplicassem as leis de 6 e 7 de junho de 1755, sobre a restituição da liberdade aos índios do Grão-Pará e Maranhão (ver em Antônio Delgado da Silva, *Coleção de legislação portuguesa*, v. 1, p. 369 e p. 392).

[9] Entre as outras cópias de documentos que estavam apensos ao ofício dirigido ao Conde da Cunha havia trechos das Instruções de Pombal a seu irmão Francisco Xavier Mendonça Furtado, em 15 de maio de 17– (*sic*) sobre a utilidade e liberdade dos índios, quando de sua designação para capitão-general do Pará. Aludia nelas ao direito de liberdade do homem e apontava o exemplo de que nenhuma nação dominante reduzira todos os habitantes do país dominado.

O plano a ser tentado envolvia o aproveitamento dos aborígines que já haviam passado para o lado português na região do Viamão. Eles próprios poderiam certificar seus iguais sobre vantagens obtidas com o fato. "Entre os jezuitas são escravos, e não podem possuir bens (mas) são entre nós Livres e senhores das terras em que se estabeleçam [...]". Com essa "catequização" Pombal pensava provocar tal revolta entre os administrados, e tal ira nos padres, que a situação só poderia piorar, favorecendo os portugueses. O vice-rei deveria incentivar os estabelecimentos de índios livres e ajudar a esclarecer os "habitantes desses Certões, que tiveram ideyas contrarias, julgando que está nos indios a ferocidade, que somente está nos jezuitas que os armão e mandão commeter as guerras e insultos [...]".

Embora essa última parte não fizesse referência a São Paulo, tratando mais de uma intervenção direta do conde da Cunha no governo subalterno do Rio Grande, o problema índio-jesuíta estava intimamente ligado à capitania recém-restaurada. O vice-rei era advertido que toda ação naquele sentido exigia comum acordo com o novo general de São Paulo. E mais: que os dois também se unissem a Luís Diogo Lobo da Silva, governador de Minas. Com a união dos três governos poder-se-ia consolidar uma força superior à dos inimigos. Sob essa denominação deveriam ser incluídos não só espanhóis, mas também franceses, "com elles inseparavelmente coligados". Finalmente, toda assistência material e técnica deveria ser dada ao governador de São Paulo.

As perspectivas de Pombal abarcavam predominantemente três pontos: a conquista do sertão, a defesa contra o espanhol e o problema do índio "jesuitizado". D. Luís Antonio daria cumprimento às Instruções, aliando o primeiro ao segundo desses pontos, e não desprezando o terceiro, como veremos.[10]

Embora interpretando algumas vezes as Instruções segundo sua disposição particular, o exercício de dez anos de governo demonstrou que D. Luís não fugiu à essência daquele corpo de ordens.

A Coroa ordenava ação conjunta com o vice-rei. O grau de autoridade e a extensão da jurisdição que as Instruções lhe conferiam tinham que ficar bem delineados. O Morgado de Mateus sabia que estabelecer as coordenadas dos limites de seu poder era fundamental à sua ação. Pensara nisso antes mesmo de deixar o território português. Antes do embarque endereçara algumas perguntas a Pombal, que foram imediatamente respondidas pelo ministro.

---

[10] Quanto ao índio, não obstante ter o capitão-general dado muito de sua atenção às aldeias e às possibilidades que estas tinham de se tornar vilas, naquele momento a questão não era relevante para São Paulo.

Eram 25 itens sob o título "Quer saber o Governador de São Paulo pelo que respeita ao Estado", e cinco sob o título "Pelo que toca ao Pessoal do Governador de São Paulo".[11]

As perguntas iniciais indagavam sobre a sua dependência para com o vice-rei. Exemplificamos com as duas primeiras perguntas e as respectivas respostas:

1

"Como no Rio de Janeiro ha vice Rey: se ha de comunicar lhe todas as instruçõens que leva e conferindo as com elle; ou se somente aquellas de que necessitar de seu auxilio e a seu tempo."

"Que tudo se deve conferir amigável e francamente, para se obrar de acordo commum."

2

"Se ha de exercitar o Governador de São Paulo à sua jurisdição dependente, ou independente delle."

"Que a jurisdição he independente; mais que a boa armonia, requer o acordo comum no que se obrar."

A seguir, preocupava-se com o exercício da organização militar da capitania. Inquiria sobre o preenchimento dos postos de oficiais, sobre a constituição dos regimentos, armamento e uniformes.

A extensão de sua jurisdição ao campo eclesiástico ficou estabelecida com a explicação de que "cada hua destas jurisdições he distinta da outra, de sorte que nem o Bispo se pode meter no temporal nem o Governador no Espiritual". No entanto, ao que parece, infrações a essa disposição seriam constantes.

Perguntando sobre o seu comportamento em torno das expedições ao sertão, povoamento de aldeias e outras atribuições, obteve como resposta que tudo viria através das "Ordens".

A autoridade do capitão-general deveria ser exercida no sentido de continuar a proibir o descobrimento de minas; à pergunta: "Se se deve procurar descobrimento de minas",

---

[11] "Cópias das perguntas que fes o Governador e Capitam General de São Paulo, Dom Luís Antonio de Souza em Lisboa ao Ilmo. e Exmo. Senhor Conde de Oeiras; e das respostas que a ellas deo o mesmo Senhor escritas por sua própria Letra no mesmo papel, nas Rezoluçõens de Sua Magestade...", em certificado assinado por D. Luís Antônio em 8 de outubro de 1772 (AESP, São Paulo, TC, Lata 62, nº 420, Livro 169).

a resposta era a de que não o fizesse "De nenhuma forma; antes impedir inflexivelmente estes descobrimentos". Sobre os descaminhos deveria haver grande vigilância.

Na área financeira as indagações eram se ser-lhe-ia permitido estabelecer novos contratos e se as rendas e os produtos destinados à Coroa estariam sob a sua inspeção. Quanto às providencias a serem tomadas para o caso de despesas não previstas, estavam adstritas a "Vae respondido com as ordens respectivas".[12]

Nota-se que D. Luís Antonio antevia problemas de choque de poder entre si e o vice-rei. Não lhe parecia claro até que ponto um capitão-general podia agir livremente. Havia pontos obscuros que assim permaneceram por todo seu tempo de governo.

A questão da autoridade dos capitães-generais na segunda metade do século XVIII diante da do vice-rei tem sido levantada por alguns autores sem que se tenha realizado estudos profundos.[13]

Desde o século anterior, pensara o governo em esclarecer as dúvidas a respeito. O assunto era ventilado no Capítulo 13 do Regimento de Roque da Costa Barreto.[14] Para evitar mal entendidos sobre a independência que alguns capitães-generais pretendiam, declarava-se que eram subordinados ao governador geral. Portanto, deveriam obedecer-lhes as ordens e fazê-las executar.[15] Mas, embora teoricamente subordinados ao vice-rei, sua autonomia era indiscutível.[16] "A superioridade do Vice-rei era apenas nominal e de facto cada capitania era apenas uma colônia."[17] O reforço da autoridade central, pretendido por Pombal, embora aparentemente em choque com a autonomia dos capitães-generais, revigorava-se, nos termos da lei, uma vez que a soma de poderes que detinham possibilitava à metrópole o controle da vida colonial.

***

---

[12] A parte final do "Questionário" referente ao "Pessoal" do governador inquiria sobre alojamento e cerimonial de palácio.

[13] Diogo de Vasconcelos, "Administração colonial", RIHGB, t. 78; Oliveira Viana, *Evolução do povo brasileiro*; Marcelo Caetano, *As reformas pombalinas*; Dauril Alden, *Royal Government in Colonial Brazil*; Raimundo Faoro, *Os donos do poder*.

[14] Governador geral em 1677 cujo Regimento passou a servir de modelo para todos os que se lhe seguiram, até a vinda da Família Real. O original está em Livro da Secretaria do Governo da Bahia e foi publicado na íntegra por Marcos Carneiro de Mendonça em *Raízes da formação administrativa do Brasil*, p. 745. Esse Regimento recebeu valiosas notas de D. Fernando José de Portugal, vice-rei em 1796, publicadas em D. H, da BN, v. 6, p. 356-7, 1928.

[15] Marcos Carneiro de Mendonça (op. cit., p. 804) cita, em nota, os documentos a respeito da superioridade hierárquica dos governadores gerais e vice-rei sobre os capitães- generais: Resolução de 16 de maio de 1716; Provisão de 26 de maio de 1716; Provisão de 26 de outubro de 1722 e Carta Régia de 14 de novembro de 1724.

[16] "A verdadeira unidade administrativa não é o Estado nem o Governo Geral, e sim a Capitania Geral, à frente de cada uma das Capitanias gerais [...] estava um governador e Capitão General que era autônomo e se correspondia directamente com a Metrópole [...]" (Marcelo Caetano, op. cit., p. 254-5).

[17] Marcelo Caetano, op. cit., loc. cit.

No acerto entre os dois governantes, gastou D. Luís Antonio a maior parte dos quinze dias que permaneceu no Rio de Janeiro. Desse período, subsiste a documentação de oito ofícios redigidos pelo governador de São Paulo, destinados ao vice-rei e a Pombal.[18] Refletem tais ofícios o seu primeiro contato concreto com o país. Da descrição e impressões da travessia, o novo governador dos paulistas passou às observações sobre o porto do Rio de Janeiro. Enaltecia a dilatada entrada, a barra na qual se podia navegar sem perigos e a boa defesa constituída pelas fortalezas. Acerca da cidade observou ser "bastantemente popoloza e as terras admiráveis para qualquer plantio".

Nesses primeiros dias já demonstrava o Morgado de Mateus sua maneira de encarar as possibilidades brasileiras, e que não se modificaria nos dez anos que se seguiram. À primeira vista, arquitetava planos, de natural ambiciosos, e por isso, com freqüência, muito além da realidade que a colônia oferecia. Já planejava para as terras do Rio de Janeiro que "se se conseguisse reduzillas a cultura desterrando a negligencia e ocio dos naturaes, não necessitariamos de couza alguma dos Paizes estrangeiros antes lhes poderíamos vender em abundância as sedas, os algodoens, e as madeiras, os couros, os trigos, os grãos, as carnes, os peixes etc.".[19] Eis, desde o início, a sua preocupação com o comércio exterior, mas da maneira a mais idealista e aleatória que se possa imaginar.

Evidentemente, durante os 84 dias da travessia o capitão-general nomeado para São Paulo procurara tomar contato mais profundo com as várias questões tratadas nas Instruções, pois nas mencionadas cartas abordava alguns dos pontos que julgava fundamentais. No ofício de 22 de junho,[20] no qual dava notícias do seu encontro com o vice-rei, exibia a dedução de que, "o primeiro e principal objeto do conhecimento" que lhe transmitira Pombal era a questão das usurpações levadas a efeito por Pedro de Cevallos, no Rio Grande de São Pedro. Sobre isso, dizia ter refletido longamente. E concluíra, jun-tamente com o conde da Cunha, que um dos grandes prejuízos para Portugal era a atitude da Corte de Madri, que incentivava os excessos daquele general, não obstante os tratados de paz. Julgava D. Luís que os espanhóis não restituiriam de *per si* as terras férteis das

---

[18] Datados de 18, 21, 22 (2 ofícios), 24, 25 e 26 de junho; e 3 de julho, publicados em DI 72, p. 7 a 19. Parece que apenas o ofício do dia 18 foi dirigido ao conde da Cunha. O de 22, embora pareça sobrescritado ao mesmo, faz referências ao vice-rei, como se estivesse sendo enviado a Oeiras, e não a ele. Entretanto, na resposta a esses ofícios Pombal refere-se ao recebimento de cartas de "21, 22, 23, 24, 25 e 26 de junho, duas de 1º e uma de 3 de julho" notando-se assim a falha de algumas delas, na documentação existente no AESP e publicada no DI 72 (o mencionado ofício de Pombal está em AHU, Lisboa, Cód. Conselho Ultr., nº 426, nº 6).

[19] DI 72, p. 8. Que idéia poderia ter o novo capitão-general de São Paulo sobre "negligencia e ocio" dos colonos, se desembarcara havia dois dias? Teriam chamado sua atenção para o fato, ainda em Portugal, ou tal conclusão teria sido fruto de seus entendimentos com o conde da Cunha, que em muitos escritos seus demonstra o mesmo pensamento.

[20] D1 72, p. 9 a 11, o ofício aparece datado de 22 de julho, o que deve ser erro de transcrição do mês pois a última carta do Rio é do dia 3 de julho. D. Luís Antonio saiu daquela capital no dia 16, conforme relatou à sua esposa, em carta existente no arquivo de sua casa. Portanto, em 22 já estava a bordo, tendo chegado a Santos.

quais se tinham apoderado. Eles estavam se armando e era constante a passagem pelo Rio de Janeiro de naus "muito guarnecidas de gente de guerra". Seria, pois, necessário que também os portugueses se equipassem e se preparassem para enfrentar os inimigos.

Mas acautelava-se diante do disposto pela metrópole. Observava, no ofício de 24 de junho,[21] que aquelas disposições implicariam o "ponto essencial e dificultozo de acender a guerra nestes Paizes, donde imediatamente passará logo a todo o Reyno", fato pelo qual ele não queria ser o responsável.

Ponderava, ainda, que, no momento, as forças portuguesas eram inferiores às do inimigo em número e qualidade. Por isso propugnava por, "havendo de se abrir a guerra, será muito favorável o principiala quanto possa ser possível, antes que os inimigos consolidem mais as suas conquistas [...]". Se os lusos "praticarem as surprezas de que a guerra deve constar, e terem mais seguro efeito, devião ser executadas de improvizo, e na ocazião de mayor descuido, prevenindo inopinadamente os inimigos". Para tanto, era preciso contar com meios mais eficazes para "se esperar desta ação hum bom effeito". D. Luís Antonio insinuava, desde logo, a preferência pela guerra ofensiva. "Defensiva que não hé ofensiva hé a perdição", diria mais tarde. Estava ali, se não o discípulo do conde de Lippe, o defensor das mesmas idéias e a mesma tática militar de Frederico II, para quem a ofensiva permitiria sempre a um exército mais fraco impor-se. Isso, por obrigar o inimigo a movimentar-se, segundo o que a força minoritária estabelecesse.

Em prosseguimento a seus comentários sobre as instruções, no ofício do dia seguinte, o Morgado de Mateus principiava por se referir aos paulistas, "flagelo dos castelhanos". Afirmava já ter entrado em contato com alguns deles e, com o auxílio do vice-rei, os fizera ver as perspectivas que se lhes abriam. Propunha planos para suas atividades futuras em Santos. Antevia através de documentação que lhe chegara às mãos o quanto lá havia de carência de armas, soldados e recursos financeiros. Empenhar-se-ia por saná-la. Da mesma forma, trataria da exploração dos sertões, sem esquecer a proibição de novos descobrimentos de minas.

A defesa do Rio de Janeiro, "chave deste Brasil, pela sua situação, pela sua capacidade, pela vizinhança que tem com os Dominios de Espanha"[22] – preocupou-o desde que desembarcou. Ousava, no ofício de 26 de junho, sugerir ao governo o envio de seis "naos de linha" com o fim expresso de proteger a baía. Assim, ficaria mais segura, não só

---

[21] DI, 72, p. 11 a 13.

[22] "[...] e pela dependencia que desta cidade tem as minas e o interior do Paiz, ficando por este modo sendo huma das pedras fundamentais em que se firma a nossa Monarchia, e em que segura huma parte muito principal das suas forças e de suas riquezas" (ofício de 26 de junho de 1765, D1 72, p. 17 a 19).

a capital, mas também a cidade de São Paulo que, "depois desta he a mais consideravel pela vizinhança dos Dominios de Castella e pella situação que abre a porta a passagem das Minas [...]".[23]

A última mensagem escrita do Rio de Janeiro foi em 3 de julho, também endereçada a Oeiras. O tantas vezes efêmero entusiasmo característico do Morgado de Mateus e o seu natural exagero nas coisas pelas quais se interessava – e que seria constante por toda a abundante correspondência que manteve com a Corte – transparecem logo no primeiro parágrafo: "Este Brazil he sem duvida a melhor terra do mundo descuberto e pelas suas immensas riquezas e extraordinária fauna e muita fertilidade, he com justa razão hoje invejado de todas as Naçõens e com o maior excesso o será dos nossos ambiciosos e sempre irreconciliáveis inimigos".[24] Assim sendo, não depositava esperanças nos tratados de paz com a Espanha. Começava a planejar a forma de armar a capitania para combater os inimigos. Ao mesmo tempo, imaginava meios de inquietá-los, da forma mais dissimulada possível, ardil de que muitas vezes iria se servir. Para tanto, comunicava a Corte que poderiam aproveitar um criminoso e seus companheiros (que se achavam foragidos, segundo lhe noticiara o capitão-mor de Itu) para "inquietar os inimigos nas terras usurpadas. E, seria sempre possível "desculpar o atentado dizaprovando-o o Governador, dizendo ter feito sem o seu consentimento por desordem e desregramento daquelle facinorozo e vadio, que não tem obediência nem domicilio certo". Mas, reiterava necessitar da aprovação de Pombal, "para não ficar responsável das perniciosas consequencias que se podem seguir de atear a guerra neste Paiz [...]".

Veremos freqüentemente, nos anos vindouros de seu governo, como era constante a inclinação de D. Luís Antonio para uma guerra de ofensiva. Entretanto, procurava sempre respaldo na concordância de seus superiores. Permissão aberta e franca não obteve nunca. Mas a questão de poder "Usar os mesmos ardilosos artifícios" insinuava que ação mais ousada poderia ser tentada.

Os assuntos principais discutidos com o conde da Cunha foram minuciosamente anotados em forma de perguntas e em duas etapas. À primeira vista, parecem mostrar que o governador iria para São Paulo bastante ciente da situação e que providências deveria tomar.[25]

---

[23] DI 72, p. 15 a 17. Julgava necessário o reforço, embora em ofício anterior, como mencionamos, tinha elogiado o sistema de defesa do porto do Rio de Janeiro.

[24] DI 72, p. 17 a 19.

[25] "Pontos essenciaes que se hão de ajustar com o Ilmo. e Exmo. Sr. Conde Vice Rey" para a resposta da Carta de offício nº 1 (DI 14, p. 20-4) e "Pontos essenciaes..." da Carta de offício nº 2 (DI 14, p. 24-30). Não foi possível a exata identificação do que seriam as duas cartas. Provavelmente seriam as de 26 de janeiro, enviadas ao conde da Cunha e ao Morgado de Mateus, contendo as instruções; ou referem-se a duas cartas que foram enviadas ao primeiro, todas da mesma data e sobre o mesmo assunto, por Pombal.

Pode-se inferir que a ordem pela qual as questões foram apresentadas significa as prioridades para o Morgado de Mateus: as mais importantes precediam as menos importantes. As respostas confirmam as preocupações dominantes nas Instruções de Pombal: militarização e defesa.

1

"Os pontos que havemos de acordar para effeitos de que o Sr. Vice Rey Governador de S. Paulo dem de comum acordo a execução nas Ordens de S. Magestade?'

"Preparar a maior quantidade de gente e de armas, que for possível, para oppor às invazoens, que podem succeder nossos poderosos inimigos".

2

"Que medidas háo de ser as que se hão de tomar de parte a parte para seguráça dos paizes que nos restão daquella banda?"

"Pedir tropas pagas da Europa, Náos de guerra, porque tudo isto fazem os Hespanhoes com a força que se vê das Náos que aqui estão surtas."

3

"Que praças ou Fortalezas deffendem ainda a entrada do Rio Grande e Viamão?"

"No Rio Pardo temos tudo e há hua fortificação que mandou fazer o Sr.Vice Rey que se esta ainda fazendo e outras mais que o dito Senhor tem ideado."

Assim prossegue até a décima oitava pergunta. As questões referem-se aos espanhóis fronteiriços, sobre como formar corpos de milícia na capitania e defender o Porto de Santos.

A dissimulação que deveria estar sempre presente no trato entre as autoridades portuguesas e espanholas figura no item 6:

6

"Se o General Hespanhol me escrever a respeito de alguns pontos, se devo somente remetter esta decisão ao arbitrio do Sr. Vice Rey ou responder- lhe na forma das instruçõens?"

"Devo meter o mais, que puder ser, meter tempo em meio, escrever-lhe muitos cumprimentos e que se adresse ao Vice Rey e entretanto passar o tempo."

A possibilidade de "diversão" não era esquecida:[26]

7

"Com que meios se poderão retorquir estas conquistas, se fazendo-lhe divizão, movendo-lhe guerra de indios, impedindo-lhe comboios, ou algua coisa similhante?"

"Nada disto se pode fazer sem muitas Tropas, porem as que se puderem ajuntar em S. Paulo sera mais próprio fazer lhe diverção por Missoens porque lhes fica mais perto do que por Rio Grande sobre o que milhor informarão os Paulistas e aqui o Guarda Mor que he Paulista e grande Certanista".

Seguiam-se dúvidas e esclarecimentos sobre as forças do inimigo e as formas de atacá-lo.

Quanto aos "Pontos do offício nº 2", perguntava sobre a formação de tropas, armamentos e fardas. As respostas eram, de modo geral, desanimadoras: não poderia contar com grande número de soldados, com apetrechos militares ou gente especializada. Quanto à penetração nos "Matos de Guarapuava" podia o governador consentir na expedição, mas quanto aos descobrimentos de minas a resposta era: "He só saber e examinar que sejão retiradas dos domínios de Castela que fiquem ca para dentro".

---

[26] A insistência com que nos referimos à "diversão" é para frisar que o procedimento do Morgado nesse sentido emanava de orientação da metrópole e não fora feito por arbítrio seu como o governo quis deixar transparecer em 1774, conforme veremos adiante.

Os itens finais tratavam da questão das Povoações e novos estabelecimentos (Resposta: "Observar o directorio") e sobre o que vinha sendo feito no Pará.

A última pergunta: "Que se poderá fazer para que não sirva de exemplo a falta de premio que tiverâo os que servirão no Rio Grande?" mostrava o estado de coisas em relação ao pagamento dos soldados. A taxativa resposta era: "Deve-se tomar consenso para se tirar isto da cabeça a estes homens, e segurar-lhe (*sic*) eu sempre que tudo se lhe ha de pagar".

As Instruções são caracteristicamente pombalinas. Reportamo-nos, de novo, aos objetivos políticos de Pombal para o Ultramar. João Lúcio de Azevedo os resume à defesa do território, à expansão econômica e ao fortalecimento do poder real.[27]

Visando à defesa, pensou o primeiro-ministro na fortificação do litoral e das fronteiras, na militarização da população e nos entendimentos diplomáticos com a Espanha relativos aos limites; para a economia, criou as Companhias de Comércio, a Real Extração dos Diamantes, incrementou a produção do açúcar e de outros gêneros; quanto à centralização, combateu os jesuítas e nobres, tratou da extinção das capitanias hereditárias no Brasil e do reforço dos quadros burocráticos.[28]

Ora, se compararmos tais disposições com as primeiras instruções ao Morgado de Mateus, veremos que elas se enquadram, tão somente, na primeira daquelas preocupações: militarização e combate aos espanhóis. Os meios mais eficazes de fazê-lo deveriam incluir sigilo, dissimulação e "diversão"

As Instruções definem-se, portanto, como fundamentalmente militares e bem determinadas. É evidente que D. Luís Antonio receberia, posteriormente, como veremos, inúmeras ordens para o fomento econômico e a administração da capitania, envolvendo conveniências sociais e políticas. Não acontece o mesmo, entretanto, nas primeiras Instruções. Não se quer afirmar que os capitães-generais pombalinos não recebessem instruções para melhoria econômica, principalmente no concernente à agricultura. O próprio Morgado de Mateus referir-se-ia, na sua oração de posse e nas suas primeiras cartas desde a capital, que o fomento agrícola era uma das razões de sua vinda. Mas, está bem claro que, realmente, as Instruções explicitavam, antes de mais nada, a militarização. A conclusão de que a raiz da restauração de São Paulo está no combate ao espanhol é perfeitamente lícita.

---

[27] "Política de Pombal relativa ao Brasil", In: *Novas epanáforas*. Já tratamos do assunto, com referência à restauração de São Paulo.

[28] Muitas das reformas são anteriores à vinda do Morgado de Mateus.

Pela resposta aos ofícios que davam conta da conferência com o conde da Cunha, Pombal entrava diretamente a discutir as dúvidas que pareciam ocorrer ao governante paulista. E aludia ao novo clima que se estabelecera nas relações luso-espanholas. A sua carta, datada de 20 de novembro[29] e que fora encontrar o Morgado de Mateus já em Santos, ditava que as circunstâncias em que se deram os fatos bélico-diplomáticos em Portugal e Espanha, ao tempo que as Instruções tinham sido expedidas, eram agora diversas das que então se apresentavam.

A verdade é que a ameaça de Madri nas fronteiras sul-brasileiras já não era tão acintosa. Depois de ver "que nos preparavamos para lhe rezistir, e que a Inglaterra se interessaria para desconcertar aquella inequidade, mudou tanto de tom, que não houve protesto que não fizesse para tranquilizar-nos".

Assim, D. Luís Antonio era avisado de que não fizesse o menor movimento que pudesse parecer início de hostilidades. As Instruções não haviam ordenado ataque direto, mas lhe tinha sido veladamente aconselhado que se retorquisse "contra elles os mesmos ardilozoz artificios". Agora, após dez meses, e antes mesmo que iniciasse suas atividades em São Paulo, o novo capitão-general não devia proceder ao "menor movimento" em relação aos espanhóis!

Relembrava Pombal o desgaste e os reveses sofridos pelas tropas portuguesas em 1753/1756, quando das lutas contra os jesuítas do Paraguai: o gasto excessivo com a subsistência das tropas e as dificuldades que o terreno apresentava às tropas lusas e também às espanholas. Lembrava, ainda, a arrogância e o despreparo daqueles soldados, quando invadiram Portugal em 1762, para concluir que "nos castelhanos tudo he apparencia e muito pouco realidade quando contra elles se chega alguem a acautellar". E tranqüilizava-se a si mesmo dizendo que se "se adiantarem nesses sertõens [...] caminharao para a sua total destruição".

Os passos do Morgado de Mateus, dados no Rio de Janeiro para "conciliar o animo dos Paulistas" recebera o louvor do rei. Assim comunicava o ministro, para quem toda a luta contra os espanhóis dependeria muito daquela gente.[30] O governo, de sua parte, já tratava de atender às solicitações de D. Luís Antonio para as munições, pessoal especializado (comunicava-lhe o envio de engenheiros e oficiais). Era-lhe autorizado que entrasse em entendimentos com o bando de criminosos, que poderiam ser aproveitados nas operações de "dissimulação".

---

[29] AHU, Lisboa, Cód. do Conselho Ultramarino, nº 423, nº 6.

[30] "[...] porque hua duzia de Sertanejos do Pais val (sic) nesses mattos desfiladeiros e passagens de Rios, mais que cem Soldados Europêos [...]" (ibidem).

Em nenhum momento das Instruções e dessa resposta às primeiras indagações do governador de São Paulo houve recomendação alguma para reformas econômicas ou sociais. Nem mesmo as de ordem estritamente administrativa. Elas constam, isto sim, das primeiras providências tomadas pelo novo capitão-general, não fugindo ao esquema geral pombalino.

Este era, em resumo, o objetivo de Pombal, naquele momento: que a capitania, tendo à frente um capitão-general de ânimo empreendedor, pudesse constituir no Sul uma barreira defensiva e, talvez, uma força ofensiva contra os castelhanos. Em tal sentido apontam as Instruções.

O estudo da ação do Morgado de Mateus nos seus dez anos de governo permite-nos demonstrar o quanto e como aquelas diretrizes foram cumpridas ou não, assim como que vias tomaram as interpretações que delas fez.

Unindo-se, pois, as Instruções de 25 de janeiro de 1765 e as várias ordens, cartas instrutivas e legislação em geral ao Regimento de Roque da Costa Barreto (local onde os capitães-generais deviam buscar suas obrigações administrativas), está constituído o que para a metrópole deveria ser o instrumental diretivo do Morgado de Mateus.

A ele, entretanto, o governador de São Paulo imprimiu sua marca pessoal, executando o seu exercício da direção segundo suas preferências.

O EXERCÍCIO DA DIREÇÃO

Primeiras providências, posse e proposições

Foi Sua Magestade servido de me mandar com o governo desta Capitania, encarregando-me de procurar por todos os meyos estabelecela ao seu antigo esplendor, procurando os modos mais efficazes de acrescentar as suas povoaçõens, estender aos confins dos seus dominios, fertilizar os campos com a agricultura, estabelecer nas terras diferentes fabricas, idear novos caminhos, penetrar incognitos sertõens, descobrir o ouro das suas minas e finalmente, fortificar as suas Praças, armar o seu Exército, fazer observar as Leys e respeitar as Justiças.

Discurso de posse do Morgado de Mateus
no governo de São Paulo, 1766

Recebia o Morgado de Mateus com sua governação uma herança extremamente crítica: a capitania deve tê-lo impressionado a ponto de julgá-la "morta" e de declarar, posteriormente, que lhe coubera a tarefa de tirá-la de "cinzas que já não existiam".

Apresentava-se-lhe uma população de cerca de sessenta mil almas, distribuída em uma cidade, dezoito vilas, nove aldeias de índios e 38 freguesias, ou dispersa "pelos matos", vivendo da lavoura de subsistência ou de suas atividades mercantis nas rotas do Viamão ou do Cuiabá. Essa população deveria ser imediatamente aferida, em termos de recrutamento, segundo a necessidade mais urgente, que era a de enviar tropas ao Sul. Ao sair do Rio de Janeiro, o novo governador já tinha acertado com o vice-rei o envio de tropas anteriormente arregimentadas e a organização de novos alistamentos.

A permanência em Santos estendeu-se de 23 de julho de 1765 a 2 de abril de 1766. Tal demora não parecia estar nos planos do Morgado de Mateus, cuja ansiedade em tomar posse de seu cargo em São Paulo é visível nas cartas escritas na vila litorânea.[1] As razões dadas ao conde da Cunha tinham sido a reorganização da Provedoria (que se achava em Santos em virtude do administrador da capitania lá se encontrar, antes da restauração) e as chuvas que tornavam impraticável o já de *per si* perigoso caminho de Cubatão a São Paulo.[2] Mas os motivos mais profundos daquela permanência foram "poder dar com acerto os primeiros passos do [meu] Governo, e procurar o remédio pelo verdadeiro e claro reconhecimento do actual estado delle", como diria mais tarde. Queria que a posse como governador lhe fosse dada só na capital, para não "escandalizar" os habitantes. Mesmo porque, como confirmava sua patente, eram as câmaras que empossavam um capitão-general, quando lhe faltasse antecessor.

Durante a estada na principal vila da marinha teve uma intensa atividade, em torno da preparação militar da capitania. A correspondência nesse sentido foi enviada sobretudo aos oficiais responsáveis pelos comandos no Rio Grande e em Sacramento. Indagava-lhes das posições do inimigo, pedindo a maior brevidade e precisão no envio de "avizos de seus movimentos ou de sua quietação".[3] Solicitava, outrossim, mapas e dados para apurar seus conhecimentos geográficos porque sabia "o quanto he indispensável a hum General o perfeito conhecimento do Paiz em que ha de mandar".[4] Também ao capitão-mor de Paranaguá, a planta e notícias sobre artilharia e munições daquele porto. Além disso, comunicava as observações que fizera no litoral norte, onde parara, na sua vinda do Rio de Janeiro para Santos: pobreza e dispersão dos habitantes de São Sebastião e outras localidades.

Em 31 de julho já podia dar conhecimento a Pombal sobre o estado militar da capitania,[5] a começar pela questão do recrutamento. Para promovê-lo de imediato o Morgado de Mateus passou à execução de seu primeiro grande projeto: o recenseamento da população.

As dificuldades para a arregimentação das tropas via-as D. Luís Antonio pela "repugnância com que os Povos fogem de ser soldados", e "pela falta de gente capaz". Ainda havia a impossibilidade dos soldados se sustentarem sem soldo, "por estar a Capitania reduzida pela mayor parte a suma pobreza".[6]

---

[1] A documentação principal para esse período está publicada em DI 72 (ofícios de D. Luís Antônio datados de Santos); DI 14 (contém ofícios do conde da Cunha); DI 65 (para bandos e portarias etc.) e DI 11 (questão dos limites com Minas Gerais).

[2] DI 72, p. 132.

[3] Idem, p. 22.

[4] Idem, p. 24.

[5] Idem, p. 43.

[6] DI 72, p. 113.

1

Só conhecendo a população em número e condições saberia o governador com o que contar em termos de constituição de tropas. O próprio Regimento de Capitães-Mores[7] estabelecia que aquelas autoridades militares procedessem a levantamento da gente das vilas que estavam a seus cuidados. Assim D. Luís, simplesmente fez cumprir aquela disposição.[8]

Os resultados do Recenseamento de 1765[9] figurariam em listas que deveriam trazer a população dividida por freguesias e por Companhias de Ordenanças. Os números eram referentes aos fogos, homens, mulheres, filhos, às respectivas idades e cabedais (em valor monetário).

Mais talvez do que a questão do levantamento da população, para a posterior aceleração do recrutamento, os problemas fazendários da capitania preocuparam o Morgado de Mateus, naqueles primeiros meses de governo. Na verdade, em ofício ao governo de Minas dizia, na ocasião, que a "grande dezordem e falta de dinheiro que se acha reduzida a Provedoria desta Capitania tem sido hum obstáculo quaze invencivel para restituir a este Estado, na decadência em que se acha, as forças necessárias para se defender, quanto mais restaurar das mãons de poderozos inimigos aquelles Domínios que lhes forão uzurpados [...]".[10] Estado de coisas atribuído, pelo vice-rei, à própria extinção da capitania: "[...] não havendo em tantos annos Governador em São Paulo natural e infalível hera que tudo se desordenace e que com as suas rendas se utilizacem todas aquellas pessoas por quem corre a sua administração".[11]

Sem o encaminhamento da solução daqueles problemas não seria possível tentar reorganizar São Paulo. Inquietava ao governador o grande atraso no pagamento das tropas, com a "iminência de deserção", assim como a inexistência de fundos para gastos necessários à defesa, à administração e ao pagamento ao grande número de credores da Fazenda Real.[12] As rendas não chegavam para as despesas.[13] O fato de ter falecido

---

[7] AESP, São Paulo, Caixa 31, f. 11 (apud Brasiliense de Moura, op. cit.).

[8] Circulares foram enviadas aos capitães-mores de Itu, Parnaíba, Sorocaba, Jundiaí, Moji, Taubaté, Jacareí, Guaratinguetá, Iguape, Ubatuba e São Paulo, além de Santos.

[9] O da capital está publicado em DI 62. Para as vilas, DI 70. Ver os trabalhos de Maria Luiza Marcilio e Alice Canabrava mencionados na "Introdução"; ver também José Antonio de Souza, "A população de São Paulo em 1766 e 1772", RIHGB, Rio de Janeiro, t. 223, p. 39.

[10] DI 72, p. 138.

[11] Ofício do conde da Cunha ao Morgado de Mateus, Rio de Janeiro, 24 de setembro de 1765 (DI 14, p. 69-72).

[12] A maioria dos credores o era por causa de contratos arrematados por ela não saldados pela Coroa. Em carta a Pombal, de 12 de agosto, D. Luís fez anexar uma relação das dívidas, que somariam 37:024$760 (DI 72, p. 65). Em bando de 13 de setembro ordenava que se apresentassem todos os credores com os devidos papéis (DI 65, p. 18-9).

[13] Por exemplo, os dízimos não chegavam para a despesa com o estado eclesiástico. O gasto com as congruas era de 8:709$120, ao passo que o Contrato dos Dízimos era arrendado por 7:628$000, ficando, portanto, a Fazenda Real prejudicada (DI 72, p. 68).

Antonio Godoy Moreira, que fora Provedor por 28 anos, tendo cometido várias irregularidades, ainda dificultava mais a questão. Agora o cofre estava nas mãos de dois depositários. Por isso, pedira D. Luís a criação da Junta da Real Fazenda.[14] Seria ela constituída pelo capitão-general, pelo provedor, ouvidor e procurador da Fazenda, que possuiriam chaves do cofre e poderiam nomear serventuários no caso de impedimento de alguns deles.

Os rendimentos, com que contava a Fazenda Real em São Paulo, não estavam sendo regularmente recebidos. A Alfândega do Rio de Janeiro havia anos não pagava os quatro mil cruzados anuais para fortificações da Praça de Santos que lhe fora determinado por Ordem Real de 22 de março de 1721;[15] assim como a Provedoria daquela cidade também não pagava a contribuição de 1.600 cruzados.[16] Também as duas arrobas de ouro fornecidas por Goiás não vinham.[17] O contrato das Baleias, recém-concluído, só passaria a render em 1766.[18] O Contrato do Sal era o "rendimento principal que tem esta Provedoria para o pagamento das Tropas que se conservão nesta Capitania".[19] O rendimento do sal vendido em Santos, entretanto, não chegava para tanto.

Já em Santos, D. Luís Antonio tentava sanar alguns desses impasses. Para o primeiro caso, escreveu ao conde da Cunha solicitando o pagamento das consignações, e lembrando-lhe a penúria em que se achava a capitania.[20] Tratou também de mandar recolher ao cofre os depósitos em dinheiro, e os "bens móveis de prata" da Provedoria, assim como cobrar os rendimentos devidos.

O exato estabelecimento da divisão territorial entre São Paulo e Minas Gerais foi largamente tratado nesses primeiros tempos da administração Mateus. Embora julgando que "os limites não devem ser objeto de nosso maior cuidado pois, afinal tudo é do mesmo Estado".[21] Tanto mais que a preocupação maior, agora, deveria ser o problema comum, do Sul.

---

[14] DI 72, p. 54-6.

[15] A Provedoria do Rio de Janeiro devia contribuir com quatro mil cruzados anuais para a fortificação da Praça de Santos (ver DI 14, p. 61; DI 72, p. 67).

[16] DI 14, p. 63-4.

[17] Ver Parte 1, capítulo "A Capitania de São Paulo: evolução, extinção, restauração".

[18] Ver o trabalho de Myriam Ellis, *A baleia no Brasil colonial*.

[19] DI 72, p. 69. Ver Myriam Ellis, *O monopólio do sal no Estado do Brasil*.

[20] A resposta (DI 14, p. 64 a 69) dizia que se ordenaria o pagamento atrasado a partir da data de posse do vice-rei, que não responderia pelas dívidas dos seus antecessores, dos quais ignorava a razão da falta dos pagamentos.

[21] DI 72, p. 138-9, em carta ao capitão-general de Minas, com data provável de novembro de 1765.

D. Luís Antonio e D. Luís Diogo Lobo da Silva, governador de Minas, tiveram longas disputas, principalmente no que se refere à região sobre a qual ainda havia dúvidas jurisdicionais: a do rio Sapucaí, onde havia "novos descobertos" de ouro.[22]

O decreto de restabelecimento de São Paulo, em janeiro de 1765, fixava a capitania na mesma "jurisdição que já antes houve nella". Isso significava que voltaria aos limites que tinha em 1748. Mesmo então, as linhas fronteiriças criavam problemas, principalmente em virtude de achados de ouro, freqüentes na região. O próprio vice-rei comunicara ao governador de São Paulo que ainda não recebera determinação superior para o estabelecimento dos limites entre as duas capitanias. Pedia a D. Luís Antonio que o instruísse com informações, quando chegasse a São Paulo.[23]

Em 1747, Bobadela havia solicitado ao rei providências em relação aos constantes atritos fronteiriços entre paulistas e mineiros. A Provisão Régia de 30 de abril daquele mesmo ano veio determinar novas divisas, vantajosas para Minas. E a Provisão de 9 de maio de 1748 que criava as capitanias de Goiás e Mato Grosso, suprimindo São Paulo, dava a Bobadela certa liberdade na demarcação. Isso porque era-lhe autorizado fazê-la passar pelo rio Sapucaí, ou onde lhe parecesse melhor. Isso permitiu que seu emissário Thomas Rubi de Barros Barreto, ouvidor da Comarca do Rio das Mortes encarregado da demarcação, a estabelecesse passando pela serra da Mantiqueira e não pelo referido rio.[24]

Para o Morgado de Mateus, "a demarcação não se governava pelos Rios, nem pelos montes, mas pelos novos Descobertos, ou pelos Citios onde se presume que ha ouro".[25] Atribuía o prejuízo à aversão que Bobadela "toda a sua vida conservou por São Paulo, empregando-se com todo o seu empenho não sei se com grave prejuízo dos Reais intereces em damnificalla e destruhilla".[26] Com a extinção, os "generalistas" puseram-se a avançar pelo território paulista, em razão dos achados de ouro em Santana do Sapucaí, Ouro Fino e Camanducaia.

O governador tinha, agora, a esperança de que uma junta convocada pelo conde da Cunha com o fim de resolver a questão o fizesse da forma mais conveniente ao serviço real. Achava que a demarcação de Rubi não devia "de nenhum modo subsistir", porque não

---

[22] Sob o título "Divisas de São Paulo e Minas", DI 11 trazem toda a documentação da questão, desde 1709, quando da criação da Capitania de São Paulo e Minas do Ouro, até 1857.

[23] Ofício do conde da Cunha ao Morgado de Mateus, de 15 de julho de 1765 (DI 72, p. 42 a 44). O Aviso Régio veio datado de 4 de fevereiro de 1765 e, ao mesmo tempo que comunicava o restabelecimento de São Paulo e o embarque do novo governador, ordenava que se "tomasse assento dos limites" com Minas Gerais (DI 11, p. 211-12).

[24] Sobre o problema da demarcação de limites entre São Paulo e Minas Gerais, ver o livro de Assis Cintra, *Geographia política de São Paulo e de Minas Geraes*.

[25] Ofício do Morgado de Mateus a Oeiras, datado de 19 de dezembro de 1766 (DI 11, p. 239-40).

[26] Ofício do Morgado de Mateus a Luís Diogo Lobo, com dia e mês ilegíveis (1765) (DI 72, p. 134-7).

havia, naquela ocasião, capitão-general nem bispo que a tivesse consentido.[27] Em outubro de 1765 a junta reuniu-se no Rio de Janeiro, tendo exarado um parecer ou assento.[28] Este estabelecia a fronteira pelo rio Sapucaí, formado do Sapucaí-mirim e do Sapucaí-guassu, ficando o vale do primeiro pertencendo a São Paulo, e o do segundo, a Minas. A demarcação de Rubi partia do alto da Mantiqueira, passava pelo morro do Lopo e, daí, em direção à estrada que demandava São Paulo; e depois, até o Rio Grande. A junta julgava ser justo estabelecer a fronteira pelas terras ao poente do Sapucaí, que sempre pertenceram a São Paulo. Deviam ser restituídas suas terras à capitania que era a mais antiga, berço dos primeiros descobridores de minas de ouro, e que estava agora tão limitada, pelo que se lhe vinha sendo usurpado, que se fazia necessária a divisão pelo Sapucaí. Isso, não só porque as terras eram legitimamente suas, mas também porque estavam desertas de moradores e os que restavam eram muito pobres. Só poderiam enriquecer mediante as minas, e estas só estariam em seu território se a divisão fosse pelo mencionado rio. O fato de que sem as ditas minas ficassem os paulistas com maior isenção – embora favorecesse quanto ao Quinto – na realidade era-lhes prejudicial. Isso porque em caso de derrama não teriam de onde tirar o ouro requisitado. Além do mais, São Paulo representava a "barreira mais próxima do inimigo" e só com largueza de terras e de moradores poderia o governador de São Paulo encontrar meios para enfrentar os espanhóis. Argumentava ainda a junta que o governo de Minas, pela distância, não poderia auxiliar o de São Paulo, no caso de invasão.

Tendo o vice-rei aprovado o assento, passou o disposto a entrar em vigor. Ao comunicar o fato a Mendonça Furtado,[29] o conde da Cunha defendia São Paulo, dizendo que se fosse entregar toda a área paulista que os de Minas queriam, daquela capitania só restariam desertos e seria "inútil a despeza que Sua Magestade manda fazer com um Capitão General".

Mas a questão ainda se arrastaria pelos anos posteriores,[30] como veremos adiante, em "Outras atividades administrativas".

***

As reformas, no sentido da melhoria econômica e organização administrativa, embora não tivessem sido ordenadas explicitamente nas Instruções, figuravam no pensamento

---

[27] DI 72, p. 119.

[28] DI 11, p. 215. O assento era assinado pelo chanceler da Relação do Rio de Janeiro, pelo provedor da Fazenda Real, por desembargadores, pelo guarda-mor geral das Minas, pelo capitão-mor regente do Rio Verde.

[29] Ofício de 31 de outubro de 1765 (DI 11, p. 222-7).

[30] Principalmente diante de novos descobertos de N. Srª da Conceição do Rio Pardo.

do Morgado de Mateus, desde Santos. Do período que ali permaneceu datam já as primeiras providências.

Em agosto, enviou às Câmaras Municipais uma circular na qual considerava que o "melhor meyo para enriquecer os Povos he a agricultura e o Comercio" e que, portanto, era preciso que os representantes municipais atentassem ao fato.[31] Quanto à agricultura, pensou de início no algodão, julgando que seria o gênero de maior produção. Ordenava que tratassem da matéria, comunicando-lhe a possibilidade do que poderiam produzir em arrobas por ano. Notava falta de produção local dos gêneros mais necessários, em Santos. Apesar de ser "muito notável a summa pobreza a que se achão reduzidos a mayor parte dos habitantes".[32] Não deixava de observar que os edifícios ainda mostravam a riqueza passada, do tempo em que o ouro das minas "corria por este canal". Ao mesmo tempo que ordenava as plantações de algodão, tratava com os principais mercadores da terra para que viessem a comprá-lo.

Reconhecia na ausência de comércio no "escellente Porto de Santos" um fator que muito concorria para a decadência da cidade e de toda a capitania. O primeiro produto comerciável que se lhe ocorreu foi o vinho, e para tanto contatou a Companhia Agrícola dos Vinhos do Alto Douro.[33] Sugeriu que enviassem um navio, direto a Santos, carregado do referido gênero.

Em fins de agosto, recebeu o governador a Domingos Ferreira Pereira e sócios, que tinham em mãos a Carta Régia de 1760, que lhes concedia a exclusividade "por tempo de 10 annos [...] para minerar ferro e chumbo em São Paulo e estabelecer fabricas para caldear o dito ferro". Nesse metal, que iria ocupar sua atenção com muita freqüência nos anos posteriores, via o Morgado de Mateus grande utilidade, principalmente por causa da aplicação na Artilharia. E em dezembro pôde já remeter a primeira amostra de ferro caldeado pelos concessionários, que se tinham instalado junto a Sorocaba.[34]

---

[31] Receberam a circular as Câmaras de São Paulo, Jundiaí, Parnaíba, Itu, Curitiba, Sorocaba, Guaratinguetá, Pindamonhangaba, Taubaté, Jacareí, Moji das Cruzes, São Sebastião, Ubatuba, São Vicente, Itanhaém, Iguape, Cananéia, Paranaguá e Santos (DI 72).

[32] Ofício ao conde de Oeiras, em 13 de agosto de 1765 (DI 72, p. 70-1). Em ofício de 22 de setembro observava que os santistas viviam em "citios que assim se denominão as Gazas que há pelas Ribeiras feitas de Taipa de Canas, cobertas de folhas com suas laranjeiras ao pé, algumas bananas e huma pequena roça de mandioca e nada mais, porque os seus móveis são duas redes, huma em que dormem, e outra com que pescão, e destas ha infinitas por toda a parte, e ali vivem annos e annos; sem missa, nem Parocho nem civilidade, e contudo o mais que aqui se pode seguir, e mudando de citio passão a outra Capitania e lá estabelecem o mesmo comodo [...]" (DI 72, p. 95-7).

[33] Ofício dirigido ao governador do Porto, João de Almada, em 20 de agosto de 1765, no qual chamava sua atenção para o capítulo 19 da instituição da Companhia que estabelecia a obrigatoriedade de se colocar vinhos do Porto nas "quatro Capitanias do Brazil, sendo a primeira nomeada a de São Paulo" (DI 72, p. 72-3).

[34] DI 72, p. 162.

No setor administrativo, são os bandos, portaria e ordens[35] assinados em Santos e a correspondência com o governador de Minas que mostram as primeiras atividades de D. Luís Antonio. A impressão que se tem delas é que o governador queria, com urgência maior do que as condições vigentes permitiam, colocar a capitania em forma, não só de poder responder ao apelo militar que lhe fazia a metrópole, mas também de tornar-se econômica, social e administrativamente capaz.

Além das medidas de ordem militar, como a de ordenar aos senhores de escravos que os armassem, pagamentos de soldos, prisão de desertores, e outras mais, que eram mesmo a matéria mais urgente que lhe cobrava a metrópole, tentou acercar-se dos problemas que pareciam vitais para a capitania.

A principal preocupação de sentido sócio-administrativo talvez tenha sido a relativa à Lei da Polícia de 25 de junho de 1765.[36] Esta regulamentava sobre o pessoal encarregado da aplicação da justiça, principalmente no concernente à movimentação de cidadãos. Na correspondência com o governador Luís Diogo transparecem as idéias de D. Luís a respeito da necessidade da aplicação daquela lei. Era preciso ação vigorosa diante dos crimes violentos que se praticavam em São Paulo e da facilidade com que os criminosos se internavam nas capitanias vizinhas, escapando à captura.

Para melhor responder às ponderações do Morgado de Mateus sobre a questão, o capitão-general de Minas Gerais convocou uma junta para que se pudesse "reflectir com a madureza possivel se [a Lei da Polícia] era ou não acomodada ao país".[37] Embora o parecer[38] desta contemporizasse quanto à aplicação da lei, D. Luís Antonio estava disposto

---

[35] Que estão publicadas em DI 65: "Officios do Capitão General D. Luís Antônio de Souza Botelho Mourão aos diversos funcionários da Capitania (1765-1771)".

[36] "Alvará com Força de Lei, por que Vossa Magestade he servido estabelecer a Polícia, e Paz pública da Corte e do Reino...", Lisboa, 25 de junho de 1765 (*Colleção das Leis de D. José*, t. 1, p. 452-7).

[37] Ofício de Luís Diogo Lobo da Silva a D. Luís Antônio de Souza, em 12 de dezembro de 1765 (DI 14, p. 162-3).

[38] Afirmava o "Termo da Junta" exarado em 12 de dezembro de 1765, em Vila Rica, e assinado pelo governador de Minas, pelo ouvidor da Comarca daquela cidade, o provedor da Fazenda Real, o intendente da Comarca e pelo procurador da Coroa, que a referida lei, como fora feita para combater o crime no território continental, "se fazia impraticável em todas as circunstâncias neste continente". Referiam-se seus signatários a leis anteriores, desde o século XVII que regulavam as questões policiais. Argumentavam que nenhuma daquelas, nem a Lei de 1760 havia sido publicada nos domínios ultramarinos, como também não havia sido nomeado nenhum intendente geral de Polícia na colônia. Esta seria uma lei aplicável a regiões urbanizadas, mas não a um sertão onde entre uma povoação e outra havia léguas e léguas de distância. E muito mais "nesta Capitania que não contando ainda um século de descuberta e tendo muito que descobrir está sem permanência dos seus habitantes". Não seria possível atender a exigência de passaportes emitidos por secretarias de governo, para a passagem de uma capitania a outra e para a travessia de rios. Tal exigência prejudicaria o comércio e as vias legais do ouro, pois quantos caminhos ilegais seriam abertos para evitarem-se as despesas e descômodos da obtenção de passaportes. E também o contrato das entradas ficaria lesado. De qualquer modo, deveria a resolução caber ao rei. O que poder-se-ia ir praticando era a Lei de 20 de outubro de 1763

a colocá-la em vigência. E assim o fez, tão logo chegou a São Paulo pelo "Bando que se botou para se observar a Lei de Policia".[39]

Também com aquele governador discutiu problemas comuns de caráter militar[40] e administrativo, assim como lhe fez solicitações de ordem econômica.[41]

Em suma, sobre o "período santista", pelo exame das ordens, bandos e portarias,[42] da correspondência ativa e passiva entre o novo governador e Pombal, e o conde da Cunha e o governador de Minas, pode-se dizer, com Mário Neme, que o Morgado de Mateus "conseguira desde o início abarcar todas as causas fundamentais do atraso sócio-econômico e sócio-cultural de São Paulo na fase em que a governou".[43]

Entre o campo das conjecturas, sugestões vagas e providencias só iniciadas (como as possibilidades do comércio exterior, da tecelagem do algodão, de louça etc.) e as medidas concretas (recenseamento, reorganização da Provedoria, pagamento de soldos etc.), o novo capitão-general começou a tomar as rédeas da capitania.

Assim, na área militar, tratou do recenseamento e armamento dos escravos, do preenchimento dos postos vagos, do pagamento de soldos, do cumprimento e estudo dos Regulamentos, da prisão de desertores, da provisão de munições, da subsistência dos soldados, e de obras e reformas nas fortalezas de Santos. Na área administrativa, tratou de estabelecer o pronto pagamento dos credores da Fazenda Real,[44] reorganizou a Provedoria; pelo estabelecimento de Livros de Receita e Despesa e criação da junta, reiniciou a

---

que "faz cumulativas todas a Jurisdições, prendendo-se os Rêos, que de huás se refugião a outras Capitanias com precatorias, e ainda ordens particulares que os Ilmos. e Exmos. Snrs, Governadores podem passar em similhantes circunstancias" (DI 14, p. 164-8).

[39] São Paulo, 4 de dezembro de 1766 (DI 65, p. 113-6).

[40] "[...] se V. Excia, achou húa Capitania em que nem o nome de Milícias se sabia eu entrei em outra que existindo só as suas na opinião do vulgo, na realidade era tão aparentes que nem pés de lista havia; porque os oficiaes conhecesem os seus Soldados, e estes aos referidos, valendo-se nas ocaziões das mostras (se acaso se pasavão) de cada hum agregar a sy os que lhes parecia, quer fosem de Cavalaria, quer da Infantaria [...] (Ofício de Luís Lobo da Silva a D. Luís Antonio de Souza, Vila Rica, 13 de dezembro de 1765, DI 14, p. 168-73).

[41] Respondia Luís Lobo, em ofício de Vila Rica, 12 de dezembro de 1765 (DI 14, p. 158-60), que logo que tivesse oficiais disponíveis peritos na fabricação de louça enviaria a São Paulo, conforme lhe pedira o destinatário. Por ora, não poderia tirar dos que eram necessários à fábrica de louça vidrada que havia em Serro Frio.

[42] Que chegaram ao total aproximado de treze ordens, quatorze bandos, 41 portarias, de julho de 1765 aos últimos dias de março de 1766.

[43] "Chega a parecer surpreendente a sua capacidade de percepção e análise de toda uma constelação sociológica, cultural e econômica, e surpreendentemente em vista das condições ainda muito informes da capitania nesse tristonho e desacorçoado princípio da segunda metade do século 18" ("Um capitão-general reformista", AMP, São Paulo, 24, p. 42, 1970).

[44] Já nos referimos à ordem para que os credores se apresentassem munidos da respectiva documentação das dívidas. Para evitar a incursão no mesmo erro, fez publicar, poucos dias após sua chegada à capital, um edital proibindo que se vendesse "fiado" "à Casa do Governo (11 de abril de 1766, DI 65, p. 66).

questão da necessidade do estabelecimento definitivo dos limites com Minas; ordenou a circulação de moedas; iniciou a questão do seqüestro dos bens dos jesuítas etc.

Na área econômico-social, fez iniciar a exploração do ferro, do plantio do algodão e de sua tecelagem, assim como ordenou a legalização dos títulos de fábrica de louça em Santos, propriedades de sesmarias,[45] e o povoamento da região de Guaratuba;[46] providenciou a reunião de índios dispersos em suas aldeias. Ao se preocupar com a fuga de criminosos para outras capitanias, começou a pensar na real observância da Lei da Polícia.

Para poder organizar suas atividades administrativas o novo governador fez transferir para a capital os livros da Secretaria e o cofre da Provedoria. Também ordenou a remoção do Provedor recém-nomeado.[47]

No dia 2 de abril de 1766 o Morgado de Mateus partiu para São Paulo, onde os oficiais da Câmara esperavam havia quase um ano, e não sem certa impaciência, a oportunidade de dar-lhe posse.

***

A cidade de São Paulo, "edificada no meyo de huma grande campina em sitio pouco elevado que a descobre, toda em roda [...]",[48] junto aos cursos do Tamanduateí e do Anhangabaú, com seus seis mil habitantes espalhados pelos vales daqueles rios e colinas próximas,[49] preparava-se desde julho de 1765 para receber o novo governa-

---

[45] "Bando para os que tem terras apresentarem os títulos porque as possuem..." (Santos, 6 de novembro de 1765, DI 65, p. 24-5).

[46] "Bando para ser povoada a enseada de Guaratuba..." Esse bando foi proclamado em dezembro (DI 65, p. 29) e como até fevereiro de 1766 não se tivesse apresentado candidato algum, em Paranaguá, onde fora fixado, não obstante as terras, ferramentas e outros privilégios que se lhes oferecia, um outro bando (DI 65, p. 44) passou também, além daquelas vantagens, a oferecer a isenção de serviço militar por dez anos para seus povoadores.

[47] Desde os últimos dias de março começaram os preparativos da jornada para São Paulo com a chegada de oitenta índios que conduziriam o governador, de Cubatão até a capital, através da serra. No dia 2 de abril embarcou D. Luís em Santos para Cubatão. No dia seguinte saiu a comitiva, sendo o capitão-general conduzido em rede, por quatro índios dos doze designados para tal fim. A descrição da partida (e de todas as peripécias inerentes àquele áspero caminho) é minuciosamente feita no *Diário de Governo* (AM/BN, cit.).

[48] "[...] o seu terreno hé brando e tem as ruas planas, largas e direitas e algumas bem compridas, porem não são calçadas, todas as paredes dos edifícios são de terra; os portaes e allizares de pão por ser muito rara a pedra, mas não deixa de ter conventos, e bons Templos, e altas Torres da mesma matéria com bastante segurança e duração [...]" (Ofício do Morgado de Mateus ao conde de Oeiras, São Paulo, 10 de dezembro de 1766, DI 73, p. 57-9).

[49] Para estudos de geografia urbana e da população da cidade de São Paulo no século XVIII, ver Aroldo de Azevedo, *A cidade de São Paulo*: estudos de geografia urbana; Richard Morse, *São Paulo: de comunidade a metrópole*; Afonso Taunay, *A cidade de São Paulo no século XVIII*; Nuto Santana, *Metrópole*.

dor.[50] Entretanto, foi só em 16 de março do ano seguinte que D. Luís Antonio comunicou à Câmara paulistana que, concluídos os negócios que o tinham retido na Vila de Santos, dispunha-se a subir a serra e fazer a "entrada pública na Cidade de S. Paulo".[51]

A chegada do general a Santos tinha sido motivo de inegável júbilo para os paulistanos. Um ano depois, entretanto, conhecedores das ordens que tinham sido emitidas,[52] sentindo nelas a determinação com que o general as emitia, sua disposição já não seria a mesma.[53] Não obstante, D. Luís Antonio diria a Oeiras que entrara em São Paulo assistido pelo "universal gosto e applauzo de toda a nobreza e povo da dita cidade".[54]

O discurso de posse,[55] documento inédito, existente no Arquivo de Mateus, da Biblioteca Nacional do Rio de Janeiro, é elemento de grande importância para o estudo da gestão de D. Luís Antonio de Souza à frente do governo paulista. Isso porque, com impressionante justeza e antecipação, está ali sintetizada a obra do Morgado de Mateus. Essa oração proferida na Câmara Municipal de São Paulo tornou-se peça fundamental para demonstrar o ajuste entre as diretrizes projetadas e o trabalho realizado. Mais do que as Instruções de janeiro de 1765, esse documento revela os fins a que vinha destinado o governador-restaurador. Não é possível estabelecer se esse arrazoado se inspirou em instruções orais de Pombal ou apenas nos desígnios do próprio capitão-general. O que se pode afirmar, por ser bastante evidente, é a concordância entre os objetivos que a oração enumera e a empresa encetada, independentemente de seu êxito ou colimação de seus fins.

---

[50] Um edital da Câmara de 11 de julho de 1765 ordenava que os habitantes caiassem as casas, carpissem as ruas, assim como se lhes entulhassem os buracos, às suas custas e sob penas de multas para a chegada do capitão-general, "que não pode tardar a esta cidade" (RGCM, São Paulo, v. 11, p. 155); outro edital, de 27 de julho, obrigava aos padeiros e quitandeiros a enfeitarem de flores e folhas as ruas por onde passaria o capitão-general no dia da sua chegada (RGCM, São Paulo, v. 11, p. 154); também seriam obrigados todos os moradores a colocar em suas casas luminárias, pelo espaço de três dias, e a desfilar a cavalo, quando se desse a chegada do governador, demonstrando todos o geral contentamento (idem).

[51] "[...] que esperava fosse no dia 5 de abril para tomar posse no dia 7, dia em que se celebra a festa de Nossa Senhora dos Prazeres, padroeira da minha Caza." A carta é do dia 16 de março e foi registrada na Câmara em 22 de março de 1766 (RGCM, São Paulo, v. 11, p. 244). No dia 15 anterior, D. Luís Antonio já havia pedido que a Câmara fizesse consertar o caminho junto ao Rio Grande, que estava no trajeto que faria entre Santos e São Paulo (RGCM, São Paulo, v. 11, p. 245). O *Diário do Governo* dá contas de como o ouvidor e outros cavaleiros se achavam em São Bernardo aguardando a chegada da comitiva e como a escoltaram até São Paulo. O cortejo que se formou à entrada da cidade, no dia seguinte, era constituído por eclesiásticos, altos funcionários (o ouvidor, o secretário, o juiz de fora de Cuiabá e outras), militares (oitenta cavaleiros sob o comando de D. José de Macedo Sottomayor – "Serião 200 todos vestidos de gala") e atravessando o centro da cidade dirigiu-se ao Te-Deum. A posse seria no dia seguinte, após banquete e outras festividades.

[52] O RGCM, de São Paulo, v. 11, registra vários editais a respeito, que, como já vimos, correspondiam a ordens emanadas de Santos e enviadas a todas as Câmaras Municipais das vilas da capitania (p. 162, 171, 173, 215, 226-7, 238).

[53] O que pouco depois começaria a corporificar-se através de desobediências e protesto, como se verá adiante.

[54] Ofício ao conde de Oeiras, São Paulo, 28 de abril de 1766 (DI 72, p. 215-6).

[55] "Oração que repetio na Casa da Câmara [...] o Exmo. Sr. General no dia da sua posse" (*Diário de Governo*, cit., dia 6 de abril de 1766). Essa página encontra-se bastante danificada como, de resto, todo o *Diário*.

O novo governador enaltecia os feitos dos paulistas e o quanto a capitania merecia que se lhes restabelecesse o "antigo esplendor". Os "relevantes serviços com que os Paulistas se distinguiram em benefício da Pátria e da Coroa Portuguesa" estavam presentes "não só na estimação das gentes que os conhecem mas no conceito do Rey que os Governa" – era a afirmação que abria o discurso.

Frisava que fora a decadência a que se achava reduzida a capitania que pesara na consideração real de restabelecer "seu antigo esplendor".[56] Os meios dos quais vinha encarregado para atingir tal fim eram:

- acrescentar suas povoaçõens
- estender aos confins dos seus domínios
- fertilizar os campos com a agricultura
- estabelecer nas terras diferentes fábricas
- idear novos caminhos
- penetrar incognitos sertõens
- descobrir o ouro das suas minas
- fortificar as suas Praças
- armar o seu Exercito
- fazer observa as Leys e respeitar as Justiças.[57]

Estas foram, realmente, as coordenadas de sua administração durante os dez anos que durou: exploração territorial, povoamento e urbanização, fomento econômico, fortalecimento militar e organização burocrático-administrativa.

As Instruções de Governo, entretanto, tinham por tema central, obsessivamente, o inimigo castelhano.

O contraste entre esses dois pronunciamentos possibilita algumas hipóteses, arroladas numa possível ordem decrescente de probabilidades:

1. A de que o Morgado de Mateus recebera instruções oficiais no sentido de não fazer despertar nos paulistas preocupações para com o Sul ameaçado. Sua oração ocultaria as principais razões da restauração, cujo esquema punha a capitania paulista como uma

---

[56] "[...] porque sendo ella may de todas as que hoje florecem com mayor grandeza como São Minas Geraes, Goyazes, Coyaba e outras muitas que descobrirão os naturaes desta Capitania, e tendo-as enriquecido e dotado como filhas com as imensas riquezas de seus opulentos Thesouros se ve reduzida a tal extremo que necessita de mendigar dellas os cabedaes necessarios para sua conservação e sustento" (*Diário de Governo*, op. cit.).

[57] Diário de Governo, op. cit.

espécie de tampão protetor de Minas Gerais e do Rio de Janeiro. Que se não levantassem expectativas negativas pelos recrutamentos militares em gente tão arredia à submissão. Muito embora, as razões dadas pelo governador para o restabelecimento de São Paulo não deixassem também de ser verdadeiras para o governo metropolitano.

2. A de que, por alvitre seu, D. Luís Antonio preferira não aludir ao problema do espanhol no Sul, para que não se quebrasse o otimismo popular em relação à sua chegada. Apontava a restauração apenas no sentido das vantagens para a capitania, incentivando a vaidade e o orgulho dos paulistas.

3. A de que só a questão militar, ligada à defesa contra o espanhol, é que teria sido determinada pelas autoridades portuguesas. Os meios a que o Morgado de Mateus aludia para o revigoramento da capitania, como as novas povoações, incremento agrícola etc., seriam planos unicamente de sua lavra, mesmo que dentro do esquema reformista do primeiro-ministro.

Ao filiarmo-nos à primeira dessas suposições, estabelecemos como sendo diretrizes do governo Mateus emanadas do governo central e plenamente endossadas pelo capitão-general: defesa do Sul contra a ameaça espanhola; a exploração do sertão e sedimentação das fronteiras da orbe portuguesa americana, na região do Prata; dinamização econômica e social da capitania e organização administrativa.[58]

O "Auto de retificação de posse" do novo governador[59] assinala que ela foi feita no dia 7 de abril de 1766, na Casa do Senado da Câmara, na presença do ouvidor geral, de juízes ordinários e de vereadores, "sem embargo de haver já tomado na villa e Praça de Santos aonde exerceu o mesmo cargo e se demorou naquella Villa por cauza dos Serviços de sua Magestade".

Instalado no antigo Colégio dos Jesuítas, procurando equipar o melhor possível sua Secretaria com material e documentação necessárias,[60] daria D. Luís Antonio continuidade ao trabalho encetado em Santos.[61]

Fez ele dessa primeira fase de seu governo a que se caracteriza pelo lançamento dos grandes projetos e pelo aparecimento dos primeiros embargos. Das primeiras atividades em São Paulo dão-nos conta os bandos, portarias, ordens e editais. E seus projetos, pen-

---

[58] Visando essa última o estabelecimento o mais nítido possível dos contornos da jurisdição e poderio das diversas autoridades constituídas.

[59] DI 73, p.55, do "Livro de posses dos generais" p. 12v. , embora o *Diário* refira o dia 6 como sendo o da posse.

[60] DI 65, p.104.

[61] Andou pedindo às secretarias dos governos de Minas, Rio de Janeiro e Mato Grosso para lhe enviarem o material paulista que por lá houvesse (DI 72, p. 227, entre outros).

samentos e disposições transparecem na correspondência ativa e passiva com o governo metropolitano.[62]

Quase que concomitantemente, lançou-se o governador à militarização, à conquista dos "novos sertões", à urbanização e ao fomento econômico da capitania.

---

[62] E para melhor organização do trabalho burocrático ser-lhe-ia ordenado, em resposta à sua Relação ou Resumo de 2 de dezembro de 1765, que suas cartas dando contas do andamento do seu governo à metrópole deveriam vir sempre divididas em três partes: "1) Cartas sobre o Estado Político e Negócios a ela pertencentes, 2) Cartas sobre o Estado Militar, 3) Cartas sobre o estado das Finanças, das Rendas Reaes tudo o que a ellas pertencer" (Ofício do conde de Oeiras a D. Luís Antonio, datado de Lisboa, 22 de julho de 1766, AHU, Lisboa, Cód. do Conselho Ultramarino, 423, nº 29). Para esse período, parte dessa correspondência ativa acha-se publicada, principalmente nos DI 23, 67, 72 e 73 e a inédita pode ser encontrada no maço 25 (São Paulo) do Arquivo Hist. Ultramarino. Quanto às ordens do governador, ver DI 65. Para a correspondência passiva, a proveniente do conde da Cunha, em DI 12, e a proveniente de Pombal, no Códice 423 do Conselho Ultramarino (AHU, Lisboa).

Militarização

Vencendo grandissimas dificuldades, e a repugnancia
dos Povos, que ainda não estavão costumados a vêr tão
grande factura de soldados [...]

Do Morgado de Mateus
a Martim Lopes Lobo de Saldanha, 1775

Iniciado oficialmente o governo, as preocupações centrais foram as militares. As providências eram tanto as de rotina (soldos, munições, nomeações) como as relacionadas com a ameaça espanhola – que requeria, acima de tudo, maior número de pessoal habilitado. Já vimos como foi ordenado o Recenseamento, com vistas ao recrutamento.

A capitania contava com um Corpo de Tropas pagas[1] e algumas companhias de ordenanças.[2] O governador discutia a inconveniência do levantamento de Companhias de Aventureiros (como já se tinha feito antes). Se havia dificuldades para manter as Tropas pagas, como fazê-lo com aquelas, mesmo com soldo inferior? O ideal, opinava, era que se estabelecesse, em Santos, um Regimento regular sempre em condições de marchar em qualquer eventualidade, sem os transtornos e despesas que o levantamento de Aventureiros acarretava. Mas reconhecia que, apesar de não ser esse tipo de milícia

---

[1] Formado de seis Companhias de Infantaria ou de Artilharia, de constituição irregular, mas que deveria ter cada uma 44 soldados, um capitão, um tenente, um alferes, dois sargentos e quatro cabos de esquadra (DI 72, p. 43). Duas dessas Companhias estavam em serviço no Rio Grande. Seguia também a "Rellação de toda a gente de guerra que se contém nas 6 companhias de que se compõem as Tropas" (DI 72, p. 114).

[2] As Companhias de Ordenanças eram tropas constituídas pelos homens válidos nos núcleos urbanos, organizadas e pagas pelas Câmaras Municipais. Estavam regulamentadas em Portugal desde 1570 pelo Regimento das Ordenanças. Entretanto, o Morgado de Mateus notava que as daqui não eram regulares como as do Reino, pois muitos habitantes válidos não as integravam. Em Santos, havia as chamadas Companhias de Forasteiros constituídas de portugueses ou paulistas de fora da vila, mas que, na sua maioria, tinha se recusado ao engajamento, alegando privilégios. Sobre as ordenanças, ver a dissertação de mestrado de Nanci Leonzo, *As Companhias de Ordenanças na Capitania de São Paulo*: das origens ao governo do Morgado de Mateus.

o ideal para o serviço regular, era a "tropa mais útil e mais própria que pode haver para as campanhas do Rio Grande, adonde se se abrir a guerra, são indispensavelmente necessarias pela qualidade de ataques e estratagemas com que ofendem o inimigo, porisso, se fazem muito temidos".[3]

Aliás, as Companhias que o conde da Cunha havia solicitado que o governador de Santos, Alexandre Luís de Sousa e Meneses, formasse na capital, pouco antes da restauração, já estavam prontas para embarcar. O vice-rei justificara o pedido afirmando que, diante das inquietações de Pedro de Cevallos e do movimento de suas tropas, era certo que os espanhóis queriam romper as hostilidades. E, para combatê-los, nada melhor do que os paulistas, "os mais próprios homens que o Brasil tem para a vida militar".[4]

Em resposta aos pedidos que lhe endereçara o Morgado de Mateus em julho e agosto de 1765, autorizava o rei que se criasse um Regimento de Infantaria.[5] Este mais as seis Companhias de tropas pagas existentes e as de Ordenanças formariam o corpo militar pronto a servir não só à capitania, mas também aos interesses da metrópole no Sul.

Para sua melhor instrução os "officiaes das Tropas desta Capitania assim pagas como Auxiliares, tanto de Cavalaria como da Infantaria" seriam obrigados a "ter, e a estudar de memoria o novo Regulamento",[6] como ordenara o governo, em obediência à orientação do conde de Lippe. Mas as tropas não se regiam ainda, totalmente, por esse Novo Regulamento. Como o próprio governador declararia ao vice-rei Azambuja, em 1769, compunha-se "o governo das Tropas de hum mixto entre o moderno e o antigo".[7]

As Tropas de Auxiliares passaram a ser prestigiadas pela concessão real de 22 de março de 1766 que lhes assegurava que seus oficiais, desde alferes até coronel, poderiam ter os mesmos privilégios concedidos aos oficiais das tropas pagas: uniformes, divisas etc.[8] Mas, ao mesmo tempo, pesavam-lhe os castigos impostos à deserção:

> ficarão inhabeis para não mais poderem pertender officios de honra nem de conveniencia nem serem propostos nas pautas para Officiaes da Camara nem poderem pedir satisfação

---

[3] DI 72, p. 49-50.

[4] DI 14, p. 37. Aliás, a documentação é farta no sentido de quanto as autoridades portuguesas respeitavam as virtudes militares dos paulistas. Mas conheciam também sua aversão à obediência rígida. À pergunta: "Que dificuldades podem haver para se instruirem bem as Milícias nas Evoluções militares?", a resposta, nos "Pontos essenciais" já mencionados, era: "Aos Paulistas não se considera dificuldade porque são atiradores, são rijos, são valorosos, o ponto está que elles queirão" (DI 14, p. 24).

[5] Ofício do conde de Oeiras ao Morgado de Mateus, Lisboa, 22 de julho de 1766 (AHU, Lisboa, Cód. do Conselho Ultramarino, 423 nº 38).

[6] DI 65, p. 135.

[7] DI 19, p. 372.

[8] "Bando em que se declarão os previlégios que tem e gozão os Auxiliares desta Capitania", São Paulo, 1º de outubro de 1766 (DI 65, p. 109-10).

de injurias em qualquer parte que apparecerem, serão aprehendidos, e remetidos logo para as Gales da Praça de Santos.[9]

O Morgado de Mateus contava, na militarização da capitania, com seus auxiliares mais diretos: os sargentos-mores D. José de Macedo Souto Maior e Castro e Manoel Caetano Zuniga, e os respectivos ajudantes, Theotonio José Zuzarte e Manoel José Alberto Pessoa, que seriam, por larga parte de seu governo, seus lugares-tenentes, principalmente na empresa de penetração do sertão. Além deles, avultava a pessoa de seu ajudante de Ordens e primo, Afonso Botelho de Sampaio e Sousa, que, nomeado inspetor comissário de Paranaguá,[10] tornou-se importante e controvertida figura em todo o território, hoje paranaense.

Embora esses auxiliares por seu mérito e pela confiança que inspiravam pudessem ser nomeados coronéis, não tratou D. Luís Antonio de colocar tal patente à frente dos Regimentos que vinha organizando. Justificava o fato por considerar que as altas patentes estavam desmoralizadas na capitania, em razão de concessões indiscriminadas dos governadores anteriores a 1748. Além disso, poderiam ser suscitadas rivalidades e desentendimentos. Não via necessidade de autoridade superior aos capitães-mores das vilas e aos sargentos-mores, pelo menos enquanto não houvesse guerra e, portanto, deslocamento numeroso de tropas para fora da capitania. Julgava que "hum poder superior sobre tanta gente, na mão de hum particular deste Paiz, não parecia conveniente à Razão de Estado".[11]

Uma lista de todas as ordenanças das vilas foi ordenada, no fim do ano, semelhantemente ao recenseamento do ano anterior.[12] Inúmeras ordens, quase que diárias, mostram a preocupação com a provisão de postos, com uniformes, transferências de soldados etc.[13]

A militarização acarretava atuação em outros setores. Salienta-se o fortalecimento e defesa do litoral e o povoamento dos caminhos do Sul. Naquele sentido, foram ativadas as obras das fortalezas de Santos, Bertioga e Paranaguá, e reiterada a colonização de Guaratuba e Sabaúna, que já tinha sido ordenada, desde Santos, como vimos no capítulo anterior.

---

[9] "Bando para todos Os Officiaes e soldados das tropas Auxiliares que dezertarem zerem castigados na forma nelle declarado" (DI 65, p. 125-6).

[10] "Para Affonso Botelho de S. Payo e Souza ser Inspector das Tropas da Comarca de Pernaguá", São Paulo, 2 de abril de 1767 (DI 65, p. 146).

[11] Ofício do Morgado de Mateus a Martim Lopes Lobo de Saldanha em 1775 (BN, Lisboa, Seção Reservados, Cód. 4530, p. 26).

[12] "Carta Circular para o Capitam Mor desta Cidade e das Villas da sua Capitania" (DI 67, p. 11).

[13] DI 67, p. 18, 19 e outras.

Quanto aos caminhos do Sul, incluíra o Morgado de Mateus, em seus primeiros projetos, o estabelecimento de povoações na região de Vacaria,[14] não obstante a inconsistência dos limites de jurisdição da região de Curitiba para o Sul. Mas sabia da impraticabilidade da via terrestre, para se atingir o Viamão. Comentava-o com o conde da Cunha.[15] O trânsito só poderia ser feito por mar, pois, por terra (que era o caminho dos tropeiros) eram mais de trezentas léguas até Viamão, por "estradas impraticaveis e certoens invios, e faltos de todo o necessario, em cujas marchas precizamente se hão de consumir muitos mezes, perder muita gente e fazer com os transportes excessivos gastos". Analisava a existência de dois caminhos: o que ia por mar até Laguna e, daí, por terra, até Viamão; e o chamado caminho do sertão: o que ia de Curitiba até os Campos de Lages e entrando no Rio Grande pelo rio Pelotas, cuja travessia era feita num só ponto. A Oeiras indagava se a sua "vontade de intentar fazer huma ou mais Povoações nas chapadas de Vacaria [...]", para usar contra os inimigos os "mesmos ardilosos artificios de que se serviam" – como lhe fora sugerido nas Instruções – teria a aprovação real.[16]

A resposta informava que o rei concordava com tal empreendimento, mas ponderava que seria preciso primeiro consolidar as povoações que porventura existissem entre São Paulo e aquela região.[17] Ordens como essa patenteavam o quanto o governo central era mal informado sobre a realidade das colônias. A verdade é que na implantação de povoações coincidia duplo objetivo: o militar e o colonizador. A ação do Morgado de Mateus nesse sentido será estudada no capítulo referente à política de urbanização.

No início de 1767, foi enviada a Oeiras uma completa descrição do Estado militar da capitania, acompanhada dos respectivos quadros. Além das seis Companhias pagas havia agora as novas Tropas de Infantaria Auxiliar – que "consistem em 6 corpos ou Regimentos irregulares segundo a melhor arrumação que permitirão as terras povoadas que actualmente ha".[18]

Sob o comando do sargento-mor D. José de Macedo e seu ajudante Zuzarte, estavam o 1º Corpo de Dragões de São Paulo e Vilas do Sul da Serra-acima, com doze Companhias de Cavalaria, totalizando 768 soldados; e 2º Corpo de Ligeiros de Guaratinguetá e Vilas do Norte de Serra-acima, com seis Companhias de Cavalaria, totalizando 384 praças; sob o comando do sargento-mor Manoel Zuniga e de seu ajudante Manoel José

---

[14] Américo Brasíliense de Moura (op. cit.) dedica a esse problema, que envolve fundamentalmente a fundação de Lages, o seu capítulo "Fronteira meridional da capitania, no Planalto" (p. 69-82). Trataremos de Lages no capítulo referente à urbanização.

[15] ARU, Lisboa, "São Paulo", Doc. nº 2644).

[16] Ofício do Morgado de Mateus ao conde de Oeiras, Santos, 7 de dezembro de 1765, (DI 72, p. 160-1).

[17] Datado de Lisboa, 22 de julho de 1766 (MIU, Lisboa, Cód. do Conselho Ultramarino, 242, nº 26).

[18] DI 23, p. 85-98.

Alberto estavam o 3º Corpo de Infantaria de São Paulo e Vilas de serra-acima, com quinze companhias com 975 praças, e o 4º Corpo de Infantaria de Guaratinguetá e Vilas do Norte de serra-acima com seis Companhias, totalizando 390 homens; sob o comando do sargento-mor Manoel Martins dos Santos e seus ajudantes Manuel Martins do Couto Reis e Baltazar Machado estava o 5º Corpo de Infantaria da Marinha de Santos e Vilas do Norte, com oito Companhias de 520 praças; sob o comando do sargento-mor Francisco José Monteiro e o ajudante Manoel da Cunha Gamito estavam o 6º Corpo de Infantaria da Marinha de Paranaguá e Vilas do Sul, composto de onze Companhias com o total de 715 homens, e três Companhias de Cavalaria de Uzares de Curitiba, com 252 praças.

Fora as Companhias de mulatos e o armamento dos pretos escravos, podia-se contar com um total de cerca de quarto mil soldados, excluindo-se também as ordenanças. O governador dava por suficiente esse número. Aliás, afirmava que ele não poderia ser aumentado sem o emprego da violência. Embora deixando em aberto o livro de assentamentos para que cada Companhia pudesse agregar componentes futuros, julgava melhor "conservar huma mediania que dure para sempre do que huma multidão que não pode permanecer, nem sustentar-se [...]".[19]

Quanto às ordenanças, preferia por ora não mandar nada, alem da informação de dezenove repartições com total de 76 companhias, por não estarem ainda regularizadas de todo.

O mais importante passo nesse sentido foi o Edital de 20 de abril de 1767 para se formarem Corpos de Auxiliares e Ordenanças.[20] Por ele se comunicava a Carta Régia de 22 de março de 1766 que estabelecia o alistamento de todos os moradores da terra, sem exceção de "nobres", "Plebeus, Brancos, Mistiços, Pretos ingenuos e libertos" para formarem terços de auxiliares e ordenanças tanto de Cavalaria como de Infantaria.

Nanci Leonzo, em seu trabalho já citado sobre as Companhias de Ordenanças em São Paulo, aponta as modificações que o Morgado de Mateus introduziu no Regimento das Ordenanças (de 1570), para melhor adaptá-lo às condições do meio e do momento. O número de esquadras para cada companhia pelo referido Regimento era de dez, sendo que estas eram constituídas de 25 homens. Agora, passava o governador a adotar o que denominara "Regimem de lotação de bayrros": o número podia ser de dez homens, e que fossem vizinhos, para que os cabos de esquadras pudessem facilmente convocá-los. Também aumentava o número de sargentos, relativamente ao número de esquadras, também com vistas a facilitar a convocação.

---

[19] Ofício do Morgado de Mateus ao conde de Oeiras, São Paulo, 2 de janeiro de 1767 (DI 23, p. 100).
[20] DI 65, p. 149-50.

O caráter militarista de que se revestiram os primeiros anos da restauração de São Paulo pode ser exemplificado através de um ofício que D. Luís Antonio enviou a um capitão Manuel Dutra de Faria. Este o consultara sobre o fato de alguns soldados alistados quererem ser isentos da tropa, por ocuparem cargos municipais. Respondia o governador que, pelo privilégio que "Sua Magestade conçede as suas tropas sam izentos de servir a cargos da republica" e que o "serviço d'El Rey na tropa esta em primeiro lugar".[21]

Em circular às Câmaras, D. Luís Antonio enaltecia o exercício das armas:

> Porquanto o Real Serviço hé a Fonte da Nobreza e o Manancial donde se tirão as estimações, e as honras de tal sorte que as cazas ilustres que hoje se respeitão só adquirirão os títulos, e a grandeza por meyo de serviços que fizerão a Coroa os heroes que as engrandecerão, e entre todos os serviços hé o das Armas o mais destincto em o qual sempre se ganharão as mayores glorias [...][22]

Nos fins de 1767, mostrava a Oeiras as dificuldades em arregimentar tropas, e, mais ainda, em conservá-las. Seria necessário dar aos soldados mais prerrogativas que aos camaristas. Era preciso fazer cessar o ódio e a vingança "dos mesmos republicanos para que os officiaes e soldados possão satisfazer as suas obrigações livres do receyo de serem destruídos".[23]

Uma das formas de evitar o escárnio e o desprezo dos republicanos em relação aos soldados era "predicamentar as Tropas mais que os Republicanos, fazendo prevalecer os seus previlegios para não serem obrigados os Officiaes das Tropas, e seus Soldados a servirem nas Camaras contra suas vontades em prejuízo da assistencia das suas obrigações e da disciplina [...]".[24] Que os que servissem nas Tropas Auxiliares fossem totalmente isentos de servir nas Câmaras, Mas, que não se procedesse da mesma forma para o caso inverso: o que "por livre vontade sirva na Câmara, por nenhum cazo se exima das obrigações militares [...]". Isso demonstrava o quão era importante no momento e para o governador a militarização da população paulista. Quem servisse nas Tropas, fosse nas Pagas ou nas Auxiliares, teria os maiores privilégios, inclusive na questão da aplicação da Justiça. Crimes, desde que não de muita gravidade, seriam perdoados ou teriam penas amenizadas.[25]

---

[21] DI 67, p. 43.

[22] DI 23, p. 132-3.

[23] DI 19, p. 81.

[24] "[...] bem entendido que no cazo de algum militar queira servir por seu gosto os cargos da Republica, que nunca esta ocupação o exima nem de formas com os seus corpos, ou no lugar que lhes hé devido na sua companhia, nem de cumprir com as ordens que forem militarmente distribuidas [...] Nas Camaras poderiam servir os homens já veteranos que não sentarão praça" (Ofício do Morgado de Mateus ao conde de Oeiras, São Paulo, 12 de novembro de 1767, DI 19, p. 81).

[25] DI 19, p. 81.

A mobilização fazia-se com enormes dificuldades; a força tinha que ser constantemente empregada.

O método de recrutamento levado então a efeito pelo Morgado de Mateus não diferia do processamento usual na época. Um melhor conhecimento dos procedimentos para arregimentação de população válida para a prestação de serviços militares no século XVIII, tanto na França, Espanha ou em Portugal, poderia esclarecer que os métodos do "despótico Mateus" não diferiam dos usados naqueles países. O recrutamento militar não representou, na Idade Moderna, fenômeno de aceitação popular, em parte alguma.[26] O pequeno soldo (e quase sempre em atraso), a pouca consideração por parte da população civil (não obstante as afirmativas do governador sobre a "nobreza" do serviço militar), a disciplina e castigos impostos a faltas, a imposição de ida para o sertão inóspito e sujeito ao ataque do gentio faziam que o paulista fugisse aos serviços da tropa. Não estavam preparados para um serviço ativo, disciplinado e constante. E mais, nunca houvera na capitania recrutamento em tão larga escala. Além do que era preciso deixar seus afazeres habituais fosse na agricultura, no comércio ou no artesanato. O desejo do Morgado de Mateus era consolidar o setor militar da capitania, evitando atropelos de última hora, no caso de ser chamado à luta armada: "com tempo tudo se faz melhor e eu quero antes prevenir-me sem ser necessário do que ver-me em pressas e confuzões".[27]

A situação no Sul agravava-se. O governador de São Paulo estava pronto a acatar a sugestão do vice-rei para marchar à frente de suas tropas, para o Rio Grande. Mas duvidava que pudesse apontar alguém capaz de ficar encarregado do governo da capitania. Mas tal deslocamento não se deu. Aliás, em vista do que acontecera nos tempos de Rodrigo César de Meneses, os capitães-generais não podiam sair de suas sedes de governo, a não ser que houvesse ordem expressa.

Não escapava ao governador a necessidade de conhecimento geográfico, tanto da região que lhe estava afeita como da que devia ser protegida ou explorada. É bastante evidente na sua correspondência o constante uso que fazia dos mapas, tanto dos já elaborados antes de sua vinda como dos riscados a partir das expedições de reconhecimento enviadas a arcas menos conhecidas.[28]

---

[26] André Corvisier, no seu artigo "Le soldat français au XVIII siècle": (*L'Information Historique*, Paris, v. 27, nº 5, p. 209-16, nov.-dez., 1965), mostra as formas de recrutamento na França, em meados do século XVIII: o soldado era sorteado, forçado ou voluntário (forma abolida em 1760); não obstante as vantagens legais, econômicas e morais que existiam para o engajamento, havia deserção e absenteísmo.

[27] Em São Paulo, 22 de junho de 1767 (DI 67, p. 170).

[28] Quase dois anos eram decorridos do início do seu governo e ainda não se achava aparelhado de mapas tanto como gostaria, "O mappa desta Capitania fico procurando que ao menos por remedio o possa pôr a limpo" (São Paulo, 16 de agosto de 1767, DI 23, p. 237).

Uma das principais preocupações nesse sentido era o conhecimento do "curso dos Rios navegaveis que sahem desta Capitania, e que podem dar entrada para os dominios de Espanha".[29] Sabia que pelo Tietê era possível atingir o Paraná, com acesso ao Mato Grosso e ao Paraguai; também pelo Paranapanema podia-se atingir o Paraná, e chegar, portanto, às mesmas regiões. E pelo rio das Canoas "se pode hir com muita facilidade para as sete Aldeas das Missoins". Muitas expedições foram enviadas para estudo daqueles cursos d'água, assim como de seus tributários.

As noções geográficas do Morgado de Mateus sobre a América advinham, principalmente, da "Geografia" de Medrano, por ele constantemente citada.[30] Baseado naquele autor espanhol, nos mapas de Capacci e Diogo Soares, e outros, podia o capitão-general discutir vivamente com os vice-reis e com as autoridades metropolitanas acerca das possibilidades estratégicas que lhe oferecia o território sul do Brasil.

A militarização da capitania abrangia diversos aspectos da atividade governamental.

De um lado, o recrutamento e a organização dos regimentos. Isso representava uma necessidade para São Paulo, como de resto para todo o Estado do Brasil. Já nos referimos ao fato de como a Campanha de 1762, em território do Reino, evidenciara a Pombal o seu despreparo bélico. De outro lado, a ameaça espanhola na região platina requeria na colônia uma força militar suficiente, não só para combatê-la, como para advertir Madri sobre os riscos de suas pretensões.[31] As ordens para levantamento de soldados e constituição de tropas foram comuns, na época, aos vários capitães-generais do Estado sediados no Rio de Janeiro.

Vimos as formas iniciais pelas quais o Morgado de Mateus chegou a poder contar com uma força de quatro mil e poucos soldados, já em dezembro de 1766.[32] Além do recrutamento, a reorganização quanto a uniformes, provisão de postos, policiamento, exercícios militares foram levados a efeito.

Referimo-nos, anteriormente, às dificuldades do governo no recrutamento de soldados. A tendência para fugir sistematicamente à arregimentação militar, que caracterizou os primeiros tempos da gestão Mateus, não arrefecera.[33] Sete anos decorridos desde o início de seu governo, em 1772, o governador ainda via a imagem negativa do recrutamento.

---

[29] Ofício do Morgado de Mateus ao conde da Cunha, São Paulo, 13 de outubro de 1766 (DI 73, p. 34).

[30] Trata-se da obra *Geographia o moderna concepcion del mundo y sus partes, dividida en dos tomos...*, Amberes, Henrico y Cornelio Verdusse, 1709.

[31] Ameaça esta que também originava a necessidade de fixação de população e maior fortificação militar nas áreas do Oeste, incitando a uma "militarização preventiva".

[32] DI 23, p. 87.

[33] Muito embora tivesse o capitão-general declarado à metrópole que conseguira acabar com o "horror de serem soldados".

Enviou então uma "Ordem Circular aos Capitães Mores para que não fação reclutas durante as amostras militares".[34] Isso porque o medo de serem levados à força, na ocasião em que estivessem assistindo aos exercícios militares, fazia que os paulistas se furtassem de ir vê-los, e, talvez, com isso deixarem de se entusiasmar pela carreira militar.

A vontade do Morgado de Mateus era conseguir atrair o engajamento espontâneo. Entretanto, a vida militar tem seus rigores, a que não seria possível escapar. Assim, afirmava com toda convicção e energia que, "neste serviço não admitir-se-ia a mínima falta a toda a ora que forem percisos nelle e quando a haja, serão responsáveis a todo o castigo que me parecer mandar proceder contra elles, assim como tambem o hey de fazer asperamente contra os que desertarem [...]".[35]

Se para os possíveis desertores era tão agressiva a atitude do governador, para as recém-organizadas milícias fazia os maiores elogios: "estão muito luzidas, compostas da melhor gente, marchão muito bem unidas, fazem os quartos de conversão ajustados, e do mesmo modo as pontarias, e o fogo em que geralmente são destros"; jactava-se de ter diminuído junto à população "o horror ao nome de soldado" e, ao declarar-se coronel do Regimento dos Dragões de São Paulo, procurava animar no espírito dos paulistas as antigas glórias militares.[36]

A deserção era questão permanente a preocupar o capitão-general, e o foi até o final de seu governo. Em bando de 10 de janeiro de 1775 (portanto, já a findar sua gestão), afirmava D. Luís Antônio que estava ciente de "que na prezente conjuntura, tanto nos corpos de ordenanças como no de milicias auxiliares [...] está sendo notória a dezerçam [...]" e, por ela ser "hum dos mais perniciozos e detestáveis crimes em que todas as Nações foi sempre precavido com penas [...]", ordenava aos capitães-mores que redobrassem a vigilância nesse sentido, prendendo inclusive familiares, enquanto os desertores não se apresentassem.[37]

De outra parte, o governo estava voltado para a implantação ou remodelação de Praças no litoral, que constituíssem um sistema de defesa à altura do momento e das circunstâncias. Fora recomendado ao governador, em suas Instruções, que "as Fortalezas dos Portos maritimos fossem imediatamente moniciadas, guarnecidas, e postas em estado de ficarem livres dos insultos dos nossos inimigos".[38]

---

[34] DI 33, p. 59.

[35] DI 67, p. 43.

[36] Ofício do Morgado de Mateus ao conde de Oeiras, São Paulo, 17 de janeiro de 1767 (DI 23, p. 119).

[37] DI 33, p. 183.

[38] Ofício do Morgado de Mateus ao conde de Oeiras, São Paulo, 2 de janeiro de 1767 (DI 23, p. 107-8).

Nesse sentido, incluíram-se seus esforços em torno da construção e reconstrução dos fortes de Paranaguá,[39] de Santos,[40] Bertioga,[41] Cananéia[42] e São Sebastião.[43]

Outro aspecto fundamental para o bom andamento das atividades militares era o do armamento e das munições. A quantidade de pólvora disponível era muito pequena. À possibilidade que o governador aventou sobre o estabelecimento de uma fábrica de pólvora, embora encontrando aquiescência do governo, foi-lhe ponderado que examinasse a real existência, de matéria-prima, principalmente o salitre, para que tal empreendimento pudesse ser iniciado.[44] Aliás, a procura de pólvora e chumbo não se prendia unicamente a razões militares. Em um de seus ofícios ao conde da Cunha, o Morgado de Mateus solicitava aumento de fornecimento daqueles elementos, para uso na caça.[45]

O transporte do armamento, munição e ferramentas fazia-se penosamente, para serra-acima, a partir de Santos ou de Paranaguá, para atingir os mais longínquos pontos onde se fizessem necessários. As armas pesadas tinham que vir da metrópole, já que a Fábrica de Ferro não correspondera, em sua produção, ao que dela esperava o governador.

O armamento destinado a São Paulo vinha para os portos paulistas depois de passar pelo Rio de Janeiro; portanto, nunca "em direitura". E sua distribuição dependia da maior ou menor boa vontade do vice-rei em concedê-lo. No envio de peças de artilharia e de munições que o marquês de Lavradio mandou a D. Luís Antonio, em março de 1771, alegava não poder remeter mais, "pela grande falta que ha dellas nesta Capitania".[46]

As Tropas Pagas eram armadas pelo governo, mas as Auxiliares o deviam ser à sua custa, comprando-se as armas através da Provedoria, uma vez que a Real Ordem de 22 de março de 1776 estipulava que deveria haver uniformidade em calibre e grandeza, para todas as unidades militares.[47]

A suposição de que, com suas rendas, pudessem as Câmaras arcar com as despesas de pagamento dos sargentos-mores, como lhe ordenara a metrópole, fez que em agosto de 1766 enviasse uma circular às Câmaras Municipais de toda a capitania para levantar suas receitas e despesas nos três últimos anos.[48]

---

[39] DI 67, p. 13.

[40] DI 23, p. 107.

[41] DI 23, p. 75-7.

[42] DI 67, p. 67.

[43] DI 67, p. 59.

[44] Ofício do conde de Oeiras ao Morgado de Mateus, em 22 de julho de 1766 (AHU, Cód. do Conselho Ultramarino, 423, nº 12). Não há documentação que prove a instalação da mencionada fábrica.

[45] Ofício do Morgado de Mateus ao conde da Cunha, São Paulo, 3 de julho de 1767 (DI 23, p. 173-6): "e nesta terra a primeira couza em que se fala para qualquer dispozição hé logo polvora e chumbo; porque se sustentão da cassa, e caressem de gastar quotidianamente destes generos".

[46] DI 14, p. 288. A relação desse armamento está aí publicada.

[47] DI 19, p. 86.

[48] A questão será discutida em "Política econômica".

Preocupação constante durante todo o período de governo do Morgado de Mateus, já que a situação no Sul o exigia, a militarização esteve ligada a quase todos os empreendimentos e atividades daquele capitão-general. Pela análise das questões ligadas à exploração territorial, à urbanização, ao fomento econômico e às demais atividades administrativas, é fácil deduzir o quanto todas elas estavam revestidas dos problemas militares. O governo central o exigia como um dos mais valiosos recursos para combater o inimigo no território sul-riograndense, já que os paulistas continuavam a ser considerados os mais aptos para a vida militar. O governador o exigia porque significava o ponto de partida para a missão primordial a que viera.

A militarização da Capitania de São Paulo era questão tão fechada para a metrópole quanto para os brios do Morgado de Mateus. Ao mesmo tempo, e como era natural, assinalava o seu nunca sanado impasse com os paulistas.

Exploração e conquistas territoriais

> Em materias de posse de Domínios hé mais facil
> ao depois de acomodar havendo que ceder do que
> havendo que pedir.
>
> Do Morgado de Mateus
> ao conde de Oeiras, 1768

O Iguatemi

Esperava o Morgado de Mateus alguma circunstância oportuna para fazer marchar a capitania armada. Ansiava cumprir as determinações, nas suas Instruções, que mais o fascinavam: as que lhe recomendavam procurasse por todos os meios dilatar os domínios portugueses e "usar sobre os implacáveis inimigos os mesmos ardis" dos quais tinham se servido para usurpar terras no Sul do Estado do Brasil. A exploração territorial e a conquista de "novos sertões", que levaria a cabo durante seu governo, enquadravam-se perfeitamente nesses alvitres metropolitanos. E as áreas visadas seriam fundamentalmente a do Iguatemi, a do Tibaji e a dos Campos de Guarapuava, com evidente preponderância da primeira.

Dois ofícios ao conde da Cunha, em outubro de 1766, mostram a sua indisfarçável ansiedade.[1] Neles, D. Luís Antonio quase chega a demonstrar certo alívio ao constatar que "os Castelhanos tinhão atacado a nossa fronteira no Mato Grosso". Justificar-se-ia, dali por diante, toda a ação ofensiva que pudesse cometer.

A conjuntura do lado espanhol parecia-lhe favorável:

> A Espanha está inquieta, o governo dos estados desta América mudado com a auzencia de Sevallos [...] as Provincias alvorotadas com a tirania dos governadores; as Tropas faltas

---

[1] Ofícios do Morgado de Mateus ao conde da Cunha, datados de 4 e 5 de outubro de 1766 (DI 73, p. 9-17).

> de pagos, e descontentes e os soldados que vierão da Europa desertados [...] em Corrientes levantouçe o Povo e depozerão o Governador [...] Em Paraguay suçedeo o mesmo; matarão ao governador e tenho em meu poder os cabessas da soblevassão [...][2]

Foi essa chamada "Sublevação de Curuguaiti" que possibilitou a abertura que o Morgado de Mateus almejava para se acercar da Província do Paraguai. O episódio mostra a desorganização interna daquele quinhão hispano-americano; assim sendo não teria que enfrentar a vigilância espanhola nas imediações da fronteira mato-grossense.

A questão das raias entre o Paraguai e o Estado do Brasil mostrava-se confusa. Américo Brasiliense Antunes de Moura, em seu trabalho sobre os três primeiros anos do governo do Morgado de Mateus, discute longamente o problema.[3] Demonstra que, desde o século XVII, a área junto aos rios Jejui, Igurei e Iguatemi era palmilhada por paulistas, havendo constantes choques com os espanhóis. Em 1715, fora fundada a povoação paraguaia de Curuguaiti, que passara a manter comércio com os de São Paulo.

O Tratado de Madri, em seus artigos 5 e 6, estabelecera a fronteira para aquela região. Após a foz do rio Iguaçu, na direção sul-norte, a linha divisória seguiria pelo leito do rio Paraná acima, até a foz do Igurei. Depois, seguindo seu álveo até as nascentes, continuaria pelo terreno mais alto até a cabeceira do rio mais próximo,[4] até sua desembocadura no rio Paraguai. Pelo leito desse último rio chegaria até a foz do Jauru, e daí em direção ao Guaporé, já fora da área que ora focalizamos.[5]

Assim, ficava bem claro que a demarcação em território mato-grossense seria pelo rio Igurei. Todo o vale do rio Iguatemi fixava, portanto, no lado português.

A Comissão demarcatória para aquele trecho, entretanto – que o tinha como principais comissários José Custódio de Sá e Faria, pelo lado luso, e Manuel Antonio de Florez, pelo espanhol –, ao percorrer a região em 1753, não pôde ater-se ao texto do Tratado. Não encontrando em Assunção notícias dos rios Igurei e Corrientes, resolveram iniciar o reconhecimento em sentido contrário, isto é, pelo rio Jauru. Só no ano seguinte é que empreenderam a demarcação na área meridional. De Assunção partiram, até Curuguaiti, onde encontraram paulistas que, por iniciativa de Gomes Freire, vinham em seu auxílio. Daquela vila paraguaia desceram pelo rio Iguatemi; e depois, pelo Paraná abaixo, atingi-

---

[2] DI 73, p. 12.

[3] "Governo do Morgado de Mateus no Vice-reinado do Conde da Cunha", op. cit.

[4] Que era, portanto, o Rio Jejui, e não como constava do texto do Tratado: "que talvez será o que chamam de Corrientes [...]", pois este tem seu curso e foz bem mais ao norte.

[5] *Tratado de limites das Conquistas entre* [...] *D. João V, Rey de Portugal, e D. Fernando VI, Rey de Espanha...* Impresso em Lisboa na Officina de Joseph da Costa Coimbra, 1750, Artigos V e VI, p. 20-22 (Instituto de Estudos Brasileiros – IEB-USP, São Paulo, Coleção J. P. de Almeida Prado, 14, c, 4).

ram a foz do Garei (que seria o Igurei do Tratado); foram até o Salto Grande (Foz do Iguaçu) e voltaram ao Iguatemi. Marcaram então a linha divisória por esse rio, até suas cabeceiras (e não pelo Igurei e Jejui, como rezava o Acordo),[6] prosseguindo pela nascente do rio Ipané. Assim, seguia a linha pelo curso desse até o rio Paraguai. Constata-se, des-se modo, que se formou uma área intermediária que poderia suscitar dúvidas de jurisdição.

A região permanecia como "terra de ninguém". Tanto assim que os jesuítas, avan-çando com suas missões, fundaram a missão de Belém, na margem direita do rio Ipané, junto à sua desembocadura no Paraguai, em território indubitavelmente português. No entanto, ali não havia povoamento, e muito menos forças militares que fizessem supor choques iminentes. Portugueses e espanhóis não se ameaçavam mutuamente no Oeste. Quando o Tratado de El Pardo, em 1761, anulou o de Madri – e os ânimos se acirraram na Península Ibérica, em decorrência do Pacto de Família –, as áreas de atrito, em 1763, foram no Rio Grande e em Colônia, não em Mato Grosso.

D. Luís Antonio o sabia: queria que os portugueses se fortificassem a Oeste, não para atacar um possível exército espanhol ali estacionado, mas apenas para incomodá-los. Sua intenção era a de fazer Cevallos sentir-se ameaçado. A ação espanhola no Rio Grande estaria enfraquecida se se fizesse convergir tropas para o Nordeste do Paraguai. Essa era a tese da "diversão" pelo Oeste, sobre a qual, tantas vezes, o Morgado de Mateus chamaria a atenção de Lisboa. Para ele, essa tomada de posição em relação ao Oeste podia ser um paliativo para ação agressiva no Prata, já que esta lhe fora desaconselhada por seus superiores.[7] Não interessava a Portugal tomar na América atitudes a que não se dispunha na Península, onde as duas cortes procuravam contemporizar a respeito de suas divergências.

A fundação do Presídio de Nossa Senhora dos Prazeres e São Francisco de Paula do Iguatemi, assim como a de um povoado adjacente, as primeiras expedições, a manutenção e a luta por sua sobrevivência constituem o que chamamos "empresa do Iguatemi".[8] Teve essa seu ponto de partida no referido motim em Curuguaiti, em meados de 1766.

---

[6] Dados do "Diário da Expedição da demarcação da América em vertude do Tratado de Lemites..." (1753?) (IEB-USP, São Paulo, Coleção J. F. de Almeida Prado, MS nº 41).

[7] "[...] não sei se poderia melhor tentar fortuna e ver se nos podíamos dezembaraçar de quem nos cauza esta ruína [...]" (Palavras de D. Luís Antonio citadas pelo conde da Cunha em 24 de setembro de 1765 (DI 14, p. 69-72).

[8] Os volumes 5, 6, 7, 8, 9 e 10 dos "Documentos Interessantes" intitulados "Yguatemy" trazem farta documentação relativa àquele empreendimento. Esses volumes constituem, segundo o diretor do Arquivo que os fez publicar, uma espécie de "cronologia do Iguatemi. Além disso, toda a correspondência de D. Luís Antonio publicada ou inédita, mesmo relacionada com outros setores de sua administração, está impregnada da mesma matéria. Ver caderno de imagens.

Naquela vila paraguaia, um grupo chefiado por D. Maurício Vilalba revoltou-se contra a arbitrariedades de um lugar-tenente do governador do Paraguai, assassinando-o por afogamento no rio Iguatemi. O fato chegou ao conhecimento do Morgado de Mateus que, como outras autoridades portuguesas no Sul do Brasil, tinha seus informantes infiltrados nos meios espanhóis. Mandou, então, de imediato uma expedição averiguar os fatos *in loco*. Essa presteza faz crer na possibilidade de ter o capitão-general de São Paulo alguma idéia em mente a respeito de explorar a área.[9] Iam com o pretexto de explorar os "Sertões do Ivaí", ou seja, o vale do rio Ivaí. Aliás, foi sob o mesmo pretexto que seguiram as primeiras expedições. A denominação consagrou-se de tal modo que, durante muito tempo, mesmo quando já não era possível (nem necessário) escamotear a evidência da distância e da diferença entre aquelas duas áreas, ainda se aplicava o nome de Sertão do Ivaí às plagas do Iguatemi. A verdade é que os paulistas voltaram trazendo os próprios cabeças da revolta, que tinham declarado adesão aos portugueses.

O Morgado de Mateus via no Paraguai a "chave do Cuiabá e Mato Grosso, o centro de todas as forssas que os Castelhanos tem para nos opporem, a principal substancia do negocio de Buenos Aires [...]". Julgava ser "aquella Provincia a puppila dos olhos do governo castelhano".[10]

Estaria pensando, provavelmente, em contar com a colaboração do pessoal curuguai-tino para o projeto que tinha em mente. As questões propostas aos amotinados no texto do inquérito a que foram submetidos demonstram, por seu teor, que D. Luís Antonio ensaiava a possibilidade de futuro estabelecimento às margens do Iguatemi.

Os "Pontos preliminares que se propuzerão aos cabessas da soblevassão de Corogaity para responderem" estavam divididos em três itens que não deixam dúvida quanto à intenção do governador dos paulistas. O projeto do Iguatemi estava surpreendentemente pronto. Perguntava-se-lhes sobre condições geográficas e ecológicas, políticas e econômicas que os paulistas encontrariam na área do "Ivaí":[11]

1. "A forma de um projecto" (Perguntas que envolviam os fins do levante; as forças e as relações entre governantes e governados no Paraguai; notícias sobre os portugueses que lá haviam e facilidades ou dificuldades que os acidentes geográficos representariam no caso dos paulistas se estabelecerem na região).

---

[9] Aliás, ele já manifestara antes ao governo central seu plano de mandar para a raia paraguaia uma expedição por conta de um "facinoroso" paulista, culpado de muitos crimes. Assim a origem oficial da incursão ficaria encoberta. Quando os espanhóis desconfiassem, sempre se poderia recorrer ao argumento de ser obra ilegal de um criminoso, que seria devidamente punido

[10] Ofício do Morgado de Mateus ao conde da Cunha. São Paulo, 5 de outubro de 1766 (DI 73, p. 12).

[11] DI 73, p. 17-25.

2. "A dezpozição da execução" (Indagava-se da quantidade de canoas, pessoas, mantimentos, munições que poderiam ser levados; quais os pretextos que seriam dados para a expedição, e até onde os portugueses poderiam chegar em relação ao governo paraguaio).

3. "A eleição do tempo oportuno" (A partida devia ser calculada no sentido de se "semear en té o fin de outubro porque no mez de novembro já hé tarde". Ou então, partir em março e "rossar-se em julho").

Do interrogatório deduzia-se, ainda, serem as margens do rio Iguatemi sítio propício para pesca, caça, criação de gado e agricultura, oferecendo facilidades de comunicação com São Paulo. E seus habitantes poderiam ser mediadores entre paulistas e os espanhóis e os índios da região do Nordeste paraguaio. O resultado desse inquérito deve ter satisfeito plenamente, pois, logo depois, iniciaram-se as expedições.

Não nos parece, entretanto, que tenha se originado simplesmente das respostas obtidas todo o desenvolvimento do projeto. Houve, evidentemente, união entre aquelas respostas e as idéias e planificações elaboradas pelo capitão-general.

D. Luís Antonio pensava servir-se da colaboração dos de Curuguaiti para angariar simpatizantes paraguaios. Usaria ainda a idéia, já aventada, de empregar um delinqüente que inquietasse os espanhóis, com sua gente. A todo tempo se podia desculpar o atentado "daquelle vadio, desaprovando-o o governador, dizendo ser feito pela dezordem, desreglamento delle por ser dezobediente e não ter domecillio certo" – artifício com o qual Pombal já havia concordado.[12]

Estabelecer-se no Iguatemi seria fincar pé em território fronteiriço da maior importância. Ademais, representaria a hipótese da "diversão" pelo Oeste, que seria a sua maneira de procurar diminuir a pressão espanhola no Sul. A síntese de seu pensamento a respeito da beligerância no Sul está contida em ofício a Pombal, de 14 de outubro de 1766.[13] Declarava:

> Sempre foram do meu desagrado as guerras inúteis [...][14] pelo contrário me agradarão sempre aquellas cuja politica se encaminhava somente a acrescentar a grandeza do Estado

---

[12] D. Luís já tinha o "xefe dos criminosos e sua gente" à sua disposição e prontos para partir, embora não lhes tivesse sido dado o motivo de tal aproximação. Aliás, o tal delinqüente parece que acabou não sendo aproveitado: "depois de perder bastante tempo que me interteve com as suas esperanças achei que o Sequito que elle me afectava era mais aereo que verdadeiro e que os povos vizinhos do sertão em que elle vive retirado o aborrecem e que de nehúm modo o querem acompanhar" (Do Morgado de Mateus ao Conde da Cunha, DI 23, p. 177).

[13] DI 23, p. 134-8.

[14] "[...] cujas extraordinarias vitorias servirão somente de fazer celebres os heroes que as emprenderão, enchendo de ruidoza Fama o universo, sem que dellas rezultasse outra utilidade à sua Patria mais do que o credito de immortalizar as heroicas acções do vencedor, junto com o nome da Nasção nos annaes da Fama [...]" (ibidem).

e da sua defensa, empreendendo somente aquellas conquistas que se podião conservar, e de que poderia seguir-se ao augmento dos proprios Dominios ou a ruina daquelles que se opoem a sua conservação e grandeza.

E julgava de maior utilidade toda e qualquer ação militar que se empreendesse pela definitiva posse das terras no Sul.[15]

"A praça do Colônia hé o nosso Gibraltar; enquanto nós tivermos na mão aquella chave e podermos abrir por ali a entrada para os Dominios de Hespanha, nunca podemos recear muito que aquella Monarchia nos inquiete em outros Portos desta America".[16] Pensava mesmo que ali deveria ser instalada uma capitania que, fronteiriça a Buenos Aires, e contando economicamente com o gado e agricultura pudesse fazer considerável frente aos hispano-americanos. Ameaçar os dois baluartes que a administração espanhola tinha na região do Prata, Buenos Aires e o Paraguai, era a solução proposta pelo Morgado de Mateus para "sangrar" o inimigo, assegurando os domínios portugueses no Rio Grande, Cuiabá e Mato Grosso.

No que tange a pressionar a fronteira do Paraguai, referia-se, nesse ofício, pela primeira vez, à tese da "diversão" pela qual iria bater-se, desde então, o governador de São Paulo. E este seria o fator de seus desentendimentos futuros com a metrópole. O Iguatemi era a "diversão" pelo Oeste. A região já era conhecida pelos portugueses. O "Guatemy he por donde se fes a divizão fronteira dos nossos Dominios com os de Espanha".[17] Mas com a anulação imposta pelo Tratado de El Pardo, Portugal continuava de posse dos sertões do Oeste.[18] Os espanhóis, todos os anos, praticavam "correrias" pelas campanhas de Vacaria para impedir que os paulistas as povoassem.

---

[15] "[...] estabelecendo este caudalozo Rio (da Prata) em toda a extensão de sua corrente por baliza impreterível dos Domínios de Sua Magestade [...]" (ibidem).

[16] Ibidem.

[17] "[...] plantandose nelle o marco da divizão, e por Menistros; e Plenipotenciários que Levarão os necessários poderes, tanto por parte de Sua Magestade Fidelissima como d'El Rey Catholico, e de consentimento de ambas as Coroas forão reconhecidas aquellas margens do dito Rio por termos dividentes entre hua e outra Potencia e se plantarão na ocazião em que foi a expedição Portugueza aquelle citio no anno de 1754 navegando aquelle Rio, e do mesmo modo se plantou outro marco nas margens do Rio Jauru no Mato Grosso ambos de comum acordo dos Povos e Ministros Regios de ambas as Nasções [...]" (Ofício do Morgado de Mateus ao conde da Cunha, São Paulo, 20 de julho de 1767, AHU, Lisboa, "São Paulo", Doc., nº 2113 e DI 9, p. 4-12).

[18] "[...] certões que ficão fora da Provincia do Paraguai em que os Paulistas tiverão sempre a posse de tranzitar tanto por terra como pelos Rios em todos os tempos destruhindo todas as Povoações que os Castelhanos pertenderão fazer uzando livremente de toda a navegação que dá o Paranapanema para todos os mais rios que ficão do Salto das 7 Quedas para o Norte the o Rio Paraguay ou da Prata que também navegarão e dali emthe o Cuiabá e Mato Grosso" (ibidem).

De setembro de 1766 a janeiro de 1767, foram enviadas circulares a capitães-mores, capitães de Aventureiros etc., com vistas à preparação da primeira expedição.[19] Exigia-se brevidade no preparo das canoas, que deviam ser compradas e enviadas com rapidez para Araritaguaba. A mesma urgência era exigida para os mantimentos que eram, fundamentalmente, farinha de mandioca ou milho, carne salgada, feijão e toucinho. Além disso, eram necessários sacos de algodão para acondicioná-los. Era preciso "apertar a gente" para que enviassem logo o requisitado. Os "cuiabanos", comerciantes das Monções, que esperassem. Que se providenciasse também o recrutamento de homens – duzentos de armas, oficiais, subalternos e os da "lotação", vadios etc.

A atividade do governador em torno do envio das duas expedições era intensa. Elas partiriam mais ou menos juntas – uma seria a "verdadeira", a outra, para o despiste exigido pelo sigilo do qual deveria revestir-se a conquista do Iguatemi.

A arregimentação dos homens para integrar a expedição não foi fácil. Era aconselhado a João Martins Barros, escolhido para ser o capitão-regente do Iguatemi, e que estava à testa da organização do alistamento, que procurasse convencer a gente das facilidades que poderiam obter, se se dispusessem a partir. Inclusive teriam penas suspensas, se não fossem "culpas atrozes". Devia ser reunido o número necessário de homens, "sem obrigarmos as Tropas com rigor a que sayão para este fim; o que só faremos no ultimo cazo de não haver outros que por vontade o queirão acompanhar pois he certo não pode ser também executada a acção por homens que nella se empreguem com violencia". Reiterava-se o ponto básico: "que não se divulge a verdade. Diga que o Governador ainda não estabeleceu para onde ir".[20]

Essa questão do sigilo era fundamental. Mesmo que se preparassem militarmente na América para enfrentar os espanhóis, não queriam os portugueses tomar atitudes ofensivas. As relações entre os dois países ibéricos atravessavam um de seus períodos de paz e cortesia, decorrente, entre outras razões, da expulsão jesuítica de Espanha levada a cabo por Carlos III. Mas, mesmo assim era preciso cautela, não se devendo confiar na sinceridade dos vizinhos.[21] Por isso o aproveitamento dos curuguaitinos era bastante

---

[19] DI 5, passim.

[20] Ofício a João Martins Barros, São Paulo, 10 de fevereiro de 1767 (DI 5, p. 27). Seguem-se cerca de vinte ofícios até maio de 1767, todos visando à organização das expedições: farinhas e feijões, sal, munições, canoas, a descida de índios com tropas de bestas a Santos para buscar a munição necessária. Ordenava também o governador o levar-se grilhões e algemas, mas que o capitão, para não assustar os componentes da expedição, os fizesse ver que eram destinadas aos negros das fazendas dos Padres, que também iam embarcar (DI 5, p. 28-39).

[21] "Vossa Excelencia tenha todas as forças e meyos prontos para rebater e cativar os inimigos sem esperar que o socorrão e com actividade que lhe hê natural, *não nos fiando na aparente pás em que hoje nos achamos*;

problemático. Por um lado, poderiam ser sumamente úteis aos portugueses, instalando-se com suas famílias em território mato-grossense para formar povoação; por outro, se chegassem a se constituir em número superior aos lusos, com a mesma facilidade com que se opuseram a seu soberano, poderiam desobedecer às leis portuguesas.[22] Pelo menos, então, que os portugueses que a eles se juntassem fossem os tais criminosos que para lá pareceriam se encaminhar, como quem vai fugindo do castigo. Quanto aos de Curuguaiti, deviam procurar obter perdão das autoridades espanholas a fim de que pudessem penetrar oficialmente na sua antiga área, angariando não só comércio, como convencendo aos naturais a não hostilizarem os portugueses.

O vice-rei insistia com D. Luís Antonio quanto à necessidade do sigilo: "que não se perceba nunca que elles tem concentimento seo".[23] O Morgado de Mateus estava perfeitamente ciente da imprescindibilidade da dissimulação, mas julgava difícil levá-la a cabo, em relação aos paulistas. "Toda a idéia do projecto desta expedição mudou totalmente de face, enquanto as cores com que intentei disfarça-la, e incubrila desde o principio. Vossa Excelência sabe muito bem as gentes com que eu lido, as suas quimeras, as suas vaedozas promessas, e enfim das extravagâncias dos seus gênios."[24] O melhor que tinha a fazer era organizar expedições das quais pudesse falar claramente, animando a gente com as vantagens de sua adesão.

Assim, a ordem metropolitana que liberava a exploração do antes interditado sertão do Tibaji[25] vinha a calhar.[26] Organizaria duas expedições penetrando no mencionado sertão,

> por duas diferentes partes com as mesmas ordens e instrucções publicas registradas na Secretaria comum a ambas, cujas bandeiras devem ir para descubrir as margens e certões do Tibagy e para descubrir os certões do Ivai, Rio que desagua junto as Sette Quedas e da entrada para o Paraguai.[27]

---

porque *ella não he solida e estavel*, e devemos sempre estar prevenidos, *como se a guerra estivesse mui próxima a romper-se* [...]" (grifo no original) (Ofício do conde da Cunha ao Morgado de Mateus, Rio de Janeiro, 22 de junho de 1767, DI 14, p.130-4). O vice-rei repetia o que lhe dissera o secretário dos Negócios da Marinha e Ultramar Francisco Xavier de Mendonça Furtado (DI 14, p. 140-5).

[22] Idéia que Mendonça Furtado aventara a Cunha. O governo concordaria com seu estabelecimento, desde que os portugueses os excedessem em número (Ofício de Francisco de Mendonça Furtado ao conde da Cunha, Lisboa, 22 de março de 1767. DI 14, p. 140-5).

[23] DI 14, p. 134.

[24] Ofício do Morgado de Mateus ao conde da Cunha, São Paulo, 4 de julho de 1767 (DI 23, p. 177).

[25] Trata-se da Carta Régia de 22 de julho de 1766 (AHU, Lisboa, Cód. do Conselho Ultramarino, 423, nº 19).

[26] "[...] aproveitando-me promptamente deste projecto publico e verdadeiro para encobrir a expedição projectada e encuberta formei duas bandeiras [...]" (DI 23, p. 177-8).

[27] A falsa localização do Ivaí (e que a nota 1 da p. 178 do DI 23 assinala como erro de D. Luís) seria propositada; assim poderia se justificar depois o avanço no Iguatemi como sendo continuidade da exploração

Eram regiões, sem dúvida, portuguesas. Portanto, não requeriam nenhuma espécie de dissimulação. Os componentes das frotas saberiam que estavam explorando o sertão, cabendo só ao chefe as verdadeiras intenções de instalação de povoação e presídio, na rota de Curuguaiti.

O caráter de exploração devia encobrir perfeitamente a intenção da "ação militar".[28]

Antes da saída das expedições, e para averiguar o que realmente se passava na fronteira paraguaia, o Morgado de Mateus fez partir, em meados de junho de 1766, Antonio da França Pinto, com a pretensa finalidade de explorar a região do Ivaí. Na volta, em outubro, já trazia ele não só as notícias, mas também, como refugiados, os paraguaios implicados na sublevação.

Para a primeira grande expedição ao "Ivaí"[29] a documentação pode ser vista sob dois aspectos: o formal e o político. No primeiro caso, estão a movimentação e preparação material em torno do contingente humano e das munições "de boca" e "de guerra", documentação esta que é numerosa e bastante clara; no segundo, estão as instruções dadas ao comandante Martins Barros que, em virtude do sigilo exigido, são bastante confusas. Muitas dessas instruções terão sido orais, em razão da cautela com a espionagem espanhola. São constantes afirmações como: "espero o bom êxito na expedição e que Vossamece vay para o fim do grande e útil projecto que não ignora [...]"[30], ou: "sem que lhes possão perceber nada e em tudo obrarão Vossasmeces acutelados com segredo sem fazer estrondo, porque não quero que se espalhem, nem convem estas noticias que só a Vossasmeces tenho participado".[31]

A preparação estendeu-se por quase um ano, causando alguns contratempos.[32] O capitão-general estava a par dos prejuízos dessa demora:[33] em razão dos quase dois meses que levava a viagem, o retardamento significava atraso nas roças que seriam feitas nos

---

do Ivaí. Se o Morgado de Mateus pusesse em ofício seu a distância que a verdadeira barra do Ivaí no Paranapanema tem da barra do Iguatemi no Paraná, não haveria modo de explicar a presença de homens destinados ao Ivaí.

[28] Por isso não iriam, de início, o capitão João Alvares de Azevedo nem os curugaitinos (DI 23, p. 179).

[29] As aspas significam que a finalidade da expedição não era a que se dizia, e sim a instalação da Praça, junto ao Iguatemi.

[30] Ofício do Morgado de Mateus a João Martins Barros, São Paulo, 10 de novembro de 1766 (DI 5, p. 5-6).

[31] Ibidem, 17 de novembro de 1766 (DI 52, p. 8-9).

[32] As Câmaras que tinham obedecido prontamente à derrama de farinhas acabaram por vê-las "corromperem-se por mal torradas" em virtude do tempo em que ficaram armazenadas. Foi então ordenado aos capitães-mores que, o que ainda restava, fosse repartido entre os que "as Fabricaram e o Povo necessitado". Novos pedidos seriam feitos depois, a tempo da partida da expedição (DI 67, p. 77-8).

[33] Ofício do Morgado de Mateus ao conde da Cunha, São Paulo, 3 de julho de 1767 (ARU, Lisboa, São Paulo, Doc., n.º 2331).

novos territórios para manutenção dos soldados. Além disso, não era conveniente que as tropas destinadas à expedição se demorassem inativas. A inquietação dos paulistas era preocupação constante do governador.[34]

As últimas instruções a Martins Barros se lhe reiterava que fundasse o Presídio, "o mais alem que poder, mas dentro dos Limites do marco dividente", em sítio "comodo e forte por natureza".[35] A Praça devia denominar-se, por ordem do capitão-general, "Presídio de Nossa Senhora dos Prazeres e São Francisco de Paula do Iguatemi".

Ao que parece, o Morgado de Mateus estudara detalhada e profundamente a instalação de sua Praça nos sertões do "Ivaí". Além da parte propriamente militar, era sua preocupação constante a questão da manutenção da gente. Dizia ser preciso a implantação de roças, para que não se incorresse nos mesmos erros de Bobadela, na Campanha das Missões.[36]

Os fins que o governador de São Paulo tinha em mente com a "Expedição do Ivaí" foram por ele comunicados ao vice-rei, conde da Cunha, em dois ofícios, de 20 de julho e 2 de agosto de 1767.[37] Tentava mostrar as vantagens de um estabelecimento no Iguatemi. Ele poderia constituir, com pouco gasto, uma forma de ameaçar Madri, que "logo que perceber [...] este grande projecto, e o risco em que ficam as suas conquistas de poderem perder todos os Domínios que tem da parte de cá do Rio da Prata, infalivelmente fará os maiores esforços, e as maiores queixas para as restituir [...]". E o chefe da expedição[38] levava ordens de não dar motivos nem a mais leve sombra de hostilidade. A primeira expedição partiu em 28 de julho de 1767, composta de 360 homens e mais alguma gente de serviço, em 35 canoas. Também levavam três dos curuguaitinos.[39]

Os relatos enviados por Martins Barros dão-nos conta do que foi a jornada de 55 dias até o sítio escolhido junto ao rio Iguatemi.[40] O capitão-mor regente parecia compartilhar do entusiasmo do governador. Via grandes possibilidades no Iguatemi: as econômicas e as estratégicas. As terras poderiam produzir satisfatoriamente embora não visse, por ora, probabilidade de ouro. A fortificação daquela área traria a segurança de Mato Grosso

---

[34] "[...] gênios voluntários, absolutos, e sem sogeição nehua, he precizo que no mesmo instante que se ajuntão se empreguem porque do contrário se dissolvem e he necessário outro tanto trabalho e perda de tempo como se principiase de novo por ser muito dificultozo fazelos susiztir [...]" (AHU, Lisboa, "São Paulo", Doc., nº 2331).

[35] Ofício do Morgado de Mateus a João Martins Barros, São Paulo, 18 de julho de 1767 (DI 5, p. 50).

[36] DI 9, p. 14-7. Referia-se certamente às condições da Guerra Guaranítica.

[37] DI 9, p. 3-12.

[38] Que "he João Martins Barros, habil e inteligente Pauliata [...]" (DI 9, p. 12).

[39] DI 9, p. 28-35. Os detalhes sobre a preparação, partida e jornada empreendida pela primeira expedição ao Iguatemi podem ser consultadas em Américo Brasiliense de Moura (op. cit., p. 96-110).

[40] As quatro primeiras cartas do regente ao governador acham-se em DI 9, p. 20-31.

e das margens do rio Paraná.[41] O capitão-mor regente acreditava nas possibilidades do Iguatemi, concordando com o governador de que o estabelecimento era imprescindível para a segurança do "Cuyabá, e da Colonia e Rio Grande [...] para rebater os socorros que lhe costuma (*sic*) dar os Paraguais".

À tese de seu capitão-general, de que o Iguatemi poderia representar defesa do Rio Grande, acrescentava a proteção de Camapuã (importante na rota das Monções) e que era a "unica e tão limitada povoação que tem Portugal neste pedaço do mundo". Já providenciava a plantação das roças de milho e feijão, mas, antevendo a exigüidade de sua produção, pedia reforços em espécie. Outro problema do Morgado em relação à lavoura era que os soldados se recusavam a trabalhar em terras, alegando que não era essa a sua função.

D. Luís Antonio enquadrava a empresa do Iguatemi no seu esquema de ofensiva. Se, naquela altura, as disposições dos espanhóis no Rio Grande eram francamente hostis como lhe parecia, comentava com o vice-rei a oportunidade de ataque: "teremos infalivelmente a guerra aberta mas com a utilidade de a precipitarmos antes della estar verdadeiramente preparada".[42]

Dentro desse plano, as tropas estavam prontas em Curitiba para socorrer o Viamão ou Santa Catarina; ou para estacionarem na região de Vacaria, à disposição de José Custódio. A paz armada já era uma realidade, comprovada pelo constante envio de munições, por parte do conde da Cunha, para São Paulo, Mato Grosso, Santa Catarina e Rio Grande.[43]

A expedição de Martins Barros podia-se inserir no mesmo esquema de alerta para com o inimigo. Configurava-se assim a "diversão", não como uma atitude isolada, mas como componente de um sistema que englobava socorro à área sulina e defesa do Oeste. Portanto, a sugestão do conde da Cunha ao Morgado de Mateus, a partir do conheci-

---

[41] "[...] belíssimas terras para toda a casta de plantas [...] Alem de tudo me parece, Senhor, conveniente povoar este lugar por que os tempos podem mostrar alguns haveres, e formarem-se grandiozas fazendas, e justamente, Senhor, este he o mayor freyo com que se pode domar o orgulho Castelhano, pois assim fica o Camapuan seguro, e o Rio Grande té as Sete Quedas, que hé grande porção de terra, e comprehende grandiozas campanhas para toda a casta de criação [...]" (Ofício de João Martins Barros ao Morgado de Mateus, Caxoeira de Nossa Senhora dos Prazeres, 26 de outubro de 1767, DI 9, p. 20-3).

[42] Ofício do Morgado de Mateus ao conde da Cunha, São Paulo, 20 de julho de 1767 (AHU, Lisboa, "São Paulo", Doc., nº 2331, e DI 9, p. 3-12).

[43] "Para o Mato Grosso remeto nesta ocazião trinta barris 'de Polvora' [...] pois o seo Governador me aviza ser lhe tudo neceçario porque os castelhanos o atação, sem falencia" (DI 14, p. 105): "[...] irey mandando a V. Excia. o que nesta Capitania houver de moniçõens de guerra que ainda que de tudo tenho pouco, e continuamente estou tamb´m provendo Colônia, Santa Catharina, Rio Grande e Capitania do Espirito Santo [...]" (DI 14, p. 97).

mento dos desastres ocorridos com José Custódio na Vila do Rio Grande,[44] de que talvez se pudesse "fazer algúa deverção com a força dessa Capitania por onde mais conveniente for",[45] já estava superada. Mesmo que não estivesse revestido de caráter bélico, o processo já fora iniciado pelo capitão-general de São Paulo.

Aliás, na carta seguinte àquela,[46] o vice-rei foi mais preciso e peremptório: "deve Vossa Excelencia se preparar e por pronta a sua Tropa para com ella paçar a Auxiliar o Rio Grande, ou fazer algua deverçao e ataque nas terras inimigas em que mais seguramente se possão bater estes castelhanos [...]". O conde da Cunha oferecia a D. Luís Antonio uma alternativa, e não uma sugestão de ação dupla. Mas, ao mesmo tempo, parecendo contradizer-se, dizia que preparasse tropas para o Sul, juntando gente sem demora para enviar ao Rio Grande. Que o combate pelos lados do Mato Grosso fosse antes uma hipótese estratégica, ora, tudo isso já fora disposto pelo Morgado de Mateus, como anunciara ao vice-rei no seu ofício de 20 de julho.[47]

Assim, não obstante a visível preferência que o governador de São Paulo dava às expedições ao Oeste, pareciam ainda estar uníssonas as disposições dos dois dignatários pombalinos: ação simultânea nas raias sulinas e no Oeste. Entretanto, quando a concordância se rompeu, optando D. Luís Antonio, definitivamente, por maior assistência ao Oeste, estaria assinalado na Corte o início de sua queda.

A preparação da segunda expedição – embora alistando gente ("a 100 reis por dia")[48] e nas habituais formas de excessivo rigor para com as possibilidades de deserção – visava, antes de mais nada, levar alimentos, enquanto não houvesse sustento próprio no "Ivaí". Os capitães-mores deviam ter prontos, até fins de novembro de 1767, as devidas quantidades de munições "de boca" e "de guerra" usando de "derramas", se necessário.[49]

---

[44] Que por isso sofreria sanções por parte do governo central, mas não de D. Luís Antonio que, coerente com suas disposições e atividades, congratulou-se com o referido governador do Rio Grande (Cf. Américo Brasiliense de Moura, op. cit.).

[45] Ofício do conde da Cunha ao Morgado de Mateus, Rio de Janeiro, 14 de julho de 1767 (DI 14, p. 136-9).

[46] Ofício do conde da Cunha ao Morgado de Mateus, Rio de Janeiro, 22 de julho de 1767 (DI 14, p. 134-6).

[47] DI 9, p.3-12

[48] Circulares foram enviadas aos capitães-mores de São Paulo, Parnaíba, Jundiaí, Itu, Moji das Cruzes, Santos, Taubaté, Pindamonhangaba, Guaratinguetá, Mojimirim e Moji guaçu (DI 5, passim).

[49] O Morgado de Mateus pedia ao capitão-mor de Itu, por exemplo, mil alqueires de farinha, quinhentos de feijão, 240 arrobas de toucinho; e depois mais quatrocentos alqueires de farinha, trezentos de feijão, trezentos de toucinho e cem barris de aguardente e mais pólvora, chumbo, pregos, martelos etc. (DI 5, p. 40-71). Antes de fevereiro, já houvera uma "derrama", que acabou sendo perdida. A grande antecedência com que foi feita acabou por tomar a farinha "corrompida", por "mal torrada". O governador avisava aos capitães-mores que não se precipitassem quanto às "derramas" (DI 67, p. 7-8).

Em fevereiro de 1768 partiu essa "expedição de mantimentos", na qual foram casais de Piracicaba, para iniciar o povoamento do Tietê abaixo. Esperava-se com isso facilitar a longa jornada das expedições futuras, ademais do interesse pela colonização São Paulo adentro.[50]

Não cessava D. Luís Antonio de reiterar ao governo central a finalidade de seu projeto em relação ao Iguatemi: "Fazer diversão as forças que os Castelhanos juntavão na fronteira de Matto-Grosso", propondo-se a "fazer huma entrada no Paraguay mediante a Comodidade dos Rios que sahem desta Capitania para aquellas partes".[51] Via naquele estabelecimento a mesma utilidade que tinha a Colônia de Sacramento, no concernente à penetração do continente.

Ao mesmo tempo que dava conta das notícias que recebia de Martins Barros, o governador de São Paulo pedia instruções sobre a situação política entre Portugal e Espanha, cuja distensão causada pela expulsão jesuítica por parte de Carlos III não poderia ser interrompida por prejudiciais conflitos de fronteira. Assim, as suas atitudes e as dos oficiais estacionados no Iguatemi deviam orientar-se segundo o pêndulo daquelas relações. Até porque, não desejaria cair no mesmo erro tático de José Custódio.

Embora já tivesse recebido vários ofícios do capitão-mor da Praça dos Prazeres, o Morgado de Mateus afligia-se com a falta de notícias mais freqüentes, tanto da parte de Martins Barros e João Álvares (que comandou a segunda expedição) como do vice-rei Azambuja.[52] Alegava que a ausência de esclarecimentos ou a falta de ordens (no caso do vice-rei) punham-no, como dizia "na justa consternação de ficar totalmente sobre o seu arbítrio".[53] Reconhecia que tal situação poderia levá-lo a erros na resolução de problemas. Achava-se "entre as apertadas circunstancias de lhe ser necessário acudir ao perigo iminente pondo-lhe igualmente no perigo de dezacertar".[54] Sentia o quanto investira no Iguatemi por sua iniciativa, sendo a falta de ordens quase que uma justificativa para as resoluções que tomara por conta própria.

Começava a temer pela exeqüibilidade de seu projeto. Expunha ao governo seus temores a respeito da boa vontade dos soldados lá estacionados: eles poderiam pôr a

---

[50] Ofício do Morgado de Mateus a Antônio Lopes de Azevedo, São Paulo, 19 de fevereiro de 1768 (DI 5, p. 76).

[51] Ofício do Morgado de Mateus ao conde de Oeiras, São Paulo, 22 de janeiro de 1768 (DI 19, p. 108-13); também AHU, Lisboa, "São Paulo", Doc., nº 2377).

[52] Ofício do Morgado de Mateus ao conde de Oeiras, São Paulo, 24 de julho de 1768 (DI 19, p. 149-54).

[53] Ibidem.

[54] E prosseguia: "[...] mas como entre estes dous perigos he muito menos que eu arrisque toda a minha fortuna, do que o interesse de sua Magestade que Deos guarde, conhecendo evidentemente a grande razão que me assiste para sustentar firmemente os Reaes direitos dos seus dominios e as grandes utilidades que se lhe seguem da sigurança daquelle passo pelas grandes ideas, que por ali se abrem para o futuro" (ibidem).

"perder o projecto, os gastos, e as esperanças, e tão bem perder a mim".[55] O relevante dessa assertiva é que D. Luís Antonio sabia que da manutenção do longínquo posto dependeria sua posição perante a Corte. Reconhecia, portanto, o quanto estava ligado àquela empresa o seu prestígio e sua própria condição de capitão-general.

Como conseqüência do sigilo de que se revestia a fundação do Iguatemi[56] eram freqüentes as cartas que torciam propositadamente a verdade, para confundir os espanhóis. Assim, por exemplo, o que poderia parecer reprimenda a João Martins Barros[57] poderia ser apenas uma forma de ganhar tempo. Portanto, não levaria em conta as palavras do governador:

> A inesperada noticia que Vossamecê participa de se ter passado a outra banda do Paraná, determinando-lhe a fabricar e colher fructos, nas cercanias do *Guatemy* tem posto em a mayor admiração sem que possa assentar qual fosse o motivo de tão grande variedade, pois tendo-se Vossamecê dirigido ao fim de explorar os Certões do *Yvay* [...][58]

Prosseguia afirmando que, mesmo que isso lhe tivesse sido facilitado, nunca deveria tê-lo feito sem ordem superior. O governador estava ciente de que aquelas terras recém-exploradas pertenciam a Portugal: fosse a fronteira pelo Rio Igurei ou pelo Iguatemi, já que os portugueses ocupavam a margem direita. Mas, assim mesmo, os espanhóis poderiam protestar dizendo estarem em território seu.[59]

Como João Martins, também escamoteando a verdade, tivesse manifestado em seu ofício a intenção de voltar atrás, o capitão-general ordenava-lhe que "Já agora sem ordem minha o não faça, nem saya desse sitio em que estão". O que certamente demonstra que o Morgado de Mateus apoiava irrestritamente a atitude de seu lugar-tenente, e mostrando-

---

[55] "[...] temo que os homens sem embargo da grande vantagem do sitio [...] não podem vir a elle nem de cavallo, nem de pé, mas somente em canoa que não tem, temo que, dezanimados cedão, e dezamparem o logar, porque os observo hum pouco froxos na sua confiança [...]" (ibidem).

[56] Mesmo porque o Tratado de El Pardo (1761), a que já nos referimos, anula a demarcação de 1752-1753, tornando tudo mais confuso e mais flexível em relação à divisão dos domínios portugueses e espanhóis na América.

[57] Em resposta ao ofício que comunicara terem ele e seus homens chegado a 29 de dezembro de 1767 ao Passo dos Cavalheiros, duas léguas adentro das margens do rio Iguatemi (Ofício de João Martins ao Morgado de Mateus, Sertão dos Prazeres, 29 de março de 1768) (AHU, Lisboa, "São Paulo", Doc., nº 2432).

[58] Ofício do Morgado de Mateus a João Martins Barros, São Paulo, 15 de agosto de 1768 (DI 19, p. 177-8). As palavras Guatemy e Ivay estão grifadas no original.

[59] Isso porque, como assinala corretamente Toledo Piza em comentários de pé de página, nos volumes dos "Documentos Interessantes" que fez publicar, os espanhóis, propositadamente, confundiam o rio Igurei com o Iguatemi na sua argumentação. A verdade é que, como assinalamos no início deste capítulo, o texto do Tratado estabelecia a linha demarcatória pelo Igurei, enquanto a Comissão encarregada o fizera pelo Iguatemi.

se disposto a defender com veemência a posse da área. Mesmo porque as ordens verbais foram dadas, muito provavelmente como já discutimos, naquele sentido. Ivaí como rótulo e Iguatemi como conteúdo: era esse o caráter das primeiras expedições.

O regente devia continuar conclamando a legitimidade daquela posse aos fronteiriços e ao governador do Paraguai, lá permanecendo sem a "menor alteração, ou infração que possa ofender a imunidade de paz entre as duas Nasções [...]". Aconselhava uma atitude de firmeza, na certeza de que não se tratava de usurpação. Mas, paralelamente, dizia-lhe que fosse se conservando "debayxo do pretexto de que se quer retirar ganhando tempo enquanto se concerta o modo de fazer a sua retirada decentemente e sem prejudicar ao direito da Coroa, sem nunca chegar a executarla". A razão de fingir que se retirariam, sem haver intenção real de o fazer, uma vez que era indiscutível a jurisdição portuguesa na área, só pode ser explicada no sentido de não se querer provocar hostilidades, da parte dos espanhóis,

Nas Instruções que enviava na mesma data,[60] o Morgado de Mateus assegurava que eles protestavam sem razão. Isso porque "já de antes da demarcação que se fez pelo Rio Iguarey, como consta do Tratado de lemites já erão terras de Portugal, e navegavão os Paulistas por esses Rios". E essa fronteira não era das que haviam sido trocadas, por meio daquele acordo. A área era tão reconhecidamente portuguesa, que a anulação do Tratado de Madri não a alterava em nada. O governador, embora usando essa argumentação bastante válida, cognominava de "erro" a atitude de João Martins – provavelmente por insistir em despistar os espanhóis ("Que já agora depois do erro feito de chegar athe ahi, e da parte da Espanha lhe porem duvida de serem ou não essas terras de Portugal"). Melhor seria considerar o fato um simples acaso ("esta cazualidade nem he nem pode ser infração da paz").

Mesmo fora dos casos em que havia simulação era difícil o equilíbrio entre o disposto pelo capitão-general e as atitudes de seus lugares-tenentes. Para estes, os problemas eram sentidos *in loco*, e muitas vezes resoluções *ad hoc* faziam-se necessárias. O governador, embora muitas vezes incorrendo em erros e propugnando por "soluções de gabinete", via as coisas de uma perspectiva estratégica e política mais ampla do que as viam seus auxiliares imediatos.

Aliás, da mesma forma como não era satisfatória a sintonia entre ordens do Morgado de Mateus e sua execução por seus emissários no sertão, também deixava a desejar ao ajustamento entre as normas ditadas pela Corte e o seu entendimento e cumprimento pelo governador de São Paulo.

---

[60] DI 19, p. 179-84.

Este foi um problema freqüente na história dos impérios coloniais – mormente em épocas de comunicações morosas e difíceis: o cumprimento das ordens emanadas de um poder central distante e desconhecedor das condições reais do meio colonial. Durante o tempo em que uma ordem tramita entre o poder superior de onde emana e a autoridade subalterna encarregada de fazê-la ser cumprida – tempo em que a lei já existe mas aqueles a quem se destina ainda a desconhecem – cabe ao administrador local, muitas vezes, tomar resoluções nem sempre concordes com a vontade régia. Vimos como o Morgado de Mateus temia "desacertar" em casos como este. E, em relação ao Iguatemi, foi preciso que D. Luís Antonio arriscasse dessa maneira seu prestígio e crédito.

O vice-rei, que era, a esta altura de 1768, o conde de Azambuja, recebera do governo de Buenos Aires um protesto contra a ocupação das margens do Iguatemi:

> en la Provincia del Paraguay se ha internado um destacamento de quinientos Hombres de armas, que en 19 de Enero de este año se allaba acampado en La Rivera del Rio Guatemi con su comandante Don Juan Martins Barros, enbiado segun declaran el cabo y ocho hombres, que con hua canoa navegaban dito (*sic*) Rio, y encontró el Tiniente della Villa de Curuguati por el Illmo. e Exmo. Seiñor Don Luis Antonio Botelho Capitan General de San Pablo, ó del Puerto de Santos, precizando al Governador de aquella Provincia a tomar las medidas convenientes, para defenderse en cazo que no surtan efecto los amigables Oficios, que ha pasado para que se retire.[61]

Diante disso, parecia ao vice-rei[62] que D. Luís Antonio devia enviar protestos àquele governo platino, afirmando serem da jurisdição portuguesa as terras ocupadas. Qualquer violência ficaria sob a responsabilidade daquele governador. Mas atritos mais graves deviam ser evitados pois as cortes ibéricas estavam em ajustes.

Também o governador do Paraguai, Carlos Morphi, protestava junto aos dirigentes da expedição e junto ao Morgado de Mateus a má-fé da parte dos paulistas.[63]

---

[61] Sem data, nem assinatura, anexa ao ofício do conde de Azambuja ao Morgado de Mateus, Rio de Janeiro, 15 de outubro de 1768 (DI 14, p. 223-6, ver também DI 9, p. 67-8).

[62] Na mesma carta mencionada na nota anterior.

[63] A correspondência trocada entre Carlos Morphi e o Morgado de Mateus e entre o mesmo governador paraguaio e João Martins Barros e Antônio Lopes de Azevedo, entre janeiro de 1768 até fins de 1770, abrangendo mais de uma dezena de cartas, está publicada em DI 9, entre as p. 42 e 60; também DI 34, p. 27-31, sendo as de Morphi, traduzidas. Também no Arquivo Ultramarino, Lisboa, estão algumas daquelas cartas insertas no Doc. "São Paulo", 2432, sendo, porém, as de Morphi em espanhol.

A princípio, os ofícios traduziam as intenções espanholas de resolver a questão em paz e em alto nível de conversações. Mas o governador paraguaio não deixava de desconfiar da sinceridade dos portugueses. Também da parte do Morgado de Mateus e de seus lugares-tenentes, o tom das respostas revelava cordiais escusas e propósitos de correção, porém não dando margem a esclarecimentos. Nesses termos, era evidente que a correspondência não tardaria a azedar-se, passando ao insulto de caráter pessoal.

Os protestos iniciais foram dados a conhecer através de quatro ofícios do governador paraguaio, três dirigidos ao regente e um ao capitão-general. Foram entregues por uma "armada" de espanhóis que viera indagar aos portugueses o que faziam em terras suas. A escusa inicial de João Martins, dada oralmente àqueles oficiais, era a de que, encarregado de explorar o Ivaí, internou-se pelo Iguatemi acima sem saber realmente onde se encontrava. Para subsistência de sua gente, teve que plantar roças mas estava disposto a partir, assim que as colhesse.

O administrador espanhol parecia acreditar (ou fingia acreditar), julgando que aquela invasão não podia ter emanado de mando superior.[64] Carlos Morphi admitia a atitude de Martins Barros: uma questão como a da manutenção dos soldados tinha que ser entendida ("entre as naçoins sevelizadas favorecemse huas as outras com mutualidade"). Contava com a sua palavra de honra de que retirar-se-ia com seus homens, depois de colhido o milho. Mesmo então, admitindo o "erro" de Martins, mostrava pensar ser bastante improvável que o oficial paulista desconhecesse a direção do Iguatemi, principalmente porque contava entre seus homens com alguns dos participantes do motim de Curuguaiti.[65] Aliás, afirmou mais tarde que a presença deles já bastaria para explicar a má intenção de Martins Barros.[66]

No ofício ao governador de São Paulo, Morphi chegou a afirmar que a declaração de Barros era a de que a ordem partira do Morgado de Mateus. E que lá se achava "com trezentos homens de armas a tomar posse desses terrenos". Por fim, solicitava a D. Luís Antonio que mandasse seu subordinado simplesmente desocupar o Iguatemi.

---

[64] "pelo que não devo crer que seu Governador e Capitam General faltando ao sagrado Convenio de ambos os monarcas em anulação do tratado de linha divizionaria haja franqueualla a Vossamecê as transgrecidas (sic) Ordens que se verificão em seu estabelecimento nessas paragens (Ofício de Carlos Morphi a João Martins Barros, Acenção do Paraguai, 16 de janeiro de 1768. DI 9, p. 42-3).

[65] e "estes não se juntarião com Vossamecê meramente para explorar os certoins ou dezertos para fazer a guerra aos barbaros infiéis", como teria afirmado Martins Barros (Ofício de Morphi a Martins Barros, Ascenção de Paraguai, 7 de março de 1768. D1 9, p. 44).

[66] "No es visible a V. S. que esta demnable conjuncion indica todo el misterio de la aventurada expedicion de Barros?" (Ofício de Morphi ao Morgado de Mateus, Asunpcion de Paraguai, 12 de julho de 1769. DI 34, p. 27-31).

A resposta vinda de São Paulo simulava uma indignação que o Morgado de Mateus estava longe de sentir: "esse homem tem passado a esses Paizes sem Ordem, nem vontade minha".[67] Por expressa ordem sua ou por feliz acaso nada poderia ser, no momento, mais gratificante para o governador de São Paulo do que a existência da Praça de Nossa Senhora dos Prazeres do Iguatemi. Desaprovava, dizia, a atitude de seu enviado, justamente em um momento de tão sólida paz entre Portugal e Castela. Mas, como acreditava serem aquelas terras portuguesas pela demarcação de 1752, mandaria a Assunção um delegado para "ajustar amigavelmente tudo o que se deve fazer antes da retirada de João Martins [...]".

Assim foi o tenente Antonio Lopes de Azevedo designado para mediador.[68] Espera-va-se agora que Morphi provasse, com fundamentos, a razão de suas reclamações. Ele, Morgado de Mateus, estava seguro da legitimidade da jurisdição portuguesa na área.

Pela chamada "Instrussão Ultima", com a qual o mediador Azevedo devia negociar com o governante paraguaio o governador paulista respondia a Morphi em quatorze itens, procurando defender a posição de Martins Barros, assim como a sua própria. Mesmo condenando aparentemente a "invasão" efetivada, não deixava de assistir a seu lugar-tenente alguma razão. Que Morphi declarasse a seus emissários quais tinham sido as transgressões de Martins Barros, porque delas se lhe daria satisfações e remédio. Repisava no item 9 seu argumento a favor do usucapião que os paulistas praticavam nos rios da região, desde havia muito. Argumentava: "Sendo certo e publicamente notório em toda a parte tanto nesta Capitania, como nessa província que a navegação desses Rios foi sempre praticada, e seguida pellos naturais de S. Paulo, de tempos muito antigos [...]". O governador de São Paulo garantia a Morphi que João Martins se retiraria assim que obtivesse o necessário para sustentar a sua gente ("não se ocupa o seu animo de outro intento mais"). Propunha que a questão da jurisdição da área fosse minuciosamente es-tudada ("averiguar mais estreytamente a natureza das sobreditas Terras") uma vez que, a partir do disposto pelos tratados de limites, ela era indiscutivelmente portuguesa.[69]

Mas a solicitação para que se fizesse um convênio, estabelecendo princípios para aquela fronteira, não foi atendida de imediato. Isso ocorreu só em 1775.

A anulação do Tratado de Madri, que era o trunfo no qual se baseavam as razões espanholas, era vista de modo diverso por D. Luís Antonio:

---

[67] Ofício do Morgado de Mateus a Carlos Morphi, São Paulo, dias de agosto de 1768 (DI 9, p. 46-8).

[68] O início da missão de Azevedo foi embargado por Morphi que, embora se mostrando plenamente de acordo com a sua mediação, afirmava não poder aceitá-la antes que recebesse aprovação do rei da Espanha (Ofício de Lopes de Azevedo a Carlos Morphi. Certão do Gatemy, 5 de julho de 1770; de Carlos Morphi a Azevedo, Asunpcion del Paraguay. Setiembre, 19 de 1770; de Azevedo a Morphi, 10 de setembro de 1770 (DI 9, p. 61-6).

[69] Ofício do Morgado de Mateus a Carlos Morphi, São Paulo, 21 de novembro de 1769 (DI 9, p. 52-5).

a anulatória só procedia sobre aquelas [terras] em que se alteraram de parte a parte [...] como por exemplo a Colonia do Sacramento que se trocava pella (*sic*) Cete Aldeias de Missões do Huruguay [...] Mas não procede assim naquellas partes em que a demarcação de limites se verificava sobre as mesmas posses que a esse tempo eram já existentes e que deviam ficar permanecendo [...]

Evidentemente, não havia coerência entre o retirar-se do capitão-mor regente e a certeza de que as terras pertenciam a Portugal.

Carlos Morphi revelava que já não acreditava nos bons propósitos dos luso-paulistas. Diante da notícia de que estavam construindo uma fortificação às margens do Iguatemi, aquela espera da produção do milho era "fingimento", e a atitude, um atentado à paz entre Espanha e Portugal. Nesse sentido daria parte a seu rei da "transgressam de Vossamecê e de seu Capitão General que abuzando das confianças de paz se ham introduzido clandestinamente em seus domínios para os fins de sua conhecida ambição".[70]

Um ano depois,[71] queixava-se de que, apesar da veemência com que D. Luís Antonio criticava o erro de Martins Barros, estando disposto a mandá-lo desocupar o posto, na verdade, queria era somente ganhar tempo ("Pero veo quo V.S. en medio de sus pacificos denuedos queda fluctuando entre pareceres y que su animo no es otro, que el de gañar tiempo, prelongar los periodos y reduzir (*sic*) el presente, atentato a controversia"). Carlos Morphi mostrava-se indignado pelos subterfúgios que os portugueses usavam, e, enquanto isso, iam consolidando seu estabelecimento.[72]

Pelo lado do governo do Estado do Brasil, o pensamento do vice-rei, conde de Azambuja, era também o de que se deviam "sustentar a todo o risco". Chegou a afirmar ao Morgado de Mateus que:

temos por nós a posse, que hé o unico titulo que na America se pode alegar de parte a parte. Pello que ainda quando sejamos tan mal sucedidos que os Castelhanos nos lanssem fora violentamente deste posto, hé isso menos mal do que dezampararençe voluntariamente da nossa parte; porque neste cazo lhe damos a elles o jus, que agora temos e lasandonos elles fora lhe fica a V. Excia. o dar rivendicassão, uzando da forssa contra a forssa e a nossa Corte de pedir a restituição a de Madrid [...][73]

---

[70] Ofício de Carlos Morphi a João Martins Barros, Acenção do Paraguai, 12 de abril de 1768 (DI 9, p. 44-5).
[71] Ofício de Carlos Morphi ao Morgado de Mateus, Asunpcion de Paraguai, 12 de julho de 1767 (DI 34, p. 27-31).
[72] Veremos adiante a concomitância com que D. Luís contemporizava com os dirigentes paraguaios e enviava homens, armas e mantimentos para levar adiante o novo estabelecimento.
[73] Ofício do conde de Azambuja ao Morgado de Mateus, Rio de Janeiro, 15 de outubro de 1768 (DI 9, p. 67-8).

O Morgado de Mateus podia contar com o irrestrito apoio de seu superior no seu "jogo" com Morphi. O que certamente lhe permitia sentir-se mais forte para perseverar e rebater, na medida do possível, as acusações daquele governante. Eram estas, incontestavelmente, contundentes:

> Todas las circunstancias preludiales que V. S. introduce para cohonestar el establecimiento nel expressado Gefe en Guatemy as pondero en alta manera porvisuales y transitorias en bello discurso de V. Sa. Las necesidades! Las urgencias! La falta de bastimento! Le obrigaron, dice V. Sa. de acojerse en estas distancias e (*sic*) fundar en ellas sus plantaciones y chacaras para proveer con sus produciones al mantimento de su gente. Bella salida por cierto.

Argumentos que, entretanto, não o convenciam. O fato de se achar presente, na expedição de Barros, um dos amotinados de Curuguaiti, Juan de Villalba, era a mais evidente prova de que os lusos serviam-se dele como guia para se instalar em terras alheias.

Aparentemente sem solução, o litígio prosseguia no Iguatemi. Nem os portugueses saíam, nem os espanhóis atacavam, embora não tendo nunca deixado de protestar e ameaçar, até quando acabaram por tomar o Forte, em 1777.

Carlos Morphi propunha-se a retorquir, em setembro de 1770, ponto por ponto, as razões alegadas por D. Luís Antonio a favor da posse portuguesa no Iguatemi "a la metaphisica que comprehendem (*sic*) los discursos de su adorno, vou (*sic*) a dissectar con la galardia que merecen afin de oferecer (*sic*) a V. S. un Plato de gusto".[74] Propugnava pela legitimidade da anulação do Tratado de Madri e que esta tinha sido *in totum* e não apenas em relação às áreas "trocadas". E mais a mais, não acreditava que os paulistas lá tivessem estado antes de 1752.[75] Condenava aquela invasão, já que não acreditava nos motivos alegados.[76] Não era verossímil que não pudessem ter plantado suas roças de subsistência

---

[74] De Carlos Morphi ao Morgado de Mateus, Asumpcion, Septiembre, 18 de 1770 (DI 34, p. 425-42).

[75] Toledo Piza nega essa assertiva, afirmando que os de São Paulo freqüentavam a área desde 1648, e cita Antônio Raposo, Luís Pedroso de Barros, Campos Bicudo, Pedro Xavier e Pedro Leme (DI 34, p. 431); o Morgado de Mateus também o afirmava, em 1771 (DI 34, p. 451).

[76] "La entrada de Barros en Guatemy es por todos terminos condenable por causa de haber transgredido los lemites y bulnerado las leys (*sic*) de la concordia y adunacion que subsisten entre nuestros Augustissimos Amos, introduciendose con Gente armada en los Dominios del mio, sin mas ceremonia, ni forma de proceso que el premeditado para su Expedicionº El doloso pretesto y vergonoso que alego para paliar su temeraria presa, preferiendo que entró de necesidad afin de socorrer su gente con las produciones de sus labranzas, se halla apoyado em la sincera concideracion de V. S. avonando le toda la feicion por causa de urgencia, como se no huviera para igual faena en los dilatados Campos y disiertos que intermedian, desde San Pablo hasta Gatimi" (DI 34, p. 436).

em área comprovadamente lusa. Na verdade, nada lhe parecia ser circunstancial naquela empresa. Para Morphi, fora premeditada pelo governador de São Paulo e por Maurício Vilalba, o "traidor" de Curuguaiti, "y no para explorar (*sic*) los Disiertos de Uvay, como V. S. dice en su discursiva apologia sobre la transgresion del citado Gefe".

Estava assim a descoberto o que tanto os responsáveis pelas expedições tinham procurado escamotear: a exploração do Ivaí era uma ficção.

Não resta dúvida de que a origem do projeto estava ligada à sublevação de Curuguaiti. Até esse ponto, a razão assistia a Carlos Morphi. O que é refutável é que a área fosse espanhola. O próprio sigilo de que se revestia a ida para o "Ivaí" seria a prova de que D. Luís Antonio não estava assim tão seguro da legitimidade da conquista que se dispunha a empreender. Ou o seu intento era o de, asseguradas as margens do Iguatemi, passar-se à penetração cumpliciada com os moradores de Curuguaiti adeptos de Vilalba? Assim sendo, Carlos Morphi não deixava de ter razão ao afirmar que o feito dos amotinados tinha recebido o apoio absoluto do governo de São Paulo. E agora, com os "pretestos inadmisibles de chacareo" tinham os paulistas se instalado em território espanhol.

O mandatário paraguaio condenava a ação de D. Luís Antonio em acolher aqueles que, pelo menos perante a monarquia espanhola, eram criminosos.[77] E não aceitava seus argumentos de defesa, julgando-os desonestos ("El modo de controvertir que V. S. usa en su razon de Estado es algo dificultoso pero mui comprehensible en el de la Chicaneria").

Se, em vez de protestos de boa-fé e sinceridade lhe ocorresse expedir ordens para a retirada de Barros e seus homens, estaria angariando, aí sim, o louvor do seu rei, a quem não agradaria a fraude e a usurpação. Terminava por considerar como única saída honrosa para o Morgado de Mateus ordenar a retirada dos paulistas das margens do Iguatemi.

D. Luís Antonio esmerou-se em detalhadas explicações, quase que colocando um ponto final na questão.[78] Demonstrava julgar seus pontos de vista irretorquíveis. O tom de soberba de que se reveste toda a sua resposta revela que as acusações de Morphi em nada atingiam seus propósitos nem as justificativas das quais o Morgado de Mateus estava convencido. Além de tudo, ainda imputava ao governador do Paraguai o distorcer de seus argumentos.[79]

---

[77] "Los Deliquentes profugos de todas las Naciones se admitem con reciproco amparo para salvar sus vidas y no para valerse de ellos; mayormente en tiempos de paz [...]" (DI 34, p. 437).

[78] Ofício do Morgado de Mateus a Carlos Morphi, São Paulo, 17 de julho de 1771 (DI 34, p. 442-60).

[79] "V. S. me promete que ha de dar-me um *plato de gusto* mas não encontro elle; na sua carta só vejo as azedas palavras de huma mal sazonada e falsa impostura que notoriamente me ofendem, o que deixarei sem resposta

Quanto à demarcação dos limites, não se punha a questão de terem sido os marcos dividentes destruídos ou não, quando da anulação, como dizia Morphi. Tratava-se da posse efetiva da terra, por parte da "Coroa de Portugal".[80] E seguia, explicando minuciosamente quais tinham sido os principais quesitos do Tratado de Madri. Baseava-se no geógrafo espanhol Medrano, "inimigo declarado dos Portugueses" para dar por lusa aquela área. Com muitas minúcias de nomes, datas e itinerários historiava as bandeiras que se tinham por ali embrenhado.

Continuando a refutar, ponto por ponto, os problemas levantados por Morphi, indignou-se com acusação de maior gravidade, como a de ter o governo de São Paulo favorecido os rebeldes de Curuguaiti na sua sublevação contra as autoridades espanholas. Sem querer supor que tal idéia fosse invenção do dirigente, o Morgado de Mateus avisava-lhe que devia estar muito mal informado por pessoas que esperavam, com isso, "tirar fruto de seus provertidos intentos no meyo das perturbações publicas da sua patria". Mais a mais, nenhum dos sublevados, dizia, acompanhava Martins Barros. Os que não haviam voltado para sua terra, antes mesmo da saída da expedição do capitão-mor regente, ficaram algum tempo pelo interior da Capitania de São Paulo, tendo, depois, regressado também. A pretensão dos paulistas não era conquista de terras de Castela. Queriam era desenvolver o estabelecimento de Nossa Senhora dos Prazeres, em terras que davam por certo serem portuguesas.[81]

A correspondência entre os dois administradores coloniais torna-se praticamente inexistente, provavelmente por inoperante, depois da data dessa carta, isto é, 1771.

A partir daí, cessadas as palavras, passou-se à ação. Ainda que paulatinamente, foram os espanhóis fechando o cerco ao Iguatemi, armando-se, ainda que de modo precário, em todo o Nordeste paraguaio. Tal fato, somado às suas outras inúmeras dificuldades (que na realidade foram as que, verdadeiramente, mais pesaram) acabou por determinar-lhe a queda, em 1777.

Se era duvidoso que o Morgado de Mateus invadisse domínio paraguaio, era, no entanto, indiscutível que agia em território mato-grossense. Ele mesmo o reconhecera,

---

tratando somente do que puramente pertence a defença do claro direito e justa posse que eu entendo tem El=rey, meu Senhor e Amo, em que as terras de que se trata e mostra que nem eu, nem algum dos seus fieis vassalos seria capaz de obrar nem imaginar as preciosas ideas que V. S. supoem e pretende adiantar em lugar de razoens para escurecer com a negra sombra de supostas maldades, que nunca houve, a claridade com que mostro e convenço o notório direito e justa posse que tem a Coroa Portugueza a todas as terras que se estender emthé as mayores do Guatemy (DI 34, p. 443).

[80] "Que sobre ellas não adquiriu nada de novo pelo Tratado de Lemites alem do que já possuhia antes do referido Tratado."

[81] "A conducta de Barros em se portar com medida, sem cauzar o menor disturbio ha tres annos nem a menor inquietação por essas partes, assim o justifica e convence" (DI 34, p. 458).

desde o início e, não tendo recebido nenhum protesto ao tempo da primeira expedição do respectivo capitão-general, baseava-se no princípio de que "tudo eram terras de Sua Magestade". Com o Iguatemi não visava benefícios para a Capitania de São Paulo, mas, sim, antes, o assegurar a área como portuguesa e aí formar uma barreira defensiva.

D. Luís Antonio esclarecia a Luís Pinto de Sousa Coutinho, governador daquela capitania,[82] que procurara demonstrar ao governador do Paraguai a legitimidade de sua posse na área. Mas, ao mandante mato-grossense não julgara necessário fazê-lo previamente. "Neste negocio não consultei os lemites que podia haver entre esta Capitania e a de V. Excia., por ser aquelle hum sertão infinito que verdadeiramente se podia considerar sem dominio algum." E frisava que atendera "unicamente a estender os lemites destes Estados a adquirir para a Real Coroa de S. Mag. aquellas terras e o fato de que ficassem elas numa ou outra Capitania era-lhe indiferente", afirmando: "o meo Governo acaba e tudo hé de Monarquia do mesmo soberano, a quem zellozamente sirvo". Assim, pedia o apoio de Luís Pinto para a sua iniciativa. Parece tê-lo conseguido, pois aquele governante nunca se opôs à presença paulista.[83]

As maiores dificuldades, portanto, não eram as ligadas à sua localização, mas ao seu abastecimento e manutenção.

***

Considerando a Praça Forte de Nossa Senhora dos Prazeres do Iguatemi fundada a partir das duas expedições iniciais, foram sucessivas as providências do Morgado de Mateus para completar a instalação do novo estabelecimento. Aliás, desde 1767, aquelas providências absorveram grande parte de seu esforço, de suas ordens e de suas preocupações. Fosse para com os subalternos, fosse para com seus superiores, sua correspondência, quando não especialmente a propósito do Iguatemi, levantava constantemente questões a ele concernentes. Imediatamente depois da partida de uma expedição passava-se a providenciar outra.[84] Fossem canoas e instrumental de navegação, fosse armamento, fosse material humano, eram recrutados sucessivamente todos os mananciais que a capitania

---

[82] Ofício do Morgado de Mateus ao general de Mato Grosso, São Paulo, 13 de agosto de 1770 (DI 34, p. 257). "Pelo que toca ao Estabelecimento do Guatemi seguro a V. Excia. que o seu principio foi cazual, mas advertindo a situação daquelle posto e relevantes utilidades que podem rezultar de futuro me rezolvi sem perda de tempo a guarnecello, tomando sobre mim todas as consequencias que podião nascer deste facto por não embaraçar a nossa Corte, nem alterar o pacifico sistema em que as duas Monarchias de Portugal e Castela se conservão [...]".

[83] Até pelo contrário, como veremos em "Outras atividades administrativas", aquele capitão-general chegou a propor que as fronteiras de São Paulo se estendessem até lá.

[84] Invariavelmente as expedições continuavam a ser denominadas "expedições do Ivay".

pudesse oferecer. Para tal, durante os anos de 1768, 1769 e 1770, tanto como nos anos subseqüentes (embora não em ritmo tão acelerado) continuou o governo a solicitar dos capitães-mores as mais enérgicas medidas para obtenção de gêneros, munições e homens.

A essas atividades estava intimamente ligada a fundação de Piracicaba, grande fornecedora de canoas e, posteriormente, de gente para povoar as margens do Tietê, em seu curso ate o Paraná. A construção das embarcações destinadas ao Iguatemi preocupava o Morgado de Mateus. Diante das dificuldades que via na obtenção de troncos para as canoas, pensou na fabricação de barcos semelhantes aos usados no rio Douro, pois havia facilidade das tábuas necessárias à sua construção.[85]

As expedições ao Iguatemi tinham muito de comum com as Monções, expedições comerciais destinadas ao abastecimento das regiões auríferas de Mato Grosso.[86] Partiam ge-ralmente em abril ou maio, após as colheitas em São Paulo, ou entre junho e agosto, em pe-ríodo de secas, quando já não havia mais o problema das epidemias causadas pelas cheias.

As Instruções passadas pelo governador a Antonio Lopes de Azevedo em março de 1769[87] documentam a organização e o desempenho de uma expedição. A saída era precedida da compra de material e recrutamento de tropa paga a auxiliares e de "povoadores".[88] Estes eram arregimentados dentre os que não possuíam terras suas e tinham família numerosa. Como privilégios eram-lhe oferecidos o pagamento de transporte e o fornecimento de mantimentos até que colhessem suas próprias roças, além de isenção do serviço militar depois de seis anos.[89] Mas, se faltassem à palavra, sofreriam as devidas penalidades.[90] Eram instalados na área de "meya Legoa encostada a mesma Prassa", com

---

[85] Ofício do Morgado de Mateus ao conde da Cunha, São Paulo, 20 de julho de 1767. (DI 9, p. 12).

[86] Ver Sérgio Buarque de Holanda, *Monções*. A elas já nos referimos no primeiro capítulo.

[87] "Ordem que leva o Ajudante das Ordens Antonio Lopes de Azevedo para executar nas deligencias da Expedição do Ivay." Seu chefe devia examinar e relatar sobre o caminho percorrido e a instalação dos povoadores no estabelecimento. Estes não seriam confundidos com soldados competindo-lhes tarefa específica. O capitão-general dispunha ainda sobre as possibilidades do encontro com índios e a maneira de proceder com eles, que devia ser totalmente isenta de provocações e hostilidades. Quanto ao pessoal com que o governo podia contar no Iguatemi, os problemas que se apresentavam eram aflitivos (DI 5, p. 119-33).

[88] Os "povoadores" eram pertencentes em São Paulo às várias Companhas de Ordenanças da capitania. No Iguatemi passavam a constituir a Companhia de Ordenanças local.

[89] Ordem ao sargento-mor de Parnaíba para que "recrutasse em seu destrito: trinta cazaes que tenhão numerozas famílias e que sejão desembaraçados, e capazes de hirem Povoar terras que Sua Magestade lhe manda dar para cujo efeito deve Vossamecê tomar pleno conhecimento de todos aqueles que não vivem em terras suas, e que são menos estabelecidos, para que entre esses se faça escolha e nomeação em todo o acerto..." (DI 5, p. 100).

[90] Em carta ao capitão-mor de Sorocaba avisava o governador que os povoadores estivessem "Logo promptos com suas Mulheres e famílias para marchar para a dita expedição com as mais famílias que agora estão a partir, e que se assim o não fizerem como tem prometido que os hei de consumir, e que em nenhuma parte hão de escapar ao castigo que merecer a sua desobediencia, e da mesma forma os parentes que lhes dão semelhantes conselhos para imbaraçar as deligencias do Real Serviço dos quaes já tenho noticias, e muito bem os conheço [...]" (DI 5, p. 111-2).

suas famílias. Recebiam cem braças de terra e iniciavam o plantio que visava ao abastecimento da Praça e um possível comércio com os espanhóis.[91]

Esses povoadores e seus filhos passavam a constituir a Companhia de Ordenanças da Freguesia de Nossa Senhora dos Prazeres do Iguatemi. Entre soldados, tanto havia os de Tropa Paga, como Auxiliares, como ordenanças advindos de varias partes da capitania. Algumas vezes, os soldados da Tropa Paga casando-se e estabelecendo-se em povoado, passavam a povoadores.[92] O número de povoadores era de mais de setecentos e o de soldados, cerca de trezentos, isso em 1769.[93]

Os motins e deserções, que constituíam preocupação constante dos dirigentes do Forte, atingiam tanto um como outro setor. As expedições padeciam do problema da deserção, antes mesmo da partida: "Com estranheza recebo a noticia de terem desertado para o mato os pilotos, e proeiros que devião ir nas canoas de socorro dessa expedição", queixava-se o Morgado de Mateus ao sargento-mor de Itu em 1769.[94] Segundo esse documento, o governador parecia ver apenas na falta de pontualidade de pagamento o porquê das fugas. Na verdade,

---

[91] Em DI 10, p. 7 ss. está arrolada mais de uma centena de povoadores. Reproduziremos a referência a dois deles, ao acaso, para constatação dos termos em que eram feitos os Livros de Registros:

20 Povoador

Marcos João natural da Vila de Iguape de idade	40
Maria Roza Garcia Sua mulher natural da Vila de Santos de	25
Maria Roza sua filha de	5
Deusse a este Povoador de testada cem brassas de terra, partindo com Antonio Luiz Coelho e Correndo a Leste com seis centas; brassas de fundo para o norte.	

104 Povoador

Francisco Pereira Timudo Soldado que foi da expedição natural de Aritaguava de idade de	43
Maria de Arruda mulher natural de Aritaguava de	22
Rita filha de	5
Gertrudes filha de	3

Agregados

Quiteria Correia parda fora	34
Ignacia filha desta fora	20
Maria filha da mesma	12
Romualdo filho	1
Deusse a este Povoador de testada quinhentas brassaz de terra partindo com o fundo das terras de Luciano de Almeyda com meya Legoa de fundo seguindo a Costa do Ribeiram dos fogassaz.	

[92] Ordem datada de 22 de maio de 1771 ao provedor da Fazenda Real para que desse baixa a soldados a fim de que passassem a Povoadores (DI 33, p. 3).

[93] Segundo o "Diário de navegação" de Theotonio José Zuzarte, ao qual faremos referência adiante.

[94] E acrescentava: "Eu entendia que a pontualidade, com que tenho feito pagar tudo o que me sirvo nessa terra merecia outra pontualidade, e obediencia nesses homens", São Paulo, 2 de agosto de 1769 (DI 6, p. 12).

tinham razões muito mais amplas e dificilmente o governador as ignoraria. As constantes notícias das condições precárias de segurança e manutenção, assim como as dificuldades da jornada eram fatores determinantes das fugas que ocorriam freqüentemente. Era alvo de rigoroso castigo – pena de morte em caso de guerra e em tempos de paz, trabalhos forçados por seis anos em fortificações.[95] Mas, não obstante a severidade com que eram tratados os desertores, tal fenômeno grassou enormemente nas hostes militares coloniais.

A composição do "Destacamento que guarnece o Prezidio da Nova Povoação de Guatemi" em julho de 1769 mostra a proporção dos soldados em termos de deserção. Embora o número não fosse muito grande, é constante e significativo:[96]

1ª Companhia	
O Capitão Mór Regente, Tenente e Alferes	3
Capellão 1º e 2º	2
Sargento do número e supra	2
Cabos de Esquadra	6
Soldados	77
	Promptos 90

Soldados desertores	19	
Soldados mortos	1	
Soldados doentes	0	
	20	

Somam: 110

2ª Companhia promptas	
O Capitão, Tenente e Alferes	3
Sargento supra	1
Cabos de Esquadra	5
Soldados	64
	Promptos 73

---

[95] "Bando em que se declaram os castigos impostos aos soldados desertores", São Paulo, 31 de agosto de 1775 (DI 33, p. 165).

[96] DI 34, p. 66-7.

Soldados desertores	18
Doentes em Povoado	4
Mortos (Sargento de número, Cabo e 2 soldados)	4
	26

Somam: 99

3ª Companhias, promptas	
O Almoxarife Antonio de França	1
Pilotos	20
Proeiros	18
Remeiros	71

	Promptos 110

Proeiros e remeiros dezertores	8
Doentes em povoado	1
Mortos	1
	10

Somam: 120

Resumo:	
Promptos da 1ª Co.	90
Promptos da 2ª Co.	73
Promptos da 3ª Co.	110
Soma	273
Ausentes e mortos	56
Total geral	329

Além de deserção, ainda ameaçavam o bom andamento do Presídio de Nossa Senhora dos Prazeres os descontentamentos, dos quais participavam tanto soldados como povoadores, embora não chegassem propriamente a motins. As condições de vida eram realmente árduas. A lavoura via-se constantemente prejudicada pelas chuvas. As epidemias causavam muitas baixas. E havia, em meio a isso, os ânimos exaltados de alguns, que facilmente convenciam os mais revoltados.

No segundo semestre de 1769, um certo Silvério Thomas de Oliveira Dória[97] andara instigando revoltas, dizendo que os povoadores tinham sido enganados pelas promessas do capitão-general; na realidade, estavam "destinados a morrer de fome no sertão". Isso fez que interpelassem o regente, que procurara acalmar-lhes os ânimos. A reação do Morgado de Mateus traduz-se na carta que enviou ao mesmo Silvério Thomas, repreendendo-o por espalhar "palavras sediciozas e mal soantes entre hum Povo magoado e mal contente [...]".[98] Perguntava-lhe: "Que importa a Vossamecê as disposições com que se está estabelecendo esse sertão por estar avisando aos Povoadores as faltas que nelle se experimentão, e que muitas vêzes não pode remediar quem está encarregado das ordens, por não ter com que?". E lamentava: "Não deixo de sentir muito que aquellas. pessoas, que aly devião servir de exemplo para animar esses Povos à bôa cultura de seus augmentos, se animam só a fomentar dezunião, e discordias para a sua total perdição". De longe, e ciente das dificuldades que seus homens enfrentavam no sertão, tudo o que o governador podia proporcionar aos povoadores eram palavras animadoras, a certeza da posse das terras e das isenções fiscais e de serviços militares, e continuar enviando os socorros que fossem possíveis.

Sua ação efetiva demonstrava que ia além das palavras. As dificuldades do Iguatemi precisavam ser sanadas. Entretanto, elas eram muito mais intrínsecas e decorrentes das distâncias dos centros administrativos, do que de falta de assistência por parte do governo.

Grande problema era o abastecimento da população do Presídio. Na proporção em que chegava mais gente, aumentava a preocupação do capitão-mor regente diante da falta não só de suficiente milho, feijão, toucinho e sal, como também de ferramentas. Sabia que essas deficiências acarretavam mais insatisfação por parte dos povoadores.[99] O incentivo ao

---

[97] Segundo ofício do Morgado de Mateus: "[...] paizano, que se acha com negocio na dita Praça [...]" (DI 7, p. 12); Antônio Lopes de Azevedo cita-o simplesmente como "Capitão Silvério" (DI 34, p. 32).

[98] Ofício do Morgado de Mateus a Silvério Thomas, São Paulo, 18 de julho de 1771 (DI 7, p.12-3).

[99] "[...] estou sem milho, sem feijão, sem toucinho e com falta de tudo, só com os olhos no caminho, a espera de algum socorro, que a não vir com toda a brevidade poderei experimentar mayor confusão. Deos me poderá valer para poder acomodar esta gente que tanto custa acomodal-os [...]", Ofício de João Martins Barros ao Morgado de Mateus, Guatemy, 14 de dezembro de 1769 (DI 34, p. 134-7).

aumento das lavouras não podia fazer que as atividades agrícolas absorvessem os homens do Iguatemi, fazendo-os passar indiscriminadamente de soldados a povoadores.

A dúvida que João Martins Barros apresentava a seu general era válida: "vejo que se não pode conservar isto com rossas pois nesta forma toda a gente se occupa em rossar, plantar, conduzir mantimentos, socar para poderem comer, que gente fica que dezimpedidos possão estar sobre as armas?". Os soldados eram indispensáveis para a defesa e ataque, no caso de hostilidades entre portugueses e espanhóis na região. O remédio, sugeria ele, era que os mantimentos viessem do povoado próximo e que para o Forte só fossem enviados soldados e não povoadores.[100]

Na realidade, eram problemáticas as condições que o Iguatemi poderia oferecer em matéria de auto-abastecimento, autodefesa e possibilidades de continuidade e progresso. O "Diário da Navegação..." de Teotônio José Zuzarte proporciona uma minuciosa visão do que era o Presídio de Nossa Senhora dos Prazeres e São Francisco de Paula, assim como os meios e as situações que se apresentavam para atingi-lo.[101] Por esse relato, sabe-se que não era facilmente que se transpunham as duzentas e tantas léguas que separavam o Iguatemi de São Paulo. Naquelas dificultosas condições, constatáveis no "Diário", mostrava-se o quanto eram precárias as possibilidades de sobrevivência, agravadas, sobretudo, pela distância entre o presídio e a área mais densamente povoada da capitania. Já fizemos referência ao abastecimento não só das expedições como tal, mas também à arregimentação de víveres destinados à subsistência da gente já instalada no Iguatemi.

A dependência dos víveres enviados desde Araritaguaba tornava o Iguatemi impraticável, pelo menos enquanto não houvesse infra-estrutura para capacitar o Forte de auto-abastecimento. Isso porque nada mostrava, do ponto de vista ecológico, que a lavoura e a criação de gado fossem impossíveis naquela arca. Uma vasta parte da documentação publicada nos "Documentos Interessantes" dá-nos conta das derramas e dos envios de alimentos, assim como dos incentivos à produção local de gêneros.

O Morgado de Mateus reiterava a Martins Barros, em 1770:

---

[100] "[...] pois se vem hum que possa pegar as armas, vem 100 que só servem para perder o lugar, quando não seja para outra cousa, basta serem comedores inuteis pois a mizeria e necessidade que de prezente experimentamos não he nascida de outra cousa senão disso, pois elles não tão somente comem como destroem, o que: experimentei nas rossas que elles colhião para se racionarem como tão bem em furtarem huns aos outros pois a maior parte delles nesses povoados nunca trabalharão e menos o farão cá" (DI 34, p. 137).

[101] Zuzarte foi um dos oficiais mais em evidência durante o governo do Morgado de Mateus. Comandou a expedição ao Iguatemi de 13 de abril de 1769, da qual resultou o "Diário de navegação do Rio Tietê, Rio Grande Paraná, e Rio Guatemy em que se dá Rellação de todas as cousas mais notáveis destes Rios, seu curso, sua distancia, e de todos os mais Rios que se encontrão, Ilhas perigos, e de tudo o acontecido neste Diário, pelo tempo de dous annos, e dous mezes. Que principia em 10 de março de 1769", publicado em AMP, São Paulo, t. 1, p. 27-118, 1922, da cópia existente no Museu Paulista do original manuscrito pertencente à coleção de Miguel Francisco Pacheco e Chaves. Uma edição fac-similar da cópia daquele museu foi publicada em 2000 com introdução e notas de Jonas Soares de Souza e Miyoko Makino.

Como vossamecê não ignora o quanto é precizo cuidar na conservação da vida e dessa praça, seria supérfluo reconhecendo a sua grande prudência o lembrar-lhe quanto convém que haja muitas rossas para poder haver grande abundância de mantimentos, como também que se aperfeiçoem as fortificações para segurança, e defensa dessa fronteira.[102]

O abastecimento de nenhum modo devia ser trazido de regiões longínquas como propunham os dirigentes do Iguatemi por julgarem mais conveniente que os povoadores fossem antes soldados e não lavradores. Para D. Luís Antonio essa idéia não devia ser abraçada, "por ser total pernicioza, impraticável e destituida de toda a razão". Era arriscada – uma vez que algum atraso no envio de alimentação poderia causar irremediáveis danos – e muito dispendiosa.[103] A defesa também, fosse contra os espanhóis fosse contra os ataques indígenas, era igualmente dependente de recursos que necessitariam vencer a longa distância entre o seu local de recepção (Santos) e o sertão.

Ao sinal de aumento de preparativos espanhóis no Prata, em 1770, o governador tratou de reforçar a artilharia no Iguatemi. Anunciava a Pombal que, não podendo esperar mais por artilharia, comprou-as em Santos, de uma embarcação, "por preço moderado", mas continuava aguardando maiores remessas para poder guarnecer aquela fronteira, à altura das suas necessidades.[104] A preocupação era com o fortalecimento dos diversos passos de acesso à Praça era constante. Disso dependia estritamente a sobrevivência do Forte. Também os rios que tinham seus cursos nas proximidades eram vias de passagem muito fácil, representando assim freqüente perigo.

A formação de uma vila com capacidade de acomodação de população, assim como de instalação de órgãos administrativos representaria, para o Iguatemi, maiores possibilidades de continuidade e sobrevivência. Assim, em outubro de 1770, o Morgado de Mateus expediu a João Martins Barros uma "Ordem para se fundar Villa na Povoação, e Praça dos Prazeres de Guatemy".[105] A documentação, entretanto, é omissa quanto ao funcionamento da povoação como Vila, isto é, que se tenha feito o levantamento de pelourinho e eleição de vereadores. A designação genérica de "Praça e Povoação" continuava,

---

[102] Ofício do Morgado de Mateus a João Martins Barros, São Paulo, 31 de outubro de 1770 (DI 6, p. 124-5).

[103] "Seria querer estabelecer hua despeza para que ainda não ha fundo nem modo de o haver, e conservar esse presídio no ar sem o fundamento de benz de raiz que lhe devemos procurar: Rossas, e mais rossas porque sem comer não se conservão corpos militares: Os viveres devem ser os primeiros preparos para a guerra e para tudo, e hé bem conhecido o rifam: Caza onde nam ha pão todos peleijão, e ninguem tem razão. Deste principio hé que procede andar a gente inquieta e descontente; cuidese primeiro que tudo em que elles tenhão de comer, e logo o mais andará direito, e não tome a lembrar idéa de que pode hir de cá mantimento" (Ofício do Morgado de Mateus a João Martins Barros e João Alvares Ferreira, São Paulo, 5 de abril de 1770. DI 9, p. 71-5).

[104] Ofício do Morgado de Mateus a Pombal, São Paulo, 7 de fevereiro de 1770 (DI 34, p. 7-11).

[105] DI 6, p. 116-7.

não se usando "Praça e Vila". O que podemos constatar pelos desenhos de José Custódio de Sá e Faria é que havia, dentro dos muros da fortificação, um arruamento e edificações características de uma vila. O "Plano da Praça de Nossa Senhora dos Prazeres do Rio Yguatemy" mostra a existência de uma dezena de ruas e dos edifícios correspondentes ao Quartel do Governador, Casa da Fazenda Real, Quartel das Tropas, Igreja, Câmara e Corpo de Guarda.

Do ponto de vista arquitetônico, a Fortaleza obedecia ao chamado estilo Vauban. Esse general francês estabeleceu, em fins do século XVII, regras que se tornaram clássicas pela Europa para a construção de fortificações e para a estratégia de ataque e defesa destas. O introdutor de seu estilo em Portugal teria sido Luís Serrão Pimentel, que regeu o primeiro estabelecimento do ensino secular de engenharia militar: a "Aula Especial de Fortificação e Arquitetura". Os engenheiros militares, a mando do Morgado de Mateus, teriam se baseado na obra clássica daquele engenheiro português: o "Método Lusitânico de Desenhar Fortificações, de Praças Regulares e Irregulares".[106]

Além das ameaças externas, representadas pelos índios e espanhóis, e descontentamentos de povoadores e soldados, havia ainda a embaraçar o desenvolvimento do Iguatemi as dissensões entre oficiais e as epidemias (facilitadas pela falta de mantimentos e de assistência médica). Evidentemente, todos esses problemas eram agravados, como já frisamos, pela distância entre o sul mato-grossense e o governo de São Paulo, estando assim distantes a autoridade, a orientação e os recursos humanos, científicos e materiais.

Em ofício dirigido conjuntamente a Martins Barros e José Macedo em fins de 1771,[107] o Morgado de Mateus repreendia-os acerca das notícias que tivera sobre intrigas e desunião entre os oficiais estacionados no Presídio. Embora a documentação não mostre nenhuma outra carta nesse sentido, o problema deve ter pesado significativamente para o governador, uma vez que, ainda que tivesse sido por única vez, estendeu-se em considerações em torno dele. Chamava-lhes a atenção para o fato de que suas paixões particulares só serviam para deteriorar o serviço real e resultar em danos e prejuízos a todos.

As "pestes" que atingiam os habitantes do Iguatemi eram também preocupação constante do capitão-general. Entendia ele que, como elas não haviam ocorrido nos dois primeiros anos da fundação do Forte, teriam tido causas supervenientes, as quais pedia que fossem verificadas.[108] Aventava a hipótese de ser a falta de certos elementos na

---

[106] Ver Augusto Lyra Tavares, *A engenharia militar portuguesa na construção do Brasil*, e Carlos Selvagem, *Portugal militar*.

[107] DI 7, p. 53.

[108] Ofício do Morgado de Mateus ao capitão João Martins Barros e seu ajudante Antônio Lopes de Azevedo, São Paulo, 27 de outubro de 1770 (DI 34, p. 261-7). Teriam ocorrido, certamente, nos dois primeiros anos; mas como o número de homens na área, naquela época, ainda era exíguo, sua constatação tinha sido nula.

alimentação ou o uso errôneo de conservantes, para o vinho, vinagre ou aguardente, ou ainda a deteriorização de alguns. Mas a verdade é que se tratava de impaludismo. As epidemias ocorriam após as enchentes do Paraná, cujas águas desciam a seu leito normal em fins de março. Portanto, a sua maior ocorrência era em abril e maio. Numa época anterior à descoberta da quinina e as medidas de profilaxia para a erradicação dos mosquitos transmissores do mal, eram nulos os recursos para se lutar contra a dizimação das populações nas áreas endêmicas.

Pelo quadro discriminado na página seguinte, pode-se auferir a quantidade de óbitos de povoadores e de soldados ocorridos na Praça, entre os anos de 1767 e 1774.[109] Nota-se o número mais elevado de mortes justamente nos meses correspondentes às epidemias, isto é, março, abril e maio. Entre as baixas determinadas pelo recrudescimento de uma epidemia no primeiro semestre de 1771, contava-se João Martins Barros,[110] e logo depois do sargento-mor José de Macedo Souto Maior. Tal ocorrência motivou o comando interno de José Gomes de Gouveia para regente e João Alvares Ferreira, que há muito era o braço direito de Barros, para sargento-mor.

Sob o novo regente, que só foi encaminhado ao Iguatemi nos princípios de 1773,[111] abriu-se um período dos mais dificultosos para a evolução do novo Presídio e que iria terminar com a sua queda final.[112]

O Tibaji e os Campos de Guarapuava

Quanto ao Sertão do Tibaji, sob as ordens do Morgado de Mateus, começou a ser explorado na mesma época do Sertão do "Ivaí", nome pelo qual se designava a empresa do Iguatemi. A convergência dos esforços para a preparação de expedições concomitantes facilitava a organização destas. E era altamente favorável o fato de, para o Tibaji, não haver necessidade de maior sigilo, uma vez que estava muito aquém da linha fronteiriça. O chamado "Sertão do Tibagy" e os Campos de Guarapuava aparecem freqüentemente juntos na documentação; são áreas contíguas. Pela primeira designação compreende-se

---

[109] BN, Lisboa, Cód. 4530, p. 8: "Mappa das pessoas falecidas nesta Praça de N. S. dos Prazeres do Ryo Iguatemi desde o mez de Janeiro de 1769 em que principiou o livro dos assentos com adistinção dos annos, mezes e qualidade das pessoas que falecerão".

[110] Que por seus relevantes serviços e dedicação no Iguatemi tinha sido elevado a governador daquela Praça ("Propostas militares a El Rey Nosso Senhor pelo Concelho Ultramarino se remetem asignados pelo governador e Capitão general da Capitania de São Paulo, em abril de 1771") (AHU, Lisboa, "São Paulo", Doc., nº 2556).

[111] DI 35, p. 11-2.

[112] Esse período será estudado adiante, sob o título "Iguatemi em xeque".

	1769			1770			1771			1772			1773			1774			Totais
	Homens	Mulheres	Menores	Homens	Mulheres	Menores	Homens	Mulheres	Menores	Homens	Mulheres	Menores	Homens	Mulheres	Menores	Homens	Mulheres	Menores	
Janeiro	2	-	-	3	1	1	-	-	5	-	8	1	1	1	-	-	-	-	23
Fevereiro	1	-	-	-	1	1	1	2	3	8	3	12	1	1	-	8	2	1	45
Março	1	-	-	-	-	-	1	2	3	24	11	16	6	-	-	9	-	4	79
Abril	-	-	-	1	1	8	1	-	2	44	15	24	3	-	2	5	2	4	111
Maio	1	-	1	1	5	2	-	-	5	23	5	15	3	2	1	5	3	5	81
Junho	1	-	5	2	-	8	1	1	1	6	1	3	1	-	5	1	-	11	43
Julho	1	-	4	-	6	2	3	-	1	6	1	3	1	1	1	1	1	3	37
Agosto	3	-	-	-	2	1	-	-	-	1	-	3	-	-	3	1	-	-	11
Setembro	2	-	2	-	1	1	1	1	-	1	-	1	1	-	-	-	-	-	11
Outubro	2	5	2	1	-	1	1	-	-	-	2	-	-	-	-	-	5	2	21
Novembro	4	1	2	-	-	4	1	-	-	1	-	1	-	-	-	1	-	2	17
Dezembro	3	-	-	3	-	3	3	-	-	-	-	2	-	2	-	3	-	1	20
Soma de cada ano	21	6	16	11	17	32	13	6	20	114	46	81	17	7	12	34	13	33	499
Soma total		43			60			39			241			36			80		499

todo o vale do rio Tibagi, do rio Ivaí, a serra de Apucarana, até os cursos do rio Corumbataí e Mourão. Os campos de Guarapuava ficam a sudoeste dessa área, atingindo o curso do rio Iguaçu.

Essa região era conhecida havia muito tempo pelos portugueses e espanhóis. A hipótese da existência de grandes riquezas minerais que a região do rio Tibagi podia oferecer já era aventada desde os primórdios da colonização. Rotas semilendárias como as percorridas por Aleixo Garcia, Álvaro Nuñes Cabeza de Vaca ou as dos indígenas, entre o mar e a região paraguaia, cortavam o "Sertão do Tibaji". Além disso, havia os estabelecimentos dos jesuítas nas margens do rio Ivaí e do Iguaçu. Os paulistas, em demanda dos índios aldeados na província jesuítica do Guairá ou à procura do ouro e diamantes de que falavam as lendas que envolviam a serra de Apucarana, palmilharam a região por todo o século XVII. Dos "Campos de Iguaçu" paulistas como Fernão Dias, Manuel Preto ou Antonio Raposo levaram milhares de índios.

Com a necessidade da exploração e povoamento das terras a oeste, decorrente do próprio Tratado de Madri, e em crédito aos antigos relatos bandeirantes, Francisco Tosi Colombina foi encarregado do "descobrimento das Terras do Tabagi", em 1753. Era ele cartógrafo e capitão-engenheiro militar, que depois de prestar serviço de sua especialidade na Madeira e na Índia esteve em Goiás, onde chegou a realizar o "Mapa da Capitania de Goiás e regiões circunvizinhas, que mostra as comunicações entre as bacias do Prata e do Amazonas" (1751).[113] Em ofício para Lisboa explicitava os meios necessários à expedição (armamentos, soldados e povoadores) e estabelecia o roteiro a ser seguido para a conquista das terras nas quais os "certanistas da Comarca de São Paulo tinham grandes esperanças". Entretanto, para o conde de Bobadela, aquele momento em que estava presente a tensão causada pela Guerra Guaranítica não se deveria "augmentar o ciúme dos Padres das Missõens, que não estão em grande distância do caminho que se deve buscar para o Tibagi [...]".[114] Assim, a expedição acabou não sendo levada a cabo.

As notícias seguintes foram a da descoberta de diamantes e ouro nas cabeceiras do Tibagi (1755) por um Ângelo Pedroso Leme. A descoberta parece ter suscitado conflitos entre os ouvidores de Paranaguá e de São Paulo, acabando o coronel Ignácio Eloy Madureira, governador da Praça de Santos, por fazer sustar, em 21 de agosto de 1755, as explorações dos diamantes do Tibagi. O novo ouvidor de Paranaguá, Jerônimo de

---

[113] Para maiores dados sobre Tosi Colombina, ver a introdução que Carlos de Araújo Moreira Neto faz à publicação do *Descobrimento das terras do Tibagi por Francisco Tosi Colombina*, editado pela Universidade Estadual de Maringá (Paraná), em 1974.

[114] Ofício de Gomes Freire de Andrada a Diogo de Mendonça Corte Real, Colônia do Sacramento, 22 de abril de 1754 (C. A. Moreira Neto, op. cit., p. 3).

Magalhães, conseguiu que Gomes Freire o nomeasse "Superintendente das Minas do Tibagy". Mas as querelas continuaram, envolvendo também gente vinda de Minas Gerais, atraída pelas notícias de descoberta de ouro.[115] Finalmente as minas de ouro do Tibagi passaram para a jurisdição da Câmara de Curitiba que manteve, desde 1755, uma guarda no Registo de Nossa Senhora do Carmo, na foz do rio Capivari sobre o Tibagi. Essa guarda estava encarregada de fazer cumprir a proibição dos diamantes. Aos camaristas de Curitiba parecia-lhes que, não obstante fosse conservada a interdição sobre as pedras, deveria ser permitida a exploração do ouro. Isso porque, entre outras vantagens óbvias, a área seria povoada. E o povoamento fazia-se necessário para evitar os ataques de índios que vinham ocorrendo no posto de Nossa Senhora do Carmo.

Em 1764, o mestre-de-campo Francisco Pinto do Rego enviou a Lisboa uma solicitação para que lhe fosse autorizado organizar e comandar uma expedição para tomar posse do "Sertão do Tibagi".[116] Sua proposta foi aceita, pois entre outras ordens, constavam das Instruções recebidas pelo Morgado de Mateus a ocupação da serra de Apucarana. Para possibilitar essa ocupação e facilitar o povoamento, foi liberada a exploração da mineração naquela área.[117] Mas apesar disso, o rei não queria que tal permissão fosse divulgada entre os castelhanos. Que se desse aos paulistas

> licença, ajuda e favor para irem avançando estabelecimentos para aquella parte da Serra de Apucarana, debaixo da esperança dos Haveres que nella se propoem sem que com tudo se lhes permita irem Logo de Salto a referida Serra buscar tais Haveres pois que seria o mesmo que illos mostrar aos Castelhanos das Missões confinantes sem os taes Aventureiros terem depois forças bastantes para os sustentar em tão grande distância: Que isto se lhes deve ponderar dizendo selhes que o meyo unico para aquelle fim he o de nos hirmos avançando para aquella parte debaixo de todo o segredo com Povoaçõens.[118]

Quando D. Luís Antonio pensou em enviar a primeira expedição ao Iguatemi, tratou de também organizar uma que fosse para o Tibagi.[119] Com isso, conseguia atingir dois objetivos: camuflar sua intenção quanto ao Iguatemi ("descubrir os certões do Ivaí, Rio

---

[115] Dados sobre a história da mineração do Tibagi constam do verbete "Diamantes do Tibagy" no *Dicionário Histórico e Geographico do Paraná*, de autoria de Ermelino Leão, v. 2, fasc. 1, p. 477-89. Ver também Eurico Branco Ribeiro, *Esboço da História do Oeste do Paraná*.

[116] Dados sobre Francisco Pinto do Rego e suas atividades, em Francisco de Assis Carvalho Franco, *Dicionário de bandeirantes e sertanistas do Brasil*, p. 329.

[117] Carta Régia de 22 de julho de 1766 (AHU, Lisboa, Cód. do Conselho Ultramarino, 423, nº 19).

[118] Ibidem.

[119] Tratamos da preparação dessas expedições na parte referente ao Iguatemi.

que desagua junto as Sette Quedas e da entrada para o Paraguai") e tomar posse da área de Apucarana, Guarapuava e Tibagi ("descubrir as margens e certões do Tibagy"). A primeira teria de ser sigilosa por atingir área controvertida, a segunda não. Era altamente interessante para o capitão-general de São Paulo que esta pudesse ser divulgada: "me tem servido muito esta dispozissão, que he publica para encobrir a outra que he segredo [...]".[120] Assim, em dezembro, a lida do abastecimento e arregimentação era praticamente uma só, mas objetivando as duas diferentes expedições.

A expedição que "hade ir descubrir os certões de Guarapuava"[121] tinha sido aprovada pela Corte, assim como a dos paulistas que partiriam para "fazerem entradas pelas Campanhas do Tibagi e seguirem ao depois toda a corrente do Rio do Registo, até a barra que vay fazer no Rio Grande ou Paraná".[122] A aprovação, que fora expedida em julho de 1766,[123] respondia às considerações que D. Luís enviara de Santos[124] sobre as possibilidades do Tibagi, com base nas suas próprias Instruções. A concordância que a metrópole dera ao plano de Francisco Pinto do Rego e outros, que se propunham a "penetrar os mattos e certões de Guarapuava, que fazem frente a quadrilheira que prende na Serra de Apucarana" vinha a calhar para completar o plano de D. Luís de combater os inimigos e de colonizar o sertão, concomitantemente.

A preparação da expedição do Tibagi, da qual estava encarregado Francisco Pinto do Rego (na época, capitão-mor de Sorocaba) foi paralela à do Iguatemi. Mas, enquanto esta deveria partir de Araritaguaba, seguindo a primeira parte do caminho das Monções, aquela o seria de Curitiba. O bando já fora lançado, desde dezembro de 1766: o governador conclamava os paulistas que organizassem expedições da conquista daquela área, uma vez que estava franqueada pela Carta Régia de 22 de julho de 1766.[125] As munições foram expedidas, os mantimentos requisitados,[126] mas a saída da expedição do Tibagi

---

[120] Ofício do Morgado de Mateus ao conde da Cunha, São Paulo, 13 de dezembro de 1766 (DI 73, p. 45-6).

[121] Dentro da denominação de "certões de Guarapuava" considerava-se, então, a região que ia desde os vales do Tibagi e do Ivaí até o Paraná, tendo por limite sul o Rio Grande do Registo (ou Iguaçu).

[122] Ofício do Morgado de Mateus ao conde da Cunha, São Paulo, 21 de maio de 1767 (DI 23, p. 167-8).

[123] Ofício do conde de Oeiras ao Morgado de Mateus, Lisboa, 22 de julho de 1766 (AHU, Lisboa, Cód. Conselho Ultramarino, 423, nº 19).

[124] Ofício do Morgado de Mateus ao conde de Oeiras, Santos, 17 de setembro de 1765 (DI 72, p. 90-1).

[125] O "Bando que se botou para descobrir o Tibagi" autorizava que se descobrissem "certões desta Capitania especialmente aquelles que se estendem desde o Rio Tibagi the a Serra da Pucarana" a quem quisesse "levantar Bandeira e juntar gente para penetrar no ditos sertoens [...]" e com isso conseguissem, além de estabelecer domínio português, a propagação da fé e a paz com índios receberia honrarias como alcaidarias-mores, Hábitos de Cristo etc. (DI 65, p.116).

[126] DI 67, p. 173-4 e outras.

retardava-se. Já rodara o Tietê abaixo a frota de João Martins Barros, mas Francisco Pinto do Rego encontrara dificuldades para partir. Ao que parece, estava implicado numa devassa e teve que fugir.[127]

Assim, a expedição que seria feita à custa daquele capitão-mor, passou a ser atribuição do governo, à custa da Fazenda Real, organizada por Afonso Botelho. Assim, envolveria também gente e recursos curitibanos.

O sigilo e a ambigüidade de que deveriam se revestir as expedições ao Iguatemi eram dispensáveis no projeto do Tibagi. D. Luís Antonio podia então considerá-lo publicamente como sua grande oportunidade de notoriedade perante a Corte. Assim, cada evento que marcasse progresso na conquista daquele sertão podia – e devia – ser ruidosamente festejado.

O governador substituía o Sudoeste pelo Sul, no que tange a seus intentos de colonização. Na direção do Viamão tivera inúmeras dificuldades, às quais aludiremos adiante.[128] E declarava: "Eu, depois de desvanecida a campanha do Viamão a que vim destinado, não tenho em que fazer hum signalado Serviço a Sua Magestade que Deos guarde senão nesta conquista, porque tudo o mais que aqui se offerece e eu posso obrar não satisfaz ao meu zelo e ao meu dezejo".[129] Nessa afirmação, o Morgado de Mateus deixava claro que não o satisfazia o simples dever cumprido, nem mesmo os empreendimentos que vinha realizando na área militar, social ou econômica.

A preocupação geopolítica era nele quase obsessiva: foi para com o Tibagi e para com o Iguatemi que dedicou seu tempo, suas maiores atenções, e por essas causas se indispôs com subalternos e superiores. Acreditava firmemente que, com o povoamento do Tibagi, estaria sendo formada a desejada barreira protetora do Leste, como estaria assegurado o proveito que o seu ouro traria para a Coroa. Ademais, cumpriam-se as Instruções e ao mesmo tempo o que ele esperava de si, como capitão-general: conquista de territórios e imposição de uma nova ordem.

Para o pleno êxito do povoamento daquele sertão, era preciso que vigorasse realmente a permissão para a extração do ouro.[130] Só assim seria possível contar com um argumento com força capaz de demover os paulistas. Estabelecidos "com suas escravaturas", na mine-

---

[127] Francisco Pinto do Rego estaria envolvido em manifestações de oposição ao governo, levadas a efeito em 1767 e às quais faremos referência adiante.

[128] Ver em "Política de urbanização" a questão da fundação de Lages.

[129] Ofício do Morgado de Mateus ao conde de Oeiras, São Paulo, 21 de maio de 1768 (DI 19, p. 117-29).

[130] "[...] porque será o interesse desta palpavel conveniencia o poderoso instrumento que com sua violencia faça encher de homens todo aquele vastíssimo certão [...] esta hade ser a maquina de que me pertendo valer para mover eficasmente os corações e suavizar-lhes o horror que todas as mizerias e amarguras a que se sacrificão" (Ofício do Morgado de Mateus ao conde de Oeiras, São Paulo, 22 de junho de 1768. DI 19, p. 131-44).

ração, eles próprios procurariam "penetrar todo o resto do certão pelos rumos que lhes ey de indicar". E para o caso de avanço em território espanhol haveria sempre o pretexto de perseguição aos índios, constantes usurpadores de lavouras e criações dos fronteiriços.[131] No mesmo ofício eram dados a conhecer à Corte o mapa da região, assim como os gastos que seriam feitos com a primeira expedição (soldos, munições, alimentação etc.) e que seriam cobertos com o "novo imposto", acumulado no cofre da Provedoria.

As ordens enviadas pelo Morgado de Mateus a Afonso Botelho com impressionante constância, assiduidade e objetividade entre 1769 e 1774 mostram que o interesse que lhe despertava a empresa do Tibagi não era muito menor que o do Iguatemi.

A primeira expedição que partiu do Porto de Nossa Senhora da Conceição do Rio do Registro, em 5 ou 6 de dezembro, de 1768, com trinta homens, limitou-se à exploração do curso e adjacência do rio do Registo (Iguaçu).

Os planos do governo para com os "Sertões do Tibagi" incluíam estabelecimentos nos Campos de Guarapuava e fortaleza junto à fronteira onde pudesse ser facilitada a extração do ouro.[132] As ordens dadas à expedição que se dirigia à foz do rio do Registo (Iguaçu), no rio Paraná, com partida em 6 de dezembro de 1768, deveriam ser minuciosamente observadas. Os acidentes geográficos e os acontecimentos mais notáveis seriam descritos com pormenores, para conhecimento do governador. Aos índios deveria ser dada especial atenção no sentido da implantação do cristianismo e do comércio. E com os espanhóis, se encontrados, que se evitasse qualquer forma de atrito. O lugar para o estabelecimento devia ser tão bem escolhido como o fora o do Iguatemi, por João Martins Barros, com boas condições de manutenção, bem protegido com relação ao lado do inimigo e de fácil acesso em relação a São Paulo.[133]

Embora o Tibagi não devesse encerrar o mesmo sigilo que o Ivaí, era preciso cautela no avanço territorial:

> se alguém lhe perguntar o que querem e o que procurarão por ally, dirão que elles sairão
> sem ordem alguma do Governo e só por impulso de buscar o Gentio no sertão; e que

---

[131] "[...] atalhar os grandes danos que os indios dos Certões fazem continuamente aos Povoadores, e viandantes, matando-lhes suas criações e que por este respeito vamos sigurar por aquellas partes as suas invazões, e evacualos das nossas fronteiras para limitarmos os grandes livres prejuizos que nos cauzão e que por este modo ficando as Companhias livres das suas hostilidades, podem as duas Nasções viver com socego nos seus Dominios, e tratar amigavelmente de huma e outra parte sem impedimento, todo o comercio que sua Magestade Fidelissima e Catholica permitirão" (DI 19, p. 139-40).

[132] Ofício do Morgado de Mateus a Francisco Xavier de Mendonça Furtado, São Paulo, 29 de janeiro de 1769 (AHU, Lisboa, "São Paulo", Doc., nº 2454).

[133] Ofício do Morgado de Mateus a Afonso Botelho, São Paulo, 19 de julho de 1769 (DI 19, p. 386).

arrumarão para aquella parte sem saber para onde, e que logo que tiverem acomodado suas canoas, e colhido suas rossas para terem mantimento, se pertendem retirar.[134]

E como acontecera no Iguatemi, não obstante essas explicações dadas a possíveis espanhóis, não deviam retirar-se sem ordens superiores. O capitão-general pedia a seu ajudante-de-ordens em Curitiba e coordenador das expedições ao Tibagi a máxima moderação nos gastos ("Quanto menor a despesa, tanto poderemos repetir as expedições").

Pela "Relação summaria da viagem pelo Rio do Registo",[135] a mando de Afonso Botelho, datada de 11 de novembro de 1769, é possível a constatação das dificuldades que enfrentavam e que as tornavam, além do mais, bastante onerosas.

As demais expedições,[136] realizadas até 1773, significaram cada uma delas maiores avanços: começando pela exploração do curso do rio do Registo, a segunda já percorreu o rio Tibagi, passando-se depois ao descobrimento do rio de D. Luís (Ivaí) e seu afluente Rio Mourão: chegaram às Sete Quedas, ao curso do Paraná e à foz do Iguatemi, atingindo a Praça de Nossa Senhora dos Prazeres, cerca de duzentos quilômetros rio acima. Uma esquadra da terceira expedição subiu o Paraná e desceu o Tietê, chegando à Cidade de São Paulo, numa demonstração da possibilidade do ciclo Paraná-Iguatemi-Tietê. Os expedicionários trataram também da abertura de caminhos, geralmente dispostos sobre trilhas indígenas.

O objetivo de D. Luís Antonio era alargar a fronteira e fortalecer-se contra avanços espanhóis numa região anteriormente dominada por eles, antes das razias bandeirantes, incentivando os avanços pelos Campos de Guarapuava, pela serra de Apucarana, pelo rio do Registo (Iguaçu), além do próprio Tibagi, rio Grande (Paraná) e outros rios menores.

A preocupação de D. Luís Antonio não era só com a exploração, mas com a efetiva mineração, uma vez que essa era a melhor forma de povoamento. Via nas condições geográficas da região boas possibilidades de segurança.[137] Reiterava ao governo central ser necessário o amplo apoio à exploração do ouro para que "sua riqueza convidasse os

---

[134] Ofício do Morgado de Mateus a Afonso Botelho, São Paulo, 22 de maio de 1769 (DI 19, p. 359).

[135] DI 19, p. 347-52. Essa Relação foi enviada ao conde de Oeiras acompanhada da carta do Morgado de Mateus. Ver também em DI 34, p. 115 ss. os relatos dos chefes revolucionários a Afonso Botelho, dando conta de suas tarefas. Na "Noticia da conquista, e descobrimento dos sertões do Tibagi, na Capitania de São Paulo, no governo do General Dom Luis Antonio de Sousa Botelho Mourão, conforme as ordens de Sua Magestade" que aquele ajudante de Ordens redigiu já em tempos do Reinado de D. Maria I, são relatadas "todas as expedições e mais deligências que se fizeram para o dito fim [...]" de 1768 a 1774, *Anais da Biblioteca Nacional*, Rio de Janeiro, v. 76, p. 4-290, 1956 (1962).

[136] Documentação publicada principalmente em DI 19 e DI 34. Com a primeira, totalizaram onze. Para as expedições ao Tibagi e Campos de Guarapuava, ver o trabalho de Eurico Branco Ribeiro, *Esboço da história do Oeste do Paraná*, p. 33 ss.

[137] "Examinando o sertão pela referida forma e conhecendo-se clarissimamente ser todo feichado, pois pela parte do Rio do Registo que o cobrem enormes Serranias e pela parte do Paraná grandíssimos Pantanos, de

Povos habital-o e desse as utilidades necessárias não só para enriquecer o Real Erario, mas também sustentar as guarniçoens das duas Praças projectadas e alguns Fortes que hé necessário estabelecer".

A alusão aos "Campos de Guarapuava" aparece pela primeira vez no Relato de Afonso Botelho, quando se refere à quarta expedição de 28 de agosto de 1769,[138] que explorou parte das margens do Iguaçu. Foram mais bem explorados pela sexta expedição, de 12 de julho de 1770,[139] que se ocupou principalmente da busca ao capitão Antônio da Silveira Peixoto, de Paranaguá, comandante da quinta expedição e que estava desaparecido.

Em 3 de setembro de 1770, uma de suas esquadras, sob o comando de Cândido Xavier de Almeida e Souza, partiu na direção da Campanha Grande ao sul do rio do Capivaruçu. Junto a um ribeiro estabeleceu-se uma "fortificação em modo de trincheira" denominada Nossa Senhora do Carmo. Esse fato marcou "o novo descobrimento, sendo a primeira notícia que houve dos campos de Gorapuava".[140] Ali encontraram plantações de feijão e milho e um paiol onde os indígenas guardavam as colheitas.

O sertão paranaense estava aberto à colonização. O bando de 19 de agosto de 1770[141] declarava o franqueio do Tibagi a quem se dispusesse a povoá-lo. O "grande certão nova-

---

sorte que escepto o passo dos Indios, junto às Sete Quedas, e o passo dos Cavalleiros, junto a Praça do Guatemy, não ha outra alguma passagem [...]" (Ofício do Morgado de Mateus a Pombal, São Paulo, 3 de dezembro de 1770. AHU, Lisboa, "São Paulo", Doc., nº 2526, e DI 34, p. 336-7).

[138] "Comandante dela Bruno da Costa Filgueiras, da Vila de Curitiba, com vinte e cinco camaradas, gente da mesma vila, mateiros e caçadores. Embarcando em 3 canoas, navegou pelo Rio do Registo de Curitiba abaixo, e na distancia de 30 léguas que está a barra do Rio Petinga, deixando ali a maior parte do trem, e mantimentos, subiu por ele acima até dar em um rio da parte esquerda a que se deu o nome de Rio Verde, enquanto foi navegável, a ver se se descobria os Campos de Gorapuava, como Sua Magestade havia ordenado [...]" (A. Botelho-Noticia [...] ABN, cit. p. 10).

[139] Comandada por Francisco José Monteiro, sargento-mor de Auxiliares de Paranaguá e com 63 pessoas em nove canoas (ibidem).

[140] Afonso Botelho-Noticia, ANB, cit., p.14; ver também DI 34, p. 324, e DI 4, p. 83.

[141] "Dom Luís Antonio de Souza [...] – Faço saber que sendo Deos Nosso Senhor servido por sua Infinita Mizericordia, abensoar as minhas disposiçoens, permitio que se descobrise, e penetrase o grande Certão do Tibagy, vencendo dificuldades insuperaveis; e porq' desta deligencia se podem seguir grandissimas utilidades, não só pelo q' respeita ao Real Serviço de Sua Magestade Fidelissima mas também pelo que toca ao bem comum de seus fieis Vasalos: Exorto a todas as pessoas geralmente de toda a condição e estado roguem a Deos pela conservação e augmento desta felicidade; e de claro que eu franqueyo os Certões desta Capitania, dando licença ampla para nelles se procurar o Ouro, dando-o ao manifesto para se mandar repartir conforme as ordens, que há nesta materia e especialmente franqueyo o grande Certão novamente descuberto, a que dou nome de Minas Dos Prazeres Do Tibagy; e aos que se quizerem empregar neste util e louvavel. serviço os atenderey, como me facultão as Reaes Ordens de Sua Magestade. Com muitas franquezas, privilegios, e despachos honorificos e de conveniencia, conforme ao merecimento dos servisos, que cada hum fizer: E todo aquele que quizer levantar bandeira a sua custa para este effeito, o poderá fazer dando-se-lhe as ordens necessarias, a toda ajuda e favor. E para que chegue a noticia de todos mando lançar este Bando a toque de Caixas pelas ruas desta Cidade, e depois se registará nos livros desta Secretaria de Governo, e mais partes a que tocar, se se affixará na porta da casa da minha rezidencia e se espailharão copias por toda a Capitania. Dado nesta Cidade de São Paulo aos dezanove de Agosto de mil sete centos e Setenta. Thomaz Pinto da Silva Secretário do Governo o fez escrever, Dom Luís Antonio de Souza (DI 65, p. 320-1).

mente descoberto" recebia a denominação de "Minas de Nossa Senhora dos Prazeres do Tibagy". Todos os que quisessem organizar expedições povoadoras à sua custa receberiam todo o apoio e privilégios por parte do governo.

O descobrimento do Tibagi ensejou que se celebrasse em seu regozijo um Ato Acadêmico em São Paulo por ocasião da transferência de uma imagem de Sant'Ana para a capela do Colégio. As festas duraram de 16 a 26 de agosto de 1770. Houve desfiles, festividades religiosas, peças teatrais e a Sessão Acadêmica. Nesta, um dos sonetos apresentados era de autoria do próprio Morgado de Mateus. Os restantes, em sua quase totalidade, eram em seu louvor.[142]

Ao que parece, a conclamação para que se povoasse a nova região a ser colonizada não encontrou a repercussão esperada. Tratou então o governador da capitania de emitir um outro bando, ampliando as vantagens que os interessados poderiam obter. Em fevereiro de 1772, o governo oferecia, a quem quisesse ir para o Tibagi e Campos de Guarapuava, além do perdão geral a todos os "criminosos de quaisquer crimes", também mercês de senhorios de terras, alcaidarias-mores, foros de fidalgo e Hábitos de Cristo.[143]

O fato de não se apresentarem candidatos tendo-se em vista o espírito do paulista sempre disposto a penetrar o sertão deve ser computado nas baixas rendas que tinha a população. Como as expedições deviam ser armadas à custa de seus organizadores, não obstante as vantagens oferecidas, eram elas um encargo acima das possibilidades financeiras da maioria da população. Além disso, haveria o temor pelos ataques indígenas.

A documentação não registra senão um candidato, o capitão de Aventureiros, Antônio Rodrigues Fortes, que iria com mulher e filhos. Para convocar quem quisesse acompanhá-lo o governador emitiu outro bando, renovando as vantagens que poderiam ser auferidas pelos interessados.[144]

Um dos maiores obstáculos à continuidade de povoamento do Tibagi era a ferocidade dos índios.[145] Muito pouco se tinha conseguido em relação à sua integração. Além disso, achados de diamante na região vinham acarretando problemas para o governo.[146]

---

[142] IEB-USP, São Paulo, Manuscritos da Coleção J. F. de Almeida Prado, "Relações das Festas Publicas que na cidade de São Paulo..." 1770. A propósito desse manuscrito, Yêdda Dias Lima elaborou sua dissertação de mestrado, sob o título *O festejo público comemorativo em São Paulo*, 1770 – edição diplomática, com estudo crítico e vocabulário. Além da fixação do texto, o trabalho consiste no estudo exegético do texto literário, altamente representativo nos aspectos formais e gráficos quanto ao conteúdo, dos chamados "festejos públicos".

[143] "Bando para que todos os moradores desta Capitania entrem os sertoens do Tibagy...", São Paulo, 12 de fevereiro de 1772 (DI 33, p. 49-50).

[144] "Bando sobre a exploração dos sertoens do Tibagy", São Paulo, 27 de fevereiro de 1772 (DI 33, p. 53-4).

[145] Ofício do Morgado de Mateus a Martinho de Melo e Castro. (AHU, Lisboa, "São Paulo", Doc., n° 2619).

[146] Ofício de José Custódio de Sá e Faria a Martinho de Melo e Castro, São Paulo, 20 de setembro de 1774 (AHU, Lisboa, "São Paulo", Doc., n° 2678).

Os relatos das expedições demonstram os pontos explorados, os marcos estabelecidos e os sinais que encontravam denotando a presença atual ou antiga de habitantes. Mas também deixam transparecer, pelo menos até 1771, que não havia preocupação oficial de se constituir ali alguma povoação.

Foi no ano de 1771 que a nona expedição, sob o comando de Francisco Martins Lustosa – com "64 pessoas, 37 vencendo soldos e mais voluntários" – penetrou no chamado Sítio do Carrapato e instalou-se no "Sítio da Esperança" ou "de Nossa Senhora da Esperança". Principiaram roças e construíram casas, "estabelecendo-se ali como centro daquele sertão ficando quase em igual distância para os campos gerais de Curitiba como para os novos de Gorapuava".[147] Outros pequenos pousos foram iniciados na região, porém sem que se adiantassem. Em Esperança, em 1773, já se dava princípio a uma freguesia, hoje Entre-Rios. Entretanto, na política geral de D. Luís para com a urbanização da capitania não há indícios de que ele pensasse no povoamento.

Pela necessidade de concentração de esforços e despesas para o combate ao espanhol no Sul, o governo central ordenava na Carta Instrutiva de 22 de abril de 1774[148] que suspendessem as explorações tanto no Tibagi como no "Ivaí". Esse documento, que será estudado no capítulo "Iguatemi em xeque", demonstra o quanto a questão da conquista do Sudoeste era secundária em relação ao Sul. O que parecera ser tão importante para Pombal – a ocupação da serra de Apucarana – a ponto de constar das Instruções de Governo, podia agora ser relegado a segundo plano em favor do socorro ao Rio Grande.

Em ofício a Martinho de Melo e Castro, o Morgado de Mateus declarava, em 10 de agosto de 1774: "Faço suspender todas as disposições que havia (*sic*) para continuar os descobrimentos dos Sertoens de Way e Tibagy".[149]

Aos olhos da metrópole, os fins a que se propunha o governo de São Paulo no Iguatemi e no Tibagi eram os mesmos, quando, na realidade, a problemática era diversa. A exploração e povoamento do norte do atual estado do Paraná não se apresentava como proposta de tática de combate aos castelhanos, que era o caso do estabelecimento do sul de Mato Grosso. Aquele visava antes ao desbravamento e incorporação de uma área possivelmente rica e importante. O Morgado de Mateus não entendia o rompimento que lhe ordenavam para com as empresas encetadas no sertão, como restrição à exagerada atenção que devotava a elas. Julgava antes que a Coroa via uma despesa inútil. Sabia que uma tarefa que se abandona por causa dos gastos, "considerando-a supérflua, depois de

---

[147] ABN, cit.

[148] AHU, Lisboa, "São Paulo", Doc., nº 2661.

[149] AHU, Lisboa, "São Paulo", Doc., nº 2675.

comprovada sua importância, leva ao gasto duplicado para recuperá-la".[150] Mas o problema não se colocava, naturalmente, de modo tão simplista e D. Luís devia estar consciente do fato. Na consideração governamental de abandono à penetração do sertão, pesava o fato de que todas as forças vivas da capitania seriam mais úteis no momento se canalizadas para a guerra do Rio Grande.

Ao governador de São Paulo, que tanto empenho colocara nos dois empreendimentos, era bastante penoso ter de abandonar a organização e envio de expedições, cuidando só de sua manutenção. Em relação ao Tibagi, teria sido menos relutantemente que cumpria as ordens. Para com o Iguatemi, entretanto, persistia na tentativa de demonstrar que a Coroa seria altamente prejudicada com a não consolidação da distante Praça e Povoado. E isso só seria possível se se pudesse contar com a renovação e aumento de seus quadros de soldados e de povoadores. Mesmo quando a empresa foi definitivamente condenada ele persistia em suas teses iniciais. O xeque ao Iguatemi, adiante analisado, foi a forma pela qual o governo central pôs em dúvida a validade de toda a obra do Morgado de Mateus, como veremos.

---

[150] Pensamento expresso ao marquês de Lavradio em ofício de 13 de fevereiro de 1776 (DI 19, p. 431-4).

Política de urbanização

> Não há couza tão util e necessaria como as Povoações, principalmente nesta Capitania que hé muito falta: não há couza, ao mesmo tempo, tão dificil [...]
>
> Do Morgado de Mateus
> ao conde de Oeiras, 1768

Entre as atividades desenvolvidas pelo Morgado de Mateus à frente da Capitania de São Paulo, merecem destaque suas preocupações com a implantação de povoações. Sabia o quanto a fixação da população seria útil para o desenvolvimento social e econômico da capitania.

Referimo-nos a uma política de urbanização e não de povoamento. Teria o capitão-general pensado em povoar São Paulo ou teria antes acumulado "a capitania de povoações muito acima das exigências do seu povoamento".[1]

O aparecimento de povoados sem ligação a um povoamento sistemático seria uma "tradição" paulista. Se aos bandeirantes dá-se a alcunha de "plantadores de cidades" seria de esperar que, ao findar o seu ciclo, as linhas de rumo por eles traçadas tivessem permanecido significativamente povoadas. Entretanto, assim não ocorreu. A razão estaria em que, no caso de São Paulo, as atividades econômicas não tinham caráter sedentário. Ao contrário dos engenhos de açúcar e da mineração, que propiciaram o povoamento em outras regiões do Brasil,[2] em São Paulo do século XVIII, os habitantes estavam dispersos, pelo comércio e pela prática da lavoura itinerante, exceto em áreas circunscritas.[3]

---

[1] Machado d'Oliveira conclui o seu pensamento a respeito da política de urbanização e de militarização do Morgado de Mateus afirmando que "encheu a Capitania de povoados, mas fez decrescê-la de população [...]" (*Quadro histórico da Província de São Paulo*, p. 159).

[2] Caio Prado Júnior discute a questão em "Problemas de povoamento". In: *Evolução política do Brasil e outros estudos*, p. 227.

[3] As plantações de cana-de-açúcar em alguns pontos da marinha, por exemplo.

Nestor Goulart Reis Filho fala de uma política urbanizadora da Coroa portuguesa no Brasil,[4] até meados do século XVII. Consistiria ela apenas na fundação de cidades com suas funções específicas de controle regional e no incentivo de formação de vilas, por iniciativa e à custa dos donatários.[5] Assim, os capitães hereditários teriam sido os responsáveis pela urbanização nos séculos XVI e XVII, cuja característica era a "maritimidade".[6] A Vila de São Paulo constituía uma exceção, plantada serra acima e voltada para o sertão.

Foi no século XVIII que a "obra de urbanização conseguiu libertar-se definitivamente da orla atlântica". Seus fatores foram a expansão paulista e a beligerância espanhola, no Sul; a mineração no Centro-Oeste; a expansão pastoril no Nordeste e a ação missionária na Amazônia.

A análise da localização de novas vilas no século XVII mostra o início de urbanização na região mato-grossense e na região Norte, o adensamento no Nordeste e, sobretudo, uma concentração no Leste. Explica-se o fato por ser, evidentemente, o Leste – considerando nele as áreas de mineração e o Rio de Janeiro – região que centralizou toda a vida econômica, política e social do Brasil no século XVIII, pelo ciclo do ouro, cujas implicações são sobejamente conhecidas.

A Capitania de São Paulo, nota Buarque de Holanda, teve povoamento de características diversas do de outras áreas.[7] A multiplicação de povoações dava-se de forma centrífuga, partindo de núcleos primitivos, que se iam esfacelando. A razão estaria, provavelmente, na falta de espaço disponível para roçados. Como era crença generalizada o esgotamento do solo para agricultura, era incessante a procura de mata virgem, originando-se assim os chamados "sítios volantes". Com isso, passava-se à requisição de novas sesmarias e formavam-se novas povoações. Mas como os habitantes destas deixavam um outro núcleo, originava-se a escassez da população da vila primitiva.[8]

Ora, com o *rush* da mineração, decaiu muito a procura de terras para lavrar, em vista do ganho mais fácil e maior que seria obtido em Minas. Assim, deixando o seu

---

[4] Que ele define como "um esforço para controlar ou influir sobre as transformações que ocorrem num processo de urbanização" (*Evolução urbana do Brasil*, cap. II, "A política urbanizadora", p. 66-77).

[5] A distinção da cidade em relação à vila é que a primeira era criada em razão do interesse da Coroa em pontos-chave do território, podendo ser totalmente implantadas ou serem antigas vilas elevadas a tal. Do ponto de vista jurídico, a colônia pertencia à Ordem de Cristo. As relações de senhorio não permitiam senão o estabelecimento de freguesias e vilas. Para que se constituíssem cidades eram necessárias isenções especiais.

[6] Apontada por Aroldo de Azevedo em *Vilas e cidades do Brasil colonial*, p. 15.

[7] Sérgio Buarque de Holanda, "Movimentos da população em São Paulo no século XVII", RIEB, São Paulo, v. 1, p. 55-111, 1966.

[8] Isso levou o mesmo historiador a afirmar que "o fato é que o multiplicar-se entre nós, de vilarejos novos, não exprime forçosamente um aumento no número de habitantes de toda a região" (ibidem, p. 55).

território em demanda das minas ou do comércio, e pouco incentivados para permanecer, em razão de sucessivas epidemias, não houve motivação para os paulistas fundarem novas povoações.

Entre 1705 (data da criação de Pindamonhangaba) e 1767 (quando ocorrem fundações levadas a efeito pelo Morgado de Mateus), nenhuma vila foi fundada em território paulista. O reinado de D. João V e o de D. José em seus primeiros tempos estavam voltados exclusivamente para a zona de mineração. Desse modo, para São Paulo não havia necessidade, nem interesse, de expandir-lhe a rede urbana já existente no século XVII.

O próprio governador o constataria. Ao enviar para Lisboa a descrição do "Estado político" da capitania, após um ano e meio de governo, comentava a respeito das antigas vilas:

> As Vilas e Povoações Civis que tem esta Capitania quaze todas as fundarão os primeiros Povoadores; aquellas de que pude alcançar a sua fundação quaze todas forão feitas no tempo dos Donatarios, e antes do descubrimento das Minas; a ultima que se fundou foi Pindamonhangaba, a qual foi feita Villa por ordem de Sua Magestade de dez de Julho de mil setecentos e cinco; tudo consta dos papeis antigos do Archivo desta Camara; desde esse tempo para cá não houve mais fundação alguma; porem algumas Villas são Povoações muito pequenas; os mesmos moradores que nellas se conservão, são os que tem citio mais perto, porque os que os tem longe só acodem à Villa pelas festas do anno, ou em solenidades mayores, fora destes cazos vão seguindo o mato virgem [...][9]

Mas, dentro dos propósitos para os quais viera, ele compreendia que uma urbanização mais densa facilitaria os planos propostos para a restauração, fosse do ponto de vista militar, econômico, político, fosse social.

Houve duas etapas na urbanização da Capitania de São Paulo, na interpretação de Buarque de Holanda: uma, que vai desde que os portugueses se instalaram no planalto, para a qual não há muita documentação, e que corresponde aos séculos XVI e XVII; outra, inaugurada com a restauração em 1765, e que ultrapassa o tempo colonial. As fontes para essa segunda fase são abundantes, embora nem sempre precisas e completas.

A rede urbana que o Morgado de Mateus encontrou tinha como aglomerado principal a Cidade de São Paulo,[10] em torno da qual gravitavam aldeamentos indígenas e

---

[9]   Oficio do Morgado de Mateus ao conde de Oeiras, São Paulo, 23 de dezembro de 1766 (DI 23, p. 4).

[10]   Alice Canabrava estuda os resultados do Recenseamento de 1766. Para a Cidade de São Paulo, mais as freguesias limítrofes de Santo Amaro, Cotia, Nazaré, Atibaia, Jaguari, Juqueri e Guarulhos, dá a porcentagem de 25,30% da população total da capitania. Pelo Recenseamento esta área teria 16.002 habitantes.

freguesias (algumas das quais seriam elevadas a vila durante o governo Mateus). Na área de serra acima distinguiam-se ainda Mogi das Cruzes, Jacareí, Taubaté, Pindamonhangaba e Guaratinguetá, no Vale do Paraíba. Destas, as mais prosperas e populosas eram – segundo os dados de Alice Canabrava – as de Taubaté e Guaratinguetá.[11] Para o oeste, distinguiam-se as vilas de Sorocaba e Itu.[12]

Na Marinha havia certa concentração de população da capitania, embora o número de habitantes de Paranaguá (a vila mais populosa do litoral) fosse inferior ao de Sorocaba.[13] Curitiba e São José, não sendo litorâneas, foram também enquadradas entre as vilas do Sul, na Marinha. E estas é que figuravam logo abaixo de Paranaguá, em termos de população. Seguiam-se Santos, São Sebastião e Ubatuba.

Conclui-se que os núcleos mais povoados, em ordem decrescente, eram: São Paulo, Sorocaba, Paranaguá, Curitiba, Guaratinguetá, Taubaté, Itu e Santos. Mas as cifras relativamente consideráveis não indicam obrigatoriamente que as respectivas áreas urbanas fossem muito povoadas. Muitos dos moradores, não obstante computados como pertencentes às vilas, viviam na zona rural. Freqüentavam o povoado quando das festas religiosas. Entre a gente dispersa, havia os que tinham atividades definidas: em lavouras, em pousos, no comércio ou nas expedições de exploração. Mas, havia ainda os realmente vadios, vivendo de coleta e caça, sem rendimento e sem ocupação alguma. Era principalmente contra estes que se voltavam as autoridades, procurando disciplinar-lhes a forma de vida e conduta.

A determinação régia contra a dispersão demográfica vinha ao encontro dos desígnios do Morgado de Mateus: através de seu cumprimento atingiria os fins do recrutamento e da urbanização. A Carta Régia de 22 de julho de 1766 regulamentava a questão, não só em São Paulo, mas também em outras capitanias para onde foi enviada.[14]

Aos "vadios e facinorozos que vivem como feras, separados da sociedade civil e do commercio Humano" era ordenado que abandonassem os "sítios volantes" e escolhessem "lugares accomodados, para viverem juntos em Povoaçõens Civis que pelo menos tenhão

---

[11] Estas tinham, em 1766, respectivamente, 3.521 e 3.339 habitantes, seguidas de perto por Jacareí, com 3.232. O Vale do Paraíba concentrava 22,37% da população. Quanto à porcentagem de riqueza, comprova ser a de Guaratinguetá o dobro da de Taubaté (A. Canabrava, op. cit.).

[12] Juntamente com Parnaíba, Araritaguaba, Jundiaí, Araçariguama, Mogi-Mirim e Mogi-Guaçu, totalizavam 14.326 habitantes, sendo 22,65% da população. Sorocaba era a mais populosa, com 5.158 habitantes, mas não era a mais rica. A maior porcentagem de riqueza cabia a Itu (A. Canabrava, op. cit.).

[13] A população da Marinha (incluindo Curitiba e São José) era de 18.755, e a porcentagem em relação ao total da Capitania era de 29,63%. Em termos de prosperidade, a autora não arrola dados relativos a Curitiba ou Paranaguá. Temos para Santos 12,87% (A. Canabrava, op. cit.).

[14] AESP, São Paulo, TC, Avisos e Cartas Régias, Lata 62, nº de ordem 420, Livro 169, p. 145. A ordem foi enviada também a Minas, Bahia, Goiás e Pernambuco (AHU, Lisboa, Cód. do Conselho Ultramarino, nº 415).

de cincoenta fogos para cima [...]". Exceção era feita aos que tinham uma função definida no sertão: os "Rosseiros" ("que vivem em suas Fazendas com criados, escravos e Fabrica de Lavoura"); os "Rancheiros" ("que pelas Estradas publicas se achão estabelecidos com os seus Ranchos para a Hospitalidade e Comodidade dos Viandantes em beneficio do commercio, e da comunização das gentes"); e os "Bandeiros" ou "Tropas" ("que em corpo e sociedade util, e Louvavel vão aos certões congregados em boa união, para nelles fazerem novos descobrimentos"). E esses roceiros, rancheiros e bandeiros passavam a ter autoridade para prender os desocupados, obedecendo-se aos decretos e às leis que visavam implantar a ordem. Assim, se fazia urgente o estabelecimento de novas vilas. Aliás, já havia uma Carta Régia anterior que determinava a congregação dos habitantes dispersos em povoações regulares datada de 1695. Para Nestor Goulart Reis Filho,[15] a data dessa determinação deve ser aliada à descoberta do ouro, quando se fez necessário um maior controle da população e de suas atividades. Mas, nas regiões alheias ao *rush* minerador, não se havia exigido seu cumprimento. Só nos meados do século XVIII é que o governo voltou a se preocupar com o problema, em todo o Estado do Brasil, dessa vez por interesses ligados ao recrutamento militar necessário, aos conflitos luso-espanhóis no Sul.

D. Luís Antonio reconhecia que a capitania não poderia desenvolver-se nem os

> interesses de Sua Magestade sem se multiplicarem os Colonos, de que ha falta grande, e para que os poucos que ha se possa fazer bom uzo e melhor utilidade, hé precizo congregalos o mais que se puder, em Povoações Civís, fundando-se de novo, e acrescentando aquela que já temos, porque sem isso nem pode haver comercio nem riqueza permanente.[16]

Para a consecução de seus planos, o Morgado de Mateus teria que contar com a colaboração de seus governados. Ao findar o ano de 1766, já julgava ele conhecer suficientemente a sua maneira de ser. "São os Paulistas segundo a minha propria experiência grandes servidores de Sua Magestade. No seu Real nome fazem tudo quanto se lhes ordena, expoem aos perigos a própria vida, e gastão sem deficuldade tudo quanto tem e vão té o fim do mundo [...]".[17] Entretanto, apontava-lhes os "vícios", aos quais vinha procurando atenuar: "tendo conseguido que vencendo a sua natural inclinação, e ociozidade, e negligencia tomassem com gosto as armas, se offerecessem para acometer os perigos, se empenhassem para se armarem e fardarem as suas custas, e se apromptassem para marchar para onde eu

---

[15] *Evol. urb. do Brasil*, p. 74.
[16] Ofício do Morgado de Mateus à Câmara de Iguape, São Paulo, 12 de fevereiro de 1767 (DI 67, p. 76).
[17] Ofício do Morgado de Mateus ao conde de Oeiras, São Paulo, 11 de dezembro de 1766 (DI 73, p. 66).

determinasse [...]".[18] Declarava também ao governo metropolitano que vinha conseguindo amenizar a violência, com medidas de repressão.[19]

O fato de viverem os paulistas dispersos acarretava-lhes a ausência de assistência religiosa[20] e da Justiça, o que os levava, a seu ver, a comportarem-se sem a devida civilidade:

> porque vivendo os homens fora de povoado metidos pelos mattos sem ouvirem mais que a sua familia, faltos de instrucção e de dourtina, e athé dos princípios da nossa Fé, que hão de ser senão peyores do que feras porque estas pela falta de aptidão e de discursso podem fazer hum damno semelhante; mas os homens dotados de talento, abandonados a ley da natureza e creados entre as brenhas como feras, são capazes de outros mayores damnos [...][21]

Para evitar a dispersão, que prejudicava sobretudo o recrutamento, havia sido ordenado que ninguém deixasse o local de moradia, sem licença superior.[22] Além disso, D. Luís Antonio esforçara-se, desde o início, para promover a harmonia que notava não haver entre paulistas e portugueses. Por mais que convivessem uns com os outros, não conseguiam vencer suas diferenças, muitas vezes advindas de dissensões muito antigas – "desimulão, mas nunca se amao".[23]

Elementos mais concretos em relação aos paulistas podiam ser oferecidos à Corte, ao final do ano de 1766, através dos resultados do recenseamento da população da capitania, como já vimos quando abordamos a militarização.[24] Havia uma outra parte da população a preocupar o governador: eram os índios congregados em aldeias, fossem as do Padroado Real (Pinheiros, Barueri, São Miguel, Nossa Senhora da Escada, São João dos Guarulhos),[25] ou as que tinham sido dos jesuítas (São José, Nossa Senhora da Ajuda, Mboy, Carapicuíba

---

[18] Ibidem.

[19] "Porem com o favor de Deos está mais calmada esta dezordem porque já se não ouvem com tanta freqüência [...] noticias de enormes delictos sucedidos em varias partes como se ouvião logo que eu entrey no governo desta Capitania quazi todos os dias" (ibidem).

[20] "[...] aonde falta a Deos não pode haver couza boa [...]" (Ofício do Morgado de Mateus ao conde de Oeiras, São Paulo, 23 de dezembro de 1766. DI 23, p. 1-10).

[21] Ibidem.

[22] "Bando para que nenhua pessoa possa dezertar dos Citios em que viverem", Santos, 25 de fevereiro de 1766 (DI 65, p. 48-9).

[23] "[...] nesta cidade e em todas as mais Povoações [...] reina a parcealidade [...] A principal e de mayor generalidade que hé a inimizade dos Paulistas com os Amboavas (isto he Filhos do Reino) [...]" (Ofício do Morgado de Mateus ao conde de Oeiras, São Paulo, 11 de dezembro de 1766. DI 73, p. 67).

[24] "Lista dos Fogos, Mulheres e Homens assim Crianças, como adultos de todas as Freguesias desta Cidade de São Paulo e Vilas de sua Capitania" (DI 73, p. 61-3).

[25] "Relação de todas as Aldeas desta Capitania do Padroado Real" (DI 73, p. 208).

e Itapecerica).[26] O recenseamento resultou, quanto aos índios, num total de 679 fogos, sendo 1.426 mulheres e 1.098 homens.[27]

O índio "aldeado" e a questão do seqüestro dos bens da extinta Companhia de Jesus – problemas intimamente ligados – foram analisados pelo Morgado de Mateus, desde Santos. Pensara em assegurar ao gentio o aprendizado de ofícios[28] e em fazê-los cultivar as terras.[29] Encontrara-os marginalizados e vivendo em "grande decadencia".[30] Apontava a Pombal que os habitantes das aldeias dispersavam-se por causa da ausência de condições mínimas de sobrevivência. Habitações em ruínas, falta de mantimentos e de assistência haviam provocado a evasão.[31] Reuniam-se em quilombos, assim como os constituídos por negros fugidos. Havia queixas ao governo dos ataques e hostilidades provocados pela gente desses aglomerados.[32]

Não obstante suas medidas para a reorganização das aldeias, inclusive mandando recolherem-se os desertores,[33] o Morgado de Mateus não acreditava no sistema como tal. Aliás, era idéia do governo central a integração das aldeias; as próprias Instruções tocavam na questão. Pensava que se se formassem nelas freguesias que tornassem possível a congregação entre brancos e índios, visando depois sua elevação a vila,[34] obter-se-iam vantagens recíprocas.

Antes, porém, era preciso que se esclarecesse o estatuto jurídico das aldeias que tinham sido da Companhia de Jesus. A documentação referente ao seqüestro dos bens dos padres considerava as aldeias como Fazendas e, portanto, passíveis de alienação, como bens imóveis. Mas o Morgado de Mateus declarava incisivamente: "eu não as reputo Fazendas [...] todas são na forma das mais Aldeas da Capitania compostas de indios da

---

[26] "Relação de todas as Aldeas desta Capitania da Administração dos Padres que foram da Companhia" (DI 73, p. 209).
[27] "Lista de Fogos, Mulheres e Homens [...] de todas as Aldeas pertencentes a esta Capitania de São Paulo..." (DI 73, p.63).
[28] Por exemplo, a "Ordem ao Capitão de Infantaria Mathias de Oliveira Bastos para trazer da Vila de Conceição dous índios para aprenderem o officio de tecelão" (DI 65, p. 43).
[29] Por exemplo, "Ordem para o Director da Aldea de São Miguel e o que nella se contem que hé para fazer cultivar as terras da Aldea" (DI 65, p. 88-9).
[30] Comentando a "total perdição em que se achão os índios da Aldea de São João" pedia a Afonso Botelho, seu lugar-tenente na Comarca de Paranaguá, que o esclarecesse sobre o fato de naquela aldeia ter sido uma criança abandonada comida por cães (DI 67, p. 46).
[31] Ofício do Morgado de Mateus ao conde de Oeiras, São Paulo, 21 de dezembro de 1766 (DI 73, p. 194).
[32] DI 65 e DI 73.
[33] "Ordem que se mandou ao Director da Aldea de São Miguel para o que nella se declara que hé para recolher todos os índios, que andão por fora e agregar vadios e dispersos (DI 65, p. 88).
[34] Vários ofícios do Morgado de Mateus ao conde de Oeiras (DI 73, p. 194, 195, 197, 201, 204-6). Logo que as aldeias tivessem condições, dizia "lhes ponho vereadores, e faço todo o formal de villas".

mesma pelle, e identicos a todos os outros a que Sua Magestade que Deus guarde foi servido restituir a liberdade".[35]

A perseguição aos jesuítas movida por Pombal teve raízes que não cabe aqui discutir. Ela fez-se sentir, no Brasil, desde 1751, no Pará, onde grande número de sacerdotes foi retirado. No Sul, agravou-se com a questão da demarcação dos limites impostos pelo Tratado de Madri, provocando a chamada guerra Guaranítica, a que já aludimos.[36] Com o aumento das acusações em território metropolitano, foram os jesuítas declarados "notórios rebeldes, traidores, adversários e agressores". Finalmente, foram expulsos de Portugal e Domínios em 3 de setembro de 1759.[37]

Sabedor da notícia, Bobadela, providenciou então em novembro, junto ao bispo de São Paulo e ao ouvidor da Comarca, o levantamento em Santos e em São Paulo dos bens dos jesuítas: engenhos, fazendas, colégio e aldeias, assim como se tratou da nomeação de padres substitutos.[38] Uma junta, no Rio de Janeiro, passou a administrar tais bens. Em 1761, D. José ordenava que fosse incorporado no seu "Fisco e Câmara Real todos os bens seculares que a Companhia chamada de Jesus possuía e administrava nestes Reinos, e todos os seus Domínios com os Padroados annexos e os mesmos bens".[39]

Nos anos que se seguiram, pela própria falta de condições para o andamento administrativo que a extinção impunha, tais disposições não foram cumpridas a contento. O Morgado de Mateus julgava de "desconcerto" o estado em que se achavam os bens jesuíticos que pertenciam à Fazenda Real. A junta do Rio de Janeiro concordava que o governador tomasse a seu cargo tal tarefa, como sugerira o próprio conde da Cunha.[40] E recebera do vice-rei o seu beneplácito para, no caso, agir como "melhor entendesse".

Assim, estava autorizado o governador de São Paulo a tomar providências no sentido de fazer produzir as fazendas dos jesuítas. Baixou então Portaria para que o sargento Francisco Gomes Barreto se dirigisse a todas as antigas fazendas dos jesuítas e examinasse "os frutos que mais propriamente se puderem semear, e fazer produzir nas sobreditas

---

[35] Oficio do Morgado de Mateus ao conde de Oeiras, São Paulo, 21 de dezembro de 1766 (DI 73, p. 201).

[36] "[...] impondo a transmigração dolorosa dos Indios, o que ia provocar o levantamento deles..." (Serafim Leite, *História da Companhia de Jesus no Brasil*, v. 7, p. 335 ss.).

[37] "[...] os Padres da Companhia de Jesus foram declarados participantes do Motim do Porto (do povo do Porto contra o monopólio dos vinhos) e do atentado contra D. José, ocorrido no dia 3 de setembro de 1758 [...]" (Serafim Leite, op. cit., p. 343).

[38] Ofício de Bobadela ao bispo de São Paulo, Rio de Janeiro, 12 de novembro de 1759 (IEB-USP, São Paulo, Ms. da Coleção J. F. de Almeida Prado, 5: Colleção de todas as ordens... 8a-8b).

[39] Carta Régia ao conde de Bobadela, datada do Palácio de Nossa Senhora da Ajuda, Lisboa, 17 de outubro de 1761 (IEB-USP, São Paulo, Ms. da Coleção J. F. de Almeida Prado, 5: Collecção de todas as Ordens... 19a-19b).

[40] Ofício do conde da Cunha ao Morgado de Mateus, Rio de Janeiro, 3 de abril de 1766 (IEB-USP, São Paulo, Ms. da Coleção J. F. de Almeida Prado, 5: Coleção de todas as ordens...).

fazendas, avaliando e outro sim o quanto pouco mais ou menos podem produzir cada anno".[41] O Morgado de Mateus estava também autorizado a remover aquelas propriedades dos depositários. A seu ver, estes haviam apenas causado enormes danos àquelas terras, sem nada lograrem de positivo e rendoso. Seriam substituídos por administradores que as fizessem cultivar e render.[42] Cortaram-se ainda os arrendamentos feitos a particulares,[43] como procurou-se dar assistência aos que trabalhavam nas referidas fazendas.[44]

O capitão-general, entretanto, confessava ao conde da Cunha as suas dificuldades para continuar a administração dos bens da Companhia de Jesus (na qual contava com a colaboração da Junta da Fazenda) e pedia esclarecimento quanto ao governo das ex-aldeias jesuíticas. Insistia em não considerá-las "fazendas". Procurava governá-las "pela mesma forma que se administra um Morgado". Havia nomeado um feitor para cada uma e um intendente e tesoureiro para todas. Organizou ainda o trabalho escravo e atividades religiosas com assistência de capelão.[45]

***

No primeiro ano de governo, as tentativas de estabelecer povoações tinham muito mais um objetivo estratégico como ocorreu com Lages ("segurar a campanha que corre enté Missões") ou com Guaratuba e Sabaúna (fortificação e defesa do litoral).

Para o Sul, além de Sorocaba, na serra-acima, o que havia de considerável em matéria de povoações era só a Vila de Curitiba, que fora criada no século XVII em torno da exploração de ouro e do Registro de Curitiba. Era preciso fixar o povoamento ao longo do Caminho do Viamão. O alvo do Morgado de Mateus eram os "Campos de Lages que são os últimos confins que hoje tem esta Capitania da parte do Sul e se estendem emthé as bordas do Rio das Pelotas",[46] onde pretendia instalar como capitão-mor um paulista, que já era proprietário na região desde 1754.

---

[41] Portaria, Santos, 12 de março de 1766 (DI 65, p. 53-4).

[42] São Paulo, 21 de setembro de 1766 (DI 65, p. 107-8).

[43] "Manoel Alvares Simoens que a arrendou no Rio de Janeiro, e por justas considerações não ser conveniente à Real Fazenda o continuar-se neste anno o dito arrendamento [...]" São Paulo, 20 de dezembro de 1766 (Ordem para o Tenente Antonio Jozé de Carvalho [...] DI 65, p. 121-2).

[44] "Ordem para que no Hospital se curem os escravos que adoeceram pertencentes às Fazendas que forão dos Padres Jesuítas do Colégio de Santo" São Paulo, 30 de dezembro de 1766 (DI 65, p. 124) e "Ordem para aquelles a quem se tem encarregado (da administração dos bens dos jesuítas) não serem obrigados para emprego algum da República sem expressa ordem", São Paulo, 30 de dezembro de 1766 (DI 6, p. 124).

[45] O documento apresenta falhas, inclusive na data; mas como se lhe seguem outros ofícios de outubro de 1766, é possível que seja da mesma época (DI 75, p. 25).

[46] Ofício do Morgado de Mateus ao conde de Oeiras, Santos, 30 de março de 1766 (DI 7, p. 205-15).

Em março de 1766, este paulista, Antônio Correia Pinto,[47] já teria sido nomeado, pois D. Luís Antonio alude ao fato em carta a Oerias.[48] Mas as "Ordens e Bando para o povoamento das Lages"[49] e a Portaria que lhe assinalava o nome[50] foram expedidos só em 7 e em 20 de agosto, respectivamente.

Com o mesmo objetivo, de colonização do roteiro do Sul, providenciara, em julho, o povoamento de Faxina.[51] Punha grandes esperanças na fundação dessa povoação confiando nos bons serviços de seu diretor. Não era usual que pudesse contar com eles:

> As deficuldades que tenho encontrado nos Povos para irem para as novas Povoações, tão bem a froxidão dos Directores tem sido, a cauza de estarem inda pouco adiantadas estas idéas, ainda que tenho trabalhado muito: parece-me que a que se concluirá mais depressa será a [...] de Faxina, como Vossa Excelência verá nas mesmas cartas do Director que lhe remeto.[52]

A principal dificuldade nesse primeiro projeto de implantação de povoações era a questão de soberania territorial.[53] Se os limites da Vila de Curitiba para o Sul eram "té o Rio Pelotas, que divide o Campo das Lages do Campo da Vacaria",[54] o território era incontestavelmente paulista.[55] Mas, no dizer do então governador do Rio Grande, José

---

[47] Ver Américo Brasiliense de Moura (op. cit., p. 72-5, especialmente a nota 6).

[48] "Tenho nomeado hum Capitão Mor para ir congregar a gente que se acha espalhada para aquelle certão do Rio das Pelotas, com ordem de o defender de toda a invazão que por aly possão intentar os inimigos" (DI 72, p. 191). A homenagem está datada de 18 de julho de 1766, pela "regência do Certão; de Curitiba" (DI 15, p. 4).

[49] AESP, São Paulo, Lata 64, fls. 55, apud Américo Brasiliense de Moura (op. cit., p. 75, nota 22).

[50] A povoação que se instalaria no "certão de Curitiba", na paragem chamada as Lages mereceria, no entender de D. Luís Antonio, um nome que "entre as mais Povoaçõens desta Capitania se distingua". Ordenava ao capitão-mor que se lhe desse o nome de Vila Nova dos Prazeres das Lages, tendo por orago da Matriz Nossa Senhora dos Prazeres, padroeira de sua Casa de Mateus (DI 65, p. 98-9).

[51] Atual Itapeva (SP), também de interesse para o povoamento dos caminhos do Sul e que deveria ser dirigida por Antônio Furquim Pedroso (DI 77 e 78). Também nesse sentido, podemos ver a instalação de Guaratuba e Sabaúna, já mencionadas, que, embora no litoral, serviam igualmente ao objetivo de povoar a costa e as passagens para o Sul.

[52] Ofício do Morgado de Mateus ao conde de Oeíras, São Paulo, 28 de abril de 1767 (DI 23, p. 46).

[53] O problema seria agravado, mais tarde, inclusive pelo protesto do bispo de Viamão, em 1767, que considerava ser da sua jurisdição aquela região.

[54] Atestação do juiz ordinário Sebastião Teixeira de Azevedo (DI 23, p. 316).

[55] Entretanto, assim não considerava Pedro da Silva Chaves que, por ser "Povoador" de região vizinha, porém já pertencente ao governo subalterno do Rio Grande, pretendia para si as prerrogativas recebidas por Correia Pinto. Queixava-se ele a José Custódio de Sá e Faria, governador do Rio Grande, já em novembro de 1766, de que os limites da Vila de São Pedro iam até o rio das Canoas ou o da Caveira (Carta de Silva Chaves a José Custódio, de 22 de novembro de 1766, citada por Silva Mafra ("Exposição histórico-jurídica sobre a questão de limites entre os Estados de Santa Catarina e do Paraná", apud A. Brasiliense de Moura, op. cit., p. 77-8).

Custódio de Sá e Faria,[56] tanto Lages como Iguatemi significavam pretensões ilegais de D. Luís Antonio, uma vez que se situavam em território "seu", no primeiro caso, e espanhol no segundo.[57]

O problema originou uma troca de ofícios na qual se notam os ânimos abalados entre o vice-rei e o governador de São Paulo. O conde da Cunha esperava que D. Luís "não executasse aquela resolução" sobre o que supunha ser a jurisdição do governador sulino. Sabia que aquela era uma questão perigosa: "A conjuntura prezente nos obriga a contemplarmos e muito os povos que governamos, e os de Viamão muito mais, pois que sobre o sei Pays pode ser o Teatro das Sennas que o mundo tem de ver a regularidade ou desconcerto com que for executada".[58]

O vice-rei convidava o Morgado de Mateus a refletir sobre os prejuízos que sofreriam os paulistas, a quem deveria proporcionar "mayor sucego e não embaraços e discordias com os seus Nacionais Patrícios e vezinhos". E terminava por confessar sua mágoa: não lhe fora comunicado o projeto, antes de sua execução.[59] Mas D. Luís Antonio prontificou-se a se justificar, chegando a "oferecer" ao vice-rei a fundação de Lages: que o conde da Cunha a executasse. O que realmente importava era a consolidação do passo do rio Pelotas.[60] Ao mesmo tempo, tratava de juntar a documentação que demonstrasse a jurisdição paulista na região, exercida de longa data. Mas comunicava a Correia Pinto que não se adiantasse muito enquanto não se resolvesse a questão, pois não pretendia levantar "conflitos de jurisdição".[61]

---

[56] Ofício do conde da Cunha a Mendonça Furtado relatando o que lhe comunicara Sá e Faria, em 21 de novembro de 1767, citado por Brasiliense de Moura, op. cit., p. 79.

[57] Ao Conde da Cunha, embora fosse ordenar a José Custódio que deixasse o governador de São Paulo "obrar livremente", também parecia estranha a intenção do Morgado de Mateus. Entretanto, não podendo fazer mais do que o sujeitar-se a "tudo o que elle quizer obrar", preocupava-se com o fato de não poder, pelas dificuldades da distância, aplacar a revolta dos prejudicados que, aliás, lhe parecia natural e justificada.

[58] Em carta de 22 de fevereiro de 1767 (DI 14, p. 123-5).

[59] A Câmara da Vila do Rio Grande ter-se-ia manifestado desonestamente. D. Luís Antonio afirmava a José Custódio em 7 de abril de 1767 (DI 23, p. 162-4) que estava disposto a suspender a empresa, em consideração ao vice-rei. O que o desagradava era o papel da Câmara, "pretendendo ofuscar a verdade sabida". Os papéis que davam os limites da vila como aquém do rio Pelotas teriam sido "perdidos". E o Morgado de Mateus não acreditava que isso pudesse acontecer com "huma materia tão seria como he a de informar de verdade ao Sr. Conde".

[60] Visando à segurança e ao povoamento do caminho São Paulo–Viamão. "Julgo ser o passo do Rio das Pelotas hum ponto muito importante, porque pela facilidade com que podem deser de Missões pelo Campo da Vacaria o podem tomar, e tomando nos feixão a passagem do único caminho que temos por cima da Serra de Viamão" (DI 72, p. 212).

[61] Mas que fosse já vendo um outro sítio por onde se pudesse fazer uma povoação junto ao rio Canoas ou Itajaí, ou "em outra parte adonde nos não perturbem no cazo que as minhas deligencias encontrem tal contradição que se não possa vencer o meu intento [...]" (DI 23, p. 164-5).

A questão não se punha em termos de 'imperialismo paulista" de conquistar territórios para si. Dizia o Morgado de Mateus não ter

> a ambição de alargar as rayas do meu destricto porque como a Capitania não he minha, não devo ter senão aquellas que me quizerem prescrever, e dentro do qual circuito posso signalar o meu zello sem me embaraçar de mayor ou menor extenção de terreno porque não consiste nisso o meu ponto.[62]

De qualquer modo, a verdade é que Correia Pinto persistia em Lages e a povoação prosperava pouco a pouco. Estava lançada a ponta de lança na direção sul, visando facilitar a expansão do inimigo e a extensão dos domínios portugueses.

Na fundação de Lages, o objetivo militar (trânsito de tropas) mesclava-se ao colonizador (implantação de povoações) e ao político (extensão de domínio português). Entretanto, sofria o Morgado de Mateus com esse plano a primeira contestação de vulto, por parte de autoridades locais: José Custódio de Sá e Faria e o conde da Cunha. Mas isso, em vez de trazer esmorecimento, antes, parecia aguçar a sua determinação em levar adiante o projeto. As dificuldades que se lhe depararam naqueles casos, em torno da questão da legalidade da jurisdição, teriam contribuído para que as novas tentativas fossem em território notoriamente paulista (exceção feita ao Iguaterni. Este tinha outras finalidades que não as de urbanização).

As novas povoações seriam destinadas à gente dispersa, sem domicílio e sem ocupação, e, portanto, sem recursos. Para atrair gente solicitava ao governo, que quando as povoações se transformassem em vilas e fossem "estabelecidas as Justiças" não deveriam ser chamados a responder por crimes e dívidas feitas antes de se constituir a povoação. É que, nesse caso, correr-se-ia o risco de nova dispersão desses habitantes.[63] Também seriam destinadas aos que, mesmo laborando na lavoura, o faziam em "sítios volantes", o que não lhes permitia reunião demográfica, oportuna ao governo, e aos índios, que já tinham sido "administrados" o que agora andavam por "casas alheias". Só reunidos em "lugares de cincoenta vesinhos para cima" poderiam os paulistas cumprir seus deveres religiosos e civis. Afastados, não poderiam "acudir a tempo ao Serviço e necessidade da República".[64]

---

[62] DI 23, p. 159-62.

[63] "Porquanto as novas Povoações se compoem de ordinario pessoas mizeraveis que não tem estabelecimento certo em outra parte porque, os que o tem não podem, nem devem desaranchar por fundar as novas colonias [...]" ("Ordem para que os Povoadores das novas Povoações não sejam vexadas por dívidas antigas, precatorias etc.". DI 33, p. 34).

[64] Ibidem.

A arregimentação militar estava implícita nessa última alusão. Na verdade, estabelecera-se como que um círculo vicioso: o recrutamento era dificultoso, porque os paulistas viviam dispersos; os paulistas dispersos embrenhavam-se no mato, para fugir ao recrutamento. E, reciprocamente, a existência de comunidades, além de tornar mais fácil o alistamento,[65] facilitaria grandemente a cobrança dos dízimos por parte dos contratadores. Por isso, compreende-se que o empenho de D. Luís Antonio no andamento das novas povoações era muito grande,[66] assim como no das já existentes. Queria documentar-se sobre elas, para conhecer sua situação jurídica.[67]

Ademais, havia a finalidade de povoar os caminhos do Oeste, do Sudoeste e do Sul, como pontos de apoio às expedições destinadas ao Iguatemi, aos sertões do Tibagi e ao Viamão, respectivamente. O possível reabastecimento delas, por meio da sua produção agrícola e ganadeira, facilitaria altamente a manutenção das milícias paulistas. As povoações deveriam funcionar como "pontas de lança" para o sertão, inclusive com a possibilidade de seus habitantes interessarem-se por futuras incursões de conquista e povoamento.

Assim, as novas povoações viriam superpor-se à rede urbana já existente, e que de havia muito não era revitalizada. Ou constituiriam novas ramificações nessa mesma rede, enquadradas, na forma do possível, nas intenções geopolíticas do Morgado de Mateus. Enquanto não se constituíssem em vila, com pelourinho e Câmara, as povoações eram governadas por diretores. Como vimos, quando fizemos referência aos progressos de Faxina, o capitão-general não estava muito contente com a atuação deles. Um dos problemas eram as rivalidades havidas entre eles. Havia preocupação de determinados diretores em angariar povoadores nas povoações vizinhas. Uma ordem foi emitida para Lages, Faxina e Apiaí, em 1771, visando coibir essa desarmonia:[68]

> Porquanto hé da liberdade de cada um elleger domicilio em que viva e se estabeleça com tanto que observe o que se acha disposto pelas leis e ordens de Sua Magestade: determi-no que os Directores das povoações guardem entre sy huma perfeita armonia, sem perturbarem huns aos outros mas suas dispozições nem impedirem a liberdade dos Povos.

---

[65] Um bando de 25 de fevereiro de 1766 já era contra os desertores de suas casas. Ver RGCMSP, v. 11, p. 214.

[66] Mário Neme alia o aparecimento de novas povoações e seu progresso, como o das demais vilas da Capitania, ao aumento na arrecadação dos dízimos ("Um capitão-general reformista", AMP, São Paulo, nº 23, p. 41). Ver DI 34, p. 417.

[67] Enviou Circular a todas as Câmaras para que remetessem translado do Auto de fundação e criação das vilas. Em São Paulo, 28 de fevereiro de 1767 (DI 67, p. 125).

[68] "Ordem para que os Directores das Povoações se respeitem mutuamente e respeitem os direitos dos Povoadores", São Paulo, 14 de agosto de 1771 (DI 33, p. 30).

Os diretores deviam observar "tal regra e medida que não procurem o detrimento e ruina do Povoador vezinho [...]". Também não deviam impedir aos moradores a "liberdade que lhes hé permitida de lhes ficarem as suas cazas ou nesta ou naquela Povoação, conforme fizer mais conta ao estado e modo de vida que cada hum delles tiver [...]".

Guaratuba terá sido a primeira preocupação do Morgado de Mateus em matéria de povoar e urbanizar uma arca específica. Com seis meses do governo em Santos, emitiu D. Luís Antonio o bando para que se povoasse a Enseada de Guaratuba, distrito da Vila de Paranaguá.[69] A intenção seria a de garantir, através de colonização de toda a baía de Paranaguá, a segurança daquela área estratégica. O litoral sul era sempre zona vulnerável às aproximações espanholas. Quem se dispusesse a ir receberia, além das terras, o material necessário para cultivá-las. Mas, dois meses depois, não tinham se apresentado candidatos. Tal fato motivou um outro bando, pelo qual os que quisessem se estabelecer naquela enseada teriam a isenção por dez anos para prestarem serviço militar em qualquer de suas modalidades.[70]

Sabaúna, do distrito da Vila de Iguape, também foi iniciada pelo mesmo bando que iniciava Guaratuba. O desenvolvimento das duas povoações encontrou muitas dificuldades. Da organização do povoamento daquela área estava encarregado o ajudante-de-ordens Afonso Botelho de Sampaio e Souza. É copiosa a correspondência entre eles a respeito.[71] E o que é possível deduzir dessa documentação é que em 1767 era ainda muito pouco o que se havia conseguido em relação ao estabelecimento daquelas povoações.

Em dezembro de 1766,[72] D. Luís Antonio já tinha, bem estruturado, um plano de trabalho no sentido da fundação de povoações: "tenho disposto mandar formar seis em differentes partes que me pareceram as mais proprias e as mais uteis pela sua cituação, comodidade e fertilidades do Paiz".

---

[69] "Porquanto se faz precizo formar na Enseada de Guaratuba, Destrito da Vila de Pernaguá huma Povoação para principio da qual são necessários ao menos duzentos Cazaes de homens para cultivarem as terras devolutas do mesmo Destrito [...] Dado nesta Villa de Santos a 5 de dezembro de 1765 (DI 65, p. 29). Embora o texto desse bando não fizesse alusão a Sabaúna, o seu título completo era "Mando para ser Povoada a Enseada de Guaratuba Destrito da Vila de Pernaguá; e foi este bando para a dita vila para ser lançado na mesma – E foi outro para Iguape para ser povoada a Ribeira de Sabauna". Isso prova que na mesma data convocava-se também gente para povoar aquela área.

[70] "[...] té o prezente se não tem deliberado pessoa alguma ahir estabelecer a dita Povoação [...]" ("Bando para se publicar na Vila de Pernaguá para serem previlegiados os que forem povoar a enseada de Guaratuba. Foi outro para Iguape para ser povoada a Ribeira de Sabaúna. Dado nesta vila de Santos aos 4 de fevereiro de 1766". DI 65, p. 44-5).

[71] Ver DI 67.

[72] Ofício do Morgado de Mateus ao conde de Oeiras, São Paulo, 24 de dezembro de 1766 (DI 23, p. 40-3).

Assim, já pensava em Piracicaba ("na Barra que faz o Rio Pirassicaba entrando no Rio Tietê, dez legoas mais adiante de Ararytaguaba"). Sua intenção, no caso, era a possibilidade de escala para a navegação para Mato Grosso. Outra povoação planejada era "no Votucatu", para tentar restaurar as antigas fazendas que la existiam. Com relação a essa povoação planejada, provavelmente, referia-se D. Luís à capela, então fundada, onde hoje está a cidade de Botucatu, pois durante seu governo não há indícios do progresso ali. Ainda pretendia fundar "Faxina, sobre o caminho que vay de S. Paulo para Curitiba". Para todas, inclusive já tinha os diretores escolhidos; mencionava os respectivos nomes ao primeiro-ministro. Indicava também: "Lagens cem legoas depois de Curitiba no caminho que vay para o Viamão". Nas palavras do governador nota-se a importância do papel que ele atribuía a Lages: fortificar a passagem junto ao rio Pelotas, contra a possível invasão dos espanhóis. Mencionava, a seguir, a povoação na "Enseada de Guaratuba, abayxo de Paranaguá para o Sul dés legoas por ser bom Porto de Mar [...]". Finalmente, referia-se a Sabaúna, "entre Iguape e Cananéia, muito farto de peixe, e boas terras". Ainda fora das seis povoações, considerava Itapetininga, onde fizera freguesia por ficar muito distante de Apiaí e, portanto, sem assistência religiosa.

Uma das causas fundamentais que impediam o crescimento das povoações era a pobreza da gente. Sobre Sabaúna, queixavam-se os povoadores não terem recursos para subsistência, enquanto a lavoura não produzisse na nova área. Freqüentemente os povoadores eram arregimentados pelas Câmaras Municipais entre os vadios e índios que haviam pertencido às aldeias jesuíticas e que estavam dispersos. E solicitavam ao governo seu sustento por um ano. A isso não podia atender o governador, como comunicou a Pombal.[73] Mesmo porque não havia garantias de que os povoadores persistissem o tempo necessário para cobrir o investimento do governo. Tudo o que poderia ser fornecido eram ferramentas, prática já usada pela metrópole.[74] Mesmo porque, outras povoações estavam sendo levadas à frente, sem esse privilégio.[75] Entretanto, o governador sabia de antemão que o problema dos povoadores de Sabaúna não seria facilmente solucionado. Por isso, alegando que os fins justificavam os meios, ordenou a Afonso Botelho:

> Meta agulhas por alfinetes e lá sustente a hum mais pobre e a outro mais necessitado que tudo hei de disfarçar e encobrir nem S. Magestade o pode levar a mal, sendo empregado

---

[73] Ofício do Morgado de Mateus ao conde de Oeiras, São Paulo, 28 de janeiro de 1767 (DI 23, p. 44-6).

[74] "[...] e as sementes com algua polvora e chumbo por equidade minha lhe darey eu, pelo muito que me interesso no augmente deste Estado" (Carta do Morgado de Mateus a Afonso Botelho, São Paulo, 30 de janeiro de 1767. DI 67, p. 68-70).

[75] Por exemplo, Faxina. O melhor meio para organizar e adiantar a lavoura seria o sistema de mutirão "faxina militar".

em fundar-lhe de novo mais huma terra que infalivelmente hade redundar em utilidade do seu Estado do seu comercio e das rendas dos seus dizimos.[76]

Outro motivo do fracasso das demarches para o progresso de Sabaúna seria a ação do juiz ordinário de Iguape. Por razões não bem esclarecidas, estaria desestimulando os que queriam ali instalar-se. E repreendia-o asperamente:

> Eu supponho que Vossamecê não terá muito gosto em que o dezacomodem de sua caza, porem entendo que isto está por lhe suceder, se a nova Povoação de Sabaúna não tiver muito prompto effeito, porque estou informado que Vossamecê com sinistros pretextos, hé quem tem feito embaraçar as minhas ordens.[77]

Afonso Botelho também se queixava da opinião pública e de protestos da Câmara da Vila de São Francisco: duvidava-se ser área paulista a escolhida para a nova povoação. O Morgado de Mateus respondeu a seu primo que "Não hé justo que nos governemos por ditos do Povo", mas ordenou a instalação da povoação em outro lugar próximo e que se chamasse Vila de S. Luiz.[78] Para os anos posteriores a documentação registra aqui e ali menções a Guaratuba e Sabaúna. Por exemplo, em 1769, D. Luís Antonio escrevia a um bispo do Rio de Janeiro solicitando párocos para Guaratuba, agradecendo os já enviados para Lages. Dizia que os de Paranaguá e São Francisco não podiam assistir à Guaratuba em razão de seu redobrado serviço.[79]

As duas povoações terão tido relativo progresso, pois em 1770 D. Luís Antonio observava que Guaratuba já se achava "com bastante cazas, Igreja e outros edifícios públicos, em que se está actualmente trabalhando". E para que seu desenvolvimento fosse facilitado ordenava ao ouvidor da Comarca de Paranaguá que a erigisse em vila. E a mesma ordem era dada com relação a Sabaúna.[80]

Quando uma Povoação era elevada a Vila, o governador fazia que o antigo diretor continuasse com funções específicas de coordenar o povoamento e concessão de terras,[81]

---

[76] Carta do Morgado de Mateus a Afonso Botelho, São Paulo, 2 de abril de 1767 (DI 67, p. 107-9).

[77] "[...] e causado toda a demora que tem havido nesta materia, de que admoeste a Vossamecê para que obre daqui em diante que me não seja precizo haver-me com Vossamecê por outro modo" (Carta do Morgado de Mateus ao juiz ordinário da Vila de Iguape, Antonio da Silva Vianna, São Paulo, 5 de junho de 1767. DI 67, p. 161).

[78] Carta do Morgado de Mateus a Afonso Botelho, São Paulo, 14 de abril de 1767 (DI 17, p.120).

[79] São Paulo, 23 de janeiro de 1769 (DI 19, p. 248-9).

[80] "Ordem para se formar Vila na nova Povoação de Guaratuba. Foi outra do mesmo theor para se formar Vila a nova povoação de Sabaúna" São Paulo, 23 de janeiro de 1770 (DI 65, p. 300-1).

[81] "Porquanto nas novas povoações que mandei fundar tem chegado o seu augmente ao ponto de se erigir em Villas e tenho establecido na mayor parte dellas, não só o governo civil das Camaras mas também os

não obstante a formação das Câmaras Municipais. Assim, não sofreria solução de continuidade nas obras já iniciadas.

Ainda na Marinha, preocupou-se o Morgado de Mateus em criar e desenvolver as povoações de Araripa, junto a Cananéia e Caraguatatuba, no litoral norte.

Sobre Araripa, quase não há dados.[82] Azevedo Marques informa ter sido a povoação elevada a freguesia com a invocação de São João em 1769, "sendo logo exautorado por achar-se em decadência".[83]

Para a fundação de Caraguatatuba como povoação foi ordenado ao sargento Joaquim da Silva Coelho, comandante do Destacamento da Vila de São Sebastião, para que o fizesse, na paragem chamada "Carauatatuba", no distrito daquela vila.[84]

Na serra-acima, cronologicamente considerando, as primeiras providências em questões de urbanização foram relativas a Piracicaba, a São José do Paraíba e Nossa Senhora da Escada.[85] Em 1767, em local já povoado desde fins do século XVII, o Morgado de Mateus ordenava ao capitão Antonio Barbosa Pereira que escolhesse "hua paragem muito comoda para a nova Povoação para que possa crescer para o futuro [...]".[86] Que fosse junto à foz do rio Piracicaba sobre o rio Tietê. Seu objetivo era que os moradores pudessem se beneficiar com o comércio com os navegantes que se destinavam ao Mato Grosso.[87]

---

postos militares da ordenança, e ao mesmo tempo hé necessário continuar o mesmo Director às suas funções para irem as mesmas Povoações em crescimento, e haverem de se estabelecer novos moradores que vem concorrendo de fora, aos quaes hé necessario repartir terrenos para cazas e terras de sesmarias ou sítios para suas fazendas [...] ordena que os Capitães Mores, de Ordenança e outros oficiais tenhão a graduação dos das 'terras já establecidas', submetendo-se às disposições do Director" ("Ordem para que nas novas Povoações as autoridades continuem com as suas Jurisdições mesmo depois de elevadas a villas", São Paulo, 14 de agosto de 1771. DI 33, p. 29).

[82] Há algumas menções em portarias ou ordens do D. Luís Antonio. Por exemplo na "Portaria para o Provedor mandar satisfazer a despeza das licenças que se tirarão para as novas Igrejas das Povoações de Pamaguá" lê-se: "Porquanto tenho mandado, em virtude de repetidas ordens de Sua Magestade formar varias Povoações nesta Capitania para as quaes hé logo precizo erigir Igreja em que se celebrem os officios divinos, para pasto Espiritual dos seus habitantes; foi precizo mandar tirar as licenças precizas para erecção das Capellas da nova povoação de Araripa e da de Sabaúna[...]", São Paulo, 3 de janeiro de 1768 (?) (DI 65, p. 236). Também na ordem seguinte menciona-se aquela povoação: "Para se dar Congrua aos parochos da nova povoação de Sabauna e Araripa" (ibidem).

[83] Azevedo Marques, op. cit., t. 1, p. 89. Araripa prosseguiu como bairro de Cananéia.

[84] Ordem de 27 de setembro de 1770 (DI 65, p. 330). Essa povoação também não se desenvolveu, sendo considerada no século XIX, "vila que desertou". Só reencetou seu desenvolvimento em 1849, quando foi feita "Freguesia" (Azevedo Marques, op. cit., t. 1, p. 169).

[85] As duas últimas são respectivamente as atuais cidades paulistas de São José dos Campos e Guararema, ambas situadas no Vale do Paraíba.

[86] "Para Antonio Barboza Pereira, Director da Nova Povoação de Pirassicaba", São Paulo, 4 de junho de 1767 (DI 67, p. 157-8).

[87] Aconselhava-lhe que desenvolvesse ali a plantação de salsaparrilha, que seria de grande proveito comercial. No Maranhão, onde havia plantações antes, agora estava extinta por falta dos devidos cuidados.

Naturalmente, D. Luís Antonio estava associando essa povoação à sua empresa do Iguatemi. O fornecimento de víveres e, no caso de Piracicaba, o de canoas era fundamental para a organização das expedições. Três anos depois de seu início, a Povoação era elevada a Freguesia.[88]

A ereção em vila, na mesma época da fundação de Piracicaba, dos aldeamentos de São José e de Nossa Senhora da Escada enquadrava-se na política de integração do índio. Por ela o Morgado de Mateus se batera desde o início de seu governo, como já referimos neste capítulo.

A assistência aos índios e a sua congregação em povoações com condições para serem vilas estavam previstas nas suas Instruções de governo. Ao ordenar a transformação das duas mencionadas aldeias em vilas, D. Luís Antonio referia-se ao fato: "Porquanto Sua Magestade que Deos guarde foi Servido ordenar-me nas instrucções de 26 de janeiro de 1765, e em outras ordens que ao depois fui recebendo, que era muito conveniente ao Seu Real Serviço, que nesta Capitania se erigissem Villas nas Aldeas dos Índios [...]".[89]

Pasquale Petrone, em seu trabalho sobre a função dos aldeamentos na valorização da região paulistana, ao analisar a fase da evolução das aldeias, que se segue à expulsão dos jesuítas, afirma que "com o Morgado de Mateus verificou-se uma séria tentativa, talvez a mais séria, no sentido de organizar os aldeamentos [...] para ele os aldeamentos deveriam constituir instrumentos de uma política de povoamento [...]".[90]

Para que tivesse ciência da situação real das aldeias, a fim de que pudesse transformá-las, paulatinamente em vilas, é que D. Luís Antonio enviou um de seus auxiliares mais chegados, o sargento-mor D. José de Macedo, em visita às situadas nos arredores de São Paulo. Averiguaria ele sobre a atuação dos diretores, sobre sua organização, seu rendimento.[91]

Em fevereiro de 1768, o Morgado de Mateus expunha a Pombal as razões pelas quais erigira em Vila a Aldeia de São José em julho de 1767. Remetia-lhe também o Auto de Erecção, e a descrição do levantamento do pelourinho e sobre a eleição da Câmara.[92]

---

[88] Azevedo Marques, op. cit., t. 1, p. 197.

[89] "Ordem para se formar Villa de Aldea de S. Jozé. E foi outra do mesmo theor para também se erigir em villa e Aldea de Nossa Senhora da Escada", São Paulo, 11 de julho de 1767 (DI 65, p. 170-1).

[90] *Os aldeamentos paulistas e sua função na valorização da região paulistana*, v. 1, p. 129-30. O autor cita as palavras de José de Toledo Rendon em seu "Memória sobre as aldeas de Indios da Província de S. Paulo" a respeito do trabalho que o Morgado de Mateus desenvolveu nas aldeias: "Trabalhou com fervor no augmente d'ellas; escolheu Directores para todas; deu-lhes instrucções para seu governo; deu-lhes livros rubricados pelo Provedor e Pelo Ouvidor para a escripturação de differentes objetos, como dizimos, commercio, etc.; fez aldear todos os Indios que andavam dispersos, formoseou as povoações, e fez quanto pode para restituir aos mesmos as terras que se lhes tinham usurpado" (RIGHGB, Rio de Janeiro, v. 4, n. 15, 1842).

[91] "Ordem para o Sargento Mor D. José de Macedo ir vizitar as Aldeas do Reconcavo desta Cidade", São Paulo, 9 de agosto de 1768 (DI 65, p. 215-6).

[92] DI 23, p. 398-415.

Já fizemos referência à fundação de Lages e de Faxina. Tanto como esta – que parecia estar estrategicamente a sudoeste de São Paulo, em meio caminho para a região do Tibagi[93] –, situava-se a Povoação de Itapetininga, fundada em 1766, por Simão Barbosa Franco. A elevação a vila foi ordenada por D. Luís Antonio em outubro de 1770.[94] A nova vila, muito próxima a Sorocaba, preenchia as mesmas condições de Faxina: possibilitar povoamento e colonização na área de passagem para o Tibagi, que era ainda muito despovoada.

São João de Atibaia, povoação que datava do século XVII, ao norte da capital, foi elevada a vila em 27 de junho de 1769.[95] Justificava-se o governador, afirmando que aquela povoação era "huma das mais que se distinguem em os requizitos necessarios para receberem a honra do nome de Villa". Aliás, a elevação de Atibaia já fora solicitada pela Câmara de São Paulo, segundo informes do próprio Auto de fundação. A nova vila, assim como seus povoados circunvizinhos, já vinha se distinguindo como fornecedora de víveres para São Paulo.[96]

Mojimirim, assim como Mojiguaçú, havia se formado desde fins do século XVII. Estavam situadas na direção dos caminhos que levavam às regiões da mineração. Originaram-se de pousos bandeirantes. Sendo ambas freguesias, ao tempo do Morgado de Mateus, este optou por Mojimirim para a constituição de vila. Isso porque os vereadores de Jundiaí (a cujo território pertenciam anteriormente) haviam argumentado que

> a fundação da nova Villa ficava mais própria neste lugar e Freguesia de São Jozé de Mogi-Mirim por ter capacidade e suficiencia para se augmentar em mayor Povoação pelo tempo adiante do que a Freguezia de Mogiguaçu, cuja situação era muito humida e com pouca extracção para se povoar, sendo esta de Mogimirim hum plano secco em que se podião estabelecer cazas e terem mayor duração [...][97]

---

[93] Muito embora D. Luís Antonio visse Faxina como vantajosa em relação aos caminhos do Sul: "foi fundada inteiramente por minha ordem no caminho de Curitiba, em paragem muito acomodada para pouzo dos comerciantes de Viamão [...]" (Ofício do Morgado de Mateus ao conde de Oeiras, São Paulo, 22 de março de 1770. DI 34, p. 150). Realmente, Faxina (hoje Itapeva) situava-se à margem da estrada para o Rio Grande. Assim, beneficiava as duas rotas – a do Viamão e a do Tibagi.

[94] DI 65, p. 331-2. Azevedo Marques assinala que a elevação deu-se em 5 de novembro de 1770, pelo juiz ordinário de Sorocaba Antonio de Madureira Calheiros (op. cit., t. 1, p. 353).

[95] Toda a documentação a respeito está em D 34, p. 150-63.

[96] A esse respeito, ver Beatriz Westin de Cerqueira Leite, *A região bragantina*: estudo socioeconômico.

[97] Como consta do próprio Auto de erecção e fundação, datado de 22 de outubro de 1769 (DI 34, p. 167-70). Seguem-se outros documentos relativos ao mesmo acontecimento, entre eles a Representação dos vereadores de Jundiaí explicando o porquê da inconveniência de erigir em vila Mojiguaçu, como pretendia inicialmente o Morgado de Mateus.

Em março de 1770, o Morgado de Mateus dava contas a Pombal sobre o progresso das novas povoações fundadas ou elevadas a vila, sob sua responsabilidade.[98] Declarava estarem aplainadas as dificuldades que se lhes haviam apresentado de início, em São Luiz de Guaratúba, estando agora a povoação em progresso. Tanto que já enviara ordens para que se constituíssem em vila. Referia-se ainda a Araripa e a Sabaúna ("que vay adiantando muito").[99]

Aludia ainda às povoações que iniciara em Santo Antonio do Registo[100] e Santa Ana do Iapó,[101] ambas junto ao rio Tibagi. Alegava que podiam estar mais adiantadas, não fosse a necessidade de seus homens saírem para compor as expedições ao sertão que lhe ficava próximo.

Quanto a Lages, parecia agora definitivamente estabelecida em lugar apropriado, depois das duas vezes em que teve de mudar ("Por cauza das enchentes, huma do Rio das Pelotas e outra do Rio das Canoas"). Terminava por constatar que "nas outras Povoações trabalha-se, como hé Piracicaba e outras da navegação do Tieté; outras principiam, como S. Luiz e Santo Antonio da Parahytinga".[102]

As povoações, freguesias e vilas novas não se desenvolviam na medida desejada pelo Morgado de Mateus. Não descuidava das ordens para aumento de lavoura e manutenção da ordem nas aglomerações já existentes. Mas, punha, evidentemente, suas melhores esperanças nas que fundara ou elevara de condição. Se por mais não fosse, seria por estarem elas ligadas, de certa forma, aos empreendimentos a que se propunha. Na área geopolítica conquista do sertão do Tibagi e do "Ivaí", consolidação das fronteiras com Minas e fortalecimento da defesa do litoral. Na área econômica, novas frentes do trabalho agrícola organizado e produtivo. E do ponto de vista administrativo, procurava cumprir a lei que obrigava a congregação em povoações, combatendo vivamente os sítios volantes.

---

[98] Ofício do Morgado de Mateus ao conde de Oeiras, São Paulo, 27 de março de 1770 (DI 34, p. 199-202).

[99] Ver nota 79.

[100] Também chamada Santo Antonio da Lapa. No século XIX foi a Vila do Príncipe, sendo hoje a cidade de Lapa, em território paranaense. Segundo informações de Azevedo Marques, foi freguesia em 1769 (op. cit., t. 2, p. 69). Pela "Portaria ordenado a elevação a Villa da Povoação de Santo Antonio do Registo, no Districto de Curytiba", de 11 de dezembro de 1771, o Morgado de Mateus instruía os oficiais da Câmara de Curitiba para que tomassem as necessárias providências (DI 33, p. 42-3).

[101] Hoje Castro, no Estado do Paraná. "Mandada criar pelo governador D. Luís Antonio de Sousa Botelho Mourão, em 1769, criada freguesia nesse mesmo ano e elevada à vila em 1778 instalada a 24 de janeiro de 1779 [...]" (Azevedo Marques, op. cit., t. 1, p. 179).

[102] Azevedo Marques assinala, para São Luís, a data de 1688 para as primeiras sesmarias concedidas a interessados em habitar aquela região. O sargento-mor Manuel Antonio de Carvalho foi quem a erigiu em vila, por ordem do Morgado de Mateus, em março de 1770 (op. cit., t. 2, p. 141). Entretanto, há o registro de uma Ordem do capitão-general datada de 18 de maio de 1771, para que oficiais militares e civis dessem ajuda ao Fundador da nova Povoação de São Luiz do Paraitinga, Manuel Antonio de Carvalho, para que melhor conduzisse todos os povoadores que quisessem estabelecer-se. Que se recolhessem "vadios, carijós, vagabundos e habitadores de sítios volantes em partes dezertas" para irem para aquela povoação (DI 33, p. 1-2).

De um lado, reconhecia as dificuldades:

> Não há couza tão dificultoza de conseguir e que necessite de tanto trabalho e paciencia como hé povoar e fundar estabelecimentos, porque sendo o Povo composto de diferentes genios e de diversas vontades hé cada pessoa que se pretende mudar huma officina de novidades capaz de apurar o mais constante soffrimento. As Povoações fundão-se de novo adonde nada ha, as faltas que necessariamente se experimentão porque as utilidades não podem vir de repente fazem aos Primeiros Povoadores impacientes e só com muita paciência e geito se conservão.[103]

De outra parte, entretanto, parecia impacientar-se com a relutância dos paulistas em colaborar com as novas povoações. Em Portaria dirigida à Câmara de Faxina, em 1772, comunicava-lhe que deviam construir os edifícios públicos necessários e tratassem de fazer progredir a vila. Esta não havia progredido nada, por total descuido da Câmara. Se assim continuassem, mandaria "abolir a dita Villa, ficando suspensa e responsável a mesma Camara pelas suas omissõens e conhecida falta de ser castigada a meo arbitrio".[104]

Santo Antonio de Apiaí, que em 1735 era a Freguesia de Santo Antonio das Minas,[105] também foi elevada a vila por D. Luís Antonio. A "Ordem para elevação de Apiahy a Villa" data de 14 de agosto de 1771.[106] Embora já bastante exploradas, suas jazidas ainda produziam algum ouro, justificando a existência da vila.

No segundo semestre de 1771, o Morgado de Mateus comunicou ao governo central o que já empreendera em matéria de urbanização da capitania. Além da designação de cada uma delas, as definia através de breve menção à sua localização, ou utilidade:[107]

1. "Praça dos Prazeres, que se acha só com o Governo militar, sobre o Rio Guatemy, Fronteira do Paraguay."

2. "S. Jozé da Parahyba, que era Aldeya de Indios 4 léguas distante da Villa de Jacaréhy."

3. "S. Luiz e Santo Antonio do Parahytinga, da Villa de Guaratinguetá, entre o sertão que medeya da parte do mar."

---

[103] Ofício do Morgado de Mateus ao conde de Oeiras, São Paulo, 20 de março de 1770 (DI 34, p. 129-32).

[104] DI 33, p. 61-2.

[105] Azevedo Marques, op. cit., v. 1, p. 85.

[106] DI 33, p. 31.

[107] DI 34, p. 421-2.

4. "Faxina da Villa de Sorocaba e fica na estrada por onde passão as Tropas que vem de Viamão."

5. "Itapetininga – o mesmo."

6. "Apiahy, da Villa de Sorocaba, nas minas do Paranapanema."

7. "S. João de Atibaya, do Districto desta Cidade e 12 leguas distante della."

8. "Mogimirim, desmembrada da Villa de Jundiahy e sobre o caminho dos Goyazes."

9. "Piracicaba, sobre a barra que faz o Rio Pirapitingui no Tieté, navegação do Guatemy."

10. "Prazeres das Lages, entre o sertão de Curitiba e Viamão, que tem 130 leguas."

11. "Guaratuba, na Marinha, em agua muito grande q. fica ao sul de Parnaguá."

12. "Sabaúna, sobre o Rio deste nome, entre as Villas de Iguape e de Cananéa."

13. "Ararapira, na Marinha, entre Cananéa e Parnagua."

14. "Santo Antonio do Registo, sobre o caminho de Viamão, a de Curitiba."

15. "Yapó, para a parte do Sertão do Tibagy."

O Morgado de Mateus ainda, em 1773 e em 1774, tratou de promover mais duas povoações: Paraibuna e Campinas. Por ter notícia de que "na paragem chamada Santo Antonio da Barra de Paraybuna, entre as Villas de S. Sebastiam, Jacarehy e S. Luiz do Paraytinga, há terras suficientes para estabelecer huma boa Povoação [...]" nomeava um fundador e diretor para fazer desenvolver a povoação.[108] Mas esta só teria andamento no século XIX. Quanto a Campinas, foi estabelecido que na área entre Jundiaí e São João de Atibaia, denominada Campinas do Mato de Jundiaí, Francisco Barreto Leme fundasse uma povoação. Na mesma data o governador expedia um bando para que se povoasse "Campinas do Mato Grosso" oferecendo-se aos povoadores os habituais privilégios: concessão de terras e ferramentas e isenção de serviço militar.[109]

Esquematizando as linhas de rumo que a urbanização tomou, é possível colocar, *grosso modo*, cada povoação iniciada ou cada vila consagrada nas coordenadas dos planos de defesa ou de expansão da capitania.

Mesmo que estabeleçamos as direções como linhas forçadas, isto é, artificiais, elas obedecem naturalmente aos planos do governador, sofrendo, é claro, as distorções motivadas pelas condições geográficas ou econômicas. Muitas das localidades quando chegavam à sua elevação a vila e porque apresentavam relativa prosperidade e densidade demográfica, sem que para isso tivesse contribuído os esforços do governador. Mas o próprio fato da concordância na elevação faz supor que tal medida estava dentro da po-

---

[108] DI 33, p. 92-3.

[109] DI 33, p. 160-1.

lítica governamental. As vilas corresponderiam à elevação de povoações anteriormente constituídas no século XVII. As demais foram organizadas como povoação, tendo depois passado à freguesia, e posteriormente à vila. Muitas ficaram no primeiro ou no segundo estágios e tiveram sua situação definida em época posterior do governo Mateus. Essa definição foi por uma estagnação (como no caso de Sabaúna e Iguatemi) ou por progresso posterior (como Campinas). Outras já floresceram mesmo durante seu governo, como Lages ou Atibaia. Mas a maioria das que se desenvolveram o foram posteriormente. Eram constantes as queixas sobre o estado miserável das povoações iniciadas.[110]

Assim, é possível estabelecer, *grosso modo*, os seguintes rumos:[111]

1. A direção sul, correspondendo à defesa e colonização do caminho do Viamão, assim como à do litoral. Ainda que em sua forma incipiente, o Morgado de Mateus promovia com esse traçado a integração territorial do Sul, procurando unir os Campos de Vacaria ao eixo do Rio–São Paulo–Minas. Era também essa a rota terrestre para as expedições militares que iam combater os espanhóis no Rio Grande.

Também nesse mesmo rumo estava o interesse ligado aos sertões do Tibagi e aos Campos de Guarapuava. Se Curitiba era o centro de arregimentação de gente e irradiação das expedições para aquela região, Santa Ana de Iapó, por exemplo, localizava-se entre aquele centro e a região do Tibagi.

Dessa direção constam:

1.1. Faxina, atual Itapeva (Estado de São Paulo).

1.2. Itapetininga (Estado de São Paulo),

1.3. Santo Antonio das Minas do Piaí ou Apiaí, atual Apiaí (Estado de São Paulo).

1.4. Santo Antonio do Registo, atual Lapa (Estado do Paraná).

1.5. Nossa Senhora dos Prazeres de Lages, atual Lages (Estado de Santa Catarina).

1.6. Santa Ana do Iapó, atual Castro (Estado do Paraná).

1.7. São Roque.[112]

---

[110] Por exemplo, em 27 de setembro de 1774, o Morgado de Mateus mandava que se averiguasse sobre as informações de Vigário a respeito do estado deplorável de Piracicaba (DI 64, p. 214).

[111] As povoações fundadas ou as vilas erigidas por ordem do Morgado de Mateus estão grafadas com letras destacadas no mapa constante no final do caderno de imagens. Baseamo-nos no mapa de 1792, elaborado por ordem do então capitão-general e governador de São Paulo Bernardo José de Lorena (o original encontra-se no Arquivo do Ministério do Exército. Servimo-nos da cópia publicada por Afonso Taunay em *Cartografia antiga*).

[112] A menção a São Roque como freguesia em 1768 é de Azevedo Marques, op. cit., t. 2, p. 245. Não encontramos ordem do Morgado de Mateus a respeito.

Sendo no litoral:

1.8. Araripa, localidade próxima a Cananéia (Estado de São Paulo).
1.9. Vila Nova de São Luis de Guaratuba, atual Guaratuba (Estado do Paraná).
1.10. Sabaúna, atual bairro de Cananéia (Estado de São Paulo).

2. Na direção norte, a sucessão dos aglomerados urbanos obedeceria a uma política de assegurar as fronteiras com as Minas Gerais, região sempre turbulenta e em litígio. Também garantiam-se as imediações da rota para Goiás. Essas povoações eram:

2.1. São João Baptista de Atibaia, atual Atibaia (Estado de São Paulo).
2.2. São José de Mogi-Mirim, atual Mojimirim (Estado de São Paulo).

3. Na direção do Rio de Janeiro aparecem quatro centros urbanos: em pleno Vale do Paraíba, na região montanhosa que demanda o litoral ou junto ao Porto de São Sebastião:[113]

3.1. São José do Paraíba, atual São José dos Campos (Estado de São Paulo).
3.2. Nossa Senhora da Escada, atual Guararema (Estado de São Paulo).
3.3. São Luis do Paraitinga (Estado de São Paulo).
3.4. Caraguatatuba (Estado de São Paulo).
3.5. Santo Antonio de Paraibuna, atual Paraibuna (Estado de São Paulo).

4. Os dois centros, a seguir, localizavam-se junto a Araritaguaba. Portanto, uma das principais finalidades dessas povoações, junto ao Tietê, seria o abastecimento das expedições para o Iguatemi:

4.1. Piracicaba (Estado de São Paulo).
4.2. Campinas de Mato Grosso, depois São Carlos, atual Campinas (Estado de São Paulo).

5. Num ponto mais longínquo dessa mesma direção Tietê–Paraná, estava a povoação de Iguatemi, anexa à Praça. Iguatemi hoje é um município vizinho a Amambaí (Estado do Mato Grosso).

---

[113] Sem que tenha sido possível identificar a povoação pretendida, houve um "Bando para se levantar huma Povoação Rio Parahiba, abaixo, no Districto de Guaratinguetá" (DI 33, p. 16-7), no qual em lugar algum há indicação de nome do lugar.

A política de urbanização do Morgado de Mateus tem, assim, as mesmas características de tantos outros empreendimentos que ele levou a cabo durante seu governo: um excesso de esforços e atividades que não encontrou eco em forma de ação concreta por parte dos paulistas e sem pleno apoio por parte da Coroa. Ao designar os locais para iniciar as povoações, muitas vezes ao arrepio das determinações superiores, o capitão general insistia em alvitres seus, por julgar-se melhor conhecedor das condições locais.

As dificuldades encontradas foram de vária ordem. Não é exato que as falhas possam ser atribuídas somente à relutância da gente em acatar as ordens superiores, quando dificilmente tinha condições materiais de fazê-lo. Avultam-se, além da pobreza da população disponível para habitar as novas paragens, as dificuldades das estradas e caminhos, as melhores possibilidades de rendimento oferecidas nos centros já existentes e a falta de preparo, pulso e, provavelmente, motivação dos diretores encarregados de sua administração.

Assim, a razão assiste, em grande parte, a Buarque de Holanda, ao definir a urbanização encetada pelo Morgado de Mateus como

> Tentativas artificiosas, é certo, e fadadas muitas vezes ao malogro, visto como não parece fácil conter nos rígidos quadros oficiais o fluxo e refluxo daqueles povos naturalmente indômitos. No entanto, elas irão frutificar amplamente, uma vez criadas as condições, principalmente econômicas, que as façam possíveis.[114]

---

[114] Sérgio Buarque de Holanda, "Mov. pop.", RIEB, p. 62.

Lista de todas as Povoações, que se fundarão de novo, e Villas que se levantarão dentro da Capitania de S. Paulo, por ordem do Governador, e Capitão Geral della D. Luiz Antonio de Souza Botelho Mourão, Anno de 1771

	Povoações novas, que se crearão, e outras já creadas, que se erigirão em Villas	Freguesias já creadas, que se erigirão em Villas	Povoações que se fundarão de novo e se erigirão em Villas	Povoações que se fundarão e inda se não achão capazes para serem Villas	Destrictos em que se achão
1	Praça dos Prazeres (que se acha só com o governo militar)				Sobre o Rio Guatemy, fronteira do Paraguay
2	São José da Parahyba	São José da Parahyba			Que era Aldea de Indios, 4 léguas distante da Villa de Jacarehy
3	São Luiz e Santo Antonio da Para-hitinga			São Luiz e Santo Antonio de Pa-rahytinga	Districto de Guaratinguetá, entre o sertão que medeya-a para a parte do Mar
4	Faxina		Faxina		Da Villa de Sorocaba na Estrada por onde passão as Tropas que vem de Viamão
5	Itapetininga		Itapetininga		Da Villa de Sorocaba na Estrada por onde passão as Tropas que vem de Viamão
6	Piahy		Piahy		Do Destricto de Sorocaba, nas Minas de Paranapa-nema
7	São João de Atibaya	São João de Atibaya			Do Destricto desta cidade, 12 léguas distante della
8	Mogimirim	Mogimirim			Desmembrada da Villa de Jundiahy, sobre o caminho de Goyazes
9	Piracicaba			Piracicaba	Sobre a barra que faz o Rio Piratingui no Tietê, navegação do Guatemy
10	Prazeres das Lagens		Prazeres das Lagens		Entre o Sertão de Curitiba e Viamão que tem 150 léguas
11	Guaratuba		Guaratuba		Na marinha em hua en-seada muito grande que fica ao sul de Parnaguá
12	Sabauna		Sabauna		Sobre o Rio deste nome entre a Villa de Iguape e a de Cananeia
13	Araripa			Araripa	Na Marinha entre a Cana-neia e Parnaguá
14	Santo Antonio de Registro			Santo Antonio do Registro	Sobre o Caminho do Viamão abaixo da Curitiba
15	Yapó			Yapó	Para a parte do Sertão do Tibagy
	Soma	3	6		Por todos são 15

Política econômica

> O augmento da lavoura, a produção dos gados, e a
> porpagação do comercio: estando todas estas faculdades
> athe agora desprezadas como inuteis o só em credito a
> extração do Ouro.
>
> Do Morgado de Mateus
> ao conde de Oeiras, 1766

Dentro da linha mercantilista que caracterizava a política econômica do governo pombalino, acentuada ainda mais pelo sistema de monopólio, toda a economia sofria a intervenção da Coroa. E tratando-se dos domínios ultramarinos, essa política agravava-se, pelos princípios do pacto colonial.[1]

Os monopólios estiveram presentes no Brasil desde os seus primórdios – fossem os monopólios da Coroa fossem os contratos privilegiados cedidos a particulares. Sob D. José houve um reforço do monopólio que propiciou ascensão da classe mercantil, em detrimento da nobreza. Os contratadores, assim como os acionistas das Companhias do Comércio do Maranhão e da de Pernambuco, recebiam grandes benefícios. Tais benefícios eram também de interesse do governo. Pelo sistema de contratos ficava assegurado aos mercadores seu domínio no comércio colonial, e à Coroa, a garantia do rendimento.

Aliás, aquele reforço era uma das maneiras de enfrentar a crise econômica da segunda metade do século XVIII em Portugal. E ao mesmo tempo permitia maior ação governamental nas terras da colônia: fiscalismo e fomento conferiam nova roupagem ao pacto colonial.

---

[1] "Porque a política de todas as Naçoens tem establecido receber das Colonias Ultramarinas os frutos e materiaes crus, assim como as Terras os produzirem, para serem Lavrados e digiridos na Europa, e se remeterem depois della as Manufacturas [...]" (Ofício do conde de Oeiras ao Morgado de Mateus, Palácio Nossa Senhora da Ajuda, 21 de novembro de 1766. AHU, Lisboa, Cód. do Conselho Ultramarino, nº 423, nº 11).

Com o ouro decaindo de produção e com a economia interna do Reino bastante abalada pelo abandono da lavoura, pela pressão inglesa sobre seu comércio e pelo desinteresse pelas manufaturas, via-se Pombal premido pela urgência de soluções que pudessem sanar aquelas dificuldades. Suas medidas como a criação das Companhias de Comércio,[2] fomento às manufaturas portuguesas,[3] abolição das frotas para o Brasil,[4] incremento à lavoura, tanto no Reino como nas áreas coloniais, assim como o reforço do sistema fiscal[5] visavam, antes de tudo, à solução da crise econômica que atingia Portugal,[6] como analisamos no início deste livro.

Dentro desse esquema pombalino, poucas medidas haviam beneficiado a área paulista, antes da vinda do Morgado de Mateus. Já fizemos referência, no primeiro capítulo, à situação econômica de São Paulo nos primeiros séculos.

A capitania viveu, até a metade do século XVIII, num "plano secundário e apagado" dentro da vida da colônia.[7] Vimos como a sua situação periférica dentro do sistema econômico do império português originou, para os paulistas, determinados padrões de atividades e de comportamento. Na busca ao indígena e do ouro, assim como o comércio muar e o monçoeiro, tinham o traço comum da mobilidade, da dispersão e da relativa modéstia de lucros.[8]

A fixação bandeirante deu-se justamente naquelas áreas onde se minerava ou onde o gado devia ser arrebanhado, despovoando a sua própria região, onde modorrava, no segundo quartel do século XVIII, apenas a lavoura de subsistência.

Mesmo quando do refluir dos paulistas, ao qual alude Alfredo Ellis, para constituir no planalto um empório abastecedor das Gerais, não houve a produtividade que a cres-

---

[2] Ver Manuel Nunes Dias, *Fomento e mercantilismo*: a Companhia Geral do Comércio do Maranhão; e José Ribeiro Junior, *Colonização e monopólio no Nordeste brasileiro*: a Companhia Geral de Pernambuco e Paraíba. Os referidos autores, assim como Myriam Ellis (*O monopólio do sal no Estado do Brasil*) estudam também a questão do monopólio em geral.

[3] Ver Jorge Borges de Macedo, *Problemas da história da indústria portuguesa no século XVIII*.

[4] "Alvará de Lei, por que Vossa Magestade he por bem abolir inteiramente as frotas...", 10 de setembro de 1765 (Collecção das Leis, Decretos, e Alvarás que comprehende o feliz Reinado de D. José, t. 2, p. 280). Adiante voltaremos a essa questão.

[5] Não conhecemos estudos específicos, além das referências feitas pelos autores que se preocuparam com história econômica do período pombalino.

[6] A questão de que as decantadas "reformas pombalinas" visavam antes de tudo resolver, de momento, aquela situação de crise é estudada por Jorge Borges de Macedo em *Portugal e a economia pombalina*: temas e hipóteses, op. cit.

[7] No dizer de Caio Prado Júnior, em *História econômica do Brasil*, 1956, p. 86.

[8] O tráfico indígena e as tropas só poderiam ser considerados "comercio de vulto" se relacionados com a pouca rentabilidade das outras atividades.

cente população mineira necessitava. Embora o referido autor afirme que "S. Paulo foi a verdadeira retaguarda econômica das Gerais", reconhece que sendo a região pobre, com exígua população, pouco produzindo e não contando com bons caminhos trafegáveis para as Minas, não podia tirar proveito da sua extraordinária situação de vizinhança territorial. Ainda assim, mandava para a área mineira suas "poucas disponibilidades em trigo, milho, feijão, batatas, marmelada, laticínios, gado, carnes salgadas, manadas de carneiros, récuas de porcos, lã, algodão, açúcar, tecidos, roupas feitas, couros etc.[9] Entretanto, era pouco para responder às demandas, em vista da pequenez da produção dos referidos gêneros.[10] E ainda a construção do Caminho Novo, em 1733, trouxe a concorrência da região fluminense e os produtos entrados pelo seu porto. Isso, sem contar que a produção local em Minas Gerais e em Mato Grosso começava a tomar vulto.

São Paulo passaria a contar, então, sobretudo, com a lavoura de subsistência e com o comércio. A auto-subsistência familiar ocupava a maior parte da população, com alguns de seus componentes vivendo nos "sítios volantes"; outros lavradores, além disso, ainda plantavam visando o abastecimento de Minas Gerais e dos núcleos urbanos da capitania. Numericamente menor estava o grupo que se dedicava exclusivamente ao comércio. Além do gado do Viamão, havia, em menor escala, o comércio de escravos negros, do sal e dos produtos manufaturados. Havia ainda os que se ocupavam com as lavras de ouro, de pouca monta, do Paranapanema e Apiaí.[11]

Os cronistas que nos fins do século XVIII e no século XIX preocuparam-se com o estado econômico de São Paulo[12] foram unânimes em atribuir a decadência a que chegara a capitania à dispersão demográfica e à penúria da agricultura. A esses fatores acrescentar-se-iam as dificuldades geográficas e a precariedade do sistema de comunicações. Também as medidas administrativas que atingiram o Estado do Brasil no século XVIII, como o excesso de tributação, impedimento de trabalho escravo indígena, e alienação dos territórios mais ricos da órbita paulista, vieram prejudicar a Capitania de São Paulo.[13] A situação

---

[9] *A economia paulista no século XVIII*, p. 35, Ver também os trabalhos de Myriam Ellis e Mafalda Zamella sobre o abastecimento das Minas.

[10] Mário Neme chega a apontar o fato de que houve ocasiões em que a remessa de farinha de mandioca e outros gêneros para Minas foi proibida para que não faltasse aos moradores do planalto (RGCMSP, v. 8, p. 448, apud Mário Neme, op. cit., p. 23).

[11] Alice Canabrava, *Uma economia de decadência*, op. cit., p. 121.

[12] José Arouche de Toledo Rendon, *Reflexões sobre o estado em que se acha a agricultura na Capitania de São Paulo* (1788) (DI 44, p. 213); Marcelino Pereira Cleto, *Dissertação* (1900) (ABN, v. 21); José Joaquim Machado de Oliveira, *Quadro histórico* (1897) e outros.

[13] Fatores apontados por Suely Robles de Queiroz em seu *Algumas notas sobre a lavoura da cana-de-açúcar em São Paulo*.

da Provedoria de São Paulo refletia essa conjuntura. Os parcos rendimentos obtidos não davam para as despesas administrativas.[14] As razões disso estavam intimamente ligadas às próprias condições administrativas e econômicas da capitania, que como vimos, haviam levado os paulistas à dispersão e à pobreza.

Estabelecera-se quase que um círculo vicioso: os tributos não podiam ser pagos à Real Fazenda porque os habitantes não tinham recursos, e o governo da capitania não podia tomar medidas de vulto visando ampliar as possibilidades econômicas, porque não contava com fundos suficientes nos cofres da Provedoria.

Com a criação das juntas da Real Fazenda, em 1765,[15] estabelecia-se que elas teriam sede na capital das capitanias e seriam constituídas pelo governador, como presidente, pelo ouvidor da Comarca e pelo provedor da Fazenda, ficando cada um deles com uma das chaves. Ora, isso só seria possível, no caso de São Paulo, se o cofre e o provedor fossem transferidos de Santos para a capital. E a imposição dessa mudança provocou resistência por parte do provedor.[16] O Termo da Junta, reunida em Santos, em 28 de janeiro de 1766, estipulava que a transferência devia ser feita. Para tanto, foram ouvidos dois membros que a constituíam, além do governador: o provedor, José Onório de Valadares e Alboim, recém-nomeado, e o doutor Domingos Pereira da Silva, ouvidor e corregedor da Comarca de São Paulo. O primeiro fora formalmente contrário à medida. Já em 4 de dezembro de 1765, apresentara à Corte as suas razões para que o cofre permanecesse em Santos.[17] Fora lá que sempre estivera; que havia grandes dificuldades para transportá-lo através da serra até São Paulo, e que ele, provedor, não poderia acompanhar o cofre.

A Alfândega e outros cargos que lhe estavam afeitos ficariam prejudicados com a sua ausência.[18] Ademais, Santos estava mais guarnecida em soldados e seus valores imobiliários, necessários às fianças dos contratos, eram mais altos que os da capital. No parecer que lhe foi solicitado pela junta em 28 de fevereiro de 1766, reiterava a defesa

---

[14] Na colônia, durante os séculos XVI a XVIII, quase exclusivamente eram exploradas pela metrópole as fontes ordinárias de receita, isto é, impostos e taxas no pensar de Dorival Teixeira Vieira ("Politica financeira". In: *História Geral da Civilização Brasileira*, t. 2, v. 2).

[15] As leis de 6 e 7 de março de 1765 reformulavam todo o sistema de arrecadação, a anotação de receita e despesa, nomeação e tempo de serviço de tesoureiros etc. (AHU, Lisboa, Cód. do Conselho Ultramarino, 423, nº 425; também DI 15, p. 34-8).

[16] DI 15, p. 32-44; DI 23, p. 58 e outros. DI 65, p. 46.

[17] DI 23, p. 271-3.

[18] No dizer de Brasiliense de Moura, Valadares e Alboim não queria ir para São Paulo por não querer perder o cargo cumulativo de juiz da Alfandega. Assim, insurgiu-se contra a transferência (Brasiliense de Moura, op. cit., p. 124).

das inconveniências que via na mudança,[19] não devendo o cofre ficar "dezamparado em hum certão aberto".

Julgando "frívolos e incongruentes" os argumentos do provedor, o ouvidor de São Paulo emitiu seu parecer,[20] historiando os prejuízos que as rendas reais já haviam sofrido por má organização e por pouco zelo de seus funcionários. Parecia-lhe que as ordens do rei não poderiam deixar de ser cumpridas. E a junta acatou-lhe a opinião, optando pela mudança.

Os próprios moradores de Santos não queriam a transferência. Chegaram mesmo a enviar uma representação ao governador mostrando as vantagens que a Coroa poderia auferir com a presença, naquela vila litorânea, não só do cofre, como também do governador. Diziam eles que tudo seria mais facilitado para o envio de soldados ao sul; também o comércio exterior só teria a ganhar se tal se desse.[21]

Ao emitir a "Ordem para o Provedor da Fazenda Real mandar hir o cofre da Fazenda Real para a Cidade de S. Paulo sem embargo de suas duvidas" mudando-se também ele para São Paulo em 22 de fevereiro de 1766,[22] passava o Morgado de Mateus a contar com um inimigo que, por todo o seu governo, procurou causar-lhe entraves de toda ordem.

A exigüidade das rendas da capitania continuava a ser constante preocupação do governador. Por todo o ano de 1766, enquanto aguardava as resoluções reais para as sugestões que fizera desde Santos, muito pouca coisa se alterara. Em agosto, enviara uma circular às Câmaras Municipais de toda a capitania para levantar suas receitas e despesas nos três últimos anos. A relação, obtida em 1767, resultara em:[23]

---

[19] "não pode estar o cofre tão distante da Praça principal, e porto do Mar, aonde precizamente se fazem despezas, com as Fortalezas, militar e Hospital, e para socorrer qualquer Navio de sua Magestade que possa vir a este Porto, ou Expedição que se faça de soldados para qualquer parte, nem também posso dezamparar a Alfandega de que sou Juiz e ao mesmo tempo me tem Sua Magestade recomendado por seu Real Decreto a conservação do Contracto de Pescaria das Baleas, de que estou com devassa actualmente aberta, sendo tambem conservador do Sal, e encarregado da cobrança do imposto do dito sal, e dos mais contractos que na dita Alfandega se administrão por conta da Real Fazenda, ao que não posso dar as providencias rizidindo em distancia de dous dias de caminho [...]"(DI 15, p. 38-41. Ver também DI 23, p. 65-8).

[20] DI 15, p. 41-4.

[21] Representação dos moradores de Santos ao Governador, Santos, 13 de março de 1767 (AHU, Lisboa, "São Paulo", Doc., nº 2415).

[22] "Ordeno ao Provedor [...] que mude a Provedoria desta villa para a Cidade de S. Paulo, com todos os livros a Ella pertencentes, sem embargo das duvidas com que se havia opposto a esta resoluçam o que assim cumprirá [...]" (DI 65, p. 46). "Portaria para que o Provedor passe à Cidade de S. Paulo a residir na mesma Cidade" (DI 65, p. 62-3).

[23] "Logo que Vmces. receberem esta sem a menor perda de tempo mandem tirar a conta exacta da Receita e despeza, que esa Camera tem tido em cada hum anno dos tres proximamente pasados de sorte que alem da exacção com que as ditas devem vir tambem observarão que venhão authenticas, sem que por isso Leve o

Serra Cima [24]	Receita	Despeza	Excesso na receita	Excesso na despeza
Sam Paulo	666$511	681$685	....	15$174
Parnahiba	177$941		7$970	....
Itu	154$760		24$397	....
Jundiahi	107$473		21$248	
Sorocaba	146$130		28$196	....
Mogi	137$683		7$871	....
Jacarehi	69$423		$890	....
Taubaté	137$062		13$098	....
Pindamonhangaba	72$833		4&963	....
Goratinguitá	163$046		....	18$024
Beira Mar				
Va. de Santos	311$966	324$030	....	30$064
S. Vicente	38$075	40$760	....	2$685
Conçam. de Itanáe	48$086	56$480	....	8$394
S. Sebam.	130$153	164$010	....	33$857
Ubatuba	126$440	59$180	67$260	....
Comarca de Parnagua				
Parnagua	450570	487$312	....	36$784
Coritiba	94763	97$272	....	2$509
Iguape	107023	83$297	26$276	....
Cananea	65208	65$879	....	$678

Escrivão emolumento algum. Espero que de Vmces, venhão as ditas contas com toda a clareza e individuação que assim importa ao Serviço de Sua Magestade que Deus guarde. São Paulo, 25 de agosto de 1766, Dom Luís Antonio de Souza (AHU, Lisboa, "São Paulo", Doc., 2354, nº 2; DI 19, p. 89).

[24] "Extrato da Receita e despesa que cada anno percebe cada huma das Camaras da Comarca de San Paulo calculada pelas contas, que cada huma dellas mandou por extenso dos tres annos sucessivos de 1763, 1764, 1765 cujos rendimentos e despezas incluidas e depois divididas pellos dittos tres annos se mostra o quanto toca a cada hum e da mesma sorte os excessos que há assim na receita como a despeza de maneira seguinte [...] (AHU, Lisboa, "São Paulo", Doc., 2354, e DI 19, p. 89).

A suposição de que, com suas rendas, as Câmaras pudessem arcar com as despesas de pagamentos dos sargentos-mores, como lhe ordenara a metrópole, desvaneceu-se diante desse resultado. Era, pois, necessário recorrer a outra forma de obter as quantias necessárias.

Que se usasse do "novo, imposto".[25] O seu rendimento estava acumulado na Provedoria, uma vez que a remessa para a Corte não estava regulamentada. Entrementes sua sugestão, pediu o governador que as Câmaras enviassem pessoa "de capacidade e entendimento" para serem seus procuradores para que se resolvesse como pagar os oficiais a partir das rendas municipais.[26] Reuniu-se então uma "Junta que se fez com os Procuradores das Camaras das Vilas de Serra acima, pertencentes a esta Capitania para effeito de se estabelecer rendimento para se pagarem os soldos aos Sargentos Mores [...]".[27] Pelo "Termo" exarado, aludiam à falta de erário municipal ("era bem notório o deplorável e decadente estado em que existião os povos desta Comarca"). Em vista da cobrança do imposto para edificação de Lisboa estar sendo cobrado,[28] seu produto devia ser aplicado, em parte, para os soldos dos sargentos-mores e seus ajudantes.

Muitas vilas negligenciaram o cumprimento dessa determinação, outras não. O governador indagou do ministro qual o meio de obrigar os republicanos "a quem não faz muito boa conta a conservação destas tropas") a cumprir o estabelecido.[29] O fato gerou choques com a Câmara de Paranaguá, como veremos no capítulo seguinte.

Os rendimentos fiscais da Capitania de São Paulo durante o governo Mateus advinham dos quintos, dos donativos e "novos direitos", dos tributos sobre certos produtos das "contribuições voluntárias e principalmente dos contratos. Segundo a "Relação" feita durante a administração de D. Luís Antonio eram arrematados em Lisboa, no Rio de Janeiro, em Santos ou em São Paulo, sendo eles: Contrato dos dízimos, Contrato dos meios direitos dos animais que passam pelo Registo de Curitiba, Contrato dos subsídios dos molhados que se cobram nas Alfândegas da Vila de Santos, Contrato dos dízimos da Alfândega de Santos, Contrato das passagens antigas da Capitania de São Paulo, Contrato das passagens novas do caminho de Goiás, Contrato das entradas da Capitania e dos Rendimentos do imposto dos cruzados do sal da Vila de Santos e dos dízimos das aldeias

---

[25] O "novo imposto" fora estabelecido a partir de 1756, a fim de que seus proventos permitissem a reconstrução de Lisboa, após o terremoto.

[26] Carta circular para todas as Câmaras, São Paulo, 29 de janeiro de 1767. (DI 67, p. 60).

[27] São Paulo, 25 de fevereiro de 1767 (DI 19, p. 44-8).

[28] Ainda que moderadamente em "atenção ao miserável estado dos Povos que constituem toda a Comarca" (DI 19, p. 46).

[29] Ofício do Morgado de Mateus ao conde de Oeiras, São Paulo, 6 de dezembro de 1767. Nesse mesmo ofício D. Luís Antonio reiterava à Corte que sem se "augmentar novos rendimentos não se pode ressuscitar esta Capitania morta [...]" (DI 19, p. 97-9).

dos índios da Capitania.[30] Como repetiria, entretanto, em sucessivas vezes o Morgado de Mateus, tais rendimentos não cobririam as despesas.

Visando o restabelecimento da capitania e dentro da perspectiva inerente de soerguer-lhe a economia, enriquecendo também a Provedoria, o Morgado de Mateus propôs-se à ação no setor da produção e do comércio. Essa ação no campo econômico tomou o sentido de canalizar o mais possível seus benefícios para os projetos primordiais do governador que, pelo menos de início, parecia poder conciliar a ordem expressa do governo central com seu próprio desígnio para poder governar a capitania.

Assim, um dos maiores interesses do novo capitão-general era para com o ferro, elemento obviamente ligado às questões militares: produção local de armamento e munições.

***

Desde os fins do século XVI, junto ao rio Ipanema, próximo do morro de Araçoiaba, no termo da Vila de Sorocaba, haviam se efetuado as primeiras tentativas de exploração do minério de ferro.[31] Durante o século XVII foram abandonadas e retomadas algumas vezes, sem maior êxito. Em meados de 1765, Domingos Ferreira Pereira chegou a Sorocaba com concessão real para explorar o ferro.[32] No fim do ano já era enviada à Corte uma amostra do ferro caldeado[33] sobre a qual Pombal respondia entusiasmado que o capitão-general fomentasse "o quanto possível" aquelas "minas mais úteis que as do ouro".[34]

O governador procurava contornar as dificuldades que Domingos Pereira estava encontrando.[35] Pensou em formar uma sociedade para explorar o ferro. Propôs-se, ele

---

[30] A relação dos rendimentos dos contratos da Capitania de São Paulo, de 1762 a 1769, com os nomes dos contratadores e datas de seus respectivos contratos acha-se inserta no Doc. 2562, "São Paulo", do AHU, Lisboa, Resumo em RIHGB, tomo especial 6, p. 251-6.

[31] Informações gerais sobre a história da exploração do ferro de Ipanema podem ser obtidas no capítulo "A Real Fabrica de São João do Ipanema", de Emanuel Soares Veiga Garcia. In: *São Paulo em quatro séculos*, p. 337-43, e que indica as fontes existentes no AESP.

[32] "Portaria para Domingos Ferreira Pereira passar a várias partes desta Capitania e estabelecer a fabrica por ordem que traz de S. Mage" (AESP, São Paulo, Lata 64, t. 4, apud Americo Brasiliense de Moura, op. cit., p. 130).

[33] Ofício do Morgado de Mateus ao conde de Oeiras avisando que mandava o ferro tirado junto a Vila de Sorocaba, em 9 de dezembro de 1765 (AHU, Lisboa, "São Paulo", Doc., nº 2279).

[34] Ofício do conde de Oeiras ao Morgado de Mateus, Lisboa, 22 de julho de 1766 (AHU, Lisboa, Cód. do Conselho Ultramarino, 423, nº 28).

[35] Uma dessas dificuldades era, por exemplo, a falta de braços para trabalhar na fundição do ferro. Em Portaria datada de 3 de junho de 1769 o governador autorizava o aproveitamento de escravos do aldeamento de Arassariguama. "Portanto os acionistas da Fabrica de ferro me fazem requerimento de que não podem continuar em levantar as ditas Fabricas por falta de escravos para a servirem, pedindo-me que visto havelos a

mesmo, reunir, em São Paulo, homens de negócio que se interessassem. Ficou estipulado que com dez mil cruzados far-se-iam as experiências iniciais necessárias. A pretensão da Sociedade era poder abastecer de ferro não só a Capitania de São Paulo, mas também "as mais deste Brazil".

Após a chegada do "mestre de caldear" foram grandes as atividades no sentido da construção dos fornos e tudo o mais necessário à caldeação, entre fevereiro de 1767 e janeiro de 1768.[36] Entretanto, não se conseguia atingir o ponto desejável, nem mesmo que se assemelhasse à primeira amostra enviada.

O Morgado de Mateus não perdera ainda as esperanças, mas já não fazia muita fé no ferro que pudessem produzir.[37] Finalmente, depois de um ano de tentativas frustradas, queixava-se a Oeiras: "ou isto he insuficiência do Mestre [...] ou será compra de pessoas mal intencionadas [...]".[38] E para dirimir definitivamente suas dúvidas enviava uma quantidade de pedras para ser examinada no Reino. Era preciso esclarecer se o defeito estava no artífice ou na matéria-prima. A última hipótese não parecia provável, dada a excelência do material obtido na primeira vez. Assim mesmo, segundo informe de Azevedo Marques,[39] chegou-se à produção de quatro arrobas por dia, de 1766 a 1770. Porém, não há dados que comprovem a maneira como foi empregado esse ferro.

O abandono em que acabou por cair Ipanema, tendo sido a exploração do ferro retomada só muitos anos mais tarde,[40] representa uma das inúmeras tentativas frustradas do Morgado de Mateus. O mesmo ocorreria com outros projetos seus. A sofreguidão com que os explorava logo de início, querendo alcançar resultados imediatos, mesmo contrariando impedimentos óbvios, trazia muitas vezes um desgaste antecipado. Na maioria das vezes, não se apercebia D. Luís Antonio do quanto faltava a São Paulo no tangente à infra-estrutura necessária, ao desenvolvimento e êxito daqueles projetos.

---

fazenda de Arassariguama que hé de Sua Magestade; e estarem estes sem ter emprego em que ganhem e elles se offerecem a pagar-lhes o competente jornal e o seu requerimento me parece justo, não só para dar occupação aos referidos escravos, que se vão perdendo na occiozidade, como também para terem em que lucrar seus sallarios e ser em beneficio da fabrica de ferro que hé da proteção real, portanto: O Doutor Ouvidor da Comarca a cujo cargo está a dita Fazenda passe às ordens necessárias para que delle se lhe dém até 12 escravos procedendo-se com as clarezas necessárias, para se arrecadar o jornal que offerecem, que hé de 40 réis de comer por tempo de 3 meses. São Paulo, 3 de junho de 1769" (DI 65, p. 257).

[36] DI 67, p. 76-7; DI 73, p. 50; DI 14, p. 128-9.

[37] "[...] não se pode julgar com certeza o que virá a ser para o futuro [...]" (DI 23, p. 181).

[38] "[...] que pode ser por elle não ter nunca trabalhado em Fabricas nem visto as de Biscaya [...]" (Ofício do Morgado de Mateus ao conde de Oeiras, São Paulo, 31 de janeiro de 1768, DI 19, p. 39-45). Também AHU, Lisboa, "São Paulo", Doc., nº 2372).

[39] Op. cit., v. 1, p. 248.

[40] Técnicos suecos e depois Varnhagen reencetariam as tentativas de fabricar o ferro em Ipanema, mas sempre com resultados aquém dos esperados.

A auto-suficiência em ferro para a fabricação de armamento seria um dos elementos que, a par da melhoria dos caminhos e recrutamento em quantidade e qualidade satisfatórias, constituiriam a infra-estrutura necessária à militarização da capitania.[41] Ademais, seria uma possibilidade industrial para São Paulo com todas as vantagens óbvias que acarretaria. Não houve condições de produção, entretanto.

Quanto à exploração de novas minas, tratava-se de atividade que estava terminantemente proibida.[42] A totalidade dos problemas surgidos com o ouro, sendo o mais grave deles o abandono da agricultura, levara o então conde de Oeiras a justificar a atitude do governo: "1º – Porque a cultura das terras e dos fructos naturaes d'ellas he pelo calculo da Aritmethica Politica e Econômica do Estado, mais útil do que as mesmas Minas com tanta differença quanto vay de vinte contra hum".[43] Entretanto, julgava o Morgado de Mateus que para "obrigar mais poderosamente o animo dos Paulistas a empreenderem os trabalhos e os perigos e despezas de penetrarem os vastissimos Certões em que se achão internados os Indios mais próprios para os sobreditos fins, não ha meyo mais eficaz do que a ambição dos Descubrimentos do Ouro".[44] Eram constantes as solicitações dos mineradores para obter licença para trabalhos em novos descobertos. A resposta era sempre negativa. Isso sem que se impedissem, entretanto, as explorações antigas.[45]

A respeito das minas do Paranapanema e de Apiaí, depois de consultado o governo em 1767,[46] D. Luís Antonio insistia na revogação da proibição que via ser totalmente prejudicial, desanimando os povos a ir para o sertão.[47] Em 1771, seria encontrado ouro junto a Taubaté. As ordens eram no sentido de que se procedessem as experiências. Depois de constatado o ouro, as providências seriam tomadas.[48]

O ouro arrecadado em São Paulo, por menor que fosse requeria a existência de uma Fundição. A de São Paulo foi restabelecida por D. Luís Antonio,[49] depois de ter tido uma vida bastante atribulada, no decorrer do século XVIII. Sofrera constantes mudanças ao sabor da legislação metropolitana sobre a arrecadação do ouro, como também sofrera os impactos da pouca rentabilidade do metal extraído na capitania paulista.

---

[41] No mesmo sentido foi tentada uma fábrica de pólvora (ver DI 19, p. 290).

[42] Também estava proibida em Minas (DI 73, p. 51).

[43] DI 11, p. 283.

[44] Ofício do Morgado de Mateus ao conde de Oeiras. Santos, 5 de novembro de 1765 (DI 72, p. 133).

[45] Por exemplo: "que embarace os novos Descubertos, mas não os cujo principio foi antes da minha chegada a esta Capitania, porque disso não hei eu de dar conta se não dos que no meu tempo se comessaram a fazer [...]" (Ordens do Morgado de Mateus ao "Padre Jozé Cardozo, morador em Cabo Verde". DI 67, p. 53).

[46] Ver DI 65, p. 184-6.

[47] Ofício do Morgado de Mateus ao conde de Oeiras, São Paulo, 30 de janeiro de 1769 (DI 19, p. 281). Ver no capítulo referente às "Explorações territoriais", a parte relativa ao Sertão de Tibagi.

[48] Ver DI 33, p. 1.

[49] DI 65, p. 326-7.

A mudança no sistema de arrecadação de tributos sobre o ouro, em 1724, estabelecendo a capitação, em vez dos quintos (que requeriam fundição), fez que se fechasse a Casa de Fundição de São Paulo. Mas a portaria do então governador conde de Sarzedas é datada de 1736.[50] O restabelecimento do quinto, em 1752, trouxe a volta da Fundição. Nos doze anos que se seguiram, foi tão pequeno o volume do ouro entrado, proveniente do Jaraguá, Apiaí e Paranapanema, que a Casa foi novamente extinta.[51] Os paulistas passaram assim a ter que ir quintar seu ouro no Rio de Janeiro, por intermédio das Intendências do Ouro, que tinham sedes em Santos e em São Paulo.

O transporte para a sede do vice-reinado apresentava muitas dificuldades pela precariedade dos caminhos e pela obrigatoriedade do trecho que deveria ser feito por mar. Em razão desses problemas, por várias vezes a Câmara de São Paulo solicitou ao governo o restabelecimento da Fundição na sua cidade. Afinal, foi decretado pela Carta Régia de 30 de julho de 1766 que a Fundição entrasse novamente em atividade. Mas a portaria de D. Luís só a concretizou em 1770. Antes da reinstalação, efetuara-se o preparo necessário: reconstrução da antiga Casa e reparos em seu equipamento, nomeações dos ensaiadores, fundidores e demais funcionários. A seguir, era ordenado que "toda a pessoa de qualquer qualidade que seja, que tiver ouro em pó ou em folheto seo ou alheyo [...] o venha fundir na dita Casa para nella pagar o quinto a S. Magestade [...]".[52]

Já foi possível, em 20 de fevereiro de 1772, remeter o ouro arrecadado, acompanhado pela "Lista do ouro que entrou na Real Caza da Fundição e pagou o quinto a Sua Magestade desde o dia 17 de setembro de 1770 em que se abrio a Caza athé o dia prezente em que se fas a remessa do Real Quinto".[53]

De onde provinha o ouro quintado em São Paulo? As minas em funcionamento, ou pelo menos as de relativo volume de produção, eram as de Paranaguá e as de Paranapanema e Apiaí.[54] A situação das minas da capitania aparece sempre muito confusa na

---

[50] "Registro de hua Portaria para se fexar a Caza da fundição", Santos, 23 de junho de 1736 (DI 22, p. 108-9).

[51] Carta Régia de 31 de julho de 1762 (cf. Mário Neme, op. cit., p. 17).

[52] DI 65, p. 326-7. As Intendências em Santos e São Paulo foram extintas com o restabelecimento da Fundição (DI 65, p. 329).

[53] São Paulo, 31 de dezembro de 1771 (DI 69, p. 125-44). A relação constava dos nomes das pessoas que apresentaram o ouro seguidos das respectivas quantidades em marcos, onças, oitavas ou gramas do ouro em pó, quintos e barras.

[54] A Câmara de São Francisco (hoje território catarinense) protestava, em 1772, alegando que o pouco ouro daquela área não devia ser quintado em São Paulo, passando a ignorar o Edital do Morgado de Mateus a respeito. Argumentava que o governo da Vila de São Francisco do Sul pertencia "no Ordinário à Ouvidoria da Comarca de Paranaguá, no Eclesiástico ao Bispado do Rio de Janeiro e no militar ao governo da Ilha de Santa Catarina" (DI 35, p. 1, e D 14, p. 313-4).

documentação da época. A sua produção, ainda que pequena, era real. Prova-o o quadro demonstrativo dos envios dos quintos. Em 1767, o governador tinha "Duvidas, que se necessitão resolvidas, sobre as Minas de Paranapanema [...]",[55] por se acharem as ditas minas e a Freguesia de Paranapanema sem governo algum. Indagava das condições geográficas e econômicas, demográficas e administrativas, detalhando a questão do ouro: se havia Intendente, para onde e como ia o ouro, se havia descaminhos e como poder-se-ia evitá-lo; que quantidade era tirada e se o metal corria "por negocio, ou por moeda, isto he, se pelo seu justo valor se compra com elle a fazenda, e o mais que se preciza"?

A verdade é que as minas de Paranapanema sempre tiveram extração reduzida ("Faisqueiras tão diminutas como hé notório".[56] Seus garimpeiros afastavam-se na medida em que eram atraídos pelas lavras mais rendosas de Goiás ou Cuiabá. O fato causava, naturalmente, redução sensível na arrecadação. No espaço de seis anos, de 1733 a 1738, a produção passou de 1.706 para 286 oitavas.[57] Dessa época em diante, a extração permaneceu mais ou menos estável, sem que, entretanto, se possa avaliar-lhe o montante. Nem mesmo pela quantidade de quintos arrecadados. Isso porque o ouro de Apiaí era enviado à Fundição juntamente com o de Paranaguá. Em 1770, na época em que Apiaí foi elevada a vila, teria havido um novo descobrimento de ouro,[58] dando origem à efêmera euforia. No entanto, logo esgotado, teria provocado a volta à antiga penúria.

O que se pode comprovar era que, evidentemente, não era na mineração que São Paulo deveria procurar a sua redenção econômica. Mesmo porque essa atividade era, na segunda metade do século XVIII, de todo desestimulada pela metrópole.

As idéias fisiocratas faziam-se presentes no governo pombalino. Era antes na agricultura – e no seu conseqüente comércio – que deveria se situar a recuperação da capitania.

***

Referimo-nos ao fato de São Paulo ter permanecido à margem da vida econômica colonial. Não tivera a lavoura em grande escala como acontecera a Pernambuco, com a cana-de-açúcar, ativando o comércio exterior. Não possuindo até a segunda metade

---

[55] "[...] e se derão para informar a diversas pessoas daquelle Destrito" (DI 6-5, p. 184-6). Não há documentação que comprove a resposta dada a esse questionário.

[56] Carta Régia sobre o pedido que fazem os mineiros de Paranapanema para serem aliviados do imposto para casamentos reais, datada de 29 de março de 1738 (DI 24, p. 237-8).

[57] "Representazão dos moradores das minas de Paranapanema contra o imposto para os cazamentos reaes" (DI 24, p. 238-40).

[58] Assinala-o Milliet de Saint-Adolphe em seu *Diccionario Geographico e descriptivo do Imperio do Brasil*, p. 845.

do século XVIII produtos agrícolas de exportação, contara apenas, repetimos, com a agricultura de subsistência.

Ora, nos parâmetros do mercantilismo, interessava ao governo, antes de tudo, produção que possibilitasse o mercado externo, em substituição ao ouro. A meta do Morgado de Mateus era encontrar essas novas vias de rendimento para a metrópole (o comércio exterior) e para o soerguimento de São Paulo, propunha-se incentivar o "augumento da Lavoura, a produção dos gados, e a propagação do comercio: estando estas faculdades athe agora desprezadas como inuteis e só em credito a extração do Ouro [...]".[59]

A dispersão da população, na qual o capitão-general via um dos mais decisivos motivos da pobreza da capitania, era atribuída por ele, principalmente, à agricultura itinerante.[60] Havia a crença generalizada de que só as roças abertas onde havia mato virgem produziam satisfatoriamente. O uso do arado prejudicaria a "sustância" (existente apenas na superfície da terra). Essa era a razão da falta de sedentarização. Além do mais, mesmo esse tipo de lavoura era praticado muito aquém do desejado.

O próprio rei admitia, após tomar conhecimento dos ofícios do Morgado de Mateus enviados de Santos, que "a pobreza desses Povos he huma necessária conseqüência da falta de Lavoura em que consiste a principal Riqueza dos Povos e o meyo de augmentar nelles a Povoação e a abundancia". E recomendava ao governador que empregasse todos os meios possíveis para fazer florescer a agricultura na capitania.[61]

Para o Morgado de Mateus era possível fazer colheitas abundantes, sem que se recorresse às "rossas do mato virgem". Só a indolência da qual não escapavam nem os reinos poderia justificar aquele método de lavoura. Explicava ao primeiro-ministro como se processava a lavoura itinerante, criticando a falta do uso do estrume e do arado.[62] Preconizava soluções, entre elas, que se embaraçasse o envio do trigo português, para que aqui se plantasse o necessário; que fossem enviados mestres de lavoura, ilhéus, minhotos ou transmontanos. Estes ensinando o uso do arado e do plantio, principalmente junto às povoações novas, fariam que os paulistas se apegassem a "huma propriedade permanente". Era preciso que se criasse neles o desejo de constituírem essas propriedades em "bens de raiz, sem os quaes ninguém he rico".[63]

---

[59] Ofício do Morgado de Mateus ao conde de Oeiras, São Paulo, 11 de dezembro de 1766 (DI 73, p. 68).
[60] Ofício do Morgado de Mateus ao conde de Oeiras, São Paulo, 23 de dezembro de 1766 (DI 23, p. 1-10 passim).
[61] Ofício do conde de Oeiras ao Morgado de Mateus, Lisboa, 22 de julho de 1766 (AHU, Lisboa, Cód. do Conselho Ultramarino, 423, nº 31; também em AESP, São Paulo, Livro 169).
[62] Ofício já citado.
[63] Ofício do Morgado de Mateus a Loureiro Ribeiro de Andrade, de Curitiba, São Paulo, 2 de abril de 1767 (DI 67, p. 104-6).

A correspondência do Morgado de Mateus está repleta de alusões às necessidades da agricultura em São Paulo. Suas medidas em prol da lavoura visavam possibilitar a fixação da gente à terra, assim como movimentar o comércio exterior: "fazer produzir os fructos em abundancia que sobejem do sustento dos habitantes para se poderem navegar para fora [...]".[64]

A recomendação de Pombal de que não se pensasse em aproveitamento industrial do algodão, porque tal procedimento era totalmente contrário às diretrizes governamentais, parece que foi acatada pelo governador.[65] Falava ele agora em não ser "necessario aprender a beneficiar os fructos, como verbi gratia, torcer o linho, ou fiar o algodão, nada disso he necessário".[66] Bastaria que os cultivassem e que os vendessem "em rama sem nenhú beneficio, porque assim se quer no Reino por ter neste melhor sahida para os Paizes Estrangeiros".[67]

Seus planos para o aproveitamento econômico da capitania, como de ordinário, eram ambiciosos: repartir as terras, incentivar a criação de bois, muares, ovelhas, carneiros, porcos, cabras, perus, galinhas, pombos, plantação de mamona, bananas, arroz, trigo e centeio. As primeiras medidas deviam ser, a seu ver, de caráter doutrinário. Enquanto não plantassem corretamente os paulistas não chegariam a bons resultados.

É possível que a ordem enviada nesse sentido ao capitão-mor da Vila de Parnaíba[68] tenha sido uma circular também enviada a outros capitães-mores.[69] Que aquela autoridade fizesse entender ao povo a utilidade do arado e do gado, como na Europa. Não era exato que o arado deixava as terras "perdidas'" e que a cinza bastasse como fertilizante. Se seus conselhos fossem seguidos, dizia o governador, os paulistas poderiam viver melhor e com menores gastos.

Sérgio Buarque de Holanda estudou a presença do arado no Brasil colonial em seu *Caminhos e fronteiras*.[70] Menciona a solução encontrada pelo Morgado de Mateus diante do fracasso a que chegaram os poucos que se aventuraram ao uso daquele instrumento: que se empregasse um arado que só riscasse a superfície, como o usado em Portugal para

---

[64] Carta do Morgado de Mateus ao capitão Miguel Ribeiro Ribas, São Paulo, 22 de maio de 1767 (DI 67, p. 148-9).

[65] Aludiremos à questão quando tratarmos da reação do governo metropolitano às medidas de D. Luís.

[66] Carta a Loureiro Ribeiro de Andrade, de Curitiba, São Paulo, 21 de maio de 1767 (DI 67, p. 144). Repetia nessa carta a mesma idéia da carta que escrevera ao mesmo destinatário em abril do mesmo ano, sobre a propriedade de bens de raiz: "A cauza de toda a pobreza destas terras hé porque ninguém tem fazendas, ou bens de raiz e se não repare Vossamecê os que são ricos no Reino são os que tem muitas fazendas".

[67] Ibidem.

[68] Datado de São Paulo, 30 de dezembro de 1766 (DI 67, p. 34).

[69] A documentação não o registra. A dedução é nossa, pela ilação com a Ordem-Circular para as Câmeras sobre plantação de mantimentos, em 1772, à qual nos referiremos adiante.

[70] Sérgio Buarque de Holanda, *Caminhos e fronteiras*, cap. 5 "Do chuço ao arado", (1957, p. 245-50).

a lavoura do centeio, quando feita em área montanhosa. Assim, o efeito seria o mesmo da enxada.[71] A sugestão de D. Luís Antonio não foi aceita. Aproveitada, ela poderia ter tido, como conseqüência, "uma radical transformação de nossa paisagem rural, criando uma raça de verdadeiros lavradores. E assim, bem depressa se apagou a lembrança das tentativas de emprego do arado, em São Paulo, no período colonial".[72]

Outro entrave ao progresso da lavoura era representado pelo fato de muitos paulistas dependerem dos negros para o trabalho braçal. Só quando todo o sistema agrícola pudesse ser modificado, as coisas poderiam melhorar. Do contrário, "sempre nesta terra se ha de viver mendingando".[73] No mesmo sentido foram ordens para o ajudante de ordens em Paranaguá, Afonso Botelho, e para as Câmaras das vilas de São Vicente e Jacareí:[74] a capitania não progrediria enquanto não se tratasse do aumento da agricultura e do conseqüente comércio. Era urgente que se abandonasse o sistema itinerante e se usassem arado e estrume. Se se extinguissem os "sítios volantes" e a população se congregasse em povoações, os campos ao redor seriam permanentemente semeados.[75] Além do mais, a destruição indiscriminada das florestas para estabelecimento das plantações extinguia as madeiras. O Morgado de Mateus ponderava que ela poderia vir a "acabar com os paos de ley e de canoas, porque já com dificuldade se achão".[76]

Para além da doutrinação, em medidas concretas, encontramos pouca coisa documentada. Por exemplo, há o registro de editais da Câmara de São Paulo, para que se cumprissem ordens no sentido do aumento da lavoura de algodão[77] e da mandioca.[78] A documentação

---

[71] A enxada não traz à tona as terras mais profundas, que são virgens de adubação. A vantagem do arado, mesmo que só empregado sem profundidade seria a "brevidade e a abundancia o que não pode conseguir-se com a enchada, que hé vagarosa" (Ofício do Morgado de Mateus ao conde de Oeiras, São Paulo, 23 de dezembro de 1766. DI 23, p. 7).

[72] Sérgio Buarque de Holanda, *Caminhos e fronteiras,* p. 249-50.

[73] DI 67, p. 144.

[74] Todas as publicadas em DI 67 e datadas respectivamente de 15 de janeiro de 1767 (p. 44); 22 de junho (p. 170) e 29 de agosto (p. 201-2).

[75] O Morgado de Mateus era insistente no apelo que fazia aos paulistas, "deixem-se do engano das rossas da vadiação da caça, porque tudo se lhe hade acabar em breves annos, deixando-os totalmente expurios, e cada vez mais pobres se senão costumarem a trabalhar na agricultura dos campos, em que podem colher muitas e repetidas produções para o seu sustento se os fabricarem como deve ser porem como a todos parece que as rossas hão de ser sempre duráveis, e senão querem persuadir que se trabalharem em poucas braças de terra, podem fazer hua fazenda de grandes lucros em que possão sustentar-se deixal-a com valor certo a seus filhos, sem que estes fiquem como naturalmente ficão todos na pura vadiação de não trabalharem e expostos a viver nas inclemencias de um sertão" (DI 67, p. 201-2).

[76] Ofício do Morgado de Mateus ao conde de Oeiras, São Paulo, 30 de janeiro de 1768 (DI 23, p. 374-77).

[77] Visando a fábrica de tecidos em Santos que, como já vimos, foi impedida por Oeiras. Quem alcançasse a produção anual de doze arrobas teria "seus filhos isentos da praça de soldados" (Registro de um edital, São Paulo, 7 de setembro de 1765. RGCMSP, v. 11, p. 162-4).

[78] RGCMSP, v. 11, p. 227-8 e 238-9.

traz incessantes planos em relação aos pinheiros das proximidades de Paranaguá (para mastros de navios) e a embé (para confecção de cordas?) salsaparrilha, arroz, anil...

Os quase dois anos de pregação parecem ter produzido poucos efeitos. Em 1768, o Morgado de Mateus continuava a clamar, sem ser ouvido, contra o "mau método da lavoura".

Queixava-se a Pombal:

> Ainda que seja contra a universal opinião não só dos habitantes desta America mas tãobem de todos os que por espasso de tantos annos tem passado da Europa para este novo mundo, devo afirmar a V. Excia. por me ajudarem já as luzes de huma mais clara, e bem advertida experiência, que se esta me não engana hé falso tudo quanto se diz de que estas terras não são capazes de admitir arado, e lavoura, e só podem dar fructo aonde ha mato virgem [...] [79]

A única explicação para essa teimosia era a negligência e a preguiça dos naturais. E aos reinóis culpava de, por terem sempre a esperança de regresso, não se apegarem à terra como deviam. E entre estes, como entre aqueles, poucos conheciam as técnicas de lavoura. Não queriam, na sua maioria, se submeter ao trabalho braçal, considerando aviltante e destinado a negros e índios.

Embora sem ver resultados concretos, a ação do Morgado de Mateus nunca deixou de ser intensa e constante, para que a agricultura fizesse progresso na capitania. Antonio Manoel de Melo Castro e Mendonça, capitão-general de São Paulo de 1797 a 1802, em sua "Memoria Economico Politica de São Paulo" testemunha a favor de D. Luís Antonio: "apezar das continuas expedições que fez ao Iguatemy aquelle General, e de outras muitas, que projectou e principiou a querer realizar nunca perdeo de vista a mencionada instrucção". [80]

> De muitas cartas que se achão nos Livros da Secretaria deste Governo se deprehende quanto anciozamente cuidava na Agricultura e quanto animava os povos a emprehender os seus trabalhos; e certamente a cultura do algodão ainda que pouco avultada nesta Capitania estaria hoje apenas no berço, se a sua porfiada deligencia não desvanecesse os obstáculos, que nella encontravão os Lavradores. [81]

---

[79] São Paulo, 30 de janeiro de 1768 (DI 23, p. 374-7).

[80] A Instrução a que Melo Castro e Mendonça se refere é a Carta-Instrutiva de Pombal, datada de 22 de julho de 1766. Nela o governo lembrava ao Morgado de Mateus que era da agricultura e do comércio que provinha a maior riqueza dos povos (AHU, Lisboa, Cód. do Conselho Ultramarino, 423, nº 31) e que já mencionamos em nota deste capítulo.

[81] AMP, São Paulo, 15, p. 199-217, 1961, e em DI 44.

O fato de um navio chegado a Santos[82] ter voltado a Lisboa sem levar "comércio" foi interpretado pelo Morgado de Mateus como desinteresse e não como ausência de gêneros para comprar.[83] Já os havia, mas ao carregador estrangeiro só interessava levar ouro e não os efeitos do terra.[84] "Isto faz com que se atraze a lavoura, que eu tinha, com muito disvello, promovido desanimandose os Lavradores, para plantarem de novo, com a pouca saida dos seus fructos."[85] Mas a verdade é que a questão não estava numa má vontade gratuita dos responsáveis pelos navios. Aqui não era como "nos mais portos desta America, onde esperão os effeitos, e não os Navios pellos effeitos".[86] Se as embarcações fossem esperar que pudesse se reunir a carga suficiente para rastreá-las, seria necessário tanto tempo que se tornaria uma operação altamente prejudicial ao interesse comercial dos proprietários destas.[87] Portanto, D. Luís Antonio superestimava a produção que pudesse haver em Santos.

A documentação é farta nesse tipo de argumentação. Entretanto, são escassos os comprovantes de resultados concretos que refletissem terem sido acatados os apelos do governador. Em fevereiro de 1768, o Morgado de Mateus dizia já ter contatado diretamente os lavradores para a promoção do plantio de algodão e arroz.[88]

Aliada à dinamização do comércio interno e externo, havia a premente necessidade de suprir as tropas das suas "munições de boca". Aliás, esta parece ter sido a razão principal pela qual, em 1772, ordenou o governador a "dobrada lavoura" em toda a capitania. Pela "Ordem-circular as Câmaras sobre plantação, de mantimentos", os juízes e oficiais da Câmara deveriam promover "dobrada lavoura de milho, feijam e arros" nos respectivos distritos das vilas, freguesias e fazendas adjacentes.[89] Caberia àquelas autoridades, diante do rendimento de cada uma das lavouras, estabelecer o quanto devia ser acrescentado, segundo as respectivas possibilidades, calculado o rendimento de seus dízimos.[90]

---

[82] Ver adiante, quando tratarmos das medidas do Morgado de Mateus em relação ao comércio, a questão da abertura do Porto de Santos.

[83] Havia açúcar, ainda que não em grandes quantidades.

[84] Ofício do Morgado de Mateus ao conde de Oeiras, São Paulo, 2 de fevereiro de 1768 (AHU, Lisboa, "São Paulo", Doc., nº 2383).

[85] Ofício do Morgado de Mateus a Francisco Mendonça Furtado, São Paulo, 12 de julho de 1768 (AHU, Lisboa "São Paulo", Doc., nº 2423).

[86] Ofício do sargento-mor João Ferreira de Oliveira ao Morgado de Mateus, Santos, 9 de julho de 1767 (DI 23, p. 387-8).

[87] Ibidem. O signatário menciona o caso de um navio de "tão grande porte que só para lastro preciza de 600 cayxas de assucar".

[88] Ofício do Morgado de Mateus ao conde de Oeiras, São Paulo, 2 de fevereiro de 1768, cit.

[89] A ordem é datada de 29 de abril de 1772 (DI 33, p. 57). O Diário de Governo (AM/BN, cit.) anota para esse dia que a ordem foi enviada para Itanhaém, Itapetininga, São Sebastião (vários bairros), São Roque, Arariguama, Parnaíba, São Vicente e São João de Atibaia. Da resposta deveriam constar o nome do lavrador e quantidade aumentada respectivamente de milho, feijão e arroz.

[90] "[...] dobrada lavoura de milho, feijam e arros, lançando e repartindo formalmente por cada hú dos moradores, sem excepçám de pessoa, o que de novo devem acrescentar nas roças deste anno e das futuras, para

Em resposta, os camaristas de Atibaia, embora usando linguajar que ressalvasse seu maior respeito e acato à autoridade do governador, procuravam justificar a produção da forma como se processava.

Pela maneira como se expressara D. Luís Antonio, ao impor "as cargas de nova e superabundante planta, a todos sem excepção de pesoa. Se devia intender que todos sem excepção de pesoa, herão vadios". Mas eles pensavam que, pelo contrário, "cada hum planta de milho, feijão, arroz e outros materiais quanto pode e alcança a sua posse, e não mais por que mais não podem". Assim, pediam que a ordem só se aplicasse aos vadios. A produção dos lavradores fosse aceita tal qual se apresentava. O pouco rendimento que por vezes havia era devido à ausência de alguns (que tinham se encaminhado aos novos descobertos do Jaguarí), à inclemência do tempo, ou às pragas, mas não à negligência.[91]

Quando, em janeiro de 1768, o governador comentava o estado da lavoura e comércio, repetia as possibilidades de abundância de colheita de açúcar e arroz. Lamentava que a produção de três mil ou quatro mil arrobas de algodão que algumas freguesias haviam alcançado não tinha compradores. Essa é uma das escassas menções que o Morgado de Mateus faz aos produtos da terra com dados, e não apenas no sentido de apelos e incentivos. Os dados concretos[92] para o açúcar só aparecem para depois de 1775. Hilda Pivaro, Suely Robles de Queiroz e Maria Thereza Petrone,[93] baseadas na documentação e em cronistas que se preocuparam com o estado econômico de São Paulo nos fins do século XVIII e inícios do XIX, dão volume de produção do açúcar, mas para época posterior

---

cujo efeito foram hú calculo pelo rendimento dos Dizimos e avanço dos Dizimeiros, afim de saber-se o que até agora costumavão plantar segundo as suas possibilidade, e o que de novo deve haver de acrescimo para de todo o aumento (feitas que sejão as referidas plantas) se me dar logo o mesmo calculo e rellaçam de todo o acrescimo com certidão da mesma Camara [...]" (DI 33, p. 57-8). "A arrecadação dos dízimos e quintos sobre a produção, exceção feita do ouro, era entregue a comerciantes investidos do poder de cobrar e realizar arrecadações. Eram os chamados dizimeiros. Mediante um preço único previamente arbitrado, após a arrecadação dos dízimos e quintos, faziam recolher ao Erário Real o valor total da produção recolhida em nome do Rei; depois realizavam por sua conta própria o comércio desse produto, ganhando a diferença de preços decorrentes da venda. Como esses dizimeiros operavam em nome do rei, estavam isentos dos impostos de exportação e dos fretes a que os colonos se tinham de sujeitar. Caio Prado Júnior relata-nos os abusos praticados por esses dizimeiros durante a arrecadação do imposto *in natura*, ao mesmo tempo que enriquecia o Reino de Portugal, permitia que se locupletassem os que gozavam do favor do recolhimento dos dízimos e quintos" (Dorival Teixeira Vieira, "Política financeira". In: *História geral da civilização brasileira*, t. 2, v. 2, p. 344).

[91] *Diário de governo* (AM, BN, cit.).

[92] Outra referência é a que o "arroz produz aqui com muita facilidade e abundancia, o assucar hé mais barato porque se fabrica de Engenhoca com pouco custo, sem as graves despezas dos Engenhos antigos (DI 23, p. 382-92 e 392-6).

[93] Respectivamente em: *Processo de recuperação da economia paulista*, de 1765 a 1850, s. d. (tese mimeogr.); "Algumas notas sobre a lavoura do açúcar em São Paulo no período colonial" (APM, t. 21, 1967), e *Lavoura açucareira em São Paulo*. Para a produção na região bragantina, ver o estudo de Beatriz Westin de Cerqueira, *Região bragantina: estudo socioeconômico*.

à que estudamos, é evidente que a maioria desses resultados originou-se diretamente do incentivo recebido durante o período do Morgado de Mateus. Como vimos, foi justamente essa a idéia esposada por Melo Castro e Mendonça.

Se se visava a uma produção agrícola em âmbito comercial, era necessário preparar-lhe a infra-estrutura.

O Alvará de 10 de setembro de 1765,[94] que abolia o sistema de frotas, foi decisivo para o comércio de São Paulo. Para Antonio Manuel de Melo Castro e Mendonça, com aquela medida, ficava

> livre o Commercio desta Capitania, e ella nas circunstâncias, de permuttar os seus generos, ou nos proprios portos ou no de Outras Capitanias, como bem parecesse aos seus habitantes, tudo por beneficio daquella saudavel e previdente Ley [...] pouco a pouco sahindo os povos do profundo Lettargo, em que jazião se foram abalançando aos trabalhos d'Agricultura, e applicaçõens do Commercio de tal maneira [...][95]

As razões daquela resolução régia (que consta do texto do mesmo Alvará) foram as inconveniências decorrentes da sujeição do comércio da Bahia e do Rio de Janeiro às frotas:[96] o intervalo entre uma frota e outra acarretava deterioração dos produtos, assim como atrasos nos pagamentos. Da demora também aproveitavam-se fraudulentamente os intermediários, que retinham "importantes quantidades de cabedaes alheios que po-dião ter girado nas Praças de Lisboa e do Porto". Agora, exceção feita aos casos em que o comércio estava vedado (por "privilegios exclusivos"), podiam os negociantes despachar seus navios quando bem entendessem.

Um outro Alvará de 2 de junho de 1766[97] viria completar a liberdade do comércio. Por ele, seria possível a navegação entre os portos coloniais, desobrigando-se as embarcações da "direitura" entre Lisboa–Rio ou Lisboa–Bahia. A produção paulista podia sair pelo Porto de Santos. Além disso, abriam-se as oportunidades para o comércio de cabotagem.

---

[94] Alvará de 10 de setembro de 1765, citado na nota 4.

[95] A.M.M. Castro e Mendonça, op. cit.

[96] Santos não era mencionada no alvará, porque era de muito pouca consideração o que saía por ali para Portugal, "he sem duvida que os Navios que aqui vem, sempre daqui levão suas aguas ardentes de cana e outras couzas mais, porem couza limitada e muito mais levarião se o houvesse [...]" (Ofício de João Ferreira de Oliveira ao Morgado de Mateus. DI 23, p. 196).

[97] *Colleção de leis, decretos e alvarás... d'El Rei Fidelissinio D. José I*, t. 2, p. 310.

Em "Bando para se franquear o comercio em todos os Portos do Brazil", de 27 de junho de 1767, comunicava o governador o referido alvará.[98]

No século XVIII, em razão da excessiva importância de Minas Gerais, deu-se a valorização do Porto do Rio de Janeiro. Santos, que nunca a tivera, em virtude da "interiorização" da evolução paulista, experimentaria naquela centúria a sua "fase de maior decadencia".[99] Perdera até os escassos cinco ou seis navios que anualmente o procuravam, interrompendo-se mesmo a ligação direta com Portugal e Angola; o Porto de Santos passou a ser tributário do Rio de Janeiro.[100] Santos, como nota Araújo Filho, não destoava da pobreza da Capitania de São Paulo, da qual, "como a própria capital, constituía um reflexo".[101] Com as possibilidades que os referidos alvarás traziam, era preciso adequar as condições técnicas do porto a um movimento maior, assim como estimular a produção destinada ao comércio externo.

Em 1767, chegou-se a formar, em Santos, uma Companhia do Comércio.[102] Os sócios procurariam angariar gente, também em São Paulo ("onde ha sogeitos com possibilidades suficientes") e em outras cidades para negociar, naquele comércio, a cuja frente estava o sargento-mor de Santos João Ferreira de Oliveira. Sua tarefa seria comprar os gêneros da terra e revendê-los aos carregadores. Aliás, pelo teor da carta que lhe escreveu D. Luís Antonio, parece que a idéia partiu de Oliveira.[103]

Em São Paulo, entretanto, não houve receptividade à Sociedade. O governador declarava a Oeiras que os camaristas não aceitaram a idéia, e que eram poucos os negociantes que aderiram. Mas ele procurava ainda atrair "homens afazendados". Estes poderiam fornecer açúcar e arroz suficientes para movimentar a Sociedade.[104] Ao mesmo João Ferreira de Oliveira, D. Luís Antonio ordenava que notificasse aos comerciantes de Lisboa sobre as possibilidades daquele comércio.[105]

---

[98] DI 65, p. 158-99.

[99] José Ribeiro de Araújo Filho, *Santos, o porto do café*, p. 49.

[100] Maria Conceição Vicente de Carvalho apud J. R. de Araújo Filho, op. cit., p. 50.

[101] Araújo Filho, op. cit., p. 50.

[102] D. Luís Antonio teria pensado na Sociedade, a exemplo da Companhia de Comércio do Maranhão, que ele mencionou em carta ao sargento-mor de Santos (DI 67, p. 169), "Refleti sobre o papel que Vossamecê fez e lhe acho razão, e conformando-me com a opinião de Vossamecê lhe recomendo que Vossamecê sem perda de tempo convoque os seus amigos e aquellas pessoas que lhe parecer, para formar-mos entre os dessa Villa e os desta Cidade huma sociedade de negocio para o Reyno, que da minha parte me obrigo a fazer concorrer os gêneros de toda esta Capitania para esa Villa por preços moderados, havendo quem os compre, e fico dando as providencias necessárias para se consertar o caminho do Cubatão São Paulo, 20 de novembro de 1767 (DI 68, p. 27-8).

[103] DI 23, p. 389-92.

[104] DI 23, p. 385. Esse ofício é de 2 de fevereiro de 1768. Como não há documentação sobre a evolução da Sociedade, é possível que o plano não tenha sido alcançado.

[105] DI 23, p. 195-6.

Na verdade, eram muitas as dificuldades para a adequação de Santos ao comércio. Uma das questões fundamentais eram os problemas viários. O sistema de comunicações entre São Paulo e Santos era bastante deficiente, como de resto o era toda a rede de caminhos na capitania, e mesmo em toda a colônia. Com exceção apenas das regiões que podiam se servir dos rios navegáveis e que estavam mais bem aquinhoadas.

Pasquale Petrone distingue as sucessivas fases da utilização do caminho do mar, a partir dos fins do século XVII.[106] De uma progressiva valorização, que atingiria o auge ao findar o primeiro quartel daquela centúria,[107] a comunicação entre o planalto e o litoral, através da serra do Mar, passou a viver, às vésperas da restauração, o mesmo marasmo de toda a capitania. Em todas essas fases foi o ouro o animador do caminho que demandava o porto. E subiam a serra as mercadorias destinadas não só às zonas de mineração, mas aquelas destinadas a todo o interior.

Ao tempo do Morgado de Mateus, a ligação entre Santos e São Paulo foi fator importantíssimo na questão da militarização da capitania. É abundante a documentação a respeito dos apetrechos militares que demandavam, principalmente, o Iguatemi. Diante dessa necessidade, e depois com vistas ao escoamento da lavoura pelo Porto de Santos, o Morgado de Mateus preocupou-se com as condições do caminho entre São Paulo e Cubatão, por onde se fazia, por água, a comunicação com Santos.

Em Portaria de 18 de fevereiro de 1768, ordenava o governador a abertura de um caminho novo "desde esta Cidade té ao Cubatao do rio de S. Vicente". Era preciso que se procurasse a menor distância, a menor altura da serra, e a menor dificuldade de passar a varja do rio Grande.[108] Para tanto, que arrecadasse gente das ordenanças. Visava a medida melhorar a comunicação entre São Paulo e Santos. O interesse era não só facilitar o comércio dos gêneros que desciam a serra, como o sal, produtos manufaturados e armamento, que demandavam o planalto. O mau estado em que se encontrava aquele caminho trazia danos ao comércio e às munições necessárias às expedições.[109] Um ano

---

[106] Pasquale Petrone, "Povoamento e caminhos no século XVIII". In: *Baixada Santista*, v. 2, p. 76-138

[107] Quando o ouro de Goiás e Mato Grosso saía por Santos (P. Petrone, op. cit., p. 77). A respeito da antiga grandeza de Santos, dizia o governador: "Os seus edifícios ainda mostrão em parte a riqueza que tiverão os seus antepassados, do tempo em que o ouro das Minas corria por este canal, porem ao depois que o dito Ouro passou pelo Rio de Janeiro aonde he mais conveniente, porque se evita o risco do mar, que não he tão pequeno, que corre deste aquelle porto [...] se foy diminuindo [...] athe [...] que hoje se não acha aqui dinheiro [...]" (Santos, 13 de agosto de 1765. DI 72, p. 71).

[108] "Portaria para o Tenente Francisco Nobre da Luz abrir novo caminho desde esta Cidade té o Cubatão Geral do Rio de S, Vicente, onde se embarca para a Villa de Santos" (DI 65, p. 197).

[109] "Porquanto são notórias as ruínas, e precipícios com que se acha desbaratado do caminho do Cubatão, sendo tão grandes as dificuldades que nelle se experimentão, que tem afugentado della os viandantes, transportando o comercio a outras partes com notável detrimento do bem commum dos Povos [...]" São Paulo, 11 de agosto de 1769 (DI 65, p. 279).

depois, ordenou-se às pessoas de "qualquer estado, grao ou condição" que tivessem a propriedade dos terrenos junto ao caminho, que passassem aos trabalhos de conserto e conservação nos seus respectivos trechos. O Morgado de Mateus pretendia que o caminho perdesse as suas características de simples trilha indígena por onde só se pudesse passar a pé, transformando-o em "estrada para passarem por ella carros e todo o trem que for necessário em todas as ocaziões do Real Serviço".[110]

Durante todo o seu governo, foram inúmeras as vezes em que o Morgado de Mateus preocupou-se com a melhoria das condições de trafegabilidade entre São Paulo e Cubatão. Entretanto, no dizer de José Gonçalves Salvador, quando em seu *Os transportes em São Paulo no período colonial*[111] se refere a esses esforços, "ainda era um pouco cedo para obra de tanto vulto, necessitada de recursos e de gente capacitada". Só anos depois houve condições propícias para que o governador Bernardo José de Lorena construísse a sua famosa "Calçada do Lorena".

Além dos incentivos a que já nos referimos, para que a lavoura produzisse à altura de alimentar o comércio exterior,[112] o governador pensou em estabelecer transação direta do vinho, entre Portugal e Santos. Escreveu ao governador de Armas do Porto, para que intercedesse junto aos comerciantes e à Companhia de Vinhos do Alto Douro, para que enviassem seus produtos para Santos, carregando, em troca, algodão e arroz.[113] Essa medida poderia ser uma forma de combater a interferência dos intermediários estrangeiros, notadamente os ingleses.[114] Estes, servindo-se do comodismo dos paulistas, dizia ele, impingiam-lhes suas mercadorias, como bem entendiam. (Demonstrava assim ter a mesma posição de Pombal a respeito da interferência inglesa na economia portuguesa.)

Ao enumerar ao primeiro ministro todas as despesas que tinha o governo, dizia o Morgado de Mateus:

> à sombra destes trabalhos vem a Inglaterra, sem susto nem despeza, desfructar tranquilamente o melhor e mais puro cabedal de todos estes habitantes, porque, adormecidos na natural occiozidade, e recostados no descanço da sua mal entendida vaidade, pagão fielmente nas Tendas e Logens de negocios (que se compoem

---

[110] DI 65, p. 280.

[111] José Gonçalves Salvador, "Os transportes em São Paulo no período colonial" (Subsídios para a história de São Paulo), RH, São Paulo, v. 19, n. 39, p. 81-141, jul.-set. 1959.

[112] Por exemplo, entre outros, comunicou ao diretor da Aldeia de São João dos Guarulhos: "já vem chegando navios do Reyno a Santos; hé precizo que Vossa Mercê prepare o de que elles hão de carregar para haver muitos lucros" (DI 67, p. 162-3).

[113] São Paulo, 27 de março de 1767 (DI 23, p. 154).

[114] Ofício do Morgado de Mateus ao conde de Oeiras, em 22 de fevereiro de 1769 (DI 19, p. 282-4).

pela mayor parte de effeitos Estrangeiros) tudo quanto os seus escravos diariamente lhes ganhão, o tirão nas suas Lavras, ficando ainda em cima empenhados para nunca possuirem de seu um só vintem [...]

Os gêneros coloniais que para D. Luís Antonio melhor poderiam concorrer a esse giro comercial, além do açúcar e do arroz, eram numerados em carta ao ouvidor de Paranaguá: madeira para mastros e construções, óleo de amendoim e mamona, algodão, amoreiras, lãs e cipó.[115]

Em julho de 1767, o governador folgava em saber que chegavam navios para dar princípio ao comércio. Comunicava ao sargento-mor de Santos que as embarcações deviam voltar para o Reino, carregadas de gêneros da terra obrigatoriamente. Que se apressasse em "juntar os algodoens e serrar madeiras".[116] E não compartilhava do desânimo daquele oficial, com relação à pouca disponibilidade de material em Santos. Reiterava que "toda a terra tem comercio; o ponto hé sabe-lo fazer [...] haja quem compre que eu farey plantar tantos algodoens, que lhes baratem, de sorte que possa fazer conta para transportar para fora [...]".[117]

Para efetivação do comércio, tanto interno como externo, era preciso que os paulistas pudessem dispor de boa rede de caminhos.[118] Da mesma forma, deviam dispor de feiras, onde pudessem vender a sua produção. Essas feiras deviam ser semanais, e em dias certos na capital e nas várias vilas da capitania.[119]

O método como se processava o comércio interno causava prejuízos: "Os fiados hé outra perdição dos negócios", dizia o governador. E mais, "como está em uzo fiarem todos, quem não fia não vende".[120] Os negociantes, para garantia sua, já vendiam mais caro do que o necessário. Com o costume do fiado as pessoas acabavam por gastar para muito além das suas posses. Só o comprar a crédito é que podia sustentar um luxo no vestir, que não era compatível com o rendimento da maioria da população. Alice Canabrava, em seu estudo sobre os níveis de riqueza na capitania, naqueles primeiros anos, conclui

---

[115] DI 67, p. 165-6.

[116] DI 67, p. 163-4.

[117] DI 67, p. 169.

[118] Exemplos em DI 64, p. 40-1, e outros documentos que tratam da construção ou melhoramento dos caminhos.

[119] "[...] o faltão algumas couzas dignas de reparo, em que parece se precisa a providencia de V. Excia. portanto não há feiras em parte alguma desta Capitania nem nesta Cidade em que se cumulam os fructos e se faça girar o comercio, utilizando-se cada hum do que lhe sobeja vendendo; e tão bem comprando aquelles de que necessita" (Ofício do Morgado de Mateus ao conde de Oeiras, São Paulo, 11 de dezembro de 1766. DI 73, p. 68). Isso, apesar de que o governador reconhecia que pouco sobrava para ser vendido, pelo menos por ora.

[120] DI 23, p. 392-6; ver também p. 33.

que os setores mais lucrativos do comércio eram os do gado, do sal, das manufaturas e dos escravos.[121]

O governador julgava o comércio dos animais, trazidos do Viamão, como "o negocio mais limpo que tem esta Capitania de S. Paulo". Por isso se insurgia contra o estabelecimento de fazendas de éguas e burros em Minas Gerais. Desde 1764, a criação de muares era permitida em todo o Estado do Brasil, e contra isso insurgiu-se o Morgado de Mateus em 1768.[122] É que São Paulo via prejudicada a sua mais lucrativa atividade. Se desenvolvida em Minas, poria fim ao meio de vida de muitos paulistas. Além disso, proporcionava ao governo os rendimentos das passagens pagas nos Registros, assim como o povoamento da zona sulina.[123] Mas, não obstante ter proibido a passagem de animais que se destinavam às fazendas mineiras, eles continuavam a ser levados por via marítima, entre Laguna e Rio de Janeiro (ou suas proximidades). O capitão-general de Minas reconhecia perfeitamente a legitimidade de argumentação de D. Luís Antonio. Comprometia-se a dar as necessárias providências para que a criação muar não se desenvolvesse em Minas Gerais.[124]

Também ao vice-rei, na época o marquês do Lavradio, o Morgado de Mateus levara seu ponto de vista:

> O principal negócio desta Capitania hé a compra de bestas que se vão buscar à Fronteira de Viamão; a passagem deles e os Direitos que pagão nos Registos são a principal renda que tem a Provedoria de Viamão e a de São Paulo e a assistência deste comercio hé o que dá exercicio ao maneyo dos dinheiros particulares, modo de vida aos que vem do Reino e que faz conservar a Povoação nas Fronteiras e o trafico mayor destes habitantes.[125]

Ora, tudo isso estaria perdido com a introdução da criação em Minas. Como não visse solução no simples proibir de passagem, uma vez que os muares podiam ser conduzidos por mar, pedia providências ao vice-rei. Em iguais termos recorria ao primeiro-ministro,

---

[121] Alice Canabrava, op. cit., p. 33.

[122] J. Alipio Goulart (op. cit.), no capítulo "Reação de São Paulo contra a criação de muares em Minas", estuda detalhadamente o problema.

[123] "[...] neste tráfico lucrão os que tem dinheiro, e o emprestão, ganhão os que vão comprar, utilisão-se os Fazendeiros, que povoão a Fronteira e nas passagens dos Registos pagão a Sua Magestade concideraveis direitos [...]" (Ofício do Morgado de Mateus ao conde de Valadares, capitão-general de Minas Gerais, São Paulo, 13 de novembro de 1769. DI 19, p. 414).

[124] Reconhecia ele que tal procedimento traria a decadência dos Direitos do Rei, assim como o despovoamento da Fronteira, "por nam haverem lucros que entretenham os seus habitantes" Vila Rica, 5 de fevereiro de 1770 (DI 14, p. 264).

[125] São Paulo, 11 de novembro de 1770 (DI 34, p. 284-5).

já então marquês de Pombal, em fevereiro de 1772.[126] E a Martinho de Melo e Castro era enviada a "Rellação dos direitos que se pagão desde o Rio Grande de São Pedro do Sul ate as Minas Geraes de cada Besta, Cavalo, e cada huma Cabeça de gado vacum".[127] Paralelamente, mostrava a "Rellação de quanto rendem as Bestas que tem em Minas Geraes para a Fazenda de Sua Magestade", mostrando numericamente a desvantagem que a Coroa teria.[128] Mas as ponderações de São Paulo não foram ouvidas, aumentando cada vez mais o número de fazendas em Minas Gerais.[129]

Quanto ao sal, Santos não o recebia "em direitura", pois, declarava-se, não havia carga para os respectivos navios levarem de retorno. A preciosa mercadoria chegava da Bahia ou do Rio de Janeiro. Depois vinha parte dela ter a Santos, o que acarretava dificuldades e carestia. O Morgado de Mateus explicava a Pombal, logo no início de seu governo, que o sal vinha da Bahia para Santos numa só sumaca. Esgotada esta (o que ocorria logo), os paulistas viam-se obrigados a comprá-lo no Rio de Janeiro.[130] Pedia que o contratador para Santos não fosse o da Bahia, a fim de ser possível aumentar esse rendimento para a Provedoria paulista.[131]

Acerca dos negócios de escravos não há dados para as entradas em São Paulo, na época. Pelos recenseamentos é possível saber seu número em relação à população, mas não quanto ao volume de negócios, sobre as pessoas envolvidas nesse comércio etc. Seu número em São Paulo era muito inferior ao de outras capitanias. Eram absorvidos na cultura de subsistência e nos serviços domésticos. Por muitas vezes, o governador comentou sobre o prejuízo que representava para uma economia pobre, como a de São Paulo, a manutenção de escravaria. A gente mais abastada, demonstrava, através de ostentada ociosidade, a preocupação com a "mantença de padrão de aparencia".[132]

Havia um artesanato que visava apenas suprir as necessidades locais. Pelas funções que alguns documentos apontam, deduzem-se suas especialidades: as ligadas à marcenaria, ferraria, construção civil, confecção de roupas e calçados etc.[133]

---

[126] DI 69, p. 119.

[127] DI 69, p. 254-6.

[128] DI 69, p. 256-8.

[129] José Alípio Goulart (op. cit.) comenta documentado em carta de Martinho de Melo e Castro que, pelo menos até 1788, ainda vigorava a autorização de criação de muares em Minas.

[130] Ofício do Morgado de Mateus ao conde de Oeiras, Santos, 18 de agosto de 1765 (BN, SM, II, 35, 21, 2). Segundo indicações de Myriam Ellis (*O monopólio do sal no Estado do Brasil*) fora tentado um contrato do sal para São Paulo, separado do do Rio de Janeiro e do da Bahia. Mas não chegara a vigorar, porque o preço imposto não interessou aos paulistas.

[131] M. Ellis, op. cit., p. 200. Ora, devia haver irregularidades nessa questão, pois segundo Myriam Ellis, "de 1732 em diante o porto de Santos foi obrigatoriamente incluído nos contratos, em razão do problemático abastecimento de sal para a Capitania de São Paulo pelo porto de estanque do Rio de Janeiro".

[132] No dizer de Alice Canabrava, op. cit., p. 120.

[133] Ibidem.

Quanto às possibilidades industriais, descartada a idéia inicial de industrializar o algodão em Santos, os esforços do Morgado de Mateus foram principalmente em torno do ferro e da extração de madeiras e seu aproveitamento. A utilização dos pinheiros seria para a fabricação de mastros e barcos. Toda a Comarca de Paranaguá os tinha em abundância. D. Luís Antonio sugeria que se sua extração pudesse ser entregue a particulares, as despesas seriam menores para a Coroa.[134] Os pinheiros poderiam ser aproveitados para fornecer resinas, principalmente os localizados mais para o interior, de onde seria mais difícil transportar os troncos até o litoral. Sua utilidade seria principalmente para o fabrico do alcatrão, misturando-se-lhe o óleo extraído da baleia.[135]

Também o governador preocupou-se com o corte indiscriminado dos "mangues", existentes na Baixada Santista e de grande utilidade para a extração do tanino. As medidas contra a sua total extinção, proibindo sua utilização como lenha e ordenando que só se cortassem as árvores já maiores, foram aprovadas por Oeiras.[136]

A pesca da baleia e seu respectivo contrato receberam também a atenção do Morgado de Mateus. Logo após sua chegada a Santos, já escrevia a Oeiras sobre seus planos para construção de Armação na Praia do Góis, junto à Fortaleza da Barra Grande, cujos serviços viessem completar a Armação de Bertioga.[137] Isso poderia, inclusive, possibilitar o aumento do número de baleias pescadas, pois o fato de transportarem-nas em canoas até Bertioga causava, muitas vezes, a sua deterioração.[138] Aliás, o próprio contratador, na época Peres de Souza, é que havia solicitado uma armação junto à Barra Grande.[139]

O contrato das baleias para São Paulo, entretanto, não teria tido vantagens para a Provedoria de São Paulo, a acreditar-se em queixa de D. Luís Antonio ao vice-rei. Sendo notória a pobreza da capitania, ainda lhe faltavam "as melhores consignações, principalmente a que devia pagar o contracto das baleias".[140] Evidenciava-se assim a falta daquele pagamento. Como em outros setores, permanecia São Paulo completamente à margem da vida econômico-financeira da metrópole.

Os esforços em torno da extração e fundição sistemática do ferro, da melhoria nos métodos da lavoura e rendimento de sua produção, notadamente a do açúcar e a do algodão,

---

[134] São Paulo, 5 de janeiro de 1768 (DI 23, p. 396-7).

[135] São Paulo, 6 de fevereiro de 1768 (DI 23, p. 397-8). A designação para o óleo de baleia era "azeite de peixe".

[136] AHU, Lisboa, Cód. do Conselho Ultramarino, nº 423, 17.

[137] Dados referentes à pesca da baleia, em seus aspectos técnicos, econômicos e jurídico-administrativos podem ser encontrados na obra de Myriam Ellis, *A baleia no Brasil colonial*, 1968.

[138] Ofício do Morgado de Mateus ao conde de Oeiras, São Paulo, 29 de dezembro de 1766 (DI 23, p. 79-81).

[139] Peres de Souza foi o contratador desde "1º de abril de 1755 até o último de março de 1765" (DI 23, p. 306).

[140] Em 23 de dezembro de 1767 (DI 23, p. 303-9).

assim como da defesa do comércio das tropas de muares, incremento ao comércio exterior e aumento na indústria extrativa, não deram os frutos que desejava o capitão-general.

A despeito de considerar relativamente grande o aumento que dera à produção da capitania, D. Luís Antonio, em 1772, ainda o considerava insatisfatório:

> Porem ainda que este augmente não hé pequeno a mim me não satisfaz, nem me parece de muita conta a vista dos grandes meyos que concidero nestas vastas conquistas riquissimas dos melhores e mais preciosos cabedaes do Mundo como são o Ouro, as pedrarias, o assucar, o tabaco e outros muitos generos, e particulares produçõens de que abunda.[141]

Conjecturava com certa amargura sobre a origem da pobreza e do pouco rendimento nas Provedorias, em "meyo de tantas, e tão abundantes riquezas, que poderião fazer render muito mais".

Relembrava ao ministro todas as medidas que tomara para tirar São Paulo desse estado de coisas, sem, entretanto, chegar a resultados que o satisfizessem. Sentia a necessidade de medidas mais radicais do que as tomadas.

> Porque me persuado que estes Estados necessitão de huma volta na Sua Economia interior que emende o mal que os precipita em que Vossa Excelencia sem mudar as leys, nem ordens, nem alterar o governo civil dos Povos tire de hua só vez as causas que tanto impedem (se me não falha a idea) os copiozoz fructos destes riquíssimos estados. O grande Comercio que nelles pode haver e as enchentes de riquezas que podem inundar aos Reaes Thezouros.[142]

E não obstante todas as medidas tomadas, ao findar o seu governo, em 1775, o Morgado de Mateus ainda reconhecia que "os meyos que tem esta Capitania para se conservar são mui deminutos [...]" que o seu cofre continuava "mui desproporcionado aos gastos [...]".[143]

---

[141] Ofício do Morgado de Mateus a Pombal, São Paulo, 26 de fevereiro de 1772 (DI 69, p. 122-4).

[142] Ibidem.

[143] Carta a Martim Lopes Lobo de Saldanha, São Paulo, 23 de junho de 1775 (BN, Lisboa, Seção Reservados, Cód. 4530, p. 48 a 64).

Outras atividades administrativas

> Neste mar procelozo, em que navego *Conduzindo*
> *o destino a tanta gente.*
>
> Do soneto de autoria do Morgado de Mateus
> no "Ato Acadêmico" de 1770

Além dos aspectos burocráticos inerentes à sua função[1] e à ação administrativa relativa às explorações territoriais, ao reerguimento da economia, à militarização e aos problemas da urbanização da capitania, o Morgado de Mateus preocupou-se com outras facetas da vida de São Paulo, que clamavam por soluções, renovação ou simples atenção. Dentre elas, as discussões geopolíticas que envolviam os limites entre São Paulo e Minas e entre São Paulo e Mato Grosso. A implantação de serviços regulares de correio e a melhoria dos caminhos também foram levadas adiante por sua iniciativa.

No campo social, voltou-se para a maneira de ser dos paulistas, tentando detectar a parte que essa mesma maneira de ser poderia ter no estado de penúria da capitania. Além das tentativas de congregação da população em núcleos urbanos, que já vimos, quis melhorar também a situação dos índios. Tomou medidas para sanar o problema dos quilombos, formados por negros fugidos. Também atendeu à melhoria na Santa Casa de Misericórdia.

No setor cultural e educativo, algumas de suas realizações relacionam-se com o "Ato Acadêmico", em 1770, por ocasião das comemorações do descobrimento do Tibagi, os espetáculos da "Casa da Opera" e a organização do ensino.

No capítulo referente às primeiras providências do Morgado de Mateus à frente da Capitania de São Paulo, relatamos suas preocupações com a consolidação da linha fronteiriça entre a área que governava e Minas Gerais.[2]

---

[1] Tais como nomeações, concessões, ordens e portarias referentes ao andamento da vida funcional da capitania.

[2] Ver capítulo "Primeiras providências, posse e proposições".

Aparentemente, a questão devia ter se resolvido com o Assento da Junta de 12 de outubro de 1765. Mas o fato de os "Novos Descobrimentos"[3] estarem situados em área fronteiriça fazia que as autoridades militares das áreas próximas devessem estar sempre atentas a "qualquer acontecimento e movimentos que se fação por parte das Geraes".[4] O capitão Ignácio da Silva Costa, encarregado da posse daquelas áreas mineradoras, havia recebido carta de protesto do governador das Minas que dizia não serem paulistas as terras do Descoberto de Conceição, Era preciso que se consultasse o vice-rei. Porém o capitão já recebera ordens do Morgado de Mateus, que estava convencido da jurisdição paulista. Mas, apesar disso, que agisse com cautela, procurando não criar problemas com o governo de Minas.

Ordenara o governador a abertura de um caminho entre o Registo de Itapeva e aquela área mineradora, para que se controlasse o fluxo do ouro. E solicitava que se apressassem nessa obra;[5] no que, parece, foi atendido.[6] Ignorando o teor do Assento, como confessaria mais tarde, "o qual não sey porque motivo ficou oculto no meo conhecimento",[7] D. Luís Antonio insistia pela posse paulista.

A verdade é que havia grande confusão na questão. Em dezembro de 1766, ao enviar para Lisboa o relatório sobre o "Estado Político" da capitania, o Morgado de Mateus historiava as várias demarcações que haviam sido feitas entre Minas e São Paulo, desde fins do século XVII.[8] Como constata Beatriz W. de Cerqueira Leite,[9] até 1771 havia mais alarde do que achados em

---

[3] Os "novos descobertos" eram os de Nossa Senhora da Conceição do Desemboque, do Jacui, de Cabo Verde e de Jaguari. Esses nomes às vezes confundem-se na documentação. Os primeiros são também generalizados como Descobertos do Rio Pardo. Recorde-se que o achado de São João de Jacuí já era mencionado, em 1764, pelo então vice-rei conde da Cunha, como um dos elementos que tomavam necessária a restauração de São Paulo.

[4] Carta do Morgado de Mateus ao capitão Ignacio da Silva Costa, Santos, 29 de setembro de 1765 (DI 11, p. 88).

[5] Ibidem.

[6] Ofício do capitão Ignacio da Silva Costa ao Morgado de Mateus, Descobrimento (*sic*) de Nossa senhora da Conceição, 19 de outubro de 1765 (DI 11, p. 98).

[7] Ofício do Morgado de Mateus a Martinho de Mello e Castro, São Paulo, 12 de janeiro de 1173 (DI 69, p. 273).

[8] "1. A Primeira e a mais antiga demarcação que teve a Capitania de S. Paulo foy a do Rio Grande, ou Paraná athe o ano de 1690, em que passarão os Paulistas, a descobrirão os Cataguazes."

"2. A Segunda foy pelo morro do Cachambú quando a Camara de Guaratinguetá, foi crear a do Rio das Mortes dividindo se por aquelle Citio no anno de 1714".

"3. A Terceira, quando os moradores quebrarão o marco, e forão por no alto da Serra da Mantiqueira, onde principiou toda a dezordem".

"4. A quarta mandando Sua Magestade restituir outra vez a demarcação ao Morro do Cachambu no anno de 1721".

"5. A quinta quando o Ouvidor do Rio das Mortes, camara e Povo de Villa de S. João de R'Rey veo tomar posse da Campanha do Rio Verde, acrescentando se sucessivamente athé a Serra da Mantiqueira, e depois the o Rio Sapocal que fica muito alem, no anno de 1743".

"6. A sexta foy a que se fez pelo Morro do Lopo, Serra de Mogi Guaçú, e Caminho de Goyazes ... e foy feita no anno de 1749 e existe ao prezente" (DI 73, p.97).

[9] Op. cit., p. 93.

torno do ouro daquela área do rio Jaguari. Mas, quando, naquela data, os núcleos auríferos passaram a produzir, os ânimos se acirraram. O governo de Minas Gerais logo tratou de ali instalar um Registo, não se demovendo com as razões apresentadas pelos paulistas.

O capitão-general de Minas Gerais, conde de Valadares, continuava a manter tropas, junto aos Descobertos, contra o que protestava o Morgado de Mateus, em 1772: "Como não alcanço o motivo porque Vossa Excelencia manda conservar as suas Guardas dentro dos lemites desta Capitania, e talvez haverá nesta materia alguma equivocação a qual poderá ser que esteja da minha parte [...]". Assim, enviaria um homem de confiança sua para que se esclarecessem as dúvidas.[10]

A Martinho de Mello e Castro queixava-se D. Luís Antonio um ano depois. Para o governador, a "devizão desta Capitania com a de Minas Geraes, ainda controvertida e insubsistente" só trazia prejuízos, enquanto não fosse definitivamente obedecido o que se estipulara no Assento de 1765 e passou a dar o maior apoio às atitudes dos paulistas contra os geralistas que estavam invadindo a suposta área da Capitania de São Paulo.[11]

Também havia a necessidade de repartir-se com justiça as terras dos novos descobertos entre os vários candidatos. E o governador impacientava-se em ver tudo resolvido: "As demoras, e embaraços, que tem havido na já enfastiada repartiçam desse descoberto, me da cauza com outras, que novamente ocorrem para ordenar a Vossamece como por esta faço, que no peremptorio termo de quinze dias depois de lhe ser entregue faça a devida repartiçam delle pelas pessoas que ahy se acharem [...]".[12]

Em carta datada de 12 de janeiro de 1773, a Junta da Fazenda Real de São Paulo pedia ao rei que providenciasse o real cumprimento do Assento de 1765, dando fim às querelas. Para documentar a sua solicitação, juntava grande número de documentos, entre eles: o Assento da Junta de 1765; antes da devassa feita contra os oficiais geralistas que haviam desafiado a Guarda do Rio Pardo e várias cartas testemunhando aqueles abusos.[13] Na mesma data, o capitão-general escrevia a Martinho de Mello e Castro, novamente historiando, como fizera em 1766, toda a questão das disputas a respeito dos limites entre São Paulo e Minas. Baseando-se, antes de tudo, no Assento de outubro de 1765, requeria que a gente do governo mineiro recebesse ordem de se retirar o mais brevemente possível da área.[14]

As disputas parecem ter cessado em 1774. Pelo menos assim o afirma o Morgado de Mateus em ofício do rei, a propósito da prisão de um alferes de uma das Companhias de

---

[10] Ofício do Morgado de Mateus ao conde de Valadares, São Paulo, 24 de julho de 1772 (DI 69, p. 318).

[11] Ver a correspondência do Morgado de Mateus com os capitães-mores das vilas adjacentes e com os co-mandantes da Guarda do Rio Pardo e do Jaguari sobre o assunto (DI 64, p. 20 ss.).

[12] Ofício do Morgado de Mateus para o guarda-mor Francisco Jozé Machado em Descoberto do Rio Pardo, São Paulo, 4 de junho de 1772 (DI 64, p. 30-1).

[13] AHU, Lisboa, "São Paulo", Doc., n° 2618.

[14] AHU, Lisboa, "São Paulo", Doc., n° 2620.

Dragões de Minas Gerais,[15] que havia sido designado comandante do destacamento de Jacuí. Aquele militar havia sido preso pelo conde de Valadares porque simplesmente, obedecendo ordens do anterior capitão-general de Minas, prendera os geralistas que haviam se mostrado simpatizantes dos paulistas. Ora, Valadares, temendo que o capitão-general de São Paulo se queixasse dele à Corte, prendeu o oficial. D. Luís Antonio era de opinião que se soltasse o alferes, uma vez que não vigoravam mais as razões pelas quais ele fora preso. Os paulistas e geralistas agora estavam de posse das respectivas terras.[16]

Quanto aos limites com Mato Grosso, foi a fundação do Iguatemi que suscitou a questão. Para o governo daquela capitania, a preocupação maior, ao sul da área sob sua jurisdição, estava voltada para o perigo que representavam. as incursões dos índios Paiaguás. Por isso, o capitão-general daquela unidade, D. Luiz Pinto de Souza Coutinho, no início da década de 1770, pensava em estabelecer um posto militar junto ao Fecho dos Morros – "sobre a margem oriental do Rio Paraguay, afim de segurar o projecto de navegação daquelle Rio Contra o Gentio Payaguá, no cazo que se pratique o que aqui me segurão, remontando o Rio Yguatemy [...]".[17]

Com o estabelecimento da Praça de Nossa Senhora dos Prazeres, São Paulo tomara a si o encargo de um posto avançado naquela arca. No projeto, o combate aos índios hostis não figurava, certamente, como elemento preponderante. O próprio capitão-general dos mato-grossenses reconhecia ser a capitania que lhe cabia governar demasiadamente extensa. "Talvez por falta de conhecimento da verdadeira geografia do Paiz" as autoridades portuguesas tinham atribuído um território muito vasto a Mato Grosso. Uma nova demarcação que possibilitasse a São Paulo estender seus domínios até o rio Paraguai era a idéia defendida por Luiz Pinto de Souza Coutinho. Reconhecia que São Paulo cumpriria com mais eficiência a proteção daquela arca e da navegação naquele rio. Propunha que os dois governantes interessados enviassem a Lisboa um plano nesse sentido. D. Luiz Pinto insistia, passado um ano,[18] sobre a necessidade de mandarem conjuntamente aquela sugestão. Ficariam pertencendo a São Paulo a arca do rio Pardo e a Vacaria mato-grossense. No entanto, a sugestão não terá sido enviada e nenhuma tentativa feita, tanto por parte da metrópole como por parte das autoridades coloniais para que se efetivasse a idéia de Souza Coutinho.

---

[15] Carta do Morgado de Mateus ao rei D. José I, São Paulo, 26 de outubro de 1774 (AHU, Lisboa, "São Paulo", Doc., nº 2681).

[16] Ibidem. Depois da data desse ofício, cessam as alusões à questão dos limites entre São Paulo e Minas Gerais, nas cartas do Morgado de Mateus. Mesmo porque no pouco tempo que lhe restava de governo, sua maior preocupação era para com o Iguatemi, cuja continuidade estava seriamente ameaçada.

[17] Ofício de Luiz Pinto de Souza ao Morgado de Mateus, Villa Bella, 26 de fevereiro de 1770 (BN, Lisboa, Seção Reservados, Coleção Pombalina, Cód. 642, p. 366 e 366v).

[18] Ofício de Luiz Pinto de Souza Coutinho ao Morgado de Mateus, Villa Bella, 1º de abril de 1771 (BN, Lisboa, Seção Reservados, Coleção Pombalina, Cód. 642, p. 366 e 366v).

***

Vimos o interesse de D. Luís Antonio e as freqüentes ordens suas para a construção e melhoria de caminhos. Vimos as medidas tomadas para com o caminho entre São Paulo e Santos. Inclusive, usou o recurso de subscrição popular para conserto da estrada entre Santos e Cubatão.[19]

O governador teve sua atenção também voltada para a questão das comunicações. Desde 1766, procurava se informar sobre a razão de não haver correios regulares em São Paulo; seriam "muito úteis ao bem publico tanto para facilidade dos negócios como para as Correspondências particulares".[20] É que, não sendo a Capitania de São Paulo parte integrante das arcas cujos serviços de Correios estavam subordinados ao Correio-mor, não recebera privilégio de possuir os serviços de distribuição e recolhimento da correspondência pela Carta Régia de 26 de abril de 1730, de D. João V. Antonio da Silva Caldeira Pimentel, então capitão-general de São Paulo, recebera a ordem para que não consentisse "que se estabelleção Correios por terra nesta Capitania, porque este estabelecimento não pertence ao Correyo Mayor do Reyno, e das cartas do mar, porquanto hei de dispor delle como entender ser mais conveniente a meu serviço e bem de meus Vassallos [...]".[21] E o Morgado de Mateus requeria agora, justamente baseado na "conveniência" do próprio serviço real, que lhe fosse autorizado organizar uma espécie de contrato de correios. O que, ademais, seria mais uma forma de rendimento para a Provedoria.[22]

Para a correspondência oficial, quando por terra, usavam-se soldados, possivelmente os de Ordenanças.[23] Esse serviço, quando para o Rio de Janeiro, foi organizado de forma mais ou menos sistemática, uma vez que era necessária a regularidade com que a correspondência devia ir e vir para a metrópole, através daquele porto e da correspondência com o vice-rei. Por isso mesmo se faziam necessárias as boas condições de trânsito entre uma e outra cidade. O percurso entre São Paulo e o Rio de Janeiro, quando por terra, era feito de vila em vila. As respectivas Câmaras Municipais deviam zelar pela conservação das arcas sob sua jurisdição. Em 1772, o Morgado de Mateus parece ter regularizado o serviço da circulação da correspondência oficial entre São Paulo e a capital do Estado do Brasil.

---

[19] Ordens-circulares e portaria de 30 de julho e 11 de agosto de 1772 (DI 33, p. 68-70).

[20] Ofício do Morgado de Mateus ao conde de Oeiras, 15 de dezembro de 1766 (DI 73, p. 95).

[21] Carta Régia de 26 de abril de 1730, anexa ao ofício acima mencionado (DI 73, p. 95).

[22] A sugestão do Morgado de Mateus não terá sido ouvida, uma vez que os correios só serão estabelecidos em São Paulo por Antonio Manuel de Meio Castro e Mendonça, nos derradeiros anos do século XVIII.

[23] Como o demonstra a ordem que D. Luís Antonio passou ao sargento-mor de Santos: "Estas cartas vão para o Continente do Sul, hé precizo que vão por – Parada –, e a toda a deligencia, e sempre devem ir dous soldados, para no cazo de adoecer hum, seguir o outro para diante [...]". Seguindo-se a ordem para que fossem pagos pela Fazenda Real. A data é de 8 de julho de 1767 (DI 23, p. 211).

> Porquanto he essencialmente necessário no serviço de Sua Magestade no tempo prezente que se estabeleção e se conservem paradas promptas a toda a deligencia os avizos e ordens do Real Serviço desta cidade para a Capital do Rio de Janeiro: Ordeno a todos os Capitaens Mores que ficão na derrota do dito caminho que logo recebendo esta, na conformidade das Reaes Ordens, fação establecer nos Seos Destrictos paradas promptas, pelos moradores que se acharem na direcção do dito caminho que dicorre de hum para outro Governo, pelas quaes farão remeter instantaneamente todas as ordens e cartas do serviço que se enviarem de huma para outra Capital [...][24]

E aos particulares, a quem de início era vedado utilizar-se desse serviço, do exclusivo uso do governo, acabou por ser estendido seu usufruto. Assim, um bando de 1773 permitia aos moradores de São Paulo que remetessem suas cartas, através das "Paradas que vão ao Rio de Janeiro".[25] E, em 1774, emitiam-se detalhadas ordens no sentido do estabelecimento regular daquelas Paradas.[26] D. Luís estendia o benefício aos particulares, uma vez constatado que sua sugestão sobre o estabelecimento do serviço de correio não fora acatada.

* * *

Em várias passagens deste trabalho, mormente nos capítulos referentes à economia e à urbanização, fizemos referência às preocupações do Morgado de Mateus em torno da índole da gente paulista e da situação em que se encontrava.

Sentia a necessidade de mudar muito o comportamento da população da capitania, para que se tornasse possível uma obra de reformas que tivesse êxito. Reconhecia, entretanto, ser difícil levar a bom termo tão ingente tarefa: "Eu bem sei que não he possível emendar totalmente as dezordens do mundo: mas creyo que he precizo acodir com remédios quando os males são grandes, e emquanto hé tempo antes que passem aos incuráveis". Dizia-o em longo ofício a Pombal, no qual procurava analisar a situação

---

[24] São Paulo, 11 de outubro de 1772 (DI 33, p. 75-6).

[25] São Paulo, 31 de agosto de 1773 (DI 33, p. 14).

[26] Seriam quatro homens de Ordenança, rendidos de 24 em 24 horas e que estivessem sempre prontos para marchar, "para o Rio de Janeiro serão levados por hua só mão athé a Villa de Mogy das Cruzes, e chegarão no preficho termo de 3 dias à Villa de Guaratinguetá, e as que se dirigem para as ptes. do Sul, ou sejão pela Marinha ou pelo sertão na mesma forma serão conduzidos por hua só mão thé a Villa de Parnahiba ou Porto do Cubatão de Santos, cobrando em cada hua das referidas partes recibo de entrega com declaração do dia e hora em q'ally chegarão; deligencia que espero se execute promptamente com a devida exatidão ao serviço de S. Mage, em que todos serão responçaveis por qualquer falta que prejudique. S.P. aos 31 de janeiro de 1774" (DI 33, p. 136-6).

social de São Paulo, atribuindo aos paulistas muitos dos males de que sofria a capitania. Aludia, entre outros males, ao despreparo daqueles que se destinavam à carreira sacerdotal. Novamente fazia referências à ociosidade como "mal e raiz de muita iniqüidade".[27] Não podia contar com a população para obter funcionários, nem mesmo artesãos que a servissem, inclusivamente, pela própria pequenez de seu número:

> Nestas terras não ha povo, e por isso não ha quem sirva ao Estado: excepto muito poucos mulatos que uzão seus officios, todos os mais são Senhores, ou escravos que servem aquelles Senhores: Estes são obrigados a terem escravos de todos os officios, nenhum hé perfeito, algum official que vem do Reyno, passado pouco tempo logo se mete a Senhor; compra escravos, ensina-os, e passa-lhes o officio, fica recolhendo os jornaes; estes sobem a preços altos e ninguém pode fazer obras; elles não tem que fazer, e está a cidade por edificar.

Aliás, o Morgado de Mateus manifestara, em várias ocasiões, as suas reservas em relação aos "filhos do Reyno que passão a estas terras e não vem dirigidos a quem os governa". Argumentava que acabavam se perdendo na ociosidade, passando de capitania a capitania, quando não aos domínio de Castela. Diria a Pombal, em ofício de fevereiro de 1768, que duvidava da conveniência de virem tantos portugueses. Se ao menos houvesse uma espécie de exame prévio. Ou que viessem destinados a quem respondesse por eles "porque soltos, e vadios nestes Estados despovoão o Reyno, poucos cazão, e se estabelecem".[28] Além disso, o casamento, que seria uma forma de arraigá-los, era sumamente oneroso e dificultoso, do ponto de vista burocrático. Notava também o luxo que se fazia em relação a vestimenta e calçados, muito mais do que no Reino. Eram trajes nada apropriados ao clima, às dificuldades de locomoção e ao não calçamento das ruas. Além do mais, tudo se comprava fiado, prejudicando o andamento do comércio. Também no comer, notava requintes desnecessários; muitos dos gêneros importados podiam ser substituídos muito bem pelos daqui.

Se esse era o quadro que o Morgado de Mateus tinha em relação aos brancos da capitania, também não o era mais animador em relação aos índios e aos negros. Por todo o governo, foi incessante seu apelo para que capitães-mores e diretores de aldeias respeitassem à risca o Diretório dos Índios. Que eles não deixassem de ser pagos por seus serviços. Os índios eram requisitados com freqüência para obras públicas, como

---

[27] Ofício do Morgado de Mateus ao conde de Oeiras, São Paulo, 31 de janeiro de 1768 (DI 23, p. 377-82).
[28] Ofício do Morgado de Mateus ao conde de Oeiras, São Paulo, 4 de fevereiro de 1768 (DI 23, p. 392-6).

consertos ou abertura de caminhos, de pontes, transporte de material de propriedades do governo etc.[29] Ao estudar a posição do governador para com os índios, Machado de Oliveira refere-se à sua política de brandura, citando, enfaticamente, a argumentação que D. Luís Antonio usava para com os seus comandados encarregados de lidar com eles:

> Os índios não são feras, mas homens racionaes; e porisso mesmo que são racionaes hão de fugir dos que os perseguirem, afugentarem, matarem e roubarem suas mulheres e filhos; e pelo contrario hão de buscar e seguir aos que lhe fizerem justiça, e os receberem com caridade, logo que virem que todos os que sahem do mato para as povoações, achem quem alimente as suas vidas, cubra a sua desnudez, ampare os innocentes, e os proteja e defenda, deixando-os em paz, socego e abundancia, e achando-se os índios deste Estado vivendo nos bosques como feras destituídos de todo o conhecimento, não só da civilidade, mas até de que ha uma união universal de racionaes, que se chama sociedade, é necessário advertir que necessitamos de fazer que os índios sejam primeiro homens, antes que possam ser christãos porque, do contrario, seria perder o grão do evangelho, e lançal-o entre as pedras infructiferas.[30]

Por exemplo, em carta ao diretor da Aldeia da Escada, advertia sobre os castigos infligidos aos índios. Lembrava-lhe que o Diretório dos Índios dava-lhe todo o poder de o advertir. E que ele viesse à sua presença para dar contas do que pagava aos componentes de sua Aldeia pelos trabalhos prestados.[31] A política de transformar as aldeias em vilas, integrando a população de índios e brancos e que já analisamos quando estudamos a urbanização, completava o plano para subtrair o indígena da sua marginalização no processo de evolução de São Paulo.

Quanto aos índios do "sertão", eram geralmente ferozes e hostis, como os paiaguás, da região do Tibagi e do Ivaí. Aludimos a eles quando tratamos da conquista dos novos

---

[29] Por exemplo, na "Ordem para a factura de um aterrado na Ponte dos Pinheiros" em São Paulo figurava que se buscassem índios nas aldeias de Carapicuíba, Itapecerica, Mboi e dos Pinheiros (São Paulo, 23 de julho de 1771. DI 33, p. 25). Ou a ordem para que o diretor da aldeia de Pinheiros aprontasse os índios para ajudarem a conduzir, ao Rio de Janeiro, uma "Cavalhada Real" que o marquês de Lavradio havia comprado (São Paulo, 18 de dezembro de 1772. DI 33, p. 82). Ou a ordem para que cinqüenta índios fossem concertar a cerca do Colégio (São Paulo, 19 de novembro de 1773. DI 33, p. 110). Ou a ordem para o diretor da aldeia de Carapicuíba para que garantisse os salários dos índios, por meio de depósitos antecipados, "em ordem a que deste modo não sejão vexados com trabalho sem lucro algum" (São Paulo, 2 de agosto de 1772. DI 33, p. 70).

[30] Instruções do Morgado de Mateus de 1º de julho de 1767, citadas por Machado d'Oliveira, *Quadro histórico da Província de São Paulo*, p. 160.

[31] Ordem datada de São Paulo, 8 de abril de 1767 (DI 67, p. 113).

sertões. Também naquele caso, a política tinha que ser como preconizava Martinho de Mello e Castro, baseada no convencer aos índios de que os portugueses só buscavam a "sua amizade, e de nenhuma sorte o seu captiveiro".[32] Atente-se que naquele caso, dos índios das áreas fronteiriças, a grande preocupação de Portugal era mostrar aos aborígines que seus métodos de tratá-los diferiam dos dos espanhóis.[33]

Com relação aos negros, via o governador que seu emprego apenas prejudicava os paulistas. Não se davam conta estes de que, em decorrência do preço que custavam, mais a sua subsistência, não havia lucros em seu emprego, quando na lavoura. Concordava que era vantajoso seu uso na mineração e na produção açucareira. A falta de progresso na lavoura podia, em parte, ser explicada: "despreza-se o Povo desta honrada occupação. Feita pelos negros, e computados os lucros com as despezas, e custo delles (os negros) não satisfaz a conta, e por esta cauza não se faz mais a precisa".[34]

Um problema freqüente que o governador defrontava era o dos negros fugidos e a formação de quilombos. À semelhança do tratamento para com os índios que deviam ser tratados com brandura, para com os quilombos, D. Luís Antonio queria que se evitassem violências. Uma ordem para um capitão dizia ser melhor desistir, por ora, de um quilombo que pretendiam desmantelar. Era melhor, antes, descobrir a "língua de sua comunicação", tentando mostrar aos negros que o governador só queria favorece-los e não prejudicá-los. Afirmava D. Luís Antonio que os soldados seriam mais bem empregados nas "bandeiras dos novos descobertos" do que destruindo quilombos. Que se colhessem melhores informações, para depois o governo estudar qual a melhor forma de dissuadir os negros de viver naquela situação.

Mas o Morgado de Mateus não teria muitos meios legais de contemporizar com os quilombos. Nem mesmo, talvez, contasse com o apoio popular no sentido de tratar os quilombos por meios pacíficos. É que eram freqüentes as queixas que as Câmaras recebiam sobre as desordens e delitos praticados pelos escravos fugidos. Muitos desses delitos, evidentemente, prendiam-se à fome e às escassíssimas condições de sobrevivência que tinham em seus ajuntamentos. A legislação a respeito, que pedira e lhe fora enviada em 1769, por Valadares, então governador de Minas, trazia as várias cartas régias e regimentos referentes aos capitães-do-mato e aos quilombos. Em Minas, segundo o testemunho de Valadares, tinha sido autorizado que se castigassem "com a pena ultima, os mulatas e carijós, e pretos" fugidos.[35]

---

[32] Ofício de Martinho de Mello e Castro ao Morgado de Mateus, Palácio Nossa Senhora da Ajuda, 1º de outubro de 1771 (AHU, Cód. do Conselho Ultramarino, nº 424).

[33] Nas Instruções ao Morgado de Mateus, Pombal dava destaque a essa argumentação.

[34] Ofício de 4 de fevereiro de 1768, cit.

[35] Ofício do conde de Valadares ao Morgado de Mateus, Villa Rica, 5 de maio de 1869 (DI 14, p. 245).

Ainda no campo social, D. Luís Antonio voltou sua atenção para o estado em que se achavam as Casas de Misericórdia.[36] Para tanto, consultava Pombal, dado o estado lastimável das rendas daquela Casa, sobre as medidas a tomar.[37] Em 1773, ordenara que se efetivassem obras para melhor atendimento dos interessados, para o que pedia a cooperação dos Irmãos da Mesa da mesma Santa Casa.[38] E como via a lepra alastrar-se, pedia ordens para poder instalar um "Lazareto".[39]

***

Quanto à educação, D. Luís Antonio viu com muita precisão quais as necessidades nesse campo, na colônia de um modo geral. Era preciso dar condições aos jovens, no sentido de aprenderem ofícios. Com esse tipo de conhecimento e preparo é que poderiam pleitear ter ocupações que lhes proporcionasse rendimentos.

Desde Santos, ao responder à solicitação do padre Francisco Alvares Torres para instalar, em São Paulo, um seminário para meninos órfãos, queria que a orientação do educandário fosse para o ensino profissionalizante: "que os meninos Orphãos aprendão Officios de ganhar de que há muita falta que enquanto para cultivar Sciencias e Artes me parece desnecessario, adonde a mayor necessidade que há he a de se desterrar a pobreza e a ociozidade em que geralmente padece toda esta America".[40] E o rei, que deve ter recebido antes o mesmo pedido, indagava do governador de São Paulo, através do Conselho Ultramarino, quem era o referido padre, quais eram seus costumes, qual era seu préstimo e quais eram suas intenções a respeito do Seminário.[41] Não há documentação que comprove se esse Seminário foi realmente instalado. O que havia, e desde os tempos da Companhia de Jesus, eram o "Colégio de São Paulo" e o "Seminário de São Paulo". Quando da extinção, os professores passaram a ser nomeados pelo rei: eram os chamados mestres-régios.[42]

E era para prover esses cargos que o Morgado de Mateus, em 1767, solicitava ao juiz e aos oficiais da Câmara de São Paulo que lhe indicassem pessoas capazes para "servir de Mestres para Escolas de Meninos". Dizia-lhes que "como o ensino da mocidade he huma

---

[36] Dados sobre a Santa Casa de Misericórdia de São Paulo, ver a tese de doutoramento de Laima Mesgraves publicada em 1978 na Coleção Ciências Humanas do Conselho Estadual de Artes e Ciências Humanas.

[37] São Paulo, 23 de janeiro de 1767 (DI 23, p. 146).

[38] São Paulo, 3 de janeiro de 1772 (DI 64, p. 94).

[39] DI 73, p. 30. A solicitação foi feita ao conde da Cunha, em 14 de outubro de 1766.

[40] Ofício do Morgado de Mateus ao conde de Oeiras, Santos, 29 de setembro de 1765 (DI 72, p. 99).

[41] "Para que o Governador e Capitão General de São Paulo", Lisboa, 12 de fevereiro de 1765 (AHU, Lisboa, Cód. do Conselho Ultramarino, n° 237, p. 94).

[42] Tito Livio Ferreira, *História da educação luso-braslieira*, p. 219.

das couzas de que se deve ter o mayor cuidado e em que as Republicas mais civilizadas fizerão sempre o mayor estudo e este depende de boa escolha de mestres peritos para mininos", que lhe propusessem os nomes.[43]

Não há para a Capitania de São Paulo no século XVIII uma relação das "Aulas" existentes, a não ser os dados fornecidos pelo capitão-general Antonio Manoel de Mello Castro e Mendonça em sua "Memória Economico Politica da Capitania de São Paulo" escrita em 1800.[44] É bastante extenso seu capítulo "Em que se expõem as Escollas e Estudos Menores, que ha nesta Capitania, os que deve haver demais, e o Sistema, e Methodo por quem devem ser providas as Cadeiras Vagas, tudo em observância, e na Conformidade da Carta Regia de 19 de Agosto de 1799". Muitas das cadeiras a que se refere, não só na capital como em outras vilas da capitania, já existiriam ao tempo do Morgado de Mateus.

Tito Livio Ferreira serve-se da "Relações das Festas...", a que já nos referimos quando tratamos do descobrimento dos sertões do Tibagi e que voltaremos a analisar em seguida, para demonstrar a existência de aulas de Filosofia e Teologia, em 1770: "folias de pretos pelas ruas representados pelos estudantes dos cursos de Filosofia e Teologia [...]".[45]

A Aula de Geometria, entretanto, parece ter sido inovação do Morgado de Mateus. Em agosto de 1770, expedia um edital a respeito. Avisava sobre a abertura de uma Aula de Geometria na cidade de São Paulo, destinada antes de tudo aos soldados.[46] Aliás, nesse caso da Aula de Geometria, pode-se aferir bem o estilo de D. Luís Antonio governar. Quando iniciava um projeto, com o seu entusiasmo natural, talvez esperasse recíproca verdadeira. Mas, quando não a via, passava então a querer impor seu desígnio, a todo custo. Assim, vejamos. Um ano depois da publicação daquele edital, como possivelmente não houvesse candidatos para freqüentar as aulas, expediu um bando destinado aos futuros candidatos, que, a certa altura, continha os seguintes termos: "aos quaes concedo o privilegio de que não serão chamados, e allistados para soldados pagos contra sua vontade, e pelo contrario a todo aquelle que faltar em cumprir esta minha determinação logo em continente se lhe sentará praça, por se considerar como vadio, inutil à Republica e desprezador do serviço de Sua Magestade".[47] E um mês depois houve outro edital, avisando que quem

---

[43] "Carta ao Juiz e Officiaes da Camara desta cidade se proporem sogeitos capazes que hajão de servir de Mestres para escolas de Meninos". São Paulo, 20 de maio de 1767 (DI 67, p. 142).

[44] Antonio Manoel de Mello Castro e Mendonça, "Memoria politica da Capitania de S. Paulo". AMP, São Paulo, v. 15, p. 83-247, 1961.

[45] Tito Livio Ferreira, op. cit., p. 223.

[46] DI 65, p. 343.

[47] "Bando para se abrir huma Aula de Geometria nesta Cidade", São Paulo, 17 de setembro de 1771 (DI 33, p. 35).

não se matriculasse, podendo fazê-lo, seria recrutado. E mais, "todos os Estudantes e pessoas conhecidamente curiozas entrassem na Aula que se havia de abrir para ensino de Geometria".[48] O Morgado de Mateus não terá atingido seu objetivo. Pelo arrazoado de Mello e Castro e Mendonça constata-se não haver em São Paulo, nos fins do século, uma Aula de Geometria em separado. Inclusive ele demonstrava ser difícil instalá-la, como a rainha recomendava. A não ser que figurasse dentro de uma Academia Militar, para a qual ele sugeria já a estruturação.

Em 1770, o governador avisava aos padres do Convento de São Francisco da Cidade de São Paulo, onde iam se abrir "Aulas de Estudos", que se orientassem pelo livro que lhes era remetido: *Compendio Histórico do estado da Universidade de Coimbra*. Nele ficavam demonstrados "os estragos, que tem padecido os Estudos das Sciencias da Universidade de Coimbra depois que os Padres da Companhia lhe mudarão os seus antigos Estatutos". Assim estariam instruídos sobre as reformas no ensino que Pombal levava a cabo na metrópole, mormente na Universidade de Coimbra.[49]

Entre aquelas reformas, uma era a lei que abolia as antigas consignações para a instrução dos estudos e estabelecendo o subsídio literário. Este seria destinado a subvencionar os estabelecimentos de ensino e consistiria em um imposto único, assim distribuído: Na América – um real em cada arrátel de carne; Nos Reino, Açores e Madeira – um real por cada canada de vinho e quatro réis por cada canada de aguardente; Na Ásia – dez réis por cada canada de aguardente.[50] E em 1774 assistimos à sua aplicação em São Paulo, pelo "Bando para se abrirem Escolas Publicas, de ler, escrever e contar, e Estudos de Grammatica, Grego etc." de 1774 o Morgado de Mateus criava novas escolas em São Paulo e estabelecia para a sua subsistência a "collecta das carnes e agoas ardentes para a satisfação dos Mestres".[51]

Quanto às atividades culturais e de divertimentos públicos, vemos, por exemplo, a preocupação de organizar de forma sistemática o "divertimento das operas". Por um bando, D. Luís Antonio declarava que, por estar aquela atividade necessitando de um diretor que permitisse a sua continuidade e boa execução, nomeava para tal o juiz de fora de Santos, José Gomes Pinto de Morais. Ele tinha de fazer que estivessem prontos "nos dias determinados as Operas estabelecidas, ordenando nesta matéria o que lhe parecer mais conveniente". Tinha autorização para punir os músicos e atores que não cumprissem

---

[48] "Edital avizando que quem não se matricular na Aula de Geometria, estando no cazo de fazel-o sera recrutado", São Paulo, 2 de outubro de 1771 (DI 33, p. 36).

[49] Carta do Morgado de Mateus para o guardião do Convento de São Francisco, São Paulo, 30 de março de 1772 (DI 64, p. 9-10).

[50] Boletim do Conselho Ultramarino, Lisboa, Legislação antiga, v. 2, p. 72.

[51] São Paulo, 29 de julho de 1774 (DI 33, p. 162).

seus deveres. Aliás, as óperas e representações teatrais deviam ser razoavelmente freqüentes em São Paulo na época. Também as Cavalhadas e Festas de São Gonçalo figuram na documentação. O *Diário de governo* cita algumas dessas peças a que o capitão-general compareceu: "Mais valle um amor que um Reyno" e "Vencer traiçoens com enganos".

As festas que se realizaram em homenagem a Sant'Ana em 1770, por ocasião da mudança de uma imagem sua para o novo altar da Capela do Colégio, e em regozijo pelo descobrimento dos sertões de Tibagi, demonstram várias atividades no setor cultural, que a Cidade de São Paulo tinha na época.[52] Referia-se às aulas de Filosofia, como vimos. Além disso, houve procissões, demonstrações musicais e o "Ato Acadêmico", realizado pela chamada "Academia dos Felizes", da qual era presidente José Pinto de Morais. Uma série de poemas laudatórios ao capitão-general, a Sant'Ana ou a ambos foi declamada. Segundo um dos autores que se dedicaram ao assunto, sem que tenha tido algum brilho literário excepcional,

> é interessante notar que, quanto à estrutura das composições e à variedade dos gêneros empregados, estavam os "Felizes" paulistanos muito bem informados. Embora mais modestos do que os "Esquecidos" ou mesmo do que os "Renascidos" ou "Singulares", encontramos no codice, sonetos, eglogas, epigramas, oitavas, décimas, romances, hinos, silvas, canções, etc. Isto demonstra que aquele punhado de homens pobre e distante que era S. Paulo de então amava e estudava a poesia.[53]

A título de ilustração, reproduzimos uma das oitavas laudatórias a D. Luís Antonio; de autoria de Antonio Fortes de Bustamente e Sá Leme:

> Ser D. Luís Antonio, bem parece
> do bravo Affonço estirpe nobre e digna
> Com que a fama de Alcides Oscuresse,
> e da Augusta grandeza Constantina:
> Com elle a Capitania já florece

---

[52] "Relação das Festas Publicas que na Cidade de S, Paulo fez o Ilmo. e Exmo. Senhor D. Luís Antonio de Sousa Botelho Mourão, Governador e Capitão General desta Capitania..." (IEB-USP, Coleção J. R. de Almeida Prado, nº 39).

[53] Helle Alves, "O sonho da Academia de 70", *O Estado de S. Paulo*, 13 de maio de 1961. Suplemento Literário, p. 4. O mesmo autor dedicou ao assunto outros artigos, publicados no mesmo Suplemento em 26 de novembro de 1960, 31 de dezembro de 1960, 15 de julho de 1961. Além do já mencionado trabalho de Yedda Dias Lima (ver "Conquista do Tibag"). Há ainda artigos de Domingos Carvalho da Silva e Afonso Taunay no *Diário de S. Paulo* (24 de fevereiro de 1957).

Qual Dinis, consciencia perígina
Vai de novo nobres Villas erigindo
E Soberbas Fortalezas construindo.

Por caminhos nunca de antes conhecidos,
A seu Rey novas terras descobrindo,
Não reparando aos Gayanáas temidos,
Thezouros, a Thezouros vai addindo.
Os de Tibagi tanto apetecidos,
Já manda com grandeza repartindo,
Só guarda para Sy de Eros a Sorte
Em que poder não tem a mesma morte.

E D. Luís Antonio, em soneto de sua autoria, homenageava Sant'Ana:

Glorioza Matrona, cujo emprego
por dom de Deos Eterno Onmipotente
He Socorrer o mísero innocente,
que deste Mundo Surca o Largo pego.

Neste Mar procelozo, em que navego,
conduzindo o destino a tanta gente,
se Votos vos consagro humildemente,
quando a vós o Governo todo entrego.

Vós sois do Mar da graça norte, e guia
que ao humano baixel dezamparado
o Socorro prestaes demais valia:
Fazei que desses Ceos nos seja dado
o Ouro que encha os Povos de alegria
a graça, que nos Livre do peccado.

Resistência e reação

> Eu não temo do que me podem cá fazer; temo-me
> de que na prezença de V. Excia. representem de mim
> alguma queixa com que V. Excia. venha a por em
> duvida o meu procedimento.
>
> Do Morgado de Mateus
> ao conde de Oeiras, 1767

Os desígnios que o capitão-general de São Paulo energicamente impunha a seus subordinados vinham encontrando resistências em várias frentes e manifestando-se de diferentes modos.

Desde suas primeiras providências encontrara resistência. A mudança da Provedoria, de Santos para São Paulo, foi um dos primeiros problemas com que o Morgado de Mateus deparou.[1] Já nos referimos ao fato quando tratamos da Fazenda, em "Política econômica". Outros episódios de resistência e oposição seguiram-se. O capitão-general tentava combater, desde o princípio de seu governo, com os meios de que dispunha, o "espírito de oposição" que dizia observar em toda a capitania.[2] Na realidade, o que qualificava como espírito de oposição não era uma frente organizada como tal, mas a soma dos "vícios" dos paulistas,[3] aliados à força dos camaristas.

Vimos, quando do início da militarização, a má vontade com que as Câmaras receberam a ordem de se encarregarem do pagamento dos soldos dos sargentos-mores. A atitude de uma delas foi um exemplo de como começava a se arraigar uma oposição consistente ao governador. De todas as Câmaras Municipais, a de Paranaguá foi a que

---

[1] DI 15, p. 32-44; DI 23, p. 58 e outras, DI 65, p. 46.

[2] Ofício do Morgado de Mateus ao conde de Oeiras, São Paulo, 3 de julho de 1767 (AHU, Lisboa, "São Paulo", Doc., nº 2333).

[3] "Presumpção e a desconfiança, odio e vingança e sobretudo huma perguiça que escede toda a explicação..." (DI 73, p. 66).

se insurgiu mais radicalmente. O ouvidor daquela comarca já se manifestara contra a cobrança, para fazer face aos gastos militares; aquela vila fora eximida do pagamento em virtude de sua pobreza.[4]

A oposição de Paranaguá ao governador tivera início com a má vontade de seus naturais para com a constituição de tropas. Assim, o sargento-mor Francisco José Monteiro, que fora nomeado para chefiar todo o corpo de milícias da marinha das vilas do Sul e campos de Curitiba, passara a ser hostilizado, vendo dificultadas as suas diligências na fundação de Guaratuba. Fora necessário o envio de Afonso Botelho para esclarecer e tentar pôr fim àqueles entraves.[5] O governador foi drástico, em março de 1767, ao responder a uma carta que lhe escreveram os camaristas daquela vila. Pela primeira vez, D. Luís Antonio servia-se de argumentos que se lhe oferecia sua condição de capitão-general dentro de um regime absolutista de governo:

> he muito precizo dizer a Vossasmeces que Sua Magestade que Deos guarde quando he servido nomear hum Capitam General para esta ou aquella Capitania, sabe muito bem o que faz, e a quem escolhe para lhe fiar a direcção dos mais graves negócios de Sua Coroa, e ao mesmo tempo que o encarrega do Governo e da defença dos seus Estados o izenta também de dar razão a ninguem daquillo que obra si não imidiatamente a Sua Real Pessoa e ao seu sabio ministerio, por ser o que deve aprovar ou desaprovar as suas acções; em cujos termos sem embargo de duvida cumprão Vossasmeces logo todas as ordens que por mim lhes são determinadas. Deos guarde a Vossasineces. São Paulo a 31 de março de 1767.[6]

Para resolver a questão, foi convocada uma junta com os procuradores das Câmaras das vilas pertencentes à Comarca de Paranaguá (Cananéia, Iguape e Paranaguá).[7] Na abstenção do "novo imposto" os únicos rendimentos que aquelas vilas poderiam oferecer seriam cobrados sobre o sal, a aguardente e as bebidas vindas do Reino. Apesar de a junta ter se reunido em maio, até agosto nada tinha sido resolvido sobre o pagamento dos sargentos-mores. Assim, o Morgado de Mateus solicitava diretrizes ao vice-rei sobre o que poderia fazer para obrigar aquela gente a cumprir a determinação.[8] E em dezembro dizia

---

[4] AHU, Lisboa, "São Paulo", Doc., nº 2.345.6 e 2.354.7.

[5] Fundamentavam-se em um privilégio que alcançaram do rei, em 1723, "para lhe não poderem fazer soldados naquela Comarca" (Ofício do Morgado de Mateus ao conde de Oeiras, São Paulo, 16 de janeiro de 1767. DI 23, p. 1164).

[6] Ofício do Morgado de Mateus à Câmara de Paranaguá (DI 67, p. 93-4).

[7] Em São Paulo, 29 de maio de 1767 (DI 19, p. 94-7).

[8] "[...] quízera saber de V. Excia. que procedimento devo ter com a dita Câmara no cazo de total renitencia em não querer pagar como ela diz [...]" (Ofício do Morgado de Mateus ao conde da Cunha, São Paulo, 2 de agosto de 1767. DI 23, p. 213-4).

a Oeiras que tinha urgência em mandar o sargento-mor daquela comarca para Viamão. Sem poder aguardar respostas, optou pela solução de ordenar que o ajudante de ordens Afonso Botelho socorresse o sargento com seu próprio soldo. Continuava a indagar da Corte como proceder para com a Câmara de Paranaguá,[9] em poder agir mais concreta e drasticamente contra os rebeldes.

A desobediência da gente de Paranaguá era lembrada pelo governador como interesse de seus inimigos em fazê-lo parecer desonesto perante a Corte, não cumpridor das ordens reais.[10] Sentia, na Câmara de São Paulo, a mesma animosidade de que tinha tido provas na de Paranaguá. Via a origem dessa oposição em dois focos: na sua tentativa de deter os crimes e violências pela disciplina que as tropas agora impunham (o que não permitia mais que os republicanos agissem livremente) e na ação dos "jesuítas ocultos".

Assim, as atitudes de oposição ao seu governo seriam inspiradas ou insufladas por camaristas ou pelos padres da extinta Companhia. E isso acabava por refletir-se na opinião pública.

Em junho de 1767, dois incidentes, aparentemente de pouca repercussão e profundidade, mereceram da parte do governador uma significativa (e até mesmo exagerada) reação. Agia assim, possivelmente, para que não se generalizassem as afrontas a sua pessoa.

Quando se festejava, com grandes pompas, o aniversario do rei (6 de junho), afixaram na porta da Igreja, onde o governador devia presidir a uma cerimônia, uns versos que lhe eram ofensivos. Foram também afixados em outros pontos da cidade e enviados à secretaria do governo. Aludiam "não mais aos meus vícios (que era o que devião fazer) mas as dispoziçõens principaes do meu Governo em que executo as Reaes Ordens de Sua Magestade".[11] Vários ofícios e as diligências procedidas a respeito mencionam aqueles versos satíricos, sem dar-lhes o texto. Por nenhum documento pode-se saber deles mais do que a menção do próprio D. Luís Antonio a Oeiras: "são escarnecidas as Tropas e o seu Luzido fardamento chamando-me destruhidor do Povo; as Lavouras, chamando-me 'carreiro'; as villas chamando-me 'Fidalgo de Aldea e de meya tigella' e outros vários impropérios indignos de por na prezença de V. Excia".[12]

O suposto texto completo de tal sátira, entretanto, figura em obra de Alberto Rangel:[13]

---

[9] Ofício do Morgado de Mateus ao conde de Oeiras. São Paulo, 5 de dezembro de 1767. (DI 19, p. 92-4).
[10] AHU, Lisboa, "São Paulo", Doc., nº 2333.
[11] Ofício do Morgado de Mateus ao conde de Oeiras, São Paulo, 3 de julho de 1767 (AHU, Lisboa "São Paulo", Doc., nº 2333).
[12] Mesmo ofício. Também está publicado em DI 23, p. 187-90, com algumas modificações.
[13] Trata-se do romance histórico: *Fura-mundo!* (1773-1794), publicado em Paris, em 1930. Para escrevê-lo o autor serviu-se de documentação inegavelmente válida, pois seus dados são sempre corretos, no que pudemos constatar. Mas como não há citação de fontes ou obras consultadas, reproduzimos os versos a título de ilustração. Seu conteúdo pode dar-nos a idéia do que pensava o povo de São Paulo de seu capitão-general.

Fidalgote d'aldeia e de meia tigela,
Intratavel Mourão, represa as tuas ganas,
Abotôa os calções e aperreia a fivela
Chocarreiro chumpim das tropas paulistanas.

Durindana na mão, o chapéu à bolina,
Com teu grande fervor põe no trinque o fardão
E manda o Zé marchar deixando-te na mina
Quentinha dos lençóes, meu burdo sargentão!

A gran pata te poz o espavento d'un ovo.
Aceitar afinal do Tinhoso o conselho
D'ajuntar batalhões no cangote do povo,
Que ha de o samba dansar nas costas de dom
Botelho![14]

Sabia o Morgado de Mateus que a disposição dos paulistas contra ele não era recente. E era notória. Chegara a receber cartas de sua terra nas quais os amigos inquiriam-lhe sobre boatos de que os paulistas tinham morto o capitão-general.

Aliava tudo isso aos jesuítas. Afirmava ao conde da Cunha:[15] "Hé tão iluminada a compreenção de Nosso sabio Ministro que parece estar adevinhando o que se deve precaver. O aviso de V. Excia. a respeito dos jesuíta ou seus parciaes encobertos me chega a tempo que eu ando na mesma indagação e com o maior cuidado e segredo". Estava seguro de que suas investigações a respeito do caso dos versos o levariam certamente aos inacianos.

As sátiras poderiam causar mais dano à sua pessoa, junto à Corte, do que, propriamente, em São Paulo. Por isso a sua preocupação: "eu não temo tanto do que me podem cá fazer; temo-me de que na prezença de V. Excia. representem de mim alguma queixa com que V. Excia. venha a por em duvida o meu procedimento [...]".[16]

---

[14] Alberto Rangel, op. cit., p. 66. Note-se que as referências de D. Luís a algumas palavras que estariam nas sátiras não constam do texto citado por Rangel. Poder-se-ia aventar a hipótese de ter o próprio historiador e ensaísta redigido os versos, dentro de um linguajar do século XVIII.

[15] Escrevera ao conde da Cunha no dia 4 de julho um ofício semelhante ao que escrevera a Oeiras no dia anterior. Em ambos comentava notícias sobre a ação dos jesuítas (DI 23, p. 182-3).

[16] A Oeiras, cit., DI 23, p. 189.

A fuga premeditada de dois de seus criados, que ocorreu pouco depois, ligava-se estreitamente àquele incidente, segundo o governador. Na verdade, os serviçais nem chegaram a executar o seu plano, pois foram presos. A reação do capitão-general foi incisiva. Sabia que os homens tinham sido instigados por alguém, inimigo seu, com o fim de prejudicá-lo

Um "Bando para se averiguar quem concorria para a fugida dos criados de S. Excia., e quem critica do seu governo"[17] comunicava que o juiz de fora da Vila de Santos, Dr. Jozé Gomes Pinto de Moraes, já estava em São Paulo, procedendo às deligências que esclarecessem os dois crimes. A trama foi esclarecida:[18] os fugitivos tinham sido auxilia dos por um feitor da Fazenda de Santana, antiga propriedade jesuíta. Este, preso, confessara que tudo fora maquinado pelo padre Francisco Xavier Garcia, capelão da mesma Fazenda. O jesuíta foi, então, preso com grande aparato militar, e removido para a Fortaleza da Barra, em Santos.[19]

Do depoimento dos criados constava a afirmação de que o mencionado padre os teria instigado (como já fizera anteriormente com um outro serviçal do Palácio) para "que não servissem (ao Morgado de Mateus) que era hum Gallego, que não lhes fazia conveniencia, e os apertava, e reprimia muito".[20] O juiz concluiu pela culpabilidade do padre Garcia, após ouvir várias testemunhas, incluindo o governador. Chegara à conclusão através do depoimento do feitor da Fazenda de Santana, Jozé Antonio da Silva, de que o inaciano fora o autor das sátiras. Dissera ele ter visto aqueles versos junto a pertences do padre Garcia, que lhe confessara ser autor deles "por vingança". O seu desejo de vingança originara-se, segundo D. Luís Antonio,

> por huma parte por ter eu entrado na administração da fazenda de Santa-Ana, em que elle era Capellão, e hum irmão seu junto com outro depozitario sem que no espaço de seis annos houvesse rendido couza alguma, e por outra parte, de eu lhe não deferir aos requerimentos que me fazia com instancia para que eu lhe pagasse as congruas dos referidos seis annos, para os quaes não havia dinheiro.[21]

---

[17] Lançado em vários pontos da cidade de São Paulo e na vila de Santos (São Paulo, 28 de outubro de 1767. DI 65, p. 186-7).

[18] Ofício do Morgado de Mateus a Oeiras, São Paulo, 10 de novembro de 1767 (DI 23, p. 329-32).

[19] Fortaleza da qual, aliás, acabou fugindo em 1768 (Ofício do Morgado de Mateus ao governador de Goiás, avisando-o da fuga do Pe. Xavier Garcia, São Paulo, 28 de janeiro de 1769. DI 19, p. 250).

[20] Resumo dos depoimentos feitos pelo Dr. Jozé Pinto Gomes de Moraes, juiz de fora de Santos (DI 23, p. 336-59). Segundo alguns autores, também estaria implicado no caso o sertanista Francisco Pinto do Rego que, por isso, fugiu desertando da expedição ao Tibagi, da qual era comandante.

[21] Morgado de Mateus a Oeiras, cit., DI 23, p. 332.

A atitude do jesuíta era um só caso, mas podia ser o espelho de toda uma situação. E o Morgado de Mateus, refletindo sobre o sucedido, ponderava a Oeiras:[22] "Ninguém obra sem algum fim! Principalmente quando emprega o seu cuidado, o seu tempo, e o seu dinheiro. Pois que fim podia ter este Clérigo em dispender tudo isto para desconcertar ao General?". Acreditava que as raízes seriam mais profundas, ultrapassando o ódio de um eclesiástico por não ver atendidas suas reivindicações de soldos.

Via nisso tudo a presença dos camaristas. Tinha contra eles o ressentimento de que nenhum deles quisera ser oficial das tropas, fazendo-lhes sempre oposição.[23] Via como aversão ao militarismo a atitude deles, procurando desmoralizar o governador junto à criadagem primeiro, por extensão, junto à população: "Não podendo directamente expugnar-me a Praça, atacarão-me nas obras exteriores que hé a família, parecendo-lhe a estes Brutos que dezamparado o Cezar, seria facil de render, e restituhirao a sua antiga República, a sua liberdade [...]".[24] O capitão-general queixava-se dos camaristas quanto a seu desinteresse pelos setores militares. Via também sua ação negativa junto ao poder judiciário.

Constituíam-se os vereadores de São Paulo em grupos, cujos membros ligados entre si dispunham do governo das vilas, segundo seus caprichos e interesses. Sendo as "devaças o único meyo de se averiguar a verdade" também nelas não se podia confiar. Logo a distorciam, distorcendo a opinião pública. Assim, quando chegava um ministro para proceder aos inquéritos, todos estavam dispostos a testemunhar falsamente. Sabiam que se não o fizessem contariam com atos de vingança, que podiam, inclusive, atingir juízes e governadores.

A principal acusação do Morgado de Mateus contra as Câmaras era de que, formando uma força política, local, pretendiam sempre ir além de suas prerrogativas legais.

Três anos passados, a sua queixa era a mesma de 1766, quando declarava que as Câmaras não atendiam às necessidades do bem comum.

> Os republicanos, deixada a economia particular das terras que deve estar a seu cargo, cuidão com demaziado zello no governo geral da Capitania que lhes não pertence, zello que pelo credito que lhes adquire com os povos, e pelas consequencias que podem ter para o futuro se lhe deve prudentemente atalhar [...][25]

---

[22] Ofício do Morgado de Mateus ao conde de Oeiras, São Paulo, 10 de dezembro de 1767 (DI 23, p. 335).

[23] Os governadores anteriores ausentavam-se muito e por isso no tempo em que a capitania esteve extinta, os republicanos tinham adquirido força política maior do que a que realmente devia caber-lhes.

[24] DI 23, p. 334. Note-se o uso da palavra "família", designando os que serviam na casa do governador, e não a seus familiares, os quais haviam permanecido em Portugal.

[25] Ofício do Morgado de Mateus ao conde de Oeiras, São Paulo, 15 de maio de 1768 (DI 19, p. 25-6) e AHU, Lisboa, "São Paulo", Doc., nº 2409.

A raiz do problema entre as Câmaras e o governador quase sempre era a militarização. As questões começavam por aí. Por exemplo, a Câmara de Taubaté representara ao rei contra o capitão-mor daquela vila por ter obrigado a um vereador a apresentar-se em armas, por ocasião da Revista Geral das Ordenanças. A Câmara argumentava que os oficiais não eram obrigados a isso. Aliás, o governador de Minas também enfrentava a mesma questão: a Câmara de Mariana representava ao rei, em abril de 1766, alegando que o engajamento militar, efetuado pelo capitão-general, acarretava grandes inconvenientes ao andamento da agricultura e da mineração.[26]

Assim, fosse ao recrutamento e às expedições, ou fosse às ordens para enquadramento nas leis vigentes ou por vigorar, os capitães-generais não podiam contar com a população colonial, em geral. Esta sentia o quanto o braço da administração metropolitana tornara-se mais pesado.

Um governador e capitão-general com todas as prerrogativas do absolutismo, que o próprio momento de belicosidade no Sul requeria, entrava necessariamente em choque com o espírito pouco afeito à disciplina e a submissão que era, nos paulistas, tradição.

A Coroa confiava no seu preposto, que, para fazer prevalecer os seus direitos, colocara à frente do governo de São Paulo. Pelo menos, assim parecia ser, a princípio.

Na verdade, não era muito o que o governador podia fazer. Sua autoridade era mais limitada do que aparentemente possa parecer. No desempenho dos negócios da Fazenda Real, presidia à Junta que era composta também pelo provedor, e outros. As deliberações eram tomadas por maioria de votos. A Igreja tinha seu "foro previlegíado, seu governo autonomo, que punha fora da autoridade civil todo o pessoal de seu serviço".[27] Além disso, estava na estreita dependência das ordens emanadas da metrópole. E estas, como as respostas às consultas feitas, muitas vezes, por circunstâncias decorrentes da própria distância e das condições dos meios de transporte com que se podia contar no século XVIII, tardavam mais do que se podia esperar. Já fizemos referência ao fato de o governador, por falta de ordens, ter que resolver por si. E temer "desacertar".

George Durand demonstra o quanto pesa politicamente, para o século XVIII, o que ele chama de "tempo administrativo". Este é o período desde a iniciativa de uma lei até a sua aplicação.[28] Para os impérios coloniais a lentidão das comunicações agia em desfavor da centralização preconizada pelo absolutismo. Por isso, a distância obrigaria a que aos governadores dos domínios mais distantes fossem delegados maiores poderes.

---

[26] AHU, Lisboa, "São Paulo", Doc., nº 2409.8.

[27] Diogo de Vasconcelos, "Linhas gerais da administração colonial", RIHGB, Rio de Janeiro, t. esp., 1916, p. 294.

[28] George Durand, *États et institutions: XVème au XVIIIème siècles*, p. 5.

Tal não ocorreu, entretanto, no ultramar português no século XVIII. Os capitães-generais tinham limitado poder para decisões. E quando tomassem resoluções próprias, por circunstâncias extremas, temiam incorrer na desaprovação de seus superiores.

Desde o início do governo, o Morgado de Mateus demonstrou o quanto era importante, para ele, a reação do governo metropolitano em relação ao trabalho que vinha desenvolvendo em São Paulo.[29] Só em meados de 1766 pôde avaliar o juízo que fazia o conde de Oeiras a respeito de tudo o que lhe transmitira sobre seus projetos e suas atividades em Santos e São Paulo.

Além da mencionada ordem sobre a reunião em povoações de vadios dispersos, várias outras cartas assinadas a Oeiras, assim como as de Mendonça Furtado ao conde da Cunha, todas datadas de 22 de julho de 1766, mostravam a aquiescência real para alguns de seus atos. Aprovava o rei, entre muitas outras, as medidas contra a exploração de minas de ouro e incentivo às de ferro ("minas mais úteis que as do ouro"),[30] a aplicação da Lei de Polícia;[31] os padrões e as cores das divisas do fardamento das Tropas Auxiliares de São Paulo e o mapa das mesmas tropas;[32] a reforma do Colégio dos jesuítas, em Santos, para residência do governador; a fortificação daquela vila litorânea e a de Paranaguá, assim como a intenção de povoar Guaratuba.[33]

Igualmente aplaudiram-lhe, louvando-lhe o zelo com que se empregava em matéria de recrutamento, "vencendo as duas dificuldades do horror, que ahi se tem ao nome de soldado, e da preguiça e dispersão em que se achão esses Povos".[34] Era-lhe aconselhado que, para valorizar o nome de "soldado", fossem os militares tratados com deferência, sem distinção de cor, em relação aos paisanos. E em relação à preguiça e ociosidade, que lhes fosse incutida a idéia de amor ao serviço do rei e da pátria, "sendo os Vadios no Corpo, Politico o mesmo, que são no Corpo Humano, os membros tolhidos e baldados pelas parlezias e outras enfermidades semelhantes [...]".[35] Que não fosse esquecido o distinguir com merces de Hábitos aos mais dedicados.[36]

---

[29] Para os primeiros tempos do governo, a correspondência passiva originária do conde da Cunha acha-se publicada em DI nº14, e a originária da Corte nos Códices do Conselho Ultramarino nº 423 e 415. Essas cartas é que representam, por seu teor, como a Corte via a obra do Morgado de Mateus na época.

[30] Ofício do conde de Oeiras ao Morgado de Mateus, Lisboa, 22 de julho de 1766 (AHU, Lisboa, Cód. do Conselho Ultramarino, 423, nº 19, 21, 27, 37).

[31] Ibidem, nº 24.

[32] Ibidem, nº 8 e 27.

[33] Ibidem, nº 9, 13 e 14.

[34] Ibidem, nº 12.

[35] Ibidem.

[36] Ibidem, nº 15.

Os elogios aos resultados do primeiro ano de governo não foram poupados. Por exemplo, a resposta às providencias sobre o contrato da pesca da baleia louvava-se-lhe o "cuidado e zelo com que se aplicou ao utilissimo estabelecimento da sobredita Pescaria"[37] e as razões de sua demora em Santos foram prontamente acatadas e elogiada a "regularidade e prudencia com que tomara aquelas resoluções".[38]

Embora, entretanto, Oeiras afirmasse que se alegrava infinitamente que todos os ofícios dirigidos (por D. Luís Antonio) à Secretaria merecessem a "real aprovação de Sua Magestade, dando-se o mesmo Senhor por bem servido e Louvando o zelo com que Vossa Senhoria se tem comportado em todos os Negócios Pertencentes aos interesses e augmento dessa Capitania [...] com utilidade do Real Serviço a que Vossa Senhoria se applica tão louvavel e fructuosamente",[39] procedeu ele à sua primeira restrição a um plano do Morgado de Mateus.

Tratava-se da questão da tecelagem do algodão em Santos. Em clara alusão ao pacto colonial, era firmemente lembrado ao governador de São Paulo que seria melhor suspender a

> Fabrica de Algodõens e as mais manufacturas e promover a Lavoura; porque a politica das Naçõens tem establecido receber das Colonias Ultramarinas os fructos, e material Crus assim como as Terras os produzirem para serem Lavrados e dirigidos na Europa, e se remeterem depois della as Manufacturas: Por cujo principio se deve Vossa Senhoria applicar a promover com grande força a Lavoura do Algodão para ser aqui transportado em Rama.[40]

Percebe-se que o governo central pretendia arrefecer a afoiteza de D. Luís Antonio. Assim, se lhe recomendava que levasse adiante os principais projetos, mas reservasse "as ulteriores providencias para quando esta Provedoria for mais abundante de meyos".[41] Entretanto, em 1770 queixava-se o Morgado de não receber cartas do primeiro-ministro. Sabia que ele louvava-lhe o trabalho: "Toda esta Capitania esta cheya, pelas cartas que ultimamente vierão do Reino, dos grandes elogios com que V. Exa. me honra e acredita o meu governo";[42] mas sentia falta de ordens e aprovação do que tinha realizado no sertão. Dizia: "vai para 3 annos que, não recebi carta de V. Exa. servindo-me de grande

---

[37] Ibidem, nº 32.
[38] Ibidem, nº 33.
[39] Ibidem, nº 30.
[40] Ibidem, nº 11.
[41] Ibidem, nº 37.
[42] Ofício do Morgado de Mateus ao conde de Oeiras, São Paulo, 9 de fevereiro de 1770 (DI 34, p. 75).

embaraço esta duvida para continuar os socorros com que devo acudir a conservação dos novos Estabelecimentos que se fazem nas Fronteiras [...]".

Nos anos iniciais da década de 1770 começariam a mostrar que a metrópole esperava, talvez, outros rumos para as diretrizes do Morgado de Mateus.

Embora tenhamos visto as questões da exploração e manutenção dos territórios conquistados, da economia e da urbanização até datas posteriores, não nos referimos especificamente a uma ruptura no apoio concedido pelo governo central, porque ela só se manifestou claramente quando se colocou, ao nível do concreto, a magna questão: socorros ao Sul ou "diversão" pelo Oeste.

Assim mesmo é possível perceber claramente que os anos iniciais da administração do Mateus, ou seja, os correspondentes à década de 1760, foram os mais fecundos de realização e projetos.

Interpretação de Machado d'Oliveira para o fato é a de que o Morgado de Mateus após ver abortados muitos de seus planos, mudara. "O encadeamento de desvios ou mãos, desfechos em suas tentativas, embora encontrasse constantemente obediência passiva e boa vontade nos que a serviram, o fizeram prudente e circumspecto nos actos subseqüentes aos primeiros da sua administração que tenderam para aquele fim [...]".[43] Para aquele cronista, a partir daí, D. Luís Antonio teria pensado que "melhor servia a seu cargo promovendo os interesses reais da Capitania" em vez de levantar tropas para sustentar o Iguatemi.[44] Esses reais interesses estariam no cultivo da terra e na indústria pastoril. Discordamos dessa interpretação de Machado d'Oliveira. O Morgado de Mateus, em todo o seu governo, não julgou "abortados muitos de seus planos"; não abandonou, até os últimos dias de sua administração, os cuidados para com o Iguatemi, a despeito do que lhe ordenava a metrópole. A ruptura em sua ação no Oeste e um número menor de novos projetos, que caracterizaram a segunda metade de sua gestão, foram, antes, causados pelas restrições das autoridades superiores. A reação de Lisboa a seus primeiros empreendimentos foi de apoio e entusiasmo. Depois disso, houve relativo silêncio, como que a esperar resultados da confiança capitalizada. E nos três últimos anos a atitude do governo central para com D. Luís Antonio esteve centralizada quase que exclusivamente no "cobrar" a assistência militar que São Paulo deveria dar ao Rio Grande.

---

[43] Machado d'Oliveira, op. cit., p. 158-9.
[44] "[...] sangrando por vezes a população, cujos contigentes iam ali ser enterrados em seus charcos [...]" (ibidem).

Se a abertura para o sertão, a implantação de novos povoados e as medidas de fomento econômico concentraram-se mais na primeira fase do governo, durante os vice-reinados do conde da Cunha e do conde de Azambuja no Estado do Brasil, o período que se seguiu, o do marquês de Lavradio, representou, no governo do Morgado de Mateus, confronto entre as duas interpretações do papel que cabia a São Paulo naquele momento da história colonial: socorros ao Sul ou "diversão" pelo Oeste?

A RUPTURA NA AÇÃO

Socorros ao Sul *versus*
"diversão" pelo Oeste

> Sua Magestade estima mais a perda de uma
> só légua de terreno na parte meridional da
> America Portugueza, que cincoenta léguas de
> sertão descobertas no interior della.
>
> De Martinho de Mello e Castro
> ao Morgado de Mateus, 1774

A resistência que o Morgado de Mateus encontrou aqui e acolá, retardando ou impedindo a concretização de sua ação diretiva, não chegou a constituir força capaz de lhe alterar o prestígio junto à Corte. Quando, entretanto, a oposição a seus desígnios partiu de Lisboa, o processo administrativo sofreu uma ruptura em sua marcha. A submeter-se aos rumos que lhe apontava o governo central, preferiu D. Luís Antonio insistir nas suas próprias vias de direção. O desentendimento final viria em razão direta das diferentes estratégias com que o governador de São Paulo e Pombal pretendiam atuar no combate aos espanhóis que ocupavam o Rio Grande. O envio de tropas para aquela região era exigência metropolitana e deveria ser levada a cabo juntamente com o vice-rei, como vimos. Por todo o governo do Morgado de Mateus a questão esteve presente.

A primeira força efetiva enviada por D. Luís Antonio ao Sul foi a constituída em 1766 pelas quatro Companhias que tinham sido arregimentadas anteriormente à sua vinda pelo antigo governador da Praça de Santos. As providências seguintes foram, antes, de prevenção. Em junho de 1767, o capitão-general comentava com o sargento-mor de Santos[1] que "os castelhanos não estão socegados nas nossas fronteiras". Portanto, era preciso estar preparado: que os comandantes das várias unidades o pusessem a par de suas necessidades, para que lhes fosse remetido o necessário.

---

[1] São Paulo, 22 de junho de 1767 (DI 67, p. 170).

Da efetiva expedição de tropas para o Viamão não há documentação considerável, o que leva a crer que aquele envio, desde São Paulo, não tenha sido muito significativo, pelo menos até 1775. Podemos afirmar que tal fato prova justamente o quanto o Morgado de Mateus via maior proveito na ação de combate ao castelhano no Oeste do que na área rio-grandense. Na verdade, a proteção ao Sul não precisava ser feita, necessariamente, através do envio de soldados. A consolidação da defesa do litoral, assim como o povoamento dos caminhos podiam ser formas de participação na mesma causa.

O fortalecimento do Passo, do rio Pelotas, por exemplo, refletia essa política: "julgo ser o Passo do Rio das Pelotas hum posto muito importante, porque pela facilidade com que podem deser das Missões pelo Campo da Vacaria o podem tomar, e tomando o nos feixão a passagem unico caminho que temos por cima da Serra para Viamão [...]".[2] Da mesma forma, a expedição organizada, com grande cuidado, para o Oeste, no segundo semestre de 1766 (à qual já nos referimos) era também vista desse prisma: "he sem duvida que só por meyo de industria he que podemos recuperar os excelentes e úteis Territórios que estes nossos infestos inimigos nos tem usurpado [...]".[3] Aliás, o conde da Cunha, embora com algumas restrições, aprovava a medida no sentido de que não se expusesse demais a figura do governante, como mandante da expedição.[4]

Julgava-se o Morgado de Mateus preparado para a luta, sem entretanto tomar a ofensiva: "Eu tenho reduzido toda esta Capitania ao exercício das armas, acho-me com seis Regimentos de Auxiliares que novamente fiz levantar, quatro de Infantaria, e dous de Cavallaria, alem das Tropas pagas, e estou com bandeiras promptas para mandar aos certões a descubertos (*sic*), e [...] esta gente toda está listada, e prompta para tudo o que se offerecer [...]".[5]

Cumpria-se assim o desejo da metrópole: conservar-se em armas, sem romper hostilidades. Ordenava o governador de São Paulo a seus homens que, "sem exceder os limites das nossas fronteiras", procurassem se "estabelecer dentro dos nossos Domínios em parte que fiquem mais perto, e a ponto de poderem invadir os contrarios, a todo o tempo que for necessário".[6]

E para total ciência do conde da Cunha e do Morgado de Mateus, o primeiro ministro enviava-lhes os "úteis e judiciozos Reparos que o Marechal de Campo com

---

[2] Ofício do Morgado de Mateus ao conde de Oeiras, São Paulo, 30 de março de 1766 (DI 72, p. 212).

[3] Ofício do Morgado de Mateus ao conde da Cunha, São Paulo, 18 de novembro de 1766 (DI 23, p. 35). A questão da "diversão pelo Oeste", já citada quando tratamos das expedições para o Mato Grosso, será retomada adiante, para discutirmos as razões dos desentendimentos com a Coroa, a partir de 1771.

[4] Ofício do conde da Cunha ao Morgado de Mateus, Rio de Janeiro, 4 de novembro de 1766 (DI 14, p. 114-8).

[5] Ofício do Morgado de Mateus a João Pedro da Câmara Coutinho, capitão-general de Mato Grosso, São Paulo, 12 de maio de 1767 (DI 23, p. 168-9).

[6] Ofício do Morgado de Mateus ao conde de Oeiras, São Paulo, 3 de julho de 1767 (AHU, Lisboa, "São Paulo", Doc., nº 2332). A Mendonça Furtado enviou em termos semelhantes, no dia seguinte (DI 23, p. 190-2).

exercício de Engenheiro D. Miguel Angelo Blasco fez sobre a deffensa do Rio Grande de São Pedro e dos seus territórios porque ainda que prezentemente se não possa fazer uzo dos sobreditos reparos, nunca sera superfluo [...]".[7] Portanto, ainda que não houvesse constância no envio de homens, eles estariam preparados para quaisquer eventualidades.[8] Mesmo porque o pêndulo das relações entre os dois países ibéricos oscilava sempre. Os lugares-tenentes das duas Coroas na América nem sempre sabiam como agir. Assim, por cartas de José Custódio, governador do Rio Grande, e do coronel José Marcelino de Figueiredo, o capitão-general de São Paulo ficara ciente do que se passara recentemente às margens do sangradouro daquela lagoa. Por causa das "continuas hostilidades que nesta Fronteira me tem feito os hespanhoes",[9] José Custódio de Sá e Faria ordenara ataque às posições espanholas junto àquele canal e fora rechaçado. Tal procedimento recebeu a condenação do conde da Cunha, pois segundo ele próprio afirmou, tinha ordenado ao governador do Rio Grande que se cumprissem as determinações reais de não rompimento de guerra:

> O Governador do rio Grande Jose Custodio de Sá e Faria mal intendidamente quis surpreender os Castelhanos na Villa do Rio Grande do dia 29 de mayo, e por cauza de húa nevoa que nessa madrugada ouve, errou o Lugar onde devia fazer o dezembarque, e metendo por este motivo a Tropa em hum alagadiço se expos a perdela toda, e assim sucederia se o Coronel José Marclino que hera comandante da ação não tomace o partido de se retirar [...][10]

A verdade é que aqueles comandantes tinham, com isso, conseguido uma vitória: a da tomada da Guarda do Norte do Rio Grande, liberando parte da região tomada pelos espanhóis.[11] Assim, a D. Luís Antonio tal procedimento não parecera condenável como parecera ao vice-rei. A atitude de José Custódio viera de encontro à sua máxima de que "a guerra defensiva que não he juntamente ofensiva he perdição", procurando desculpá-lo.

Coerente com sua própria atitude no Oeste, o Morgado de Mateus via nessas incursões ações úteis à causa portuguesa na região fronteiriça. Tanto que escreveu a José Custódio

---

[7] Ofício do conde de Oeiras ao Morgado de Mateus, Lisboa, 20 de junho de 1767 (AHU, Lisboa, Cód. do Conselho Ultramarino, 423, nº 42).

[8] Por exemplo, o Morgado de Mateus em maio de 1767 obedecia às ordens do conde da Cunha, arregimentando noventa aventureiros para serem remetidos ao Sul (DI 23, p. 168).

[9] DI 23, p. 215.

[10] Ofício do conde da Cunha ao Morgado de Mateus, Rio de Janeiro, 14 de julho de 1767 (DI 14, p. 136-9).

[11] DI 23, p. 245 e 246.

e a José Marcelino, congratulando-se: "dou o parabem do bom sucesso que tiverão as nossas armas em se apoderarem da dita Guarda por ser huma grande vantagem para o nosso continente o telos lançado fora daquelles postos [...]".[12] Essa atitude do Morgado de Mateus representava um desafio ao vice-rei, que justamente havia condenado a precipitação dos comandantes sulinos.

É que, acima da obediência que devia a seu superior,[13] pesava para D. Luís Antonio a crença em suas próprias convicções: o procedimento daqueles comandantes seria exatamente o seu. Aliás, alguns meses antes, ele já havia escrito a José Marcelino, explicando que ficava tomando as medidas necessárias para alguma emergência. Entre essas medidas, incluíam-se ordens para que de Curitiba se reunissem tropas para se juntarem às de Viamão e para que partisse a "frota de canoas".[14] Ao mesmo tempo, solicitava aos oficiais que ocultassem da população, o quanto pudessem, os reveses que os lusos sofriam no Sul, para "não alvoroçar e afugentar o povo".

Agitava-se o capitão-general de São Paulo por organizar a defesa no Sul. Escrevia ao vice-rei, ao capitão-general de Minas e à Corte, tecendo longas considerações em torno da Ilha de Santa Catarina[15] e da precariedade das nossas defesas.[16] Via a paz em que portugueses e espanhóis viviam na América, como "pouco sólida e totalmente aparente".

Repetia, freqüentemente, que as forças militares com que se podia contar em território brasileiro eram muito pequenas e a costa era totalmente desprotegida. A sua era a capitania "a mais proporcionada para os labores da campanha, ou para melhor dizer, dos matos em que a guerra se hade fazer; tenho as fontes dos Rios e a situação a mais oportuna". Reconhecia, entretanto, que teria imensos gastos para mover a gente armada; e seu número seria sempre aquém do necessário a seus planos.[17]

O conde de Azambuja, ao iniciar seu vice-reinado, nos últimos dias de 1767,[18] encontrava a situação sulina agravando-se, cada vez mais, embora já contasse com o general Henrique Böhn à frente das tropas portuguesas. O reforço de soldados em Viamão era necessário, mas o governador de São Paulo via poucas possibilidades de colaborar mais

---

[12] São Paulo, 25 de outubro de 1767 (DI 23, p. 245).

[13] Obediência e superioridade contestadas por Dauril Alden (op. cit.) em sua tese sobre o marquês de Lavradio.

[14] Que era a que se destinava ao Iguatemi e à qual o capitão-general não podia se referir claramente. As ordens estão em D1 23, p. 197, 203, 207 e outras.

[15] São Paulo, 11 de agosto de 1767 (DI 23, p. 225).

[16] Em ofício ao general de Minas, São Paulo, 16 de agosto de 1767 (DI 23, p. 232-8).

[17] "Eu Governo huma Provedoria pobríssima [...]" (ibidem); "porque de tudo me acho falto: de gente porque está tudo despovoado: e de dinheiro, porque absolutamente me falta de tudo [...]" (DI 23, p. 239).

[18] DI 23, p. 248.

na luta em vista da escassez de homens, mesmo para as necessidades da capitania. Mas, embora visse dificuldades de execução, propunha ao novo vice-rei que se estabelecesse uma linha armada, de modo a "fechar os nossos certões". Azambuja podia ser o responsável pelo projeto, podendo ele, Morgado de Mateus, ser apenas o executor.[19] Aliás, uma das funções dos vice-reis era a de concatenação. Eles estavam constantemente enviando tropas aos governos que lhes eram diretamente subordinados (Rio Grande, Colônia, Santa Catarina), assim como as capitanias.

A grande questão que se apresentava para D. Luís Antonio era a de elaborar o plano conjunto com o vice-rei para defender o Sul com tropas ou o de enviar forças para o Oeste, a fim de "fechar os sertões", representando assim na sua forma *sui generis* de atuar contra o inimigo. O papel que lhe fora destinado por Pombal estava claro nas Instruções: enviar a gente paulista, tão apta para a vida militar, como soldados indispensáveis ao estado bélico no Rio Grande. A expansão e a consolidação geopolítica era tarefa secundária no momento, ainda que também constante das mesmas Instruções. Oeste, sim, como conquista territorial, não como tática de guerra, modo de "sangrar" aos exércitos espanhóis como pretendia o Morgado de Mateus.

Este parece ter sido o tema exclusivo, obsessivo mesmo, a partir, principalmente de 1771, da correspondência entre D. Luís Antonio e Martinho de Mello e Castro, ministro dos Negócios da Marinha e Domínios Ultramarinos. De um lado, a vasta argumentação do primeiro, tentando sustentar, a todo transe, a sua "tática". De outro, a atitude de incentivo inicial passou a manifestar-se apenas como tolerância e, depois, hostilidade ao projeto do capitão-general de São Paulo.

À medida que o tempo passava, o governo central, que até aquela data ainda incentivara muito a atividade paulista no Iguatemi e no Tibagi, sendo aqueles planos de pleno agrado real, pouco a pouco os ia deixando de lado; passaria a se concentrar no papel de São Paulo em defesa do território rio-grandense. Os ofícios enviados por D. Luís Antonio, datados de 8, 9, 13 e 14 de novembro, e 3, 5, 7 e 8 de dezembro de 1770, foram respondidos por Mello e Castro em missiva de 1º de outubro de 1771.[20] As longas considerações constantes dessa carta são fundamentais para que se entenda toda a problemática do Oeste *versus* o Sul.

Reiterava aquele secretário de Estado a satisfação real diante do zeloso cumprimento que o capitão-general e governador de São Paulo dera não só às Instruções recebidas em

---

[19] Ofício do Morgado de Mateus ao conde de Azambuja, São Paulo, 23 de junho de 1769 (DI 19, p. 368-9).

[20] AM/BN, Rio de Janeiro, Códice 11, 2863-3012. Há outras cartas da mesma data e versando sobre o mesmo assunto.

26 de janeiro de 1765, como às que recebera posteriormente, em 20 de novembro daquele ano, em 22 de julho de 1766, 22 de março e em 20 de junho de 1767.[21]

Depois de resumir as providências tomadas pelo Morgado de Mateus quanto ao Ivaí[22] e Tibagi,[23] dizia que, passados esses anos, com grande esforço e constância, essas conquistas iam sendo consolidadas. Diante dessa constatação, perguntava-se o secretário de Estado quais os "obstáculos" que se opunham ao mais completo andamento daquela obra e que medidas deviam ser adotadas.

Para ele, os dois grandes "obstáculos" eram os índios e os castelhanos. Mas, enquanto os primeiros mereceram dois escassos parágrafos, os segundos foram minuciosamente estudados em 35 itens.

Os indígenas, que incomodavam os exploradores, eram os que habitavam não só as regiões do Tibagi e Iguatemi, mas também os Campos de Guarapuava e as Campanhas de Vacaria. Deles queixava-se o governador. Mas para Martinho de Mello e Castro, porém, "este obstáculo, que na aparência parece muito difícil, se vencerá com toda a facilidade". E lembrava ao governador de São Paulo o conteúdo dos parágrafos 15 e 22 de suas Instruções.[24] Reiterava-se que os meios brandos que respeitassem a liberdade eram as únicas "armas de que Vossa Senhoria se deve servir contra toda e qualquer opozição".

Quanto aos castelhanos, reportava-se às queixas apresentadas por D. Luís Antonio. A troca de correspondência, bastante "intempestiva", que tanto o capitão-mor João Martins Barros como o Morgado de Mateus trocaram com Carlos Morphy, governador do Paraguai, mostra a animosidade e a disposição que tinham respectivamente de se rechaçarem nas áreas das quais se consideravam usurpados.[25] Que não houvesse contemplação no caso de provocações. E elas viriam – certamente pelas Relações, enviadas de São Paulo – a levar Lisboa à conclusão de que o Iguatemi não era inacessível nem tão defensável, como parecia em princípio. E podia-se deduzir que seu corpo de tropas não estava à altura de defendê-lo.

---

[21] Veja, antes, referências a essas ordens. Esse tipo de missiva, de secretário de Estado a administrador colonial, dando contas de que o rei tivera conhecimento e aprovava (ou não) as atitudes de seus representantes do Ultramar, iniciava-se quase sempre repetindo os próprios ofícios dos governantes, seguindo-se, depois, as respostas, soluções ou advertências.

[22] "[...] que se fora estabelecer na margem septentrional do Rio Guaytemy, onde fica construindo huma Fortaleza, e Povoação, para cobrir a Campanha de Vacaria; segurar a comunicação do Cuyabá pelo Rio Pardo, e a navegação do Rio Paraná [...]" (cit. nota 20).

[23] "[...] que permitiria a exploração da região do Rio do Registo (Iguaçu), das Sete Quedas de Guaira e adjacencias dos Rios Peperi, D. Luís e outros, ao mesmo tempo que descobria os Campos de Guarapuava."

[24] Veja o capítulo "Instruções de governo".

[25] Referimo-nos a essas cartas quando tratamos da instalação do presídio mato-grossense.

O secretário fazia menção às próprias afirmações do tenente Antonio Lopes de Azevedo, que era dos que mais conheciam aquela Praça; a de "que o corpo de gente destinado para a guarnecer era quazi todo composto de Paizanos, sem disciplina, ou subordinação, com repugnancia ao Serviço, e propenços a dezerção; sem confiança, para hum objecto tam grave, e de tanta importancia, como era o da defensa de huma Fronteira". Além disso, faltavam oficiais em número suficiente. Dos dois que havia, um andava gravemente enfermo. Agravava ainda a situação a ausência de cultivo de mantimentos em quantidade suficiente.

O que o governo deduzia diante disso tudo era o iminente perigo de perder o estabelecimento, cuja implantação tanto custara. Seis sugestões concretas eram propostas por Martinho de Mello e Castro, refletindo evidentemente o pensamento oficial: o governo da Praça Forte devia ser entregue ao experimentado José Custódio de Sá, "bom Engenheiro que conhece bem os Castelhanos, que já contendeo valorozamente com elles [...]" e que o auxiliassem um ou dois engenheiros igualmente capazes (seria a segunda sugestão). Mais, que D. Luís Antonio fizesse retirar do Presídio a "gente inútil o vadios sem subordinação, que ali se achan vencendo ordenados debaixo do pretexto de Povoadores, e que não servem se não para dezertar, e levarem aos Castelhanos noticias do que faze-mos (*sic*), como a experiência tem mostrado". Finalmente, que essa gente fosse substituída por eficientes Companhias de Tropas Pagas;[26] que se reforçassem essas Companhias com Regimento de Tropa Auxiliar e, por último, a artilharia ligeira que fosse adaptada ao terreno e ao uso a que se destinava.

Seguiam-se ordens, com detalhes técnicos, como observações e mapas para orientação do novo oficial encarregado da Praça.

Um surpreendente bando do governador paraguaio que hostilizava os lusos, em tempos de plena paz e sem aparentes razões, justificava perfeitamente toda a ação agressiva que pudesse partir do lado português. O tal ato e que havia obrigado os "pacificos habitantes de Guaitemy tomarem as suas precauçõens [...]". Finalmente era lembrado ao Morgado de Mateus que os preparos castelhanos não se faziam sentir apenas da parte do Paraná, mas também – talvez quisessem dizer, principalmente – de Buenos Aires e do Uruguai. Portanto, ele devia ter preparados seus Regimentos de Auxiliares em Curitiba, para serem enviados a Viamão e ao Rio Grande.

As considerações de Mello e Castro no parágrafo 31 deixam bem evidente que a metrópole não via a ação espanhola no Oeste tão ameaçadoramente quanto a via o governador de São Paulo. Este era o ponto-chave da questão. Os argumentos da metrópole

---

[26] Veremos adiante que, em 1774, justamente, proibia-se o envio de tropas pagas ao Iguatemi, a fim de que fossem melhor aproveitadas nos exércitos sulinos.

nunca seriam suficientemente fortes para dissuadir D. Luís Antonio. De Lisboa não viam lógica alguma na invasão espanhola pelo Iguatemi:

> O certo he que os castelhanos não podem chegar aos referidos Sertoens tão formidáveis como elles, se querem persuadir: Porque hão de marchar por Dezertos e Serras, e por Bosques faltos do necessarior para subsistir a vida humana: Hao de transportar todos os mantimentos para se alimentarem, e todas as muniçoens para nos offenderem.

Prosseguia apontando as dificuldades de sustento dos animais, das doenças que contrairiam etc.

Mesmo assim, era preciso defender as posições portuguesas fosse a Oeste fosse ao Sul. Em primeiro lugar, reforçar as "provizões de boca", fazendo aumentar as roças de milho, mandioca e "mais fructos da terra". Em seguida, que se incentivasse a tática de emboscadas, levadas a efeito pelos "Sertanejos de S. Paulo [...] nos Passos estreitos e por dentro dos Matos que elles bem conhecem [...]". O objetivo era, com isso, "fazerem evacuar pelos referidos Castelhanos todo o território que faz dessa Capitania até a margem setentrional do Rio da Prata". O governo confiava, para que se chegasse a bom êxito, na "conhecida prudência" do capitão-general de São Paulo.

As autoridades metropolitanas, portanto, acreditavam ainda nas qualidades de estrategista e de administrador do Morgado de Mateus. Não teria sido por outra razão que sua gestão se dilatara por tão largo tempo, para além do prazo regular de serviço de um capitão-general!

Se a partir de então a aquiescência do governo central começou a vacilar, as razões es-tariam menos nas atitudes do governador e mais no agravamento da questão sulina. Exigia-se quase que o abandono do Oeste – o que D. Luís Antonio jamais poderia aceitar. E o ponto nevrálgico da queda de seu prestígio estaria na desarmonia que passou a haver entre ele e o marquês de Lavradio. Rompia-se a decantada "ação conjunta" que, aliás, nunca fora totalmente concretizada. E nela, parecia, Lisboa depositava suas maiores esperanças.

***

Por ordens recebidas nessa mesma data, outubro de 1771, o Morgado de Mateus devia estabelecer, com José Custódio de Sá e Faria um plano de ação contra os espanhóis no Sul.[27] As idéias sobre essa defesa estão esclarecidas no ofício a Lavradio, constante

---

[27] "Projecto ou plano ajustado por ordem de Sua Magestade entre o Governador e Capitão General de Sam Paulo, Dom Luiz Antonio de Souza e o Brigadeiro Joze Custodio de Sá e Paria De todos os Serviços que se

do mesmo "Plano". Mais uma vez insistia D. Luís Antonio na importância do Iguatemi como "diversão" em relação ao Sul. Reiterava, pois, a sua posição, não obstante as admoestações bastante óbvias que recebera de Mello e Castro, na significativa carta de 1º de outubro de 1771.

Os pontos essenciais da defesa estavam quase que totalmente voltados para o Iguatemi, revelando exatamente a tática que o Morgado de Mateus julgava a mais acertada em relação à defesa do Sul:

1. "Segurar a Praça do Guatemy reduzindo-a a hum tal estado de defensa, que não só possa defenderse de qualquer ataque, mas também abrir as portas para alguma poderosa diversão que nos seja precizo fazer por aquella parte."

2. "Povoar as Campanhas de Vacaria que ficão adjacentes a dita Praça, engrossandoas de gente, e de Fazendas, para que a mesma Praça tenha meyos de sussistir por sy mesma, e nas suas costas os Socorros precizos de que se valer em cazo de aperto."

3. "Promover-se a Conquista do Sertão do Tibagy, juntando as forças necessarias, para que apezar da ferocidade dos Índios e das outras oposiçõens que se tem visto da parte da natureza se possa passar avante, conforme a idea ja praticada sobre esta Parte."

4. "Reduzirmos a hum estado de defesa o melhor que possa ser, assim no Guatemy, como nas Províncias de Viamão, e nas Capitanias de Cuyaba e Mato Grosso para fazer respeitaveis as nossas Fronteiras, pondoas livres de insultos."

5. "Dispor para o futuro em todos os Cinco Governos huma idea com tal arte e tal disposição, que correspondendo, igualmente todas as suas forças, se venha a conseguir mediante as disposiçõens já indicadas, a execução infalível daquelle grande fim."

Cada um desses itens recebeu de D. Luís extensa consideração. Acatava as determinações reais, concordando plenamente que o plano devia ser cumprido conjuntamente pelos governos de São Paulo, Mato Grosso e Goiás. A defesa do Iguatemi era longamente discutida. Sua tese mesclava uma tática defensiva a uma ofensiva. A proteção da Praça devia ser sólida a ponto de permitir que os portugueses ficassem livres de receios de

---

devem obrar e de todos os socorros com que se devem sustentar nesta parte meridional da America Portugueza. Anno de 1772". Na realidade, apresenta-se como um conjunto de ofícios. Os exemplares que consultamos, o do AHU, Lisboa ("São Paulo", nº 2619) e o da Coleção de J. P. de Almeida Prado (IEB-USP, Ms. nº 33), assim como a versão publicada em DI 69 (p. 210-33, de cópia existente no AESP, que pelas falhas na transcrição deve estar em mau estado de conservação, o que não acontece com as cópias citadas), são ofícios com várias datas, entre fins de 1771 e fins de 1772. São dirigidos pelo Morgado de Mateus a Mello e Castro, a Lavradio, ao governador de Mato Grosso; de José Custódio a Lavradio, havendo ainda vários cálculos de natureza militar. De todos esses documentos, o que realmente esclarece sobre o pensamento de D. Luís Antonio a respeito da defesa do Sul é o ofício a Lavradio, datado de 8 de abril de 177, intitulado "Introdução Prévia remetida ao Illmo. e Exmo. Marques de Lavradio, Vice-rei do Estado do Brasil do que Ao Governador e Capitão General de S. Paulo D. Luiz Antonio de Souza lhe parece se deve obrar em execução das Reaes Ordens de 190 de outubro de 1771". Assim, é a este que vamos nos ater; também analisaremos as "Reflexões" que José Custódio enviou a Lavradio. Os dois documentos acabam por constituir verdadeiro "Projecto".

ataques. Mas ao mesmo tempo, deviam estar equipados, ao menos para inquietar os espanhóis. O comando daquela Praça devia ser dado mesmo a oficial tão experiente e capaz quanto José Custódio. Conhecedor da região, já que fora um dos demarcadores das linhas estabelecidas pelo Tratado de Madri, sabia da necessidade de fortificar e proteger o Passo de Maracaju e da área chamada Forquilha.

A abertura de um caminho por terra para o Iguatemi originara-se justamente da eventualidade dos castelhanos interceptarem o rio, abaixo da Praça. Ainda que toscamente aberto, este já permitia a passagem, "desde Sorocaba emté o Rio Grande Paraná, a sahir na Foz do Rio Pardo, onde se achou ser o único Passo que permite aquelle grande Rio". Além disso, mandara o capitão-general abrir um outro caminho, "pela Campanha da Vacaria, que fica em fronte, o mesmo caminho fazendo o sahir da Praça, encostado a Cordilheira, a cortar nas cabeceiras do Amambay, e depois do Avinheima, ate desembocar no Rio Pardo, donde se encontra o que vay de Sorocaba". D. Luís Antonio aludia ainda aos trabalhos que deviam ser executados e aos perigos representados pelos ataques indígenas. Para preveni-los, deviam estar em constante vigilância nas áreas adjacentes à Praça.

Quanto ao povoamento das Campanhas de Vacaria, era questão ligada não só à segurança do Iguatemi, mas à própria consolidação das fronteiras. Se se povoasse de fazendas – que já estava começando a ser feito – com criação de gado, poderiam abastecer vasta região. Núcleos urbanos também deviam ser iniciados junto às cabeceiras do Amambaí, Ivinheima, Iguatemi e Pardo, cujos povoadores poderiam vir da Capitania de Minas não de São Paulo, tão carente de população. A finalidade dessas povoações era também proporcionar "canoeiros, armazens e hum Registo".

Outro ponto no qual tocava D. Luís, julgando-o igualmente importante para a consolidação territorial, como melhor forma de impedir a expansão espanhola na arca, era a colonização do "sertão do Tibagi". Deviam ser ali efetuados o povoamento, a catequização do gentio e exploração do ouro.

O problema da integração do indígena sempre esteve nas cogitações do Morgado de Mateus. Mais uma vez, agora, vinha à tona, ao discorrer sobre o plano de socorro ao Sul. Confessava suas dificuldades para conciliar a política de benevolência preconizada pelo governo – como ditavam suas Instruções ("meyos suaves e pacificos") – com a agressividade que os indígenas apresentavam na região da serra de Maracaju e do Tibagi. Só através do povoamento paulatino e catequização seria possível chegar-se a bom termo com os naturais da terra.

A defesa do Iguatemi, para ele, continuava a ser "o objeto principal do ciúme e inquietação dos Castelhanos". Perguntava sobre como deveria proceder para "fazer transportar, conservar e sustentar as ditas forças naquella distancia" e pedia a colaboração do vice-rei. José Custódio partiria com engenheiros e com todo o aparelhamento necessário.

Perguntava se deveria ir todo o Regimento, ou "ficar parte delle nesta Capitania para acodir a Viamão"? As dificuldades eram igualmente grandes, fosse o transporte por terra, fosse o transporte fluvial.

Só a partir daí, no parágrafo 43, dos 50 de que se compunha a missiva, é que D. Luís Antonio se referiu aos socorros ao Viamão. Por mais disfarçado que pudesse estar, percebe-se o seu pouco entusiasmo naquele sentido. Justificava a sua dificuldade pela distância e pela carência de recursos em toda a extensão do caminho. Poderia mandar duas Companhias de Paranaguá e de Santos. Pelo fato de já estarem no litoral, poderiam ser mais rápida e facilmente transportadas. De serra-acima só a Companhia de Auxiliares de Lages é que teria meios mais facilitados para atingir Viamão.

O que o Morgado de Mateus acabava por concluir era que, para tudo isso – malgrado os meios de que pudesse dispor e a melhor boa vontade que pudesse empregar – a ação não poderia ser organizada precipitadamente. "Todas as historias nos ensinão o grande preparo que os grandes conquistadores anticiparão sempre aos seos projectos; procedendo sempre de hum longo aparelho as suas promptas victorias [...]". Assim, o que poderia por ora oferecer de concreto era completar as "Conquistas do Way e Tibagy, na primeira segurando a Praça do Guatemy e pondo livre de insultos, por ser a que fecha as Campanhas de Vacaria, e o dito Sertão do Way; a segunda continuar as Expedições. ate vencermos a ferocidade do (*sic*) Indios, reedificarmos as Povoações antigas que aly ha". Para que isso pudesse realmente ser definitivamente consolidado, era necessário que a Coroa pudesse passar "as suas ordens em todos as cinco governos, para que obrem de comum acordo tudo o que permitem as suas possibilidades".[28]

As "Reflexões" que o brigadeiro José Custódio enviou também ao vice-rei completavam a argumentação do Morgado de Mateus. Dava ele grande importância à serra de Maracaju, "que a natureza dispoz para servir de fronteira aos Dominios de Sua Magestade". Dava detalhadamente quais deveriam ser as medidas para sua fortificação. Até então, pela necessidade de urgência, admitia que as obras ali feitas tinham sido frágeis e ineficazes. Por sua vez, os espanhóis, através da navegação pelo rio Paraguai, pela foz do Mboteteí ou do Taquari, poderiam penetrar nos Campos de Camapuã. Para remediar tal perigo, propunha José Custódio que os portugueses se instalassem ao Sul daquelas duas barras. O local já era conhecido seu, quando da demarcação dos limites, em 1753. Se fosse possível fortalecer o Estreito de São Francisco Xavier, ao sul do Mboteteí, Mato Grosso estaria então quase que completamente protegido.

---

[28] Referia-se, provavelmente, aos governos das capitanias de São Paulo, Mato Grosso, Goiás, Rio de Janeiro. O quinto poderia ser o de Minas ou o subalterno do Rio Grande.

O que não se podia admitir era que também esse labor continuasse a cargo dos paulistas. A capitania se despovoava cada vez mais. Os próprios mato-grossenses poderiam encarregar-se de povoar o sul de seu território, já que as povoações representavam o ideal para assegurar progressos de uma região. Sugeria que deveriam constituir uma povoação em Camapuã, que estivesse a cargo do "Governador de Cuiabá".

Por ora, José Custódio defendia o mesmo ponto de vista do capitão-general dos paulistas:

> Para se conhecer a grande importância de ter no Iguatemy hu Corpo respeitável de Tropas bastara reflexionar, não só a conveniência de conservar esta utilíssima fronteira livre de insultos dos nossos inimigos, assim Castelhanos como Indios barbaros, mas porque o mesmo Corpo fará na dita paragem huma importante diversão aos mesmos Castelhanos, se intentarem alguma operação ofensiva contra a Praça da Colônia e Rio Grande, pois justamente hão de temer que sahindo nós dos limites daquella Barreira lhe penetremos a Provincia do Paraguay, e a de Corrientes, com o perigo evidente de os lançarmos fora dos Rios Paraguay e Paraná te a Cidade de Santa Fé, que não considero muy dificultoso, por serem humas Povoaçõens abertas sem Tropas pagas, e sem artilharia, nem genero algum de Fortificação.

Aí estão, exatamente, as mesmas razões e as mesmas justificativas que por tantas vezes repetiu o Morgado de Mateus. Comprova-se assim que ainda havia concordância dos dois administradores quanto à defesa do Iguatemi. Se o título da série de missivas era "Plano para defesa da parte meridional da América portuguesa", evidenciava-se que, para aqueles dois dignitários, aquela defesa consistia, naquele momento, antes de mais nada, no fortalecimento do Sudoeste.

***

D. Luís Antonio procurava seguir à risca as sugestões de 1º de outubro de 1771, tendo em conta, notadamente, que elas vinham de encontro aos seus desígnios.

Providências foram tomadas para remessa de artilharia ao Iguatemi, assim como se enviavam mantimentos e remédios. As doenças, notadamente o impaludismo, a que já aludimos, passaram a grassar no longínquo presídio com certa freqüência. A atitude do governador era otimista, ou pelo menos figurava como, de modo a não alarmar os paulistas. O governador comunicava a Lisboa que as notícias das doenças eram exageradas. Assim como tranqüilizava a metrópole em relação aos espanhóis.

Mas, a verdade é que o próprio Morgado de Mateus sabia que as coisas não se passavam de modo tão simples. Para ele, seria necessário modificar todo o "sistema de guerra", pois a distância não permitiria a São Paulo socorrer o Iguatemi, da mesma forma que não permitia socorrer o Sul. Entretanto, paradoxalmente, não queria abrir mão de seus planos. É que pensava poder contar com o auxílio do Rio de Janeiro. Por isso, ressentiu-se, quando o vice-rei julgou-os inexeqüíveis.

Tomava princípio todo seu desentendimento com Lavradio:

> Vejo que os Socorros que posso esperar do Rio de Janeiro, hão de ser sempre lentos e vagarosos, por quanto o Exmo. Vice-Rei capacitado talvez de pessoas que não dezejão que as cousas se adiantem, tem formado diversa idea do estado em que se acha esta Capitania, parecendo-lhe que não tem forças, nem capacidade para obrar nada, e fundado na aparência deste parecer não só não aprova a formalidade do Plano que acabo de expor a V. Excia, mas juntamente cre que será impraticável e que eu estou enganado nos meyos e modos que a minha experiência e a própria evidencia dos factos que tenho executado, me facilita, quando eu estou bem certo que os obstáculos que ao mesmo Exmo. se tem avizado, não hão de ser os que me embaracem a pôr obra tudo o que tenha concertado [...][29]

A obstinação do Mateus em preferir dar combate aos espanhóis no Oeste (e que ali representavam ameaça velada e distante) em detrimento ao socorro imediato que a ação do inimigo impunha que se enviasse ao Sul é flagrante em toda a sua correspondência a partir de 1771.

Nos anos iniciais da década de 1770, realmente haviam-se agravado as tensões nas fronteiras luso-espanholas, tanto no Sul como no Sudoeste.

Pela primeira vez, o governo central em Lima prestara atenção ao Iguatemi. O vice-rei do Peru, diante das notícias de que a intenção dos portugueses ao estabelecerem aquele presídio era a de iniciar ilícito comércio com os paraguaios, teria ordenado a Carlos Morphy (governador do Paraguai) e a Vértiz (governador de Buenos Aires) que organizassem um ataque àquela Praça. Mas tal plano não foi concretizado, por concordarem os governantes platinos que o ponto nevrálgico a ser atacado era antes a Colônia ou o Rio Grande.[30] Ocupavam os espanhóis grande parte do território rio-grandense a Oeste e a Sudeste. Os lusos provocavam os inimigos através de constantes "arreadas", que acabaram por constituir um misto de rapinagem em demanda do gado e operações militares de expulsão dos ocupantes das áreas contestadas.

Os revides espanhóis às reações portuguesas, nas alturas de 1773, deviam ser combatidos pelo governador de São Paulo, de maneira mais eficiente do que levantar sua

---

[29] Ver nota 27.
[30] Apud Dauril Alden, op. cit., p. 126.

bandeira da "diversão" pelo Iguatemi. É o que se depreende das cartas que lhe foram enviadas pela Secretaria da Marinha e Domínios Ultramarinos. Desde o ano anterior, a Corte já devia estar ciente da iminência da invasão de Vértiz. Tal pode ser constatado em ofício enviado pela Secretaria da Marinha e Ultramar ao Morgado de Mateus em 20 de novembro de 1772.[31] Esse ofício, assim como o do governador de São Paulo em resposta[32] são dois documentos fundamentais para que se entenda toda a problemática do Oeste *versus* o Sul, no pensamento pombalino e no do Morgado de Mateus.

Martinho de Mello e Castro em 38 minuciosos itens traduz exatamente o conhecimento que o governo tinha da situação e quais eram as soluções consideradas viáveis. Outrossim, trazia esse documento as mais contundentes restrições e admoestações que recebia o capitão-general de São Paulo, desde o início de sua gestão.

As posições do Morgado de Mateus a partir desse momento tornavam-se indefensáveis perante seus superiores. O clima de confiança que emana de suas Instruções de governo jamais seria recuperado. A mesma irreversibilidade podia ser aplicada ao seu sonho do Oeste: a empresa do Iguatemi estava condenada. O secretário de Estado começava por estranhar o "silêncio" de São Paulo: há mais de um ano não tinha notícias de seu governador, ao contrário do que era habitual, isto é, do recebimento de abundante e circunstanciada correspondência com que sempre procurava dar conta de seus atos.

O fortalecimento do Passo da Serra de Maracaju, para proteger a Praça do Iguatemi, devia depender diretamente da periculosidade que os espanhóis podiam representar na região. Portanto, antes de reforçar a guarda do Passo, era preciso que o brigadeiro José Custódio examinasse "ocularmente a emportancia delle". Em caso positivo, de ser ele o único passo para atingir aquele Forte, assim mesmo só deveriam ocupá-lo no caso de ataque castelhano. A dedução real era a de que

> era impraticável que os Castelhanos marchassem para o Guaitemy com força, que pudesse dar cuidado, e que ainda que se determinassem a hir com algum poder ao mencionado Sitio, não obstante as dificuldades, custosas de vencer a qualquer Nação, e impossíveis a Castelhana; nunca o poderião intentar; sem descobrirem com muita antecipação os seus designios, e nos darem muito tempo para os prevenir; e a razão disto he tão clara como a Luz [...]

---

[31] AM/BN, Rio de Janeiro, Cód. 2863/3012. Ofício semelhante foi enviado por Martinho de Mello e Castro ao marquês de Lavradio, datada de 20 de novembro de 1772 (AHU, Lisboa, "São Paulo", Doc., nº 2611).

[32] Que estudaremos adiante.

Sob a óptica da metrópole, dificilmente os espanhóis atacariam, partindo de núcleos tão pobremente povoados como São Miguel ou Curuguaiti; ou tão mal apetrechados belicamente como Assunção e por acessos tão impraticáveis. Forças militares consistentes só poderiam vir de Buenos Aires. Mas, também era pouco provável que essas forças subissem o rio Paraguai até Assunção e, dali, até a serra de Maracaju, por "setenta e cinco Léguas com embaraços e dificuldades [...]". Se os informes recebidos diretamente do Presídio advertiam sobre uma invasão e porque, provavelmente, não tinham pensado nas dificultosas circunstâncias nas quais ela teria sido feita. Em razão das informações exageradas do Morgado de Mateus, a Corte supervalorizara a potencialidade da agressão castelhana contra o Iguatemi. Mas, mais bem informada,[33] resolvia que "seria grande imprudência mandar precipitadamente, e com grande despeza forças consideráveis aquelle Sitio para o defender de hum inimigo que não existe".

Todo o esforço empregado por parte do governador, no Iguatemi, assim como o pesado ônus em gente, gênero e erário que representara aquela empresa, desde 1767, eram negados por essa afirmação de Mello e Castro. Mencionar ao Morgado de Mateus que a sua luta era contra "um inimigo que não existe" era asseverar-lhe a inutilidade da ação na qual mais concentrara a sua atenção e à qual mais dera de si mesmo. Para poder dar a sua última palavra sobre o Iguatemi, o governo ordenava a D. Luís Antonio que enviasse José Custódio "acompanhado de hum suficiente Corpo Auxiliar de Paulistas" para estudos, *in loco*, e do qual resultaria um Relatório – o "Diário da Viagem da cidade de São Paulo à Praça de Nossa Senhora dos Prazeres do Iguatemi".[34]

O governo parecia não estar suficientemente informado sobre o Iguatemi, pois a carta trazia, em detalhes, tudo o que devia ser examinado.[35] Mostrava, se não incredulidade, pelo menos desconfiança em relação aos minuciosos dados que o Morgado de Mateus enviava com grande freqüência (muito embora a explicação possa ser dada no mencionado "silêncio" de um ano).

O brigadeiro deveria estudar "se seria mais útil, em lugar da mencionada Praça sobre o Rio Guaitemy, de nos reconcentrarmos mais para a parte do Paraná, e fortificarmos a margem esquerda deste Rio em parte Livre de Doenças, cobrindo melhor os Sertoens de Yvay e do Tibagy". Por essa assertiva o secretário não desmerecia a fortificação do Oeste.

---

[33] Informações que incluiriam, provavelmente, as fornecidas pelo grande número de espiões que portugueses e espanhóis mantinham reciprocamente nos exércitos e nas populações adversárias na América.

[34] BN, Lisboa, Seção Reservados, Cód. 4530. Está publicado na RIGHB, v. 39, p. 217-291, 1876.

[35] O estado em que se achava a Praça de Prazeres, sua fortificação, o lugar, a utilidade que podia oferecer, as despesas, a constituição das tropas, as possibilidades de comunicação etc.

Ao Morgado de Mateus teria figurado estranho esse item 10. Afinal, se a posição do governo era de abandonar o Iguatemi em razão da proteção ao Sul, por que motivo fortificar a região do rio Iguaçu? O Iguatemi resultava, para o ministro, em "hum Sitio distante mais de duzentas Leguas da Capital, de difícil acesso e de grande despeza, sem sabermos a utilidade, que delle nos pode resultar"!

Recriminava-se ao capitão-general de São Paulo não só a despesa e o emprego de gente naqueles longínquos sertões, como também a própria escolha dos "exploradores que [...] mandou aquellas paragens". Agora era preciso enviar José Custódio de Sá e Faria experimentado engenheiro militar, porque aqueles não "tinhão nem podião ter o conhecimento necessário". Isso provavelmente porque, não obstante serem oficiais dedicados, não tinham a suficiente experiência do sertão e de estratégia geopolítica.

Enquanto tais resultados da viagem não fossem estudados pela Corte, era conveniente a D. Luís Antonio dedicar-se à exploração dos rios, tanto aos conhecidos como os ainda por descobrir: "Vossa Senhoria [deve] empregar o seo zello, actividade e préstimo nos úteis Descobrimentos dos Sertoens do Yvay e Tibagy; e na exploração dos Rios Tiete e do Registo; que cercão os ditos Sertões; como tambem no Descobrimento, e Navegação dos outros Rios, que penetrão todo o interior daquelle Continente [...]". Tudo, porém, dentro da necessária moderação de despesas. Nessas explorações, que os índios fossem tratados com a mais possível brandura, "sem serem precizas as violencias, os assassinos e os massacres, que se lem nas historias com horror; dos quaes esta Capitania não he a mais innocente". A alusão era bastante clara aos feitos dos paulistas na busca ao índio.

Ao tratar do Sul, no item 16, o secretário de Estado chegava ao ponto nevrálgico. "O mayor e o mais emportante Objecto, em que, Vossa Senhoria deve empregar todo o seo Cuidado e Disposiçõens Militares, he sobre os Socorros, que sempre deve ter promptos, para mandar ao Rio Grande de São Pedro, quando lhe forem requeridos".[36] E insistia, no item seguinte, que embora aquela "Capitania de São Pedro", como de resto quase todo o Estado do Brasil, estivesse sob a responsabilidade de Lavradio, ele sozinho não poderia ter meios para defender seu território.[37]

O governo agora compreendia que, se as medidas conjuntas de prevenção já estivessem em plena execução em 1762, 1763 e 1764, os espanhóis não teriam se assenhorado de tão larga extensão. A ação conjunta para combate aos inimigos era obrigação de todos,

---

[36] "E como as dessa Capitania são as mais próprias, pela sua qualidade, e as mais imediatas pela sua Situação, também devem ser as primeiras e as mais promptas a passarem aquelles Destrietos, Logo que for necessário" (Carta de Mello e Castro, cit., item 18).

[37] Tenham-se em mente as inúmeras vezes em que foi lembrado tanto ao governador de São Paulo como ao vice-rei que a ação no Sul devia ser conjunta, desde o planejamento até a execução.

como vassalos do rei: "E nesta certeza tanta obrigação tem os Paulistas de socorrer o Rio Grande de São Pedro, com todas as suas forças; quanto tem o Rio de Janeiro de socorrer a Capitania de São Paulo com todas as que tiver. As outras Capitanias tem a mesma obrigação de se socorrerem mutuamente, segundo o estado, situação e proximidade de cada huma".

D. Luís Antonio tinha tantas vezes e por largo tempo arbitrado a sua maneira a respeito de como e por onde poderia ser feita a defesa. Dera mais atenção ao Iguatemi do que ao Sul, apesar das inúmeras ordens recebidas. Agora chamavam-lhe a atenção, diante daquela "fatal e custosa experiência"[38] que vice-rei e governador de São Paulo estivessem sempre prontos a socorrer o Rio Grande de São Pedro quando preciso. E para detalhes, que se reportasse às fartas ordens anteriormente enviadas. Ordenava-se-lhe, outrossim, que mantivesse dois ou três Regimentos de Auxiliares em Curitiba, para que mais facilmente pudessem dirigir-se ao Viamão. Além disso, seriam enviadas tropas regulares do Rio de Janeiro para São Paulo.

Mas, antes que o Morgado de Mateus tomasse os rumos de sua preferência, frisava-se:

> O fim desta Disposição, não foi nem he, para que a dita Tropa, ou ainda parte della, se mande guarnecer a Praça dos Prazeres; mas ao contrario, para que va tomar o seo Quartel em Curitiba, Santos, Parnagua ou outra qualquer parte, que parecer mais comoda; para tambem passar ao Rio Grande de São Pedro. Logo que as circunstancias o pedirem.

Mello e Castro antecipava-se assim à possibilidade de envio daquelas tropas para a praça mato-grossense. As tropas vindas do Rio de Janeiro estavam destinadas, exclusivamente, ao Sul e não poderiam ser enviadas ao Oeste. A grave advertência contra a sonegação de socorros ao Sul mostrava claramente uma posição contrária para com as vias de direção que o Morgado de Mateus imprimira à sua gestão.

> Vera Vossa Senhoria que no Plano, que tem formado para estender os Dominios de Sua Magestade, e de que deo parte a esta Corte em diferentes officios, que correm desde o anno de 1767 athe o de 1770 lhe falta o essencialissimo objecto, da Segurança do Rio Grande de São Pedro, e seos Destrictos; sem a qual segurança, tudo o que Vossa Senhoria intentar fazer por outra parte, será sempre sugeito, ao perigo das seguintes consequencias [...]

---

[38] Isto é, Iguatemi.

Argumentava-se, a seguir, quais as conseqüências que Portugal sofreria com a supervalorização dos descobrimentos e estabelecimentos no sertão, em vez da expulsão espanhola, junto à lagoa dos Patos. A área do Rio Grande era de vital importância para o rei naquele momento. Nada poderia ter ferido mais o Morgado de Mateus em seu acalentado projeto do que a afirmação contida no item 32: "faz sua Magestade huma perda infinitamente mayor naquelles Dominios, que todas as Aquisiçoens que Vossa Senhoria pode fazer nos referidos Sertoens e Praça"! A luta tinha que ser pelo setor sul, mais que tudo. A prosseguirem a sua posse, do Viamão para o Norte, poderiam os inimigos atingir inclusive a cidade de São Paulo. Esta dificilmente poderia ser defendida, se suas tropas estivessem dispersas pelo sertão. E mais a mais, como era do conhecimento geral, o caminho para os espanhóis atingirem o Iguatemi através do Paraguai era penoso, sendo pouco viável que o tentassem.

Ordenava-se, finalmente, já que não havia forças militares suficientes para cumprir o plano de fixação e expansão no Ivaí, Tibagi, Iguatemi e Campos de Vacaria, e ao mesmo tempo para acudir ao Sudeste, que "Vossa Senhoria renuncie por agora a huma parte das mencionadas Emprezas: tendo entendido que todas as que conseguirem nos Sertoens da America nunca serão equivalentes a perda do Rio Grande; e as consequencias que della podem resultar aos mais Dominios do Brazil".

Ao findar, portanto, o ano de 1772, o governo central "solicitava" ao Morgado de Mateus que renunciasse a seus propósitos no "sertão do Iguatemi". O secretário da Marinha terminava pedindo-lhe que procurasse eliminar a causa do "grande e inesperado retardamento de noticias" relativas a São Paulo, e que as desse com a *mayor frequencia, brevidade, e exactidão que lhe fôsse possível*.[39] Diante da acusação de não ter colocado a defesa do Rio Grande de São Pedro em seus planos militares, que para o Oeste eram ricos e imaginosos, o Morgado de Mateus não parece ter se intimidado nem com as palavras de Lisboa, nem com as que vieram do Rio de Janeiro.

Esse momento das relações entre os dois principais mandatários das capitanias sulinas, referente às questões belicas no Prata, é bastante importante para a problemática deste trabalho. As divergências surgidas entre o vice-rei e seu, supostamente, subordinado, capitão-general de São Paulo, são visíveis tanto na troca de correspondência, isto é, no plano das palavras, como na ação consumada, portanto ao nível de ação. Os pontos de vista de um e outro eram, a nosso ver, ora objetivos ora distantes do real (e do possível). A relutância de "mandar" ou "obedecer" demonstra a inconsistência da autoridade do

---

[39] Está sublinhado no exemplar existente no AHU, Lisboa.

administrador colonial, dentro do regime absolutista vigente. Vice-rei não tinha que necessariamente mandar, como o capitão-general não tinha necessariamente que obedecer.

Lavradio procurava interpretar claramente as ordens reais para o entendimento do Morgado de Mateus,[40] não obstante declarar "ser o meo parecer diferente daquelle que Vossa Senhoria me fez a honra de comunicar". Baseava-se em dois pontos, bastante óbvios: defesa do Continente do Rio Grande (portanto, conservar aquela região em paz, segurança e tranqüilidade) e preparação militar para defesa e ataque aos castelhanos, "nos lugares em que estão injustamente estabelecidos [...]". Isso, porém, se houvesse "rompimento ou principio de declaração de guerra".

Ora, era esse o impasse desde a Guerra Guaranítica. A ilegalidade da posse espanhola no sudeste gaúcho era proclamada pelos portugueses, e devia ser rechaçada. Entretanto, era preciso aguardar-se "rompimento" de hostilidades para não anuviar as relações amistosas entre Lisboa e Madri, que a atitude de Carlos III, em 1767, expulsando os jesuítas, viera estreitar. Por qual "rompimento" mais era preciso esperar, além da própria posse espanhola na vasta região do triângulo cujos vértices eram a Vila de Rio Grande, Montevidú e as cabeceiras do rio Camaquã? Tratava-se apenas de continuar as lutas de 1762 e 1763, no mesmo ritmo em que se processaram então. Portugal já contava com o experiente comando do general Böhn para seu exército no Rio Grande. Seria suficiente que São Paulo enviasse soldados para lutar sob a sua direção. Entretanto, o vice-rei não enviava normas claras nesse sentido. Reconhecendo suas dificuldades de "falar de hum Paiz que não conheço, e de huma Tropa que nunca vi",[41] falava de modo muito geral, e até elementar.

Que comando militar não veria – para acerto e vitória de seu exército – a necessidade de conhecimento da região, fortificação de postos já existentes, comunicação entre eles, local seguro e central para armazenar munições suficientes, subsistência da tropa (munições e alimentação) e meios propícios para conduzir a artilharia?

Pois era tudo isso o que repetia Lavradio. A um militar experiente, cioso da sua capacidade técnica como era o Morgado de Mateus, não agradaria, certamente, tal tipo de advertências, que se lhe afigurariam bastante primárias.

---

[40] Ofício do marquês de Lavradio ao Morgado de Mateus, Rio de Janeiro, 8 de julho de 1773 (AHU, Lisboa, "São Paulo", Doc., nº 2644.2). Na mesma data, 20 de novembro de 1772, em que escrevera a D. Luís Antonio, Mello e Castro escreveu, em tomo do mesmo assunto, carta ao vice-rei. Dauril Alden menciona exemplar pertencente ao Arquivo do marquês de Lavradio (Coleção Marcos Carneiro de Mendonça) (cit., p. 467).

[41] Apesar de ter solicitado várias vezes, nunca conseguiu da Corte licença para ir pessoalmente à região em beligerância.

Lavradio descrevia minuciosamente a região sul-riograndense, nos pontos ocupados por espanhóis e por portugueses. Enumerava os pontos mais defensáveis, os de mais difícil proteção,[42] e como deveriam ser socorridos. Abordava, em seguida, a questão de "colocar espias entre os Castelhanos". Já que não havia declaração de guerra era preciso cautela para que certas atitudes não figurassem como hostis. A melhor política era sempre agir de forma que parecessem ser eles os agressores. Enumerava os Regimentos de que dispunha o Rio Grande e ordenava que fossem enviados paulistas para estacionar em Lages.[43] Ali aguardariam os acontecimentos, pois, reiterava, dali seria muito fácil o acesso ao Rio Grande. O valor estratégico de Lages estava definitivamente reconhecido. A iniciativa de D. Luís Antonio ao querer instalar ali uma povoação parecera ousada e temerária cinco anos antes. Agora, consolidado aquele estabelecimento, passavam a existir boas condições de trampolim para a comunicação com o Sul.

Lavradio terminava por sugerir mais uma minimização da obra do capitão-general de São Paulo no sudoeste mato-grossense e que não poderia ser de seu agrado: o tornar o Iguatemi apenas uma "encenação", isto é, fazer-se acreditar aos espanhóis que lá estava instalado um forte baluarte. Mas, na realidade, não seriam mais enviadas tropas para Oeste, concentrando-as no Sul.

Todas as vezes que aventara a tese da "diversão", o Morgado de Mateus via-a como força militar para combater o inimigo, chamando-o à luta naquela região. Ao mesmo tempo, tal tese poderia ser a sua justificativa perante a Corte, acobertando o projeto mais ambicioso ainda: o de constituir ali um estabelecimento sólido, com possibilidades de progresso, através de agricultura e comércio. Imprimir-se-lhe o caráter de tática, que durasse apenas enquanto as coisas periclitassem no Sul, e, cujo fim, sem deixar vestígios, pouca diferença faria, quando passado o perigo na banda meridional, não estava nos planos do Morgado de Mateus. E vinha agora o vice-rei sugerir-lhe que "encenasse" grande movimentação de canoas e tropas que usasse o envio de oficial da altura e prestígio do brigadeiro José Custódio de Sá e Faria para confundir os espanhóis. Isso para que eles se fortificassem naquele rincão paraguaio, enfraquecendo-se junto à lagoa dos Patos!

Essa era a idéia primeira de D. Luís Antonio, mas não posta nesses termos. Afinal, era a consagração da "diversão", mas só que levianamente considerada. Iguatemi, apenas encenação. Ação concreta, sim, mas só em relação ao Sul. Era chegado o momento do

---

[42] Por exemplo, pelos Campos de Vacaria, que facilmente se comunicam com as Missões, poderiam os espanhóis intentar alguma invasão, armando os indígenas. Mas isso não representava perigo, pois bastaria que lhes opusesse um "Corpo Regular de Paulistas, de quem elles (os índios) sempre tiverão medo [...]".

[43] Preferivelmente colocar as cinco Companhias pagas da guarnição de Santos à Tropa Auxiliar de São Paulo. Esta é que deveria passar às vilas litorâneas em substituição.

Morgado de Mateus curvar-se à evidência dos fatos. A opção teria que ser sua: persistir na sua causa e por ela acabar por pôr a perder parte de sua obra à frente da capitania, ou aquiescer ao que lhe apontava o governo central, abandonando a Praça à própria sorte.

Escrevendo, respectivamente, em setembro e em novembro de 1773, ao marquês de Lavradio e a Martinho de Mello e Castro, D. Luís Antonio respondia as duas contundentes missivas, sem se deixar vencer pela argumentaçao de seus superiores.[44]

Não se esquivava de tornar a discutir o plano de defesa de Viamão, mas não renunciava à sua tese da "diversão".[45] Esse ofício a Lavradio chega a representar, verdadeiramente, um equilibrado esquema do desejado plano de ação conjunta.[46] Em formas mais estruturadas, diretas e localizadas do que as "sugestões" do vice-rei, o Morgado de Mateus mostrava o que pensava sobre o problema. Ele próprio, desde 1766, em sua correspondência com o conde da Cunha, já chamava a atenção sobre a importância estratégica de Vacaria e sua fácil comunicação com a região das Missões. Fora por isso mesmo que enviara o capitão-mor Antonio Correa Pinto para formar a Vila de Lages. Tratava, a seguir, dos postos de defesa. Seria preferível que guarnecessem melhor um menor número, do que criar muitos postos sem defesa suficiente. Elegeria, a seu ver, como pontos principais os de São José do Norte (margem norte do Sangradouro da lagoa dos Patos) e a área da junção do Jacuí e do Pardo. Discutia também a importância do Passo de Torres, "ou outro qualquer que segure a comunicação, do caminho de terra que temos de Santa Catharina pela Laguna emte Viamão".

Quanto às tropas, o governador de São Paulo estava formando "hum Corpo respeitavel" para enviar ao Sul. Seguiria com as quatro Companhias que se achavam destacadas em Santos, e mais Regimentos de Auxiliares. Confirmava a afirmação de Lavradio de que, "a força dos corpos não consiste no seu número e sim na qualidade e disciplina". Concordava que a Tropa paga era mais desembaraçada: assim sendo devia ser a primeira a marchar. As Auxiliares, por sua vez, deviam mesmo ser reservadas para

> mayor aperto pelo, grande desarranjo que se segue as suas Cazas e familia em serem obrigados a hir servir para grande distancia; como também porque desta Resolução se seguiria o abandono das suas Lavouras, e deste a grande falta de mantimentos que seria mais prejudicial que a mesma Guerra.

---

[44] AHU, Lisboa, "São Paulo", Doc., nº 2644. O primeiro documento é a carta de 13 de novembro ao secretário de Estado; a missiva a Lavradio, datada de 9 de setembro, está contida, com vários outros documentos, na mesma pasta.

[45] "Luis Antonio de Sousa was not a man easily parted from his cherished belief [...]" (D. Alden, op. cit., p. 467).

[46] O plano, naturalmente, tinha conotação estratégica, mas reconhecia para as operações militares que havia a competente presença do general Böhn.

Só que alertava sobre o envio das Companhias Pagas que estavam em Santos. Isso causaria um problema para o Iguatemi, para onde estavam destinadas: com a transferência de duas delas para o Viamão, não haveria quem rendesse as outras duas que estavam na praça mato-grossense. Mas pensava numa solução: "para isto havera algum remédio".

Era natural que D. Luís Antonio desse ênfase ao que ele realizara em relação à defesa do Sul. Do modo como lhe falavam os superiores, a impressão que se tinha era a de que seu único intento tinha sido o de fortificar o sudoeste mato-grossense e os sertões do Paraná. Lages, por exemplo, "atende a muitas partes, ao socorro do Rio Grande, ao ataque das Missoins e ao socorro da Ilha de Santa Catharina". E Lages fora alvitre seu, passando a prevalecer sobre Curitiba, até então considerada o melhor ponto avançado meridional. Opinava sobre a atenção que deveria ser dada ao "Lago" (a lagoa dos Patos) no âmbito da fortificação do Rio Grande: "Quem for mais poderoso sobre este Lago, esse o ha de ser sobre a fronteira contraria". Se se armassem adequadamente, em água, poderia ser constituída uma nova linha de defesa, pronta a cortar avanços. Em conclusão, julgava que sem "praças fortes no Terreno de Viamão e sem embarcaçoens armadas dentro do Lago", Portugal nunca conseguiria a segurança das capitanias vizinhas.

Postas essas considerações, ou sugestões para providências concretas a serem tomadas em relação à região que o poder central julgava abandonada por ele, voltava o Morgado de Mateus a tratar do "estrondo da parte do Guaitemy" com o qual esperava abalar os espanhóis. Que se enviasse logo o brigadeiro José Custódio, "dispondo pelo modo possível todas as cousas necessárias para fazer por aly diversão, pois este he o Ponto essencial em que eu me fundo para devertir aos Castelhanos para Paraguay parte das forças que elles podem juntar em Viamão"? Assim, o Morgado de Mateus não se arredara, o mínimo que fosse, da sua tese de sete anos atrás. E insistia D. Luís,

> se Vossa Excelencia quizer fazer de todo esta segurança indisputável, a poderá augmentar ajudandome a acrescentar as forças em Guatemy a Povoar aquella Provincia [...] quantas mais forças puzermos em Guatemy, tanto mais lhe faremos divertir o cuidado para aquellas partes; e quanto mais lhe fizermos divertir o cuidado, e as forças, menos teremos que temer e que recear por Viamão.[47]

---

[47] E prosseguia: "E além destas vantagens, e de segurarmos os nossos Sertoens, tambem teremos a conveniência de que assim como os Castelhanos pertendem impedir a navegação do Rio da Prata pela Colonia, nos lhe procurarmos abrir outra mais vantajosa e que os inquiete pelo Paraguai com esta disposição he que me parece pode Vossa Excelencia estar seguro e até me persuado que elles perderão toda a vontade de nos atacar".

Ao que parece, os argumentos e fatos demonstrados por Martinho de Mello e Castro não tinham sido suficientes para convencer D. Luís Antonio de que a tese da "diversão" era pouco consistente. Depois disso, era natural que Lavradio se irritasse com a insistência do Morgado de Mateus. O vice-rei necessitava das tropas paulistas para o Sul e a irredutibilidade do governador de São Paulo só poderia tornar as coisas mais difíceis.

Respondendo ao secretário de Estado com a mesma argumentação que usara para com Lavradio, D. Luís Antonio procurava justificar-se perante a Corte. Embora reconhecendo a gravíssima situação do Sul, não reconhecia, em proporção alguma, que a empresa do Iguatemi fosse um erro. Admitia que, para a metrópole, "o mayor e mais emportante Objecto em que devo empregar todo o meo cuidado e disposiçoens Militares, he sobre os socorros que devo sempre ter promptos para mandar ao Rio Grande de São Pedro todas as vezes que me forem requeridos". O que se lhe insinuava era que, afinal, todos seus planos tinham sido, antes, no sentido de "estender os Dominios de Sua Magestade". Neles faltava "o essencialissimo Objeto de segurança do Rio Grande de São Pedro e seus destrictos".

Escudava-se agora nas Instruções para sua defesa. A ordem que recebera, de "retorquir sobre os Espanhois confinantes todos os artificios de que elles por tantos annos se tinhão servido para se internarem nos nossos Sertoens [...]", constante das Instruções, era muito cara ao Morgado de Mateus. Por ela poderia, a qualquer momento, justificar sua ação no Sul mato-grossense. Nem sempre a Corte entendera seus artifícios que, contrários às soluções "de gabinete", representavam soluções *ad hoc* mais condizentes com as características da colônia:

> O dilatado espaço deste Brazil, que he o Theatro em que se ha de reprezentar esta Ação, a separação e distancia das suas grandes e dilatadas Capitanias, oferece a ideya hum dilatado taboleiro para formar este jogo, cujas pessas se devem mover de todas as partes com a mesma proporção, e ao mesmo fim para efeito de se poder ganhar a partida.

Procurara trabalhar dentro dos limites da sua jurisdição.[48] Fazia referência à "Introdução previa" de abril de 1772, a que já nos referimos. Ora, aquilo já lhe parecera ser um bem constituído plano de defesa e agora, no parágrafo 21 do ofício de 20 de novembro, Martinho de Mello e Castro ordenava-lhe convir novamente um plano de defesa com o vice-rei. Com muita convicção asseverava que nunca seria segura e definitiva a defesa e conservação de uma região se estas fossem baseadas nas "contingências e incertezas de

---

[48] Ou do que julgava sua jurisdição.

huns socorros que lhe hão de hir de tão longe e com tantas dificuldades [...]". Tropas de São Paulo e Rio de Janeiro, mesmo que em número suficiente, não poderiam proteger adequadamente a região do Viamão, por causa da distância e da dificuldade de acesso. Se houvesse "obstáculos" que dificultassem ataques e posse daquela área, haveria meios de sustentarem-na enquanto se aguardasse socorro. Justificava a validade de suas opiniões pela experiência adquirida em nove anos de governo de São Paulo e nos "vinte e tantos" de comando de tropas.

Os "obstáculos" teriam que ser mais que tudo de caráter estratégico:

– O incutir nos castelhanos "receio da parte das suas províncias do Norte, para que não possão tirar dellas as gentes de que necessitão para engrossar o seu Exercito da parte da Colônia e Rio Grande de São Pedro". Esse receio só podia partir do fortalecimento de tropas em todos os postos "da parte do Guatemy", para onde teriam que despachar tropas de Buenos Aires. O pensamento de D. Luís era de que, desse modo, os portugueses conseguiriam que nunca houvesse um exército consistente junto à colônia e ao Rio Grande. Nem mesmo se viessem socorros extraordinários da Europa.

– O fortalecer toda a região do Viamão e da Lagoa era imprescindível. Que se estabelecessem Praças fortes prontas a dar cobertura as tropas ali existentes.[49] O domínio do "Lago" com forças aquáticas era fundamental. Toda a costa da lagoa dos Patos jamais poderia ser coberta unicamente pelas tropas de terra, por mais numerosas que fossem.

Finalizava por chamar a atenção do governo central novamente para a área do Oeste mato-grossense. Alertava sobre o fato de estarem os espanhóis reforçando sua artilharia junto à foz do Ipané, sobre o Paraguai. Via em tal desígnio o bloqueio que os inimigos pretendiam fazer do Iguatemi, impedindo aos portugueses a futura livre-navegação pela região. Apelava ao rei que compreendesse a necessidade de se assegurar as passagens da serra de Maracaju e Fecho de Morros.

Tornava a bater na mesma tecla: a necessidade do povoamento e colonização de to-da aquela área que, para ele, era de fundamental importância geopolítica. Se fosse possível iniciar ali a criação de gado trazido do Viamão e se se estabelecessem povoações, estariam garantidas sua consolidação e definitiva incorporação aos domínios portugueses na América.

Em fins de 1773, portanto, a concluir-se por este ofício, continuava a ser sempre o Iguatemi a fonte das maiores preocupações e dos mais cuidados nos planos do Morgado de Mateus. A despeito das admoestações recebidas – ou justamente em razão delas era-lhe obssessiva a justificação do estabelecimento que criara.

---

[49] Em evidente contradição com a assertiva que fizera a Lavradio de que em vez de postos novos era preferível reforçar os existentes.

Durante todo o ano seguinte, D. Luís Antonio recebeu reiteradas cartas do marquês de Lavradio sobre as reais ordens para combate aos espanhóis em várias frentes.[50] O vice-rei mostrava-se aflito com o "apertado cazo em que nos achamos pelo Rio Grande de São Pedro".[51] Repetia alguns itens de cartas régias datadas de 1771, estabelecendo comparações entre o auxílio do Pará a Mato Grosso e o que São Paulo devia prestar ao Sul:

> assim como as Capitanias do Pará e Goiaz socorrem a de Mato Grosso, a primeira mandando Tropas por hua Navegação difícil, subindo o Rio das Amazonas e os da Madeira, Guaporé e Aporé, em distancia de 500 a 600 leguas: e a segunda por Sertoens, e em distancia que medêa entre as mencionadas Capitanias de Mato Grosso e Goyas: Assim a Capitania de S. Paulo deve socorrer ao Rio Grande e seus Destrictos.

Lavradio lembrava assim ao Morgado de Mateus seus deveres para com o Sul.

Em ofício do dia seguinte, com o mesmo teor, ordenava-lhe que enviasse tropas pedidas pelos governadores de Santa Catarina e do Rio Grande. A ordem foi acatada pela Portaria de 29 de março de 1774.[52] Por ela, concordando que se fazia preciso nas "circunstancias prezentes" o envio de poderoso socorro ao Viamão, ordenava embarque de "Tropas Auxiliares dos Regimentos de Cavalaria de Serra acima".

Um circunstanciadíssimo "Plano militar da guerra com que devemos repelir a aleivosa Invasão que os Castelhanos intentão fazer em todas as partes do sul do Brazil por elles ja aleivosamente ocupadas" era enviado, em 12 de dezembro do mesmo ano, pelo vice-rei ao governador de São Paulo.[53] Por informações obtidas diretamente do Ferrol,[54] preparava-se considerável armada[55] que, juntando-se às guarnições platinas,[56] constituiriam uma força de mais de três mil homens, aliados ainda às tropas de Corrientes e aos índios das Missões, e invadiriam os domínios portugueses da América meridional.

---

[50] Essas cartas constam do Livro 139, n. 410, Caixa 52, TC do AESP, São Paulo.

[51] Ofício do marquês de Lavradio ao Morgado de Mateus. Rio de Janeiro, 3 de janeiro de 1774 (AESP, cit.).

[52] DI 34, p. 503-5. As Instruções ao capitão Fernando Leite de Guimarães, que comandou as ditas tropas, estão às p. 505-8. Ver também DI 33, p. 148-54.

[53] AESP, São Paulo, TC, Livro 139, n. 410, Lata 52.

[54] El Ferrol era um porto galego de onde, no século XVIII, partiam embarcações destinadas ao Prata.

[55] "Duas naos de setenta pessas; duas fragatas de trinta; duas charruas de transportes, e munições de guerra [...]".

[56] "Sendo estes pois juntos aos oitocentos Homens das Tropas Europeas, que terão pelo menos nas Guarniçõens de Buenos Ayres, Monte Video, Maldonado, Bloqueyo da Colonia, e no Rio Grande, somão todos mais de três mil homenz de Tropas Regulares e pagas da Europa". Assim, contando com os de Corrientes e com os índios, o vice-rei calculava que as forças espanholas subiriam a seis ou sete mil homens.

Lavradio enumerava toda a força militar de que poderiam dispor os lusos, especificados por região, por regimento (número exato de soldados de cada um).[57] No total, o exército do Rio de Janeiro (considerando-se aquela capitania e mais seus governos subordinados de Santa Catarina, Rio Grande e Colônia), contava com um efetivo de 6.587 homens. Ordens superiores mandavam que guarnições do Rio Pardo e São Pedro, por meio de remanejamentos feitos com as Companhias enviadas do Rio de Janeiro e outras, se juntassem às vindas de São Paulo, de modo a constituir uma Infantaria de

---

[57] No Rio de Janeiro:

Guarda do Sr. Vice Rey e Capitão General
Duas Companhias de Cavalos e trinta e cinco Homens cada huma augmentadas cada huma de vinte cavalos fazendo ambas... 110

Regimento de Portugal

	Estado completo	Efectivo completo	Praças que faltam
Bragança	821	639	128
Moura	821	736	85
Estremoz	821	699	122
Regimento do Brazil			
Primeiro Regimento do Rio de Janeiro	821	615	206
Segundo Regimento do Rio de Janeiro	821	636	185
Regimento de Artilharia do R. de Janeiro	749	591	155
Nas Provincias do Sul			
Regimento da Ilha de Santa Catharina	821	813	8
Regimento de Dragoens do Rio Grande	100	27	73
No mesmo Rio Grande quatro Companhias Ligeiras de Auxiliares duas de pe e duas a cavalo a cinquenta homens cada uma	200	200	
No mesmo quatro Companhias de Infantaria com exercicio na Artelharia de cem homens cada huma	100	100	
Regimento da Colonia do Sacramento	821	128	693
Recapitulação de todas as referidas Tropas			
Tres Regimentos de Portugal	2.573	2.074	499
Tres do Rio de Janeiro	2.391	1.815	546
Santa Catharina, Rio Grande e Colonia	3.142	2.668	474
Todos	8.106	6.587	1.419

(AESP, São Paulo, TC, Livro 139, n º 410, Lata 52).
(Nota: dos faltantes não se davam maiores explicações, se por morte, deserção ou licenças).

4.184 homens. Isso, mais a Cavalaria de 1210 daria um total de 5.394 soldados. Ainda haveriam de se juntar a eles as Tropas Ligeiras de Aventureiros, Caçadores e Sertanejos da Capitania de São Paulo.

Os paulistas, lembrava, eram os mais intrépidos e os mais temidos pelos castelhanos. Antes, quando da caça ao índio ou à procura de metais preciosos, eles muito conseguiram, mesmo "sem serem animados pela Corte". Agora, então, "que o são com tanta benignidade pela Real Grandeza he de esperar que sejão os exemplos, e excedão os progressos dos seos Progenitores; ganhando honra, gloria, e utilidade, juntos em união perfeita". Eles

> que forão sempre os mais respeitados Corpos e formidaveis flagelos dos Jesuitas, e dos Castelhanos daquellas partes; e são actualmente os mesmos que descobrirão e dominarão todas as Campanhas, que jazem desde a referida Capitania de São Paulo ate a margem septentrional do Rio da Prata; obrigando os ditos Castelhanos a abandonarem fogindo a buscar asilo em Buenos Ayres, e mais Lugares da Costa meridional do referido Rio.

Prosseguia Lavradio, designando as naus e respectivos comandos que tinham recebido ordens para se dirigirem e se organizarem no Sul. Esta, que era a primeira armada grande e bem estruturada que Portugal enviava ao Sul, partira no dia 5 de dezembro, tendo à frente o general Böhn. Que D. Luís Antonio tivesse tudo pronto para atender de imediato o que lhe fosse solicitado.

Nessa espécie de "disputa" entre as preferências que deviam ser dadas ao Sul e as que realmente dava para o Oeste, o Morgado de Mateus via-se na circunstância de acatar as ordens que lhe impunha o marquês de Lavradio. Entretanto, no seu pensamento, o próprio fato das tropas do general Böhn estarem tão bem equipadas e sob tão capacitado comando, poderia dispensar a colaboração paulista. Os soldados de São Paulo estariam assim disponíveis para render a guarnição do Iguatemi que, já de *per si*, era deficiente.

Mas essa não era a posição do governo. A definição pelo Sul teria de ser drasticamente imposta ao governador de São Paulo.

Iguatemi em xeque

Reprova sua Magestade o projecto de se intentar a defensa de Viamão, e do Rio Grande por meio de poderosa diversão feita aos castelhanos pelo sertão do Iguatemy: e n'esta intelligencia prohibe o mesmo Senhor a Vossa Senhoria de mandar aquelle sertão tropas regulares.

De Martinho de Mello e Castro
ao Morgado de Mateus, 1774

Vimos que as condições de abastecimento do Presídio de Nossa Senhora do Iguatemi eram precárias; quanto à defesa, nem tanto, já que contava com relativa artilharia. Mas não havia condições à altura de atrair povoamento e provocar-lhe a consolidação. A partir de fins de 1772, praticamente coincidindo com a chegada do novo regente – e se nos reportarmos à questão do socorro ao Sul *versus* o Oeste, tal data se confirma – inicia-se o período em que aquele estabelecimento foi posto em xeque e levado irremediavelmente à capitulação.

D. Luís Antonio ainda insistia, perante Pombal, na importância estratégica da Praça do Iguatemi: "Enquanto ella subsistir tem o mesmo Senhor os seus vastos Domínios desta parte do Sul da America cobertos de toda e qualquer invazão da parte de Castella e esta senhor de todas as entradas para os Domínios daquela Monarquia".[1] Assim, para o Morgado de Mateus a sua Praça poderia ser um posto avançado à frente de colônia, formando com aquela pólos de uma mesma via de penetração para a América espanhola.

Nos ofícios e relações enviados à Corte entre fins de 1772 e inícios de 1774, alguns deles por nós comentados na parte referente ao prejuízo que a atenção dada pelo gover-

---

[1] Ofício do Morgado de Mateus a Pombal, São Paulo, 21 de abril de 1771 (DI 34, p. 381-3).

nador de São Paulo ao Oeste causava à defesa do Sul, persistia o Morgado de Mateus nos planos e na ação, visando ao reforço e progresso do Iguatemi.

Desde o início desse período, o governador já considerava aquele Forte regularmente consolidado. Assim, julgava que as tropas de paulistas, de tanta valia quando se tratasse de explorações e desbravamentos (sendo a "mais própria para o serviço do sertão"), podia dar lugar à Tropa Paga. Isso "porque agora já não se trata de descobrir o Guatemy para serem mais úteis como forão os sertanejos que mandei naquella ocaziao a este descobrimento. Agora trata-se de fortificar e defender huma Praça regular naquella altura em que sem duvida alguma a Tropa paga, e regular hê a mais necessaria e adequada [...]".[2]

Na medida, entretanto, em que para o governador de São Paulo o Iguatemi parecia crescer em importância, para o governo central sua existência passava a ser firmemente contestada. As decisões finais da Corte em relação às providências que D. Luís Antonio devia tomar para com o Sul foram-lhe comunicadas em abril de 1774, em memorável ofício do secretário da Marinha e Negócios Ultramarinos. Era-lhe ditado qual deveria ser o seu comportamento em relação ao Oeste[3] – paralelamente.

Na consideração real devem ter pesado as ponderações do marquês de Lavradio, que extravasavam, certamente, grande ressentimento contra o Morgado de Mateus. Pela resposta de Martinho de Mello e Castro a ofícios do vice-rei percebe-se que ele teria feito queixas contra as atitudes do governador de São Paulo.[4] Isso porque, dentre outros comentários a respeito da situação bélica, o secretário de Estado fazia alusão à atitude de D. Luís Antonio:

> Vossa Excelencia representa a consternação em que se acha em taes circunstancias: vendo os armazens d'essa capitania desprovidos; as tropas d'essa guarnição faltas de gente; o governador de São Paulo sem dar execução as ordens de Sua Magestade relativas aos socorros que o mesmo Senhor lhe mandou ter promptos.

---

[2] Ofício do Morgado de Mateus ao marquês do Lavradio, São Paulo, 28 de novembro de 1772 (DI 69, p. 355-62).

[3] Ofício de Martinho de Mello e Castro ao Morgado de Mateus, Lisboa, 21 de abril de 1774 (AHU, Lisboa, "São Paulo", Doc., nº 2659. Está publicado em RIHGB, Rio de Janeiro, v. 31, p. 168, 1868, de original existente no Arquivo Nacional).

[4] Ofício de Martinho de Mello e Castro ao marquês de Lavradio, Lisboa, 22 de abril de 1774 (Publicada na RIHGB, Rio de Janeiro, v. 31, p. 161-7, 1868, de original do Arquivo Nacional). O secretário aludia a ofícios de Lavradio, datados de 12 e 13 de dezembro de 1773, Dauril Alden (op. cit., p. 468) refere-se ao conteúdo das cartas que nas mesmas datas foram enviadas por Lavradio ao Morgado de Mateus. Diante da notícia das investidas do general Vértiz, o vice-rei ordenou ao governador de São Paulo que enviasse ao Rio Grande as tropas que havia requisitado ao Rio de Janeiro. E criticava, com rispidez, que se elas já estivessem lá, teriam já tido oportunidade de defender a área atacada.

Não admite dúvidas o tom incisivo dos 23 itens do mencionado ofício ao Morgado de Mateus, datado do dia seguinte, e que analisaremos adiante. Demonstra que o governo central já não aceitava o que julgava serem arbitrariedades de um capitão-general, dispondo da autoridade a seu modo e em benefício de seus próprios desígnios.[5]

As palavras iniciais da carta já demonstram a desaprovação real à insistência do Morgado de Mateus em julgar que a "diversão" pelo Iguatemi poderia enfraquecer o exército espanhol no Rio Grande:

> Em primeiro lugar reprova Sua Magestade o projecto de se intentar a defensa de Viamão, e do Rio Grande de São Pedro, por meio de uma poderosa diversão feita aos castelhanos pelo sertão do Iguatemy: e n'esta intelligencia prohibe o mesmo Senhor a Vossa Senhoria de mandar àquelle sertão tropas regulares [...][6]

O terceiro item também cortava os planos acerca dos "sertõens": "Ordena Sua Magestade que Vossa Senhoria não prossiga nas expedições; e descobrimentos dos sertões do Ivay e Tibagy, sem mandar provavelmente a esta Secretaria d'Estado relações exactas da despeza que faz cada uma das ditas expedições [...]".

Quanto ao Iguatemi, a preocupação devia ser apenas a de conservação: "que Vossa; Senhoria não promova, nem disponha, nem intente por agora outro algum serviço nessa Capitania, que não seja: primeiro, o da conservação do dominio, e posse, em que nos achamos no destricto e sertão de Iguatemi; segundo o dos socorros para Viamão e Rio Grande de São Pedro [...]".

Note-se, portanto, que não era solicitado ao governador de São Paulo que abandonasse a Praça dos Prazeres, mas que a conservasse, sem que isso significasse empreender mais esforços em prol daquela região. Outrossim, era-lhe pedido que repreendesse ao brigadeiro José Custódio o ter-se demorado tanto em São Paulo. Era preciso que cumprisse imediatamente as ordens de ir para aquele estabelecimento, redigindo seu relatório.

O restante era respeitante aos socorros ao Sul. As ponderações do Morgado de Mateus sobre os regimentos de auxiliares serem muito mais úteis guarnecendo os postos da capitania eram aceitas. Mas, para a área beligerante, as sete Companhias de Infantaria de Praça de Santos, juntando-as às do Rio de Janeiro. Para completar a soldadesca neces-

---

[5] Tanto era verdadeira essa inteira desaprovação a D. Luís que, mês e meio depois, já estava nomeado seu sucessor, pelo Decreto de 9 de junho de 1774 (AHU, Lisboa, "São Paulo", Doc., nº 2663).

[6] RIHGB cit., p. 169.

sária, era-lhe requerido que procedesse a um recrutamento de mil homens.[7] Seguiam-se instruções sobre essa tropa, que deveria ser escolhida e treinada com cuidado.

Repreendia-se seriamente tanto quanto se punha em dúvida toda a validade da ação do Morgado de Mateus. Chamava-se-lhe a atenção para o cumprimento das reais ordens:

> – Ultimamente devo prevenir a Vossa Senhoria que para seu governo, quer no plano de defensa d'aquelles domínios portuguezes, approvado e mandado excutar por Sua Magestade, entram como parte a mais essencial os socorros de tropas caçadores e de homens de armas que de presente se empregam, e do futuro se hão de empregar d'essa capitania, a qual ha de fornecer a gente; e a real fazenda assistir-lhe como os meios, na fôrma que em outra ocasião lhe participarei mais circunstancialmente. E n'esta diligencia deve V. S. ter entendido, para que se acabem de uma vez as dúvidas e contestações que até agora se têm agitado em gravissimo prejuízo do real serviço, e com manifesta transgressão das reaes ordens.

> – Em primeiro lugar, que Sua Magestade estima muito mais a perda de uma só legua de terreno na parte meridional da America Portugueza, que cincoenta leguas de sertão descobertas no interior d'ella.[8]

> – Em segundo lugar que, ainda que os ditos descobrimentos do sertão fossem de um inestimável valor, a todo o tempo se podiam e se podem proseguir; e que a parte meridional da America Portugueza uma vez perdida nunca mais poderá recuperar.[9]

> – Em terceiro e último lugar, que n'esta certeza não deve Vossa Senhoria, sem expressas ordens de Sua Magestade, divertir por agora os rendimentos e faculdades d'essa capitania, nem empregar os seus habitantes em outro algum serviço que não seja por uma parte o da conservação do Yguatemy, na fôrma que se acha disposto no § 5º acima referido: e por outra parte no da defensa, preservação e segurança do Viamão e Rio-Grande de São Pedro, pelos meios e modos que ficam acima indicados, desde o § 7 ate o 18 inclu-

---

[7] Pelas Relações estabelecidas ao Morgado de Mateus, datadas de 9 de dezembro de 1772, a metrópole tomara conhecimento da existência, em São Paulo, de 58.678 homens, entre livres e escravos, sem contar as mulheres. Assim sendo, poderiam ser recrutados mil homens de armas – "metade de pé e metade de cavallo" –, sem prejuízo para a lavoura e demais atividades da capitania.

[8] Justamente a sua obra de conquista territorial, isto é, o desbravamento do extremo Sul mato-grossense e do Norte do atual Paraná, era para o Morgado de Mateus feito de cuja prioridade se orgulhava; e agora, bastante minimizado na palavra de Mello e Castro.

[9] O governo português acreditava que, sendo o Oeste área que, na ocasião, não estava nos planos espanhóis de maior expansão além daquela que já haviam realizado os jesuítas anteriormente, não corria riscos de ser perdido, por ora. Já o Prata, que ademais dos castelhanos estava também enquadrado na cobiça dos ingleses, devia ser energicamente defendido.

sivamente; e pelos que depois d'elles se irão communicando a Vossa Senhoria segundo a exigência dos casos e a proporção que as circunstancias o pedirem [...]

Ficava, pois, bem claro e disposto que o governador não poderia continuar arbitrando a seu alvitre. Sua ação seria agora mais estritamente regulada pelas ordens da metrópole.

Com a mesma data, Martinho de Mello e Castro enviava reprimenda a José Custódio, por não ter ainda partido para o Iguatemi.[10] O governo tinha urgência de informações concretas sobre aquela Praça, embora, pelo que parecia indicar, já tinha definida a sua posição a respeito. Talvez o que desejasse fosse apenas a confirmação *in loco* das condições do Presídio. O que poderia, inclusive, ser usado como argumentação contra o capitão-general.

A José Custódio caberia fortificar a Praça de Prazeres, organizar e treinar corpos de paulistas, para defesa e para táticas de ataque e emboscada. Repetia-se-lhe o alto conceito que aquela gente era considerada: "são os paulistas os mais destros, os mais infatigáveis e os únicos e melhores combatentes [...]". As ordens de 71 e 72 eram-lhe repetidas. Interrogava-se-lhe o porquê de seu comportamento inesperado e incompreensível de haver chegado a São Paulo em 12 de julho de 1772 e ainda lá estar em fins de dezembro de 1773.[11] Era-lhe ordenado que partisse imediatamente com um Corpo de Aventureiros, não uma tropa regular. Que não se esquecesse, finalmente, de que uma das suas finalidades devia ser "procurar espias seguras no país inímigo, e que os parochos, curas e frades castelhanos, sempre foram os mais promptos para o exercicio d'este ministerio, logo que sentem alguma conveniencia".

As Instruções[12] que o Morgado de Mateus recebeu do mesmo signatário e datadas do dia seguinte repetiam as mesmas admoestações. O governo central declarava não concordar com muitos pontos do "Plano" estabelecido. Era contra a pretensão de se gastar demasiado material bélico, homens e erário em favor da tese da "diversão". O Iguatemi podia ser conservado – posto avançado de fronteira que era –, mas nunca como meio de combate aos castelhanos, instalados no Rio Grande, para onde deveriam se voltar todas as atenções.

O que D. Luís Antonio e José Custódio tinham estabelecido para o Iguatemi afigurava-se aos olhos do secretário da Marinha e Domínios Ultramarinos como "estes

---

[10] RIHGB, 31, cit., p. 175-80. A carta pela qual lhe haviam passado a ordem era a de 1º de outubro de 1771.

[11] Justificava-se José Custódio na sua resposta (AHU, Lisboa, "São Paulo", nº 2664) que não havia ido ainda por não contar com o efetivo humano que deveria levar, afugentados que eram os paulistas pelas notícias de epidemias e falta de recursos para viver no Iguatemi.

[12] Minuta das Instruções de Martinho de Mello e Castro ao Morgado de Mateus, Lisboa, 22 de abril de 1774 (AHU, Lisboa, "São Paulo", nº 2661).

espantozos, extraordinarios e impraticaveis serviços" que o governador de São Paulo havia levado a efeito sem que "se achasse authorizado a fazer nos confins desta Capitania e Sertoens da sua fronteira outro algum Estabelecimento, que não seja o da pequena Fortaleza dominada dos Prazeres". Tudo o que os dois oficiais pediam para uma "Praça distante 200 Legoas de continuado Sertão distante da Capital" acarretaria imensas somas e danos muito para além do que se tinha até agora permitido; isto é, "a construcção de hum pequeno Forte, que para conter trezentos até quatrocentos Paulistas Sertanejos com a sua artilharia competente, e nada mais".

O plano que, fundamentalmente, consistia na tecla assaz batida de enviar soldados para o Oeste e não para o Sul, a fim de que se efetuasse a decantada "diversão" era, para a metrópole, idéia tão extravagante que não se poderia acreditar que alguém a pudesse imaginar. Levar soldados a sertão tão inóspito, por razões tão pouco prováveis, seria convidá-los a "perecer e não a servir". O julgamento que o governo fazia de seus dois dignatários não era nada lisongeiro: culpava-lhes de que, enquanto os dois arquitetavam seu plano sobre o papel, acerca da "poderosa diversão", os castelhanos atacavam embarcações portuguesas e fortificavam-se no Sul. Ao rei não interessava defender o Rio Grande de São Pedro pelo sertão do Iguatemi. Mello e Castro dizia ironicamente que interessava a "defensa daquelles sitios no mesmo lugar onde se acham".

O secretário da Marinha queria demonstrar que mesmo que não fosse desonestidade, o Morgado de Mateus, com seus argumentos, queria justificar sua ação tendenciosa. Estranhava, por exemplo, que o governador de São Paulo afirmasse em ofício de 14 de abril de 1773 sua dificuldade em arregimentar homens em Curitiba e Santos para serem enviados ao Rio Grande. Como, se, no ano de 1767, os havia encontrado e mandado para o Sul? Se o rei falara em Curitiba e Santos, tinha sido mesmo por sugestão do mesmo governador? A verdade é que se haviam passado dois anos desde que se iniciaram as precauções mais sérias para com o Sul e, afinal, quase nada tinha sido levado a efeito. Assim, dizia Mello e Castro, os castelhanos aproveitavam-se "da nossa inação e negligencia para fazerem no Rio Grande de São Pedro as violências, depredações e hostilidades que ali estão practicando [...]". E nisso, grande culpa cabia a São Paulo, pois aos sulinos lhes tinha sido sonegado o socorro que o rei havia ordenado partir do Planalto.

A empresa do Iguatemi, mostrando ser de vulto acima das forças da Capitania, e não somente o pequeno forte que desejava a Coroa, era possivelmente a maior culpada pela desatenção paulista para com o Sul.

Talvez por influência das admoestações recebidas, o Morgado de Mateus, durante o ano de 1773, parece ter-se voltado, mesmo que não inteiramente, para o Sul. Entrara em entendimentos com o vice-rei Lavradio, como lhe fora ordenado.

A "Relação referente ao Estado militar" contendo ofícios enviados a Martinho de Mello e Castro, datada de 18 de junho de 1774[13] mostra a atividade que ultimamente vinha sendo desenvolvida pelo governo de São Paulo, quanto a obedecer às ordens reais. Tardia a atitude de D. Luís Antonio, uma vez que a essa altura já estava nomeado seu sucessor. Contas eram dadas à metrópole sobre os planos que ele e Lavradio haviam estabelecido para combater a tropa do agora governador de Buenos Aires Vértiz y Salcedo. Suas providências quanto ao recrutamento eram efetivas, tendo levantado, equipado e enviado Companhias de Santos para o Sul. Mas, o que se nota é que aquelas notícias nunca estavam desvinculadas de medidas relativas ao Iguatemi...

A conclusão a que se chega é que o Morgado de Mateus ainda cria na sua fórmula mágica: a "diversão" pelo Oeste.

Várias cartas recebidas no Iguatemi, de prováveis espias portugueses em território paraguaio,[14] relatam a movimentação espanhola, para reforçar suas posições no Rio Grande e junto à fronteira mato-grossense. Ali, até mesmo um forte e povoação foram fundados, deliberadamente, próximos à Praça de Nossa Senhora dos Prazeres. Desde novembro de 1773, dizia o Morgado de Mateus, já avisara a Corte sobre o perigo representado por aquele estabelecimento. Poderia ele impedir a navegação lusa sobre o rio Paraguai. E pelas cartas de José Marcelino, governador do Viamão e outros comandantes da mesma região, punha-se D. Luís Antonio a par dos movimentos portugueses e espanhóis na região beligerante.

O clima das relações entre as cortes de Lisboa e Madri era, na ocasião, de plena paz, não obstante a belicosidade de parte a parte na América. Por conseguinte, os mandatários portugueses e espanhóis no Prata ainda argumentavam, procurando justificar seus atos recíprocos.

A par da documentação recebida do Sul, uma parte dela através do Iguatemi, o Morgado de Mateus desenvolvia, nesses momentos finais do seu governo, uma importante correspondência com o vice-rei o marquês do Lavradio em torno do mesmo problema.[15] A relutância em cumprir a obrigação de acudir ao Sul, vendo no Oeste o mesmo tipo de ameaça – persistia. E nisso estava o ponto da deterioração das relações entre o vice-rei e o capitão-general de São Paulo. Relações estas que, na realidade, nunca tinham primado pela amistosidade, para além da cordialidade formal.

As sugestões de Lavradio em resposta à "Introdução Prévia", a que já aludimos, era que a posse e a defesa deviam ser consolidadas, onde realmente houvesse risco. Para o

---

[13] AHU, Lisboa, "São Paulo", Doc., nº 2668. No Tomo Especial (VI) da RIHGB, entre as p. 406 e 421, estão resumidos vários documentos componentes e que podem dar uma idéia esclarecedora do conteúdo destes.
[14] Ibidem.
[15] Ver nota 4.

vice-rei a existência do Iguatemi era irreversível, mas como estabelecimento avançado na fronteira: necessitava mais de povoadores do que de soldados...

O relatório de José Custódio,[16] enviado a Lisboa, foi o elemento dinamizador das decisões finais para com o Iguatemi. As causas menos recentes da condenação do empreendimento tinha sido a situação no Sul e a impraticabilidade de manutenção da distante fortaleza, da qual a Corte já estava bem ciente.

Pouco antes de sua partida, José Custódio de Sá e Faria escrevia a Martinho de Mello e Castro[17] justificando sua demora em São Paulo. E fazia acusações ao Morgado de Mateus. Depois de historiar sua atuação desde que lhe foram ordenado passasse ao Iguatemi, aludia às ordens reais para substituição de tropas naquele Forte, assim como a outras melhorias no armamento e organização. Entretanto, se ainda não as obedecera, nem sequer partindo para Mato Grosso, a culpa era do capitão-general que nada providenciara. E as razões de tal procedimento não lhe tinham sido dadas.[18] Mas enquanto em São Paulo, o antigo demarcador do Tratado de Madri não estava totalmente inerte. Procurava entrar em contato com gente vinda do Iguatemi, estudar a localização e situação, podendo já emitir alguns conceitos sobre a oportunidade de se manter ou não aquela Praça. O seu ressentimento devia ser muito grande em relação ao Morgado de Mateus, pois sua atitude agora nada tinha daquele otimismo para com o Iguatemi, que demonstrara (ou pelo menos que deixava antever) quando da "Introdução Prévia". Para ele, o local escolhido para o Forte não tinha elementos suficientes para constituir um baluarte de defesa contra possíveis invasões castelhanas: estas poderiam ser facilmente levadas a efeito mais ao Norte, ou mais ao Sul da Praça. Além disso, a insalubridade quando da vazante do rio Paraná causava pestes que espantavam os possíveis candidatos a moradores, fazendo restar apenas malfeitores e criminosos. Não via outrossim possibilidade de muitas alterações nesse quadro: a transferência do Forte abriria novo flanco indefeso e a proximidade dos pantanais insalubres permaneceria. Tanto o local não despertava atenção, dizia, que aos espanhóis não interessara refazer as antigas vilas destruídas pelos paulistas no século XVII. Também os índios guaicurus, com suas constantes rondas, representavam favor negativo para o Iguatemi.

---

[16] "Diário da viagem que fez o brigadeiro José Custodio de Sá e faria da cidade de S.Paulo à praça de Nossa Senhora dos Prazeres do Rio Iguatemy" (RIHGB, Rio de Janeiro, v. 34, p. 227-77, 1876).

[17] AHU, Lisboa, "São Paulo", Doc., nº 2677.

[18] D. Luís Antonio alegara depois a Marinho de Mello e Castro que Sá e Faria se demorara em São Paulo por ter adoecido e juntava certidões do cirurgião-mor da capitania, Jeronimo Rodrigues, e do cirurgião João Correia da Silva atestando sua doença entre abril e setembro de 1774. (AHU, Lisboa, "São Paulo", Doc., nº 2696). Entretanto, estas certidões foram consideradas falsas mais tarde, pelo próprio José Custódio (AHU, Lisboa, "São Paulo", Doc., nº 2708; também DI 9, p. 120).

Mesmo que não houvesse os obstáculos. representados pela pouca defensabilidade, pelo índio e pelas epidemias, o estabelecimento não apresentava aos olhos de José Custódio vantagens que lhe justificassem os gastos governamentais e os riscos a que se expunha a população. O comércio não compensava, pois não havia do lado paraguaio ouro e prata para comprar os nossos gêneros. O que o Paraguai oferecia era "tabaco, mao assucar, sal purificado da terra, a erva chamada Congonha,[19] allgudão e madeiras, e nada disto nos pode ser util, esta he a pura verdade". A lavoura também não interessava aos castelhanos como comércio, suprindo apenas as necessidades locais. Aliás, a lavoura não se estendera muito fora do Forte, por causa dos ataques indígenas. O único comércio possivelmente rentável, para José Custódio, era o das bestas muares. Ora, este estava proibido, por prejudicar a criação no Rio Grande do Sul. Agravando-se tudo, havia ainda a dificuldade de comunicação com São Paulo por caminho fluvial tão acidentado,[20] e por caminho terrestre tão problemático.

José Custódio via antes mais vantagem em desenvolver as áreas do Tibagi e do Ivaí. Pela proximidade com São Paulo, poderiam, mais facilmente, ser socorridos em caso de necessidade. Além disso, pela possibilidade de ouro, seria grande o número de candidatos ao seu povoamento. A respeito das razões estratégicas para existência do Iguatemi, sua conclusão era contundente. Mesmo que não houvesse sido fundado, nunca teria surgido perigo por aquela parte: "já mais os Castelhanos intentarião contra nós couza algúa por aquela parte, como não intentarão em 150 anos que tem passado, depois de serem lansados fora do Rio Paraná pelos paulistas [...]". Tanto aos portugueses como aos espanhóis, não interessava a interpenetração recíproca de seus territórios: as respectivas povoações ficavam distantes da linha fronteiriça e aquela área não oferecia especiais fatores de cobiça.

Munido já dessas idéias, José Custódio partiu em 3 de outubro de 1774, conforme reza seu "Diário", acompanhado de oficiais e soldados vindos do Rio de Janeiro. Antecede o referido "Diário" um circunstanciado ofício escrito a Martinho de Mello e Castro, acompanhado de vários mapas, datados da Praça de Nossa Senhora dos Prazeres do Rio Iguatemi, em 4 de fevereiro de 1775.[21] Nele repetem-se os mesmos temas da carta anterior, tratados sob os mesmos prismas. Comparando as grandes dimensões da fortaleza ao pequeno número de sua guarnição, considerava-o insuficiente. Seriam precisos trinta

---

[19] A congonha é planta da família das ilicáceas, gênero *Ilex*. A planta é semelhante à do mate, sendo que algumas de suas inúmeras variedades são usadas como sucedâneo do mate. Considerando-se que, ainda hoje, o município de Iguatemi é dos mais importantes produtores de erva-mate de seu Estado, é possível que esta lavoura tenha se estabelecido naquela região desde aquela época, sendo dinamizada a partir do começo do século XX pela Companhia Mate Laranjeira.

[20] Ainda agravado pela falta de madeira adequada para a confecção de canoas.

[21] RIHGB, Rio de Janeiro, v. 39, p. 217-27, 1876; também AHU, Lisboa, "São Paulo", Doc., nº 2692.

mil homens e não os quatrocentos e poucos com que contavam.[22] Notava serem frágeis e inadequados os edifícios ali construídos. Estudando as possibilidades de ataque e de defesa opinava as modificações a serem feitas.

Os grandes empecilhos para a fixação dos povoadores estavam nas epidemias que assolavam a região (499 pessoas falecidas em seis anos, dizia), na falta de chances de comércio e no pouco desenvolvimento da lavoura. Melhor solução seria povoar as margens dos rios Piqueri, Paranapanema, Ivaí e Tietê, "em paragem d'onde não chegassem as epidemias do Rio Paraná", e em local mais facilmente defensável contra os castelhanos. Sá e Faria, ao contrário do Morgado de Mateus, não julgava que os espanhóis se aventurassem a tentar aproximarem-se de São Paulo pelos cursos do Iguatemi, Paraná e Tietê. Sabia que eles não tinham prática alguma nessa dificultosa navegação.

Em conclusão, pela palavra de José Custódio, o Iguatemi não era inteiramente condenado. Entretanto, era apresentado à Corte como algo a ser penosamente conservado e de cuja permanência o próprio relator duvidava.[23] Continuaria a ser um pesado ônus para a metrópole em numerário, homens e gêneros, não podendo compensá-lo com minas ou comércio. O brigadeiro, à sua chegada à Praça de Nossa Senhora dos Prazeres, apressara-se em escrever a D. Agustin Fernando de Pinedo, governador do Paraguai, saudando-o e augurando relações de paz e harmonia.[24]

A documentação só assinala, a seguir, um ofício de Sá e Faria, datado do Iguatemi, em julho de 1775 e dirigido ao novo governador Martim Lopes Lobo de Saldanha. Nele comunicava e enviava cópia de um convênio que os espanhóis haviam proposto se firmasse entre os dois governadores fronteiriços.[25] O pacto que foi assinado entre eles e apresentado em forma bilíngüe convencionava que os paulistas não fariam fortificações nem lavouras ao sul do rio Iguatemi, ao passo que os espanhóis comprometiam-se a não ultrapassar o rio, para o norte. Estabelecia, outrossim, o bom entendimento entre os respectivos oficiais e procedimentos a seguir nos casos de soldados desertores e negros escravos fugidos.[26]

---

[22] "[...] e como não andam muito fartos nem bem pagos trabalham com bem pouca vontade, e é preciso geito e prudência para os contentar; pois, tiradas as duas companhias de tropa de infantaria, as mais são compostas de negros, mulatos e criminosos, que tem pouco que perder, e a quem a honra não Interessa e só a conveniência pode obrigar."

[23] Diz em trecho da carta: "a subsistir esta povoação [...]" (RIHGB, cit., p. 226).

[24] Ofício datado da Praça do Iguatemi, 15 de dezembro de 1774 (AHU, Lisboa, "São Paulo", Doc., nº 2693).

[25] AHU, Lisboa, "São Paulo", Doc., nº 2706.

[26] "Puntos que deverá tratar el Cap. Don Manoel Garcia Barazaval Ajudante major desta Provinciacon el Brigro. D. Joseph Custodio de Sã y Faria [...] / Convenio feito entre o Sr, Don Agostin Fernando de Pinedo

Estabeleceu-se correspondência entre as duas autoridades. Ora dizia respeito a fatos rotineiros ora expandia-se em aspectos mais importantes. Nesse caso, como é natural, aproximavam-se de possíveis choques.[27] Era uma coexistência artificialmente pacífica e que não poderia durar muito. Pinedo punha em dúvida os bons propósitos do governo de São Paulo quanto à não-beligerância. Afirmava que o governador não poria à frente do Iguatemi um oficial do gabarito de José Custódio (que ademais era profundo conhecedor da região), com o simples intuito de dirigir a pequena Praça. Provavelmente tinham em mente testar possibilidades para concretizar objetivos expansionistas paulistas. Os ofícios de Sá e Faria davam conta da situação de duvidosa amistosidade. Os espiões de ambos os lados encarregavam-se de intensificar a confusão fazendo correr boatos os mais díspares: grandes preparativos bélicos em Buenos Aires e Assunção, assim como posições e possibilidades de ataques de uma e outra parte.

Os índios guaicurus pareciam ser realmente uma séria ameaça. Southey dá notícia de um feroz ataque que teria sido levado a efeito em 1774, quando parte das construções teria sido queimada e destruída.[28] A verdade é que o Forte do Iguatemi aproximava-se de seu fim, sem condições materiais nem grandes razões politico-estratégicas para manter-se. Minado pelas epidemias que se repetiam anualmente,[29] mal apetrechado militarmente, com poucos e revoltados homens e contando com a má vontade tanto do agora governador de São Paulo como da Corte, que chances teria de sobreviver? O quadro que o brigadeiro apresentava a Martim Lopes não podia ser mais consternador: as mortes causadas pelas epidemias, a falta de acomodações, de local de tratamento e medicamentos para os enfermos "As Boticas que tem vindo para esta Praça tem sido athe agora de valor insignificante"); o desalento da tropa e dos povoadores; as deserções e a constante falta de recursos de toda ordem. E, a partir de 1775, via-se também desamparado pela autoridade máxima da capitania. O afastamento de D. Luís Antonio, que por tantos anos procurara a todo custo e risco sustentar o Presídio, lhe seria fatal.

***

Capitão General da Província do Paraguay e José Custodio de Sã e Paria [...]" (AHU, Lisboa, "São Paulo", Doc., nº 2706; DI 9, p. 117-20).

[27] Ver vários documentos contidos em AHU, Lisboa, "São Paulo", Doc., nº 2706, 2707, 2708, 2711, 2712, que incluem, além das cartas de Custódio e Pinedo, ofícios do primeiro e de D. Luís Antonio de Sousa e Melo e Castro.

[28] Robert Southey, *History of Brazil*, 1819, V parte, p. 622.

[29] Se bem que o número de 499 mortes, de 1769 até inícios de 1775 (AHU, Lisboa, "São Paulo", Doc., nº 2708), não possa ser considerado excessivo.

Martim Lopes Lobo de Saldanha tomou posse do governo de São Paulo em 13 de junho de 1775.[30] Suas atitudes para com o governador que o antecedera serão estudadas em capítulo adiante. Por ora, interessa-nos abordar apenas qual foi a sua participação na desintegração do Iguatemi; muito embora seja óbvio que aquela participação esteve ligada ao processo global de negação, abandono e denegrimento do que fora realizado do Morgado de Mateus. E se o Iguatemi era de sobejo conhecido como o mais caro projeto daquele capitão-general, era natural que a Praça dos Prazeres fosse o alvo preferido de Martim Lopes.

A propósito de mandar tropas para o Sul, queria que à frente delas seguisse gente prática na geografia da região. Para isso queria contar com a presença de José Custódio. Mesmo porque não via razão de sua presença naquela "inutilissima praça do Yguatemy".[31] Assim, foi o brigadeiro chamado a São Paulo. Antes porém de sua partida, deixou instruções ao triunvirato que passava a governar a Praça: o vigário Caetano José Soares, o capitão Meira de Siqueira e o tenente Jerônimo da Costa Tavares, não obstante José Gomes de Gouveia continuar como capitão-mor regente. Para orientar os agora responsáveis pelo Presídio deixou-lhes um memorando. Aconselhava vigilância para com os vizinhos espanhóis e humanidade e respeito para com os índios. Que estivessem atentos à lavoura, "hum dos pontos mais principais". Indicava onde e como poderiam ser mais rendosas. Dava ainda indicações quanto ao uso do dinheiro, defesa contra as epidemias (inclusive mudança de local) e estratégia a ser seguida no caso de ataque.[32]

As questões que lhe tinham sido colocadas pelos futuros dirigentes da Praça também foram respondidas por escrito. Referiam-se elas ao procedimento quanto ao Trem Real (munições e armamento) se fossem atacados; à obtenção de munição; ao relaxamento de guarda; a deserção.[33]

O novo capitão-general enviava algum socorro ao Presídio, mas não à altura de suas necessidades. Justificava-se pela falta de verbas:

---

[30] Sobre Martim Lopes, ver Dulce de Campos, "O governo do capitão-general de São Paulo Martim Lopes Lobo de Saldanha, 1775-1782. Notas e apontamentos", RAM, São Paulo, v. 14, n. 117, p. 3-50, 1948. Sua correspondência com a Corte e com os funcionários da capitania está publicada em *Documentos interessantes*, principalmente nos volumes 14, 28, 42, 43 e 70.

[31] Ofício de Martim Lopes Lobo de Saldanha ao marquês de Lavradio, São Paulo, 14 de novembro de 1775 (DI 42, p. 53).

[32] "Lembrança que me pareceu útil deixar antes da minha partida aos Senhores Governadores que ficão nesta Praça de Nossa Senhora dos Prazeres do Rio Iguatemi (DI 9, p. 143-7).

[33] "Artigos propostos ao Brigadeiro José Custódio de Sá e Faria para os resolver antes da sua Partida, além da Instrução Geral/Respostas do dito Brigadeiro" (DI 9, p. 148-52).

os viveres que mandei para os infelices habitantes do Ygatemy, maldito Ygatemy, e alguns mezes de soldos e mais viveres que sou precizado agora mandar-lhe para que não acabem de fome ou não dezertem para Curuaty, e tudo isto sobre as ordinarias despezas da Fazenda Real, que excedem os seus rendimentos.[34]

Agravando-se os problemas de manutenção, começou a tomar vulto no Iguatemi uma grave dissidência interna. Baseava-se na opinião feita pela guarnição à presença do capitão-mor José Gomes de Gouveia. Os oficiais e soldados queriam substituí-lo então pelo vigário Antonio Barbas Louzada.[35] Este escusou-se alegando "plauziveis pretextos de seu Estado Eclesiastico incompatível com o estrondo das armas, e de militar", o que foi aceito. Entretanto, dias depois viu-se forçado a assumir a função para que não se instaurasse o caos completo no Presídio. As desordens generalizaram-se. Inspirados pela falta absoluta de mantimentos, munições e pela aproximação dos inimigos, os soldados não acatavam mais as ordens superiores.

As informações sobre os momentos finais da Praça de Prazeres foram trazidas ao governador de São Paulo por oficial enviado a São Paulo pelo tenente Jerônimo da Costa Tavares. Este escrevia a Martim Lopes dando conta da invasão dos castelhanos e da capitulação do Forte. O capitão-general apressou-se em comunicar os fatos ao vice-rei, ao general Böhm e ao capitão-general de Mato Grosso.[36]

Provavelmente ciente da situação caótica e da precariedade da defesa da fortaleza, apresentou-se o inimigo corporificado em três mil homens de tropa e mais grande número de índios a seu serviço. No comando estava o próprio governador do Paraguai, D. Agustin Fernando de Pinedo. Tentou-se a resistência possível, mas diante da desigualdade numérica, a guarda foi aprisionada. Os espanhóis destruíram a igreja e puseram fogo às instalações da fortaleza.[37] O padre Louzada, com sua pouca equipada centena de soldados, e para evitar maior mortandade diante do fato de já terem os espanhóis se apossado dos postos fundamentais, capitulou. Segundo a notícia que recebera Martim Lopes, ao lado de Agustin de Pinedo vinha um português a serviço de Espanha. Este teria declarado aos responsáveis pelo Forte que o próprio José Custódio aconselhara a Pedro de Cevallos que

---

[34] Ofício de Martim. Lopes de Saldanha ao marquês de Lavradio, São Paulo, 27 de abril de 1776 (DI 42, p. 120-1). A alcunha de "maldito", empregada por Martim Lopes, foi depois muito divulgada através dos trabalhos de Afonso Taunay, Caio Jardim e outros.

[35] As informações constam de súplica à rainha D. Maria assinada pelo padre Louzada. Solicitava ele o relaxamento da prisão à qual fora submetido durante dezessete anos, por haver entregue a Praça (DI 9, p. 153-4).

[36] Ofícios datados de São Paulo em 5 e 7 de janeiro de 1778 e publicados em DI 43, p. 124-30.

[37] Ao transmitir a notícia ao general Böhn não deixava de tratar o Iguatemi. em tom pejorativo: "puzeram fogo aquella ridicula e insignificante povoação [...]" (DI 43, p. 127).

tomasse e destruísse o Iguatemi. Aquela Praça, segundo as declarações, de nada servia e só causava padecimentos aos que ali viviam.[38]

Em 27 de outubro de 1777, já em plena vigência do Tratado de Santo Idelfonso, e, portanto, em período de paz entre as duas coroas, caía o Iguatemi.

Pela capitulação os espanhóis permitiam que saíssem os soldados, dirigentes e oficiais, assim como todos os povoadores, com suas famílias, dinheiro e escravos.[39]

---

[38] José Custódio de Sá e Faria fora enviado pelo marquês de Lavradio para tratar da construção de fortalezas na Ilha de Santa Catarina. Quando da tomada da Ilha pelos espanhóis, sob o comando de Cevallos, foi aprisionado. A seguir, passou-se para o lado dos espanhóis. Passando a viver em Buenos Aires, faleceu poucos anos depois.

[39] "Capitulaçõens que fazem o M. R. Vigario Antonio Ramos Barbas e Louzada e o Tenente Jeronimo da Costa Tavares, Regentes na Prassa de Gatemin, com o Exmo. Sr. D. Agostinho Fernandes de Pinedo, General da Cidade de Paraguay, para haver de se-lhe fazer a entrega da referida Prassa debaixo das Clausulas e condiçõens seguintes":

1º "Que deixará sair livremente da referida Prassa as tropas assim regrada como de Aventureiros com suas Armas e Cartuxame com 16 cada um, pelo perigo que tem do Gentio a sua retirada, juntamente os tambores com suas caixas."	1º "Concedido."
2º "Que da mesma sorte dexará sair os dous Regentes, e mais Officiaes com todo o seu trem e Escravos com aquellas honras aos mesmos devidas."	2º "Concedido como o primeiro."
3º "Que assim mesmo dexará sahir Todos os Povoadores com suas familias, e com todo o seu fato, dinheiro e Escravos, como tão bem todo o mais Povo, que na dita prassa não quizer ficar, isto com tudo que cada Qualquer deles tiver e possuir."	3º "A todo o que não tiver destino no serviço de El Rei lhe nego esta faculdade."
4º "Que se lhe concederá tempo para as referidas familias se prepararem, e tudo o mais que lhe for necessario para o seo transporte."	4º "Concedesse o Termo de 4 dias."
5º "Que deixará sahír todas as Imagens e ornamentos que pertencem a Igreja."	5º "Concedido exceptuando os Sinos."
6º "Que no dia da retirada fará retirar suas Tropas, para os ditos Povoadores, Soldados, e mais Officiaes e familias sahirem dezassombradas tendo assim as passagess francas."	6º "Concedido, verificado que seja o dezataque."

Do estabelecimento que fora o mais acalentado projeto de D. Luís Antonio de Souza Botelho Mourão restava o quadro melancólico que dele pintava Martim Lopes ao general Böhm:[40]

> Seguro a Vossa Excelencia por toda a minha honra que ainda que o Yguatemy era indefençavel por natureza e arte, por ser edificada por hum Governador ainda com menos luzes do que eu, por nunca ter sido militar mais do que no nome; ter eu reprezentado a fraqueza daquella insignificante fortaleza a Sua Magestade Fidelissima, mostrando quanto o tinhão enganado, prejudicado a sua Real Fazenda, a impossibilidade de guarnecel-a com tropa paga, pela não ter nesta Capitania, a de poder socorrel-a com Auxiliares pela distancia de mais de trezentas leguas, que se não podem vencer senão por rios caudalozos, com infinitos saltos, onde hé preciso passarem as canoas por terras, às costas dos mesmos que vão nellas, para as livrar de se voltarem; a grande despeza que se faz em qualquer pequeno socorro que se lhe mandava, com que o cofre deste Governo não podia; nada disto hê bastante para que ache alivio o infinito pezar com que fico de que sendo eu o Comandante deste continente, tivesse a desgraça de pagar as premissas das inconsideradas construcções do meu predecessor.

7º "Que de tudo que ficar na dita Prassa se assignarão recibos de parte à parte, para a todo o tempo constar a verdade."	7º "Acordado com o intervenio do Ministro o Sr. Martim José de Arambue, que com prontual noticia da Artilharia, Armas, e muniçoens e mais pertences do armazem se fará carga como de conta de Sua Magestade Catolica tratada nas suas determinaçõens."
8º "Em que para firmeza, cumprimento e segurança de todo o Capitulado segurará o Exmo. Sr. General na forma do seu costume.Praça de Gatimim, aos 27 de outubro de 1777."	

"Na Prassa dos Prazeres de Gatemin no dia e era ut supra, logo que sejão formados os Capitulos desta Capitulação entrarão as Tropas Espanholas a occuparem todos os postos e guardas desta Prassa, e podem disporem-se e sahir della."

"Antonio Ramos Barbas e Louzada
Geronimo da Costa Tavares
Agostinho Fernandes Pinedo."

[40] DI 43, p. 127-8.

Intriga e oposição

> Hum General o mais dispotico e absoluto infractor das leys regias, que passou a esta America, que cego de hua negra ambiçdo fez unica barreira de todas as suas dispozições o seu proprio e particular interesse.
>
> Do bispo de São Paulo a Martim Lopes Lobo de Saldanha
> a respeito do Morgado de Mateus, 1775

A resistência que o Morgado de Mateus encontrara nos primeiros tempos, refletida nas questões com o Provedor, com as autoridades, em torno de Lages, e com a Câmara de Paranaguá, ou no caso da fuga dos seus criados, ou ainda nas primeiras restrições da metrópole ao seu modo de exercer autoridade, prolongara-se em torno de outras questões e em outros setores. Se aquelas manifestações tinham tido mais a feição de resistência, as divergências que ora focalizamos revestiram-se, muito mais, de caráter de intriga. O ouvidor, o bispo, o vice-rei eram autoridades que, da colônia, trataram de indispor o governo, notadamente o secretário de Negócios da Marinha e Ultramar, contra o Morgado de Mateus.

A mais significativa contenda estabeleceu-se entre o governador e o ouvidor da comarca, Salvador Pereira da Silva. Em 1769, este protestava junto ao conde de Oeiras[1] sobre o quanto procurara sempre servir a D. Luís Antonio com o maior desvelo, sem, porém, que lhe fosse dispensado igual tratamento. A acusação principal centrava-se em torno das atenções com que o governador prodigalizava a um jesuíta, frei Manoel de Santa Cecília Campos, permitindo-lhe pregar, e até mesmo assistindo às suas pregações. Isso, não obstante as proibições vindas da Corte a respeito. Afirmava-se que D. Luís Antonio

---

[1] Ofício de Salvador Pereira da Silva ao conde de Oeiras, São Paulo, 10 de fevereiro de 1769 (AHU, Lisboa, "São Paulo", nº 2456).

nem fizera publicar as "Deduções cronológicas e analíticas", o que, em muita gente, reforçava a idéia de que protegia os inacianos. À queixa que o signatário fizera ao governador sobre a conduta do mencionado frei, aquele replicara apenas colocando também outras autoridades contra o mesmo ouvidor. Com isso, o capitão-mor de São Paulo, o juiz de fora de Santos e padres ligados à Sé passaram a desrespeitá-lo, encontrando respaldo na proteção de D. Luís Antonio. E o que julgava ações prejudiciais ao Real Serviço não se restringia à benevolência para com este ou aquele jesuíta. Atingia também os interesses escusos dos protegidos do Morgado de Mateus, em questões ligadas à arrematação de contratos.[2] O capitão-general, outrossim, exagerava na aplicação da justiça. Além disso, fizera-se acompanhar, desde Portugal, por oficiais que, como seu general, eram "motores de parcialidade". Argumentava ainda contra a espécie de gente que se dirigia ao Iguatemi como povoadores, sugerindo que fossem substituídos por casais ilhéus.

Na impossibilidade de sustentar-se no seu cargo por causa da oposição que lhe moviam, Salvador Pereira da Silva pedia que se lhe mandasse sucessor, já que não contava, evidentemente, com o apoio de D. Luís. A sua indisposição para com "as Justiças" era notória. Julgava que a inexperiência dos ministros trazia quase sempre a interpretação errônea das leis. Chegara a escrever a seu cunhado que: "depois que inventarão os lugares de letras e da primeira entrancia, e se introduzio a rabulice dos Auditorios fiados os Povos em que não ha mentira que se possa justificar perderão de toda a verdade, e a vergonha, e encherão a Republica de enredo e de perturbações".[3] Isso, muito embora lhes reconhecesse o mérito ("Nestes empregos de Ministros, Letrados, Escrivães, Meirinhos, Solicitadores, e todas as mais pessoas deste genero, se occupa huma parte da melhor e mais esperta qualidade").

Desde os primeiros tempos de governo emitira sua opinião sobre a "má administração da Justiça".[4] Referimo-nos já às suas indisposições quando da ordem de transferência do cofre da Provedoria, de Santos para São Paulo. A inimizade com José Onório de Valadares e Alboim datava de então. Não era só no pessoal judiciário nomeado pelo governo central que via prejuízos, mas também nos juízes escolhidos com parcialidade, pelas Câmaras. Vendo nelas apenas um instrumento dos poderosos da terra para conservarem seu despotismo, aqueles juízes também estavam a serviço desse mesmo despotismo.

---

[2] "Dou parte a V. Excia. que hum Afonço Botelho de S. Payo e Souza he interessado com outro no Contrato das Bestas de Curitiba [...]" (ibidem).

[3] Ofício do Morgado de Mateus a Francisco Inocencio de Souza Coutinho, governador de Angola, São Paulo, 3 de novembro de 1769 (DI 19, p. 395-401).

[4] O Morgado de Mateus via o pessoal da Justiça como "admitindo crimes falços, eternizando contas, duvidas de demandas, querellas e outras couzas com que quazi todo se andão malquerendo [...]" (ibidem).

A ligação entre elementos da "aristocracia" local, os camaristas e os oficiais da Justiça representaria, para o governador, uma sólida trama a entravar-lhe não só o bom andamento da administração, mas todo o sistema administrativo colonial. Dessa visão que tinha o Morgado de Mateus desses elementos locais de poder originara-se, provavelmente, a sua constante má vontade para discutir, em bons termos, as questões que se levantavam entre eles. "As Leys são Santas, não ha, nellas nada que mudar, nos executadores sim lia muito que reformar", afirmava a Francisco Inocêncio. Entretanto, quantas vezes não se mostrara ele mesmo um mau executor? Era indubitável que não acreditava que as leis pudessem ser cumpridas na colônia, exatamente como vinham enunciadas da metrópole. Ele concordava com o governador de Minas de que a Lei de Polícia de 1760 não era inteiramente aplicável na colônia.

A sua idéia não era a de reformar aqueles indivíduos num sentido de mudança de mentalidade ou de comportamento, mas visava uma transformação no próprio sistema. Por exemplo, dizia na mesma carta que se tivesse qualificação para poder falar em matéria que era muito superior a sua compreensão, sugeriria que se abolissem as tesourarias. Que cada capitania tivesse um só Cofre Geral dos dinheiros públicos sob a supervisão da junta (da Fazenda). Também que os ministros, escrivães e letrados fossem pagos com ordenado certo, sem receberem mais numerário, da parte dos interessados nas petições e demandas. Sentia a necessidade de uma maior autonomia do capitão-general! Ele que, afinal, era o representante do absolutismo, afirmava que os governadores deviam ser, sobretudo, mais independentes. Que as questões de justiça deviam ter a sua aprovação. Enfim, "queria que tudo fosse por sua ordem, que de tudo se lhe desse conta e que elle desse conta de tudo"! Só assim via reais possibilidades de um capitão-general levar a bom termo sua governança.

Muitas das indisposições que acarretavam descontentamentos, nas quais o Morgado de Mateus se engajara, fosse com o vice-rei fosse com o governo central, ou com os paulistas, tinham sido causadas por atitudes das autoridades judiciárias. Assim foi, por exemplo, quando do litígio entre Bernardo Gomes Costa e Leonardo de Araújo Aguiar, em 1769, ambos rematantes do Contrato do Registro de Curitiba da Junta do Rio de Janeiro e de São Paulo respectivamente. Como D. Luís Antonio tivesse que dirigir-se a Azambuja para que se esclarecesse o caso, era com constrangimento que o fazia, pois considerava ser o erro exclusivamente dos membros daquelas juntas.[5]

---

[5] "[...] sinto a mayor violência quando me vejo forçado a entrar neste argumento, sendo os dictames de V. Excia. aquelles que só dezejo seguir, e observar [...]" (Ofício do Morgado de Mateus ao conde de Azambuja, São Paulo, 11 de maio de 1769. DI 19, p. 339).

Com o provedor Valadares e Alboim o desentendimento era antigo, acentuando-se cada vez mais. As ordens do governador não encontravam no provedor a obediência desejada. Essa situação motivou em novembro de 1770 o seguinte despacho de D. Luís Antonio: "Reconheço a má tenção com que o Provedor da Fazenda replica e assim sem embargo das duvidas, lhe ordeno as minhas ordens, lhe dê outra providencia, e se ainda a isto se lhe oferecer nova duvida lhe ordeno que ma venha explicar pessoalmente".[6]

As dúvidas que sempre o provedor punha às ordens causavam danos ao bom cumprimento delas. Queixava-se a Lavradio, declarando que a autoridade de provedor devia ser extinta "Tenho representado as duvidas que fico recozendo com o Provedor da Fazenda Real, cuja jurisdição devia ser abolida em toda a Capitania em que houvesse General" rematando que mais serviam para atrapalhar do que para auxiliar o governo.[7] Para dirimir aquelas dúvidas de vez, o Morgado de Mateus consultou o marquês de Lavradio.[8] Foi-lhe então enviado, pelo vice-rei, o "Methodo que se pratica na Junta da Fazenda Real do Rio de Janeiro",[9] para melhor orientar o capitão-general de São Paulo nos negócios fazendários.

O próprio Conselho Ultramarino, em novembro de 1771, teve conhecimento daquele desentendimento e viu-se forçado a tomar uma atitude. Exigia, pelo menos, que seus membros fossem mais bem esclarecidos a respeito, diante do requerimento enviado pela viúva de Thomé Joaquim da Costa Corte Real (detentor dos meios-direitos cobrados no Registro de Curitiba) que acusava o governador de intromissão naquela cobrança.[10]

O Conselho já estava alertado sobre a "pouca harmonia" entre D. Luís Antonio e Valadares e Alboim, pela documentação enviada pelo último, a respeito do caso. Assim, ordenavam os conselheiros que fosse ouvido o vice-rei. Este, por sua vez, deveria munir-se de informações, "ouvindo por escripto o Governador de São Paulo". Entretanto, enquanto o Conselho emitia sua consulta, já em São Paulo a situação havia mudado, pela substituição do provedor. Este a requerera, alegando estar enfermo. E D. Luís Antonio nomeara juiz de fora de Santos José Gomes Pinto de Moraes para responder interinamente pela Provedoria.[11]

---

[6] São Paulo, 22 de novembro de 1770 (DI 65, p. 341).

[7] Ofício do Morgado de Mateus ao marquês de Lavradio, São Paulo, 15 de novembro de 1770 (DI 33, p. 286-7).

[8] "Ordem para a Junta da Real Fazenda se guiar pelo que se faz no Rio de Janeiro" (DI 33, p. 18).

[9] DI 33, p. 19-24.

[10] Consulta do Conselho Ultramarino, Palácio Nossa Senhora da Ajuda, 19 de novembro de 1771 (AHU, Lisboa, Cód. do Conselho Ultramarino, nº 290, p. 134).

[11] Mas José Onório Valadares e Alboim queixava-se, dois anos mais tarde, ao secretário da Marinha e Domínios Ultramarinos que tal impedimento fora urdido sem a sua aquiescência (Ofício a Martinho de Melo e Castro, São Paulo, 20 de agosto de 1773. AHU, Lisboa, "São Paulo", Doc., nº 2641).

Com o novo provedor mantivera D. Luís Antonio um bom entendimento, desde que chegara a Santos, para ser juiz de fora, em 1765. Entretanto, a partir da ascensão ao cargo, distanciaram-se as suas respectivas maneiras de agir e pensar, até uma situação de total desentendimento.

Demonstrava-se assim que a situação conflitante se estabelecia menos a partir de pessoas, e mais relacionadas com a própria função que exerciam. É bastante claro que a intenção do governador era poder dirigir a capitania sem os entraves burocráticos, dando contas apenas ao governo central. Nos dois casos, com um e com outro provedor, assim como na dissenção com o bispo frei D. Manuel da Ressureição, à qual nos referiremos adiante, parece terem pesado consideravelmente as questões ligadas à arrematação dos Reais Contratos. Também o comportamento do governador, em relação a certos setores da Fazenda Real, foi taxado de desonesto por aqueles opositores. Para estes, os membros da Junta da Fazenda estariam mancomunados com o governador. Eles justificavam-se, escrevendo ao rei, expondo algumas das razões de culpabilidade do provedor Alboim.[12] Incriminavam-no pelo fato de não haver corrigido os erros de seu falecido antecessor José de Godoi Moreira: fianças não exigidas, contas não verificadas, seqüestros injustos etc.

Na carta a Martinho de Mello e Castro, José Onório afirmava que tudo o que fizera contra ele fora maquinado "pella paixão, pello ódio, e pella vingança dos que sempre me forão mal affectos, não por outro motivo mais do que o ser zelozo do Real Serviso e querer Eu que as despezas que se mandavão fazer fossem revestidas com as Clarezas precizas, e com a verdade que sempre pratiquey". Acusava os membros da Junta, o governador e o seu substituto ("inimigo meo declarado"). Ao governador ainda acusava-se de arrogar para si os despachos e outras atribuições de competência única dos altos funcionários da Justiça.

O reverso dessas acusações estava nas que o Morgado de Mateus fazia aos mesmos funcionários:[13] eram inexperientes e presunçosos[14] e acabavam por interpretar as ordens superiores a seu modo.[15] Além do que faziam por tirar ilícito proveito de suas atividades.[16]

---

[12] AHU, Lisboa, "São Paulo", Doc., nº 2615.

[13] Como já vimos na mencionada carta de 1769 a Francisco Inocencio de Souza Coutinho, cit.

[14] "Vem o Ministro cheyo de letras, mas inscipiente porque vay da Caza de seu Pay para Coimbra e vem sem experiencia e conveniente porque só com fazer o seu lugar" (a Francisco Inocencio, cit.)

[15] "Expede Sua Magestade huma ley santa, e muito util, vê-a elle, e revolvendo os seus livros lhe dá taes voltas que lendo-a eu, que não sei direito, parece-me dizer huma couza muito differente porque a entende melhor e hé letrado" (ibidem).

[16] "Os Escrivães que mematão na pauta os officios lanção mais os que mais em si se fião precizamente não de tirar os Donativos e o sustendo, e fazem licitos todos os meyos que a sua habilidade lhe administra e com os Ministros, todos se vão callando, e vivendo a custa do suor alheyo" (ibidem).

Ademais da Justiça, também com o bispo o governador teve problemas de relacionamento e choques no exercício do poder nas suas respectivas áreas de jurisdição.

Frei Manuel da Ressurreição chegou a São Paulo em março de 1774, assumiu o bispado para o qual estava designado desde junho de 1771.[17] Sabedor da nomeação daquele franciscano, o Morgado de Mateus apressou-se em escrever-lhe, para Lisboa, relatando a situação da assistência eclesiástica da capitania. Ao mesmo tempo, alertava-o sobre a dificuldade que ainda havia a respeito da exata demarcação de limites entre São Paulo e Minas, o que implicava também a divisão dos respectivos bispados.[18]

Era de esperar conflitos entre essas duas autoridades, imbuídas da força e do prestígio de seus respectivos cargos. D. Luís Antonio teria em mente o peso que poderia ter a presença de um bispo titular. Este já estaria alertado sobre o personalismo do capitão-general dos paulistas. Na aparência, os desentendimentos teriam tido origem na questão do palácio do governo, do qual fora cedida um aparte para acomodação de D. frei Manuel da Ressurreição.

Já antes de sua vinda para o Brasil, o bispo formulara à Secretaria da Marinha e Negócios do Ultramar que não teria domicílio condigno em São Paulo. Martinho de Melo e Castro, então, apressara-se em ordenar ao governador de São Paulo que cedesse ao novo prelado o Colégio dos Jesuítas que estava devoluto.[19] Ora, a informação não era precisa. O Colégio era o "Palácio dos Generais", desde que o Morgado de Mateus o fizera adaptar para sua residência.

Em ofício a Pombal, pouco tempo depois da chegada do frei D. Manuel, expunha o governador toda a questão da cessão de aposentos para a melhor instalação do novo bispo de São Paulo.[20] Relatava que o antigo Colégio dos Jesuítas era utilizado para residência governamental, com aquiescência da Coroa. Empreendera reformas, tornando-o apto a abrigar não só condignamente o governador e seu pessoal, mas também aulas, a Secretaria do Governo, a Junta, o Corpo de Guardas etc. Quando da chegada ao bispo tratou de entregar-lhe a melhor parte do palácio, para não ser alvo de acusações da opinião pública. Porém, sentia agora o capitão-general o quanto ficara mal acomodado. Sugeria

---

[17] Informações de Azevedo Marques, cit., v. 1, p. 138.

[18] Ofícios do Morgado de Mateus ao frei Manuel da Ressurreição, São Paulo, 3 de dezembro de 1772, e São Paulo, (?) (DI 69, p. 268-71).

[19] Ofício de Martinho de Melo e Castro ao Morgado de Mateus, Lisboa, 14 de outubro de 1773 (AHU, Lisboa, Cód. do Conselho Ultramarino, nº 424).

[20] Ofício do Morgado de Mateus ao marquês de Pombal, São Paulo, 18 de junho de 1774 (AHU, Lisboa, "São Paulo", nº 2670). Algumas das providências de transporte e acomodação do bispo que D. Luís tomou estão documentadas em DI 33, p. 142, 156 e 159.

que se terminasse o novo palácio episcopal, iniciado em 1758.[21] As despesas que iriam ser feitas, seriam menos pesadas do que as necessárias à construção de um novo palácio de governo. De qualquer forma, a última decisão era do rei. Mas o Morgado de Mateus não desejava que continuassem as coisas como então. Dizia: "Estarem as duas personagens juntas na mesma Caza, comunicandose os escravos, servindose pelas mesmas sahidas, e juntamente o aperto em que fico sem poder arrumar os meos papeis. Não he possível conservarse com armonia por muito tempo".[22] Para que o problema fosse solucionado, propunha-se que se comprassem algumas casas no largo da Sé. Com muito pouco gasto, poderia o bispo ficar instalado a contento.

D. Luís Antonio via intrigas e maquinações que, contra si, faziam junto ao bispo. Da questão simples de acomodação no palácio, da questão mínima do fato de excluírem música de autoria do governador em festividades eclesiásticas, às questões mais sérias que envolviam a nomeação de vigários pelo governo secular e a administração de índios aldeados, foi-se avolumando a indisposição entre as duas autoridades. Para o Morgado de Mateus, eram as "duas Cabeças, em que se fundão os dois Governos Eclesiastico e Secular de que rezultão os mayores bens temporaes e Espirituaes aos Vassalos de Sua Magestade" e que, entretanto, interesses próprios e paixões particulares queriam desunir.

O prelado queixava-se por não poder nomear vigários para as aldeias, assim como de irregularidades no clero.[23] A documentação, entretanto, não registra providências tomadas pela metrópole. E nem há ofícios de D. Luís Antonio referentes a essas questões. A verdade é que a época – inícios de 1775 – foi um período extremamente penoso e voltado para problemas mais prementes, quais fossem os desentendimentos do Morgado de Mateus com Lavradio e com a metrópole, em torno dos socorros ao Sul e ao Iguatemi.

O bispo D. frei Manuel manifestaria, em julho de 1775, em carta dirigida a José Gomes da Costa, ouvidor e corregedor da comarca,[24] a sua real opinião sobre o governador de São Paulo, que deixara seu posto um mês antes. A carta tinha a finalidade de comunicar o seu júbilo pela nomeação de Martim Lopes Lobo de Saldanha. Acusava frontalmente o Morgado de Mateus de ser "hum General o mais dispotico e absoluto infractor das leys regias, que passou a esta America, que cego de hua negra ambição fez única barreira de todas as suas dispoziçoens o seu próprio e particular interesse".[25]

---

[21] Dizia que as obras não tinham sido terminadas porque o dinheiro a elas destinado tinha sido usurpado pelo arcipreste, com conivência do falecido provedor.

[22] Ofício a Pombal, cit, nota 20.

[23] Queixas constantes de ofícios enviados à Corte em data posterior à saída do Morgado de Mateus do governo de São Paulo (AHU, Lisboa, "São Paulo", nº 2723, 2724).

[24] BN, Lisboa, Seção Reservados, Cód., 4530, p. 75.

[25] Ibidem.

Acrescentava que arrematara contratos em proveito próprio, mandara lapidar diamante para si, imiscuíra-se nos trabalhos judiciários, impondo-lhes sua vontade; era responsável por atestados falsos e outras desonestidades.

O bispo via em Martim Lopes o redentor dos paulistas. Vinha, por fim, corrigir todo o mal de que padecia a capitania.

***

O conjunto dessas dissensões advindas de Câmaras, magistrados ou eclesiásticos constituiu uma barreira imposta à autoridade do capitão-general. Na realidade, o absolutismo de que aquela autoridade pudesse se revestir encontrava um cerceamento do qual os lugares-tenentes de Pombal tinham consciência. Não era outra a razão que fundamentava as palavras que em 1769 D. Luís Antonio dirigia a Francisco Inocencio de Souza Coutinho:

> Quizera eu para as Conquistas Generaes muito prudentes, muito caritativos e sobretudo, independentes e desenteressados, e que senso assim tudo delles dependesse, que se não fizessem penhoras, nem sequestros, sem a sua aprovação; que na sua prezença se apurassem as pautas, e se ellegissem os que havião de servir nas Camaras para que fossem os bons das terras, não digo que fizesse tudo por sua mão, que isso seria outra dezordem, mas queria que tudo fosse por sua ordem, que de tudo se lhe desse conta, e que elle desse conta de tudo.[26]

O entrave ao bom desenvolvimento do seu governo estava para D. Luís Antonio, antes que mais nada, na burocracia. À raiz da oposição dos dois detentores de autoridades administrativa portuguesa na colônia encontra-se o problema da natureza e do poder da burocracia em Portugal e domínios ultramarinos no século XVIII.[27] Entretanto, esses entraves teriam significado enquanto realmente máquina burocrática, ou, no que podiam representar um poder local?

Camaristas, magistrados, eclesiásticos – poder local que poderia traduzir, ou não, opinião popular. As divergências entre o governador e aquelas autoridades e entre o governador e os paulistas seriam de natureza diversa. Antagonismo do povo devia-se mais que tudo à militarização. Um capitão-general empenhado em recrutamento militar e

---

[26] DI, 19, p. 405.

[27] O estudo do comportamento dessa burocracia e de seu relacionamento com os habitantes da colônia e com as autoridades da metrópole foi feito por Stuart Schwartz, em seu *Sovereignty and Society in colonial Brazil*.

em colonizar pontos distantes não contraria, indubitavelmente, com o júbilo popular. E ainda mais uma capitania pouco afeita ao exercício de obediência! Já o conflito originado entre autoridade e autoridades era choque de poderes. E nesse conflito também recaía a indisposição popular.

Enquanto, entretanto, a despeito desses choques o governador tinha o apoio metropolitano, sua posição mostrou-se inabalável. O desentendimento com Lavradio e com Martinho de Melo e Castro, que encarnava o poder que lhe era superior, é que provocou os primeiros passos para a sua destituição. Configurava-se assim, que, só quando a harmonia já não era possível nesse nível, é que a Coroa cogitava de descartar-se de um capitão-general.

A substituição no governo

> À maneira dos Pilotos hábeis que na entrada dos portos
> recolhem as vellas à proporção, que lhes vão sendo desne-
> cessários hade V. Excia. hir renunciando a projectos vas-
> tos, complicados, e que nan possa habilmente segurar.
>
> De D. Francisco Inocencio de Souza Coutinho
> ao Morgado de Mateus, 1773

O Morgado de Mateus viera nomeado para três anos de governo, ou "enquanto se não nomeasse sucessor". E isso não havia ocorrido até fins de 1774. Quando, em 1768, terminou o prazo regulamentar de seu governo, D. Luís Antonio escreveu ao conde de Oeiras colocando-se à sua disposição, "sem ambição de continuar, e sem a saudade de me recolher".[1] Entretanto, seu tempo de gestão foi prolongado por mais sete anos, sem que tenha havido uma explicação formal para isso. Se esse prazo permitiu uma certa sedimentação e continuidade em seus empreendimentos, causou igualmente o desgaste, até certo ponto inevitável, de suas relações com a Corte.

Acusações de nepotismo, de usurpação de objetos eclesiásticos ou de proveito pró-prio dos dinheiros públicos teriam pesado menos na consideração real de substituir o governador de São Paulo do que o pensamento que Martinho de Mello e Castro deixou transparecer nas importantes cartas de 1771, a que já nos referimos. A destituição viria em razão direta da afoiteza e do excesso de atenção que o Morgado de Mateus aplicara à sua obra no Iguatemi, em detrimento do socorro ao Sul.

---

[1] Ofício de Morgado de Mateus ao conde de Oeiras, São Paulo, 21 de junho de 1768 (AHU, Lisboa, "São Paulo", Doc., nº 2414).

Em nada modificara suas diretrizes, mesmo diante dos conselhos de cautela que lhe enviara D. Francisco Inocêncio de Sousa Coutinho, desde o Rio de Janeiro, onde escalava, a caminho de Lisboa, de volta do governo de Luanda:[2]

> a maneira dos Pilotos hábeis que na entrada dos portos recolhem as vellas à proporção, que lhes vão sendo desnecessários, hade V. Excia. hir renunciando a projectos vastos, complicados, e que nan possa habilmente segurar, e mostrar com toda a sua extenção de Regularidade; e de proveito ao tempo de entregar o Governo [...]

O cunhado alertava-o ainda sobre a atitude que o governador vindouro tomaria com relação a seus projetos. Estes seriam considerados como "muito poucos aos olhos de quem vem de novo, que quer distinguir-se, e que para o fazer, erradamente conciderar, que só pode elevar-se sobre as alheyas e antecedentes Ruinas [...]". Seus conselhos, para o que ambos sabiam ser os últimos anos do governo Mateus, resumiam-se em: exata e escrupulosa execução das ordens reais; união com o vice-rei para que lhe facilitasse os projetos; e pronto término de obras em andamento. E que não começasse o que não pudesse dar como terminado ao deixar o governo. Era difícil a D. Luís Antonio ouvir quem lhe falava, embora baseado em maior experiência de político e de homem ligado à Corte. Para ele, era impossível governar, como lhe aconselhava D. Francisco Inocencio, "sem aquele arrebatamente que quazi sempre inspira o amor da gloria e o dezejo de ser útil, o que muitas vezes fez atropelar as Regras da prudencia e da segurança [...]".[3]

Com esse pensamento o então ex-governador de Angola mostrava ter captado realmente qual o modo de governo a que se aplicara seu cunhado. Antevia a repercussão que as atitudes do Morgado de Mateus teriam na Corte: "Os maus sucessos ainda involuntarios, sempre trazem consigo huma especie de frieza pouco agradável [...] porque estes Juizes severos da conducta de quem governo não sabem sempre trocar utilidades prezentes pelas futuras de que desconfião [...]". Finalmente, já em Lisboa, D. Francisco Inocêncio, tendo entrado em contato com a *entourage* real, podia dar a D. Luís Antonio melhor versão do que se pensava na Corte, com relação ao governo de São Paulo.[4] Avisava ser difícil poder saber quem seria o sucessor. Mas, preconizava, "Seja quem for hade ser de

---

[2] Ofício de D. Francisco Inocêncio de Sousa Coutinho ao Morgado de Mateus, Rio de Janeiro, 21 de março de 1773 (AM/BN, Rio de Janeiro, I-4455-4494).

[3] "[...] principalmente em Estados confinantes com outros inquietos e zelozos vezinhos; por cuja Razão hê precizo que V. Excia. segure os passos que der que não os faça gravozos aos Povos [...]" (Ofício de D. Francisco Inocêncio de Sousa Coutinho ao Morgado de Mateus, Rio de Janeiro, 11 de janeiro de 1773. AM/BN, Rio de Janeiro, idem).

[4] Ofício de D. Francisco Inocêncio de Sousa Coutinho ao Morgado de Mateus, Lisboa, 15 de janeiro de 1774 (AM/BN, Rio de Janeiro, I-4455-4494).

divercissimo parecer do de V. Excia. Hade atropelar e pizar os pés, tudo o que V. Excia. tiver devido mais cuidado, e mais trabalho, e hade procurar somente fazer se huma Rota nova de que ele seja Author".

Na verdade, isso aconteceria com todos os governadores; passara-se com ele, em Angola, como sucederia com o Morgado de Mateus e com outros governantes de São Paulo e de outras partes do Ultramar. D. Luís Antonio deve tê-lo inquirido no sentido de averiguar quais as suas possibilidades para o regresso. Isso porque o cunhado afirmava-lhe que seria bem recebido, porém não poderia livrar-se da fama de trazer riquezas depois de ter estado "tantos annos em hum Paiz de certão, e de Minas, onde as despezas sam extremamente moderadas".

A correspondência entre o Morgado de Mateus e D. Francisco nesse período tem principalmente valor de provar que, seis meses antes da nomeação de seu sucessor, D. Luís Antonio fazia gestões através da influência do cunhado, para que se processasse sua volta honrosa e ativa à Corte. As cartas deixam entrever que, para que sua ida pudesse efetivar-se, solicitava que se lhe mandassem sucessor. E nisso contava com Pombal.[5] Desejava terminar seu tempo de governo quando sua posição se tornou insustentável depois da definição de Martinho de Melo e Castro sobre o Iguatemy e do Relatório de José Custódio. Assim, o ex-governador de Angola transmitiu a D. Luís Antonio a notícia da nomeação do novo capitão-general de São Paulo, como "bondade" do rei.[6]

A destituição teve como elemento acionador, aparentemente, as controvérsias em torno do Iguatemi *versus* os socorros para o Sul. Demonstrava, portanto, descontentamento dos poderes centrais para com o governador de São Paulo. Apesar disso, a destituição fora requerida pelo próprio interessado. E isso, decerto, por estar ele consciente que já não teria mais o necessário prestígio para dar continuidade à obra, na qual insistia. Ao que parece, o Morgado de Mateus teria indicado o "delator" do Iguatemi, ou pelo menos teria transmitido ao cunhado a sugestão de que José Custódio de Sá e Faria pudesse ser o seu substituto. Isso porque, em uma de suas cartas, Francisco Inocêncio afirmava que "o nome de José Custódio teve boa aceitação".[7] E como a seguir advertia ao Morgado de Mateus que não se iludisse quanto à possibilidade de ex-governantes indicarem seus su-

---

[5] Isso parece transparecer nas palavras do futuro negociador do Tratado de Santo Idelfonso: "No Despacho que V. Excia. tem dezejado trabalharia eu de boa vontade, se prezentemente visse caminho; mas agora anda o Snr' Marquez tam embaraçado, que julgo impraticavel tratar de Semelhante materia".

[6] "A ocasião não prometia esperar que V. Excia. viesse porem a bondade de Sua Magestade hé muito superior a seu mesmo Real Serviço e por esta cauza quando menos se esperava nomeado este Fidalgo que lhe vai suceder e que parece muito prudente e capaz" (Ofício de D. Francisco Inocêncio de 29 de junho de 1774. AM/BN, Rio de Janeiro, I-4455-4494).

[7] E assim também as palavras de Inocêncio a respeito de os sucessores serem indicados daqui teriam justificativa no sentido de terem partido do Rio de Janeiro.

cessores, e de se deduzir que a sugestão tinha partido do próprio governador de São Paulo: "Bem mostra Vossa Excelência que está em São Paulo há mais de 8 annos, quando crê em Vizoens, como São considerar que os que Lá se fazem seus Sucessores, o hajão de ser; ou que algum particular possa directamente influir sobre quem o hade ser [...]".

Partindo-se da suposição de que realmente D. Luís Antonio tivesse sugerido o nome do brigadeiro, é preciso considerar quais teriam sido as suas razões. Se após a inspeção que o antigo demarcador do Tratado de Madri havia efetuado no Iguatemi, a situação do Morgado de Mateus havia piorado perante a Corte, como compreender que ele mesmo tivesse indicado seu suposto "delator"? Hipótese plausível é a de que, malgrado aquele relatório, José Custódio de Sá e Faria ainda era o único que poderia salvar o Iguatemi. Isso porque conhecia profundamente a região, assim como a situação, as necessidades e as possibilidades do Presídio. O desentendimento recente não teria sombreado a confiança e a admiração antigas. A indicação poderia, outrossim, ter partido do vice-rei, marquês de Lavradio.[8] O vice-rei parece que tinha José Custódio em alta conta. Tanto assim que o chamou, logo após o regresso de Mato Grosso, para incorporar-se à defesa de Santa Catarina.

A Carta Régia de 2 de janeiro de 1775 ordenava o recolhimento de D. Luís Antonio de Souza Botelho Mourão à Corte. O mesmo documento dava a notícia da vinda de seu substituto. E era de conteúdo seco e lacônico:[9]

> D. Luiz Antonio de Souza Botelho Mourão. Amigo. Eu El Rey Vos envio muito saudar. A Martim Lopes Lobo de Saldanha fui servido fazer Mercê do Governo dessa Capitania, como vos constará da Carta Patente, que lhe mandei passar. Encomendovos, que na forma costumada lhe deis posse desse mesmo Governo, que estais exercitando com as cerimonias, que em semelhantes actos se costuma, de que se fara assento em que ambos assignareis. E havendo lhe dado a dita posse, e as noticias que julgares por convenientes ao Meu Real Serviço vos hei por dezobrigado da Homenagem que pelo dito Governo fizeste. Escripta em Lisboa a dous de Janeiro de mil sette centos, setenta e cinco. REY.[10]

A nomeação do novo governador tinha sido feita desde junho de 1774.[11] A demora entre a nomeação e a vinda de Martim Lopes é explicada por achar-se o futuro gover-

---

[8]   Ofício de 15 de janeiro de 1774 (AM/BN, Rio de Janeiro, I-4455-4494).

[9]   Ao contrário de outras "despedidas" de governantes, como a do Conde da Cunha, em que se lhe agrade-ciam os serviços prestados ao Real Serviço.

[10]   BN, Lisboa, Seção Reservados Cód., nº 4530, p. 65.

[11]   AHU, Lisboa, "São Paulo", doc., nº 2663.

nador doente na ocasião. Chegou-se mesmo a nomear outro ocupante para o cargo, na pessoa de Francisco Antonio de Mesquita, que também doente recusou. A escolha, então, persistiu em Martim Lopes.[12]

D. Luís Antonio estava sendo indicado para o governo de Minas Gerais. Prova-o uma carta de Pombal ao marquês de Lavradio, na qual Furtado de Mendonça era transferido do governo daquela capitania para o comando militar da Ilha de Santa Catarina:

> Que o Brigadeiro Antonio Carlos Furtado de Mendonça, a quem vai a patente de marechal de campo, haja de passar a dita ilha por commandante general d'ella enquanto durar a guerra, sendo alliviado do governo das Minas-Geraes, cujos ares são contrarios a sua saúde; sendo n'elle substitui o por D. Luiz Antonio de Souza [...][13]

Não há indício algum, entretanto, na documentação que tal indicação se tivesse efetuado. É lícito admitir-se que, até mesmo dessa transferência o governo metropolitano foi levado a desistir.

Foi no dia 13 de junho que Martim Lopes chegou a São Paulo, sendo recebido por D. Luís Antonio; no dia seguinte tomou posse do governo, na forma de estilo.[14] E quinze dias depois, escrevia ao vice-rei e denegria o governo de seu antecessor, justamente como previra D. Francisco Inocêncio: "grande parte do numero de Paulistas, que restava das expedições e mortandades dos Tibagys e Gatemis, tinham fugido para as Capitanias de Minas e Goyas e enbrenhando-se huns, pelos mattos desta Capitania de São Paulo [...]". Falava de São Paulo como estando em "verdadeiro e ultimo estado que somente apponto da decadencia em que achei tudo [...]".[15] Antes de partir, D. Luís Antonio entregou longa carta a seu substituto que, pela importância de seu conteúdo, será objeto de análise no capítulo "Balanço do governo".

No Rio de Janeiro, de onde partiria um ano depois de sua destituição do governo, o Morgado de Mateus ainda escreveu dois ofícios a Martinho de Melo e Castro.[16] Corrigia o que, para ele, eram distorções que José Custódio de Sá e Faria apresentara no seu relatório sobre o Iguatemi. Procurava, assim, até o último momento, dar ao governo a sua

---

[12] Dados constantes do ofício de Francisco Inocêncio ao Morgado de Mateus, Lisboa, 25 de novembro de 1774. AM/BN, Rio de Janeiro, I-4455-4994.

[13] Carta do marquês de Pombal ao marquês de Lavradio, Lisboa, 15 de julho de 1774 (RIHGB, v. 31, p. 305, § 10, 1868).

[14] Dados do ofício de Martim Lopes Lobo de Saldanha ao marquês de Lavradio, São Paulo, 21 de junho de 1775 (DI 42, p. 4-5).

[15] Oficio de Martim Lopes Lobo de Saldanha ao marquês de Lavradio, São Paulo, 2 de julho de 1775. (DI 42, p. 16).

[16] AHU, Lisboa, "São Paulo", Doc., nº 2711 e 2712, datados de Rio de Janeiro, 15 de agosto de 1775.

versão da sua obra e empenho. Afirmava que aquele brigadeiro desmentia suas próprias observações, levadas a efeito em 1754, quando da demarcação do Tratado de Limites.

Ponto por ponto, defendia a Fortaleza de Nossa Senhora dos Prazeres: a sua inexpugnalidade pelo Passo de Maracaju, a não-progressão das epidemias, a possibilidade de os espanhóis invadirem Mato Grosso, possibilidade esta que José Custódio negava.

Para provar que a opinião de Sá e Faria era tendenciosa, o Morgado de Mateus juntava uma carta do então capitão-mor regente daquela Praça. As afirmações de José Gomes Gouveia, datadas de 28 de janeiro de 1775, confirmavam as vantagens que tinha o Iguatemi, segundo o seu idealizador: se bem fortificada, aquela praça estaria apta a defender toda a região, assim como ser um centro difusor de criação de gado e de povoamento.

Em seus derradeiros momentos em territórios brasileiro, portanto, a preocupação central de D. Luís Antonio ainda era a de querer assegurar a sobrevivência do Iguatemi.

Ao partir de volta à pátria, tinha aguda consciência de que tudo o mais que encetara no sentido da restauração à frente do governo de São Paulo teria condições de prosseguir, fossem com mais auspiciosas perspectivas, ou com menos. E, mesmo que entrasse numa espécie de recesso, teria meios de encontrar continuidade. O Iguatemi, no entanto, estava condenado. O governo deixara bem claro, nos últimos anos de governo, que as medidas de inovação e incentivo e progresso econômico e social eram de sumo interesse para Portugal. Mas o Iguatemi, não. A não ser como um acanhado posto de vigilância, que dormitasse junto a uma fronteira insignificante.

O Morgado de Mateus e seus acompanhantes figuravam entre os passageiros da fragata "Nossa Senhora da Graça" que saiu do Rio de Janeiro em fins de janeiro de 1776[17] com destino a Lisboa, onde chegou a 21 de abril.[18] A situação com que partia não era nada lisonjeira para si, e D. Luís Antonio estava, por certo, bem consciente das razões que o tinham levado a ela.

---

[17] Arquivo do IHGB, Rio de Janeiro, lata 71, Ms. 14: Rellação dos passageiros e prezos que se embarcão no Rio de Janeiro a bordo da fragata "Nossa Senhora da Graça". A comitiva compunha-se de um ajudante, dois padres, dois criados, dois negros, dois mulatos e um "paulista".

[18] AHU, Lisboa, "Rio de Janeiro", caixa 108, doc. 40.

CADERNO DE IMAGENS

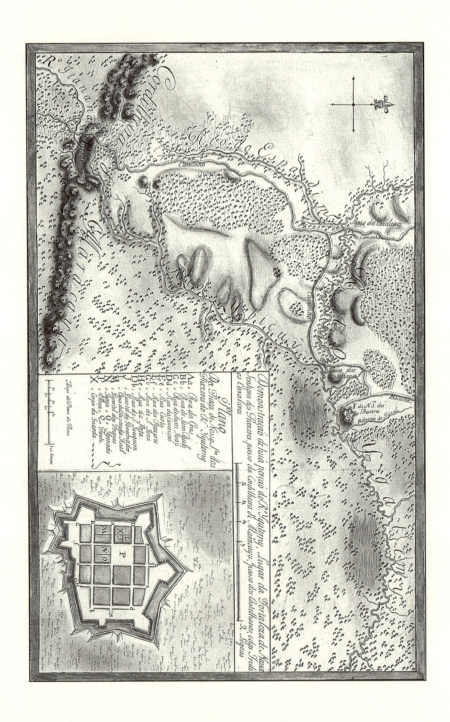

Demonstração de hua Porção do Rio Ygatemy, Lugar da Fortaleza de Nossa Senhora dos Prazeres. 1772, IEB/USP – Coleção YAN, códice 35.

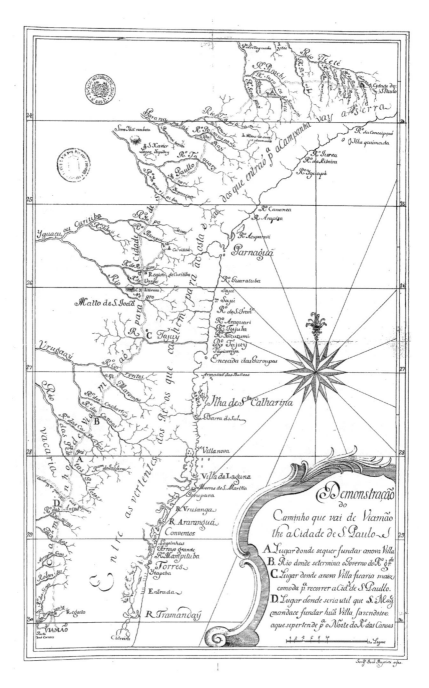

Demonstração do Caminho que vai de Viamão the a Cidade de S. Paulo (...)/ Sargento João Baptista o fes. – Escala de 20 legoas. – [São Paulo] : [s.n.], [17--?]. – 1 mapa : papel, ms. ; 315 x 508 mm

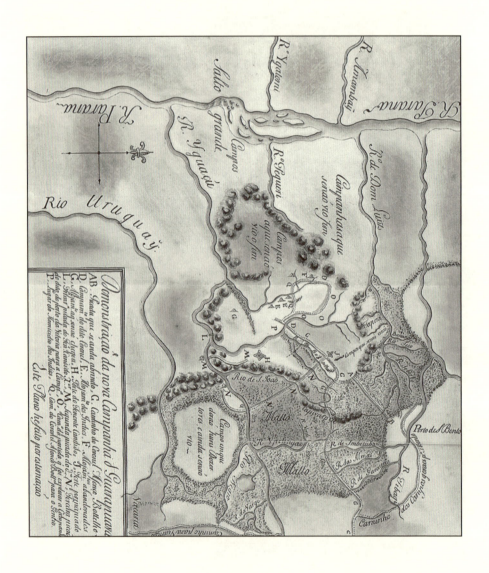

Demonstração da nova Campanha de Guarapuava. 1772, IEB/USP
– Coleção YAN, códice 35.

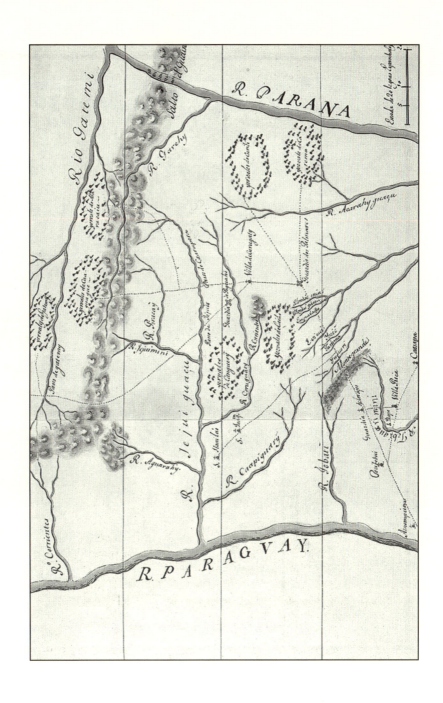

Mapa da Região entre os rios Paraná, Paraguai e Iguatemi. 1759, IEB/USP – Coleção YAN, códice 11.

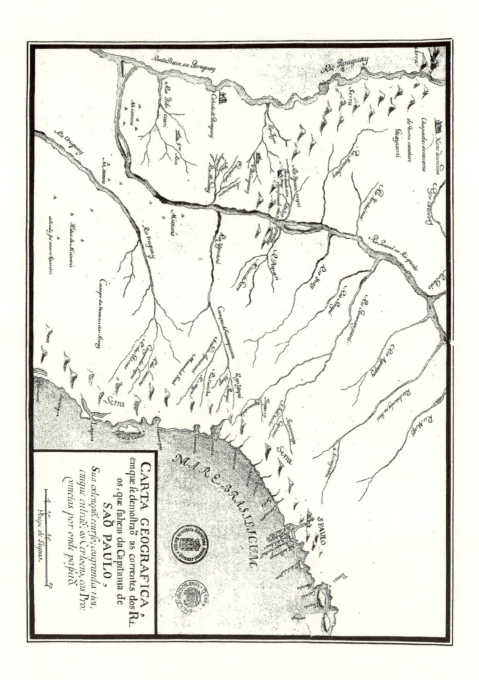

Carta geografica em que se demonstrão as correntes dos rios que sahem da capitania de São Paulo : sua extensão e curso e os grandes rios em que entrão os certoens e as provincias por onde passão. – Petipé de 40 léguas. – [São Paulo]: [s.n.], [17--?]. – 1 carta : papel, col., ms. ; 423 x 318 mm

Carta chorogra fica dos dous certoens de Tibagy e Ivay novamente descobertos pelas ordens e instruçoens de D. Luiz Antonio de Souza Governador e Capitão General de S. Paulo. – anno de 1770. – 1 carta ms. : color., desenho a nanquim; 30 x 39,3cm. em f. 33,9 x 43,9cm.

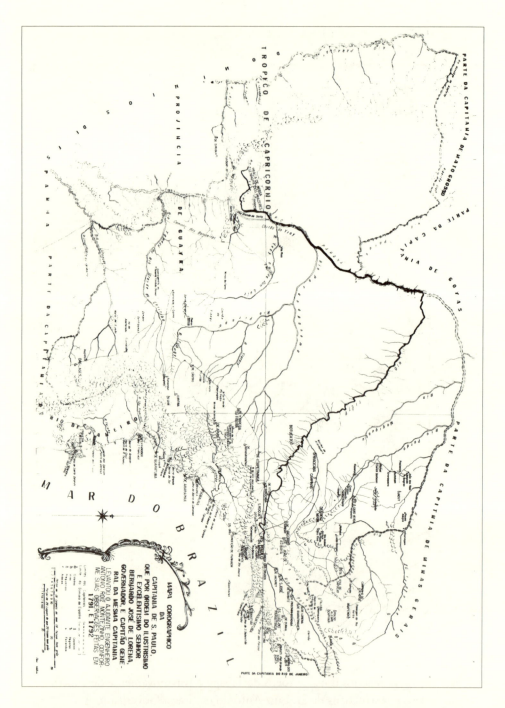

Mapa Chorographico da capitania de São Paulo (indicando o caminho do Iguatemi e a urbanização de São Paulo na época do Morgado de Mateus).

Retratos de
D. Luís de Souza Botelho Mourão

Detalhe da Fachada Principal
da Casa de Mateus em Portugal,
com as armas da Casa.

A DEFESA DE UM PROCESSO ADMINISTRATIVO

Balanço do governo

> Direi com a clareza, e brevidade possivel aquellas couzas mais importantes, que ao meu intendimento se offerecem, e que a experiencia, de dez annos de assistencia desta terra me tem mostrado [...]
>
> Do Morgado de Mateus a Martim Lopes Lobo de Saldanha ao entregar-lhe o governo, 1775

As "Instruções" com que o Morgado de Mateus entregou o governo a Martim Lopes Lobo de Saldanha chegam a traduzir um balanço de suas realizações, segundo seu ponto de vista e pela ordem de importância que tinham para si mesmo. Representam, ao mesmo tempo que justificam, uma tentativa de orientação para a solução dos problemas com os quais Martim Lopes iria necessariamente se defrontar.[1]

Na verdade, a redação dessa "Informação" não foi espontânea. Obedecia ao estabelecido pelo rei, de que fossem fornecidas ao novo governador todas as notícias que pudessem possibilitar um melhor entendimento da situação da capitania.[2] Em quarenta itens discorria longamente a respeito de cada uma das questões que afligiam São Paulo.

---

[1] O "balanço" está contido no ofício do Morgado de Mateus a Martim Lopes Lobo de Saldanha, São Paulo, 23 de junho de 1775 (BN, Lisboa, Seção Reservados, Cód. 4530, p. 48-64). Na verdade, podemos considerar como o "retrato" de São Paulo oferecido a Lopes neste ofício de D. Luís Antonio, completado por outro, também a ele dirigido pelo marquês de Lavradio, em 27 de maio de 1775 (BN, Lisboa, Seção Reservados, Cód. 4530, p. 26). Como "rebate" consideramos duas missivas do capitão-general entrante: a que enviou à Corte em 30 de novembro de 1775 (BN, Lisboa, Seção Reservados, Cód. 4530, p. 66 ss.) e a que enviou a Martinho de Melo e Castro em 18 de setembro de 1775 (BN, Lisboa, Seção Reservados, Cód. 642, p. 382 ss.).

[2] "Obedecendo à Real Ordem de Sua Magestade, que na Carta firmada da sua Real Mão, que Vossa Excelencia mesmo me entregou, daptada de 2 de janeiro de 1775, me determina, que depois de dar a Vossa Excelencia a posse deste governo, lhe dê juntamente todas as noticias que julgar por convenientes ao Seu Real Serviço [...]".

Em primeiro lugar, a "guerra do Rio Grande de São Pedro". O que o Morgado de Mateus pensava a respeito das medidas a serem tomadas tinha sido por ele exposto à Coroa, depois de abril de 1772.

Sua voz, entretanto, não fora ouvida pelo rei, que dispusera de outras vias para o combate aos espanhóis. Assim sendo, já não cabia ditar outra vez seu pensamento a respeito. Só lhe restava dizer que os socorros ao Viamão poderiam ser enviados através de Santos ou Paranaguá; ou por terra, seguindo-se o itinerário mais adequado dos caminhos e pousos, itinerário este que se propunha a entregar a Martim Lopes. Assim, D. Luís Antonio não deixava de reconhecer ser primordial, naquele momento, a questão bélica no Sul. Fazia alusão aos seus planos de combate ao espanhol, que outros não tinham sido senão a persistência quanto ao Iguatemi. E era da sua malfadada empresa que falava a seguir.

Em segundo lugar, a "Praça do Guatemy fundada muito a propozito para se poder fazer diverzão aos castelhanos". Ademais, ela assegurava proteção de Mato Grosso e Goiás, a região das Sete Quedas, e seria um posto de defesa ao norte do Prata, impedindo o avanço espanhol. Embora persistindo na "diversão", nota-se que, pela primeira vez, não dava ênfase àquela idéia, e sim às outras vantagens que a Fortaleza do Iguatemi poderia oferecer. "Ella nos segura os Dominios; das Campanhas da Vacaria, desde a Provincia de Paraguay té a Capitania dos Goyazes [...]".

A livre navegação do rio Paraguai precisava ser assegurada; era preciso que os portugueses organizassem sua defesa ao longo daquele rio. Não era conveniente que se repetissem as condições que haviam permitido aos espanhóis a fortificação e constituição de povoado, junto ao rio Ipané. Dali passariam a ocupar outros pontos: a foz do Taquari, por exemplo. Acabariam por interceptar a comunicação e o comércio com Mato Grosso.

O "terceiro negócio" era a conquista do Tibagi. Com ela pretendia antes de tudo estabelecer o povoamento das áreas férteis e ricas de ouro, a sudeste de São Paulo.

Como vimos, quando tratamos das explorações territoriais, da área do Tibagi, a libertação que tornara possível o povoamento tinha sido mencionada nas Instruções. O Morgado de Mateus advertia a seu sucessor que não se deixasse impressionar pela dimensão do território a ser ocupado: "não pareça a Vossa Excelencia impossível que a vastidão daquellas campanhas seja deficil de povoar porque a gente cresce, como quaisquer plantas crescem, a proporção dos estabelecimentos que se fazem". Para o povoamento, deveriam inclusive, aproveitar o grande numero de indígenas que ali viviam. A fertilidade da terra e a abundância de caça eram ainda fatores que pesariam para a futura prosperidade daquela área. As possibilidades de suas minas de ouro deviam ser exploradas. Havia notícias de que os jesuítas das Missões do Paraguai haviam feito "dourar magnificamente os Retabolos dos Altares das suas Igrejas", com o ouro de Tibagi.

Quanto às rendas que contaria o futuro governador, eram poucas e muito desproporcionadas aos gastos. "Computada a Receita com a despeza achara V. Excia. que os ordenados certos, que he obrigado a pagar, excedem a sua consignação em a quantia de 12, té 16 contos de réis [...]".

Os principais rendimentos eram: 1. O Cruzado, pago por cada alqueire de sal pago no Porto de Santos; 2. A passagem dos animais, que antes era das receitas mais proveitosas, estava prejudicada pela criação de muares em Minas. Por repetidas vezes advertira as autoridades competentes sobre o problema. As fazendas de muares só deviam ser permitidas no Viamão, no Tibagi e no Iguatemi. Enumera vários ofícios pelos quais fizera aquelas advertências. Frisava que "a criação de bestas muares hé prejudicial dentro dos Registos, e só útil em as Fronteiras"; 3. O contrato dos dízimos, o qual conseguira passar a outras mãos que não as de Manuel de Oliveira Cardoso, capitão-mor da cidade de São Paulo, que o retinha por quinze anos, com graves prejuízos para a Fazenda Real, por não ter seu preço atualizado;[3] 4. Rendas provenientes de consignação da Capitania de Goiás, da Alfândega do Rio de Janeiro e do Contrato da Pesca da Baleia.[4]

Os rendimentos seriam melhores se houvesse modificações na economia interna de modo que os produtos da terra encontrassem mercado adequado – julgava o ex-capitão-general. Reportando-nos ao exame das inúmeras culturas que o Morgado de Mateus quis introduzir e às suas sugestões para seu comércio, concluímos que, a essa altura, ele julgava que o tempo de seu governo não tinha sido suficiente para convencer as autoridades metropolitanas da necessidade da transformação no "sistema da exploração economica colonial". E confessava possuir grande número de apontamentos a respeito.

Os aspectos militares eram vistos a seguir. Enumerava as condições das tropas com que Martim Lopes poderia contar para levar adiante os socorros ao Sul. Historiava como e com que dificuldades levantara regimentos, vencendo a aversão dos paulistas ao recrutamento. Ainda nos últimos momentos de seu governo criara Regimento Novo, por constar-lhe a notícia que já não vinha o governador nomeado. Repetia a seu sucessor o que já dissera uma vez ao governo central sobre a inconveniência de nomeação de coronéis:

---

[3] Tal informação, entretanto, não coincide com os fatos narrados em carta do provedor José Honório de Valadares e Alboim ao rei, datada de 1º de outubro de 1774. Dizia ele que, apesar do capitão-mor ter dado lances maiores na arrematação daquele contrato, o mesmo fora entregue a Manuel José Gomes. E quando Cardoso protestou, alegando que o direito de contrato era de quem lançasse mais, o governador retrucou que era justo mudar de contratador e que assumiria o prejuízo que houvesse para a Fazenda Real (AHU, Lisboa, "São Paulo", Doc., nº 2680).

[4] As duas arrobas de ouro que Goiás mandava, há muito não recebiam. A Alfândega do Rio de Janeiro mandava oito mil cruzados e o Contrato da Pesca da Baleia, dez mil.

"Hum poder superior, sobre tanta gente, na mão de hum particular deste Paiz, não me parece conveniente a Razão de Estado".[5]

Anunciava, ademais, que deixava em Santos "reedificadas todas as Fortalezas, quarteis e Cazas de Armazães", assim como razoável abastecimento de munição. E edificara fortalezas na costa (Paranaguá, Praia do Góis, Bertioga) e principiara a Ilha de São Sebastião. Mas julgava que ainda era preciso que se completassem algumas obras, "a que não chegou a minha possibilidade".

Quanto à Provedoria, o capitão-general entrante não encontraria muito dinheiro. Aliás, nunca fora suficiente para os gastos da capitania. Estes superavam as consignações. Assim, não julgasse "deserviço de Sua Magestade" o fato de ele ter gasto parte do Quinto Real para a preparação de tropas.

A urbanização também mereceu um item na carta-instrução. Nele declarava ter fundado "vinte e tantas Povoações", incluindo-se as novas e as elevações a Vila. Pedia especial atenção do futuro governante para os diretores das mais recentes, que contavam geralmente com a má vontade dos párocos, entravando a ação governamental. "[...] Parochos, que por se não verem obrigados a rezidir em terras mal estabelecidas, procurão com todas as forças destruhillas, para não serem lá necessários."[6] É de notar que D. Luís Antonio não dava a esse item ênfase condizente com a importância que parecia ter dado à sua política de urbanização. Se se demorara tanto em expor sua atividade na organização militar, dedicou poucas linhas à fundação de povoações.

Aliás, suas medidas para o fomento da "dobrada lavoura", sua luta pelo fabrico do ferro, sua ação no campo social e educacional foram omitidas nesse "relatório". Se se tratava de transmitir ao sucessor um quadro do que de mais importante se lhe afigurava em São Paulo, não se explica a omissão do que poderia causar a melhor impressão ao sucessor. Talvez porque a intenção do Morgado de Mateus fosse dar antes de tudo notícia sobre o que se lhe apresentava fundamental e requerendo soluções prementes.

Quanto à questão da concessão de cartas de sesmarias; aconselhava que fossem cedidas cada uma a um grupo de pessoas, para tornar mais suave o pagamento. Isso porque, os paulistas possuíam poucos cabedais. Que nessa matéria houvesse muito cuidado para não se incorrer no erro de ceder terras não devolutas, o que originaria demandas e prejuízos

---

[5] Entretanto nomeara seu ajudante-de-ordens, Afonso Botelho, para coronel do novo Regimento, justificando ser "este official entre todos os que havia na Capitania, o que me pareceu mais digno para este emprego tanto pelo seu nascimento, e honra como pelo valor, que tem mostrado, e Laboriozos Serviços, que tem feito ha dez annos nesta Capitania, e ser pratico em tractar os gênios dos naturais da terra [...]".

[6] Isso quanto aos párocos das novas povoações, pois, mais adiante declarava "venerar o clero desta Capitania" com exceção do bispo, evidentemente.

para o Estado. Uma das áreas mais problemáticas nesse sentido era a do Caminho do Viamão, onde muitos particulares já haviam tomado posse de pastos realengos destinados aos tropeiros, para invernadas.

Avisava ainda sobre como reorganizara a Casa da Fundição, modificando muitas das disposições internas, vigorantes anteriormente.

Finalmente, e esse era o ponto crucial de seu "testamento administrativo", trazia ao conhecimento de seu sucessor o que pensava a respeito e qual fora seu relacionamento com as Justiças, as Câmaras, o clero e os paulistas. Nesses últimos itens da carta percebe-se a idéia de que o Morgado de Mateus formara da gente com que lidara mais diretamente nos seus dez anos de governo. Ressentimento? Sim. Queixas? Sim. Apenas em relação à gente comum parecia ter algum otimismo e esperança.

"Tenha V. Excia. muito cuidado com as Justiças, porque fazem hum grande abuzo de Sua Jurisdição." A acusação era grave e objetivamente formulada: "Especialmente rogo a V. Excia. este cuidado com os servidores, elles se ligão com os Povos, que pela criaçao que tiverao dos Jezuitas, nada gostão dos Senhores Generais, e tem odio a todos os naturais do Reino".

Eram de longa data as rixas entre ouvidores e capitães-generais. Enumerava agora, textualmente, citando nomes os problemas que haviam tido seus antecessores, desde a criação de São Paulo como capitania autônoma. E externava seu ponto de vista, já tantas vezes anteriormente exposto: "Entretanto, Sua Magestade não for servido de lhe deminuir huma boa parte da jurisdição, de que não são Capazes, creyo que experimentara V. Excia. as mesmas travessias, e os mesmos dezassocegos que os mais tem padecido [...]".

Não via condições menos pessimistas, em relação às Câmaras. Afirmava que os ouvidores transmitiam-lhes o seu espírito. Mais do que não cumprirem as suas obrigações, os camaristas queriam ser "árbitros das acções do governo". E sendo eles quem escolhiam muitos dos magistrados, o Real Serviço não seria bem servido enquanto persistisse essa prática.

Com o clero seu relacionamento fora satisfatório antes da chegada do bispo, em 1774. Convencera-se de que o mais conveniente para São Paulo ("aonde Sua Magestade quer armar o braço de defensa dos seus Estados") seria que a autoridade eclesiástica se restringisse aos vigários capitulares, como tinha sido até a chegada de D. frei Manuel da Ressurreição. Observava que enquanto assim fora, tudo tinha se processado com maior tranqüilidade e disciplina.

A sua última referência era aos paulistas. Numa formulação bastante imprecisa, para quem estivesse desavisado, dizia: "O gênio destes Povos não he o que parece à primeira vista. Elles se reveztem externamente muito ao Contrario do que são no interior: o tempo e a experiência poderá (*sic*) mostrar a V. Excia. mais evidente esta verdade, do que as minhas palavras". Seria um elogio à gente que governara por dez anos? Sob a aparência rebelde e voluntariosa encontrar-se-iam o ânimo e a disposição para empreendimento do bem comum? Ou, ao contrário, a advertência a Martim Lopes era para que se precavesse contra o interior revoltado e insubmisso de uma docilidade e subserviência externas? Por "estes povos" parecia entender o Morgado de Mateus tanto os camaristas de São Paulo como as tropas recrutadas a duras penas e ainda a gente da lavoura, espalhada pela capitania? Sob a aparência de deferência e gentileza, quereria ele, encerrando desse modo suas "Informações", legar a Martim Lopes essa "travessia" desde já?

Se partiu amargurado com a capitania ou com a atitude da Coroa, não é possível aferir dessa ou de outra carta que a documentação revela. Sentia-se combalido fisicamente e cansado de seu prolongado governo – muitos de seus escritos o deixam transparecer – nos últimos tempos de sua estada em São Paulo. Provavelmente já era chegado o momento de desejar voltar ao recolhimento de sua terra natal. Mas, certamente, não teria desejado que se fosse embora naquelas circunstâncias. Elas significavam o desagrado do governo central para com sua obra.

O parecer que o vice-rei enviou a Martim Lopes era de teor diverso do da carta de D. Luís Antonio,[7] mesmo porque ignorava totalmente a administração que ora terminava. Este seria mesmo um sinal de quanto as relações entre Lavradio e o Morgado de Mateus estavam deterioradas. Era lembrado ao novo capitão-general que o rei esperava obter o mais importante socorro para o Sul, na Capitania de São Paulo. Para tanto, era preciso contar com a perfeita obediência e sujeição de gente que fora sempre tão independente. Lavradio reafirmava o conceito corrente a respeito dos paulistas: "Estes homens são summamente vaydosos já seja das suas forças e do seu valor, ou das suas ilustres qualidades". E era precisamente desses pontos que o governo devia saber servir-se para sujeitados. Então, a primeira sugestão que o vice-rei fazia ao substituto do Morgado de Mateus era a de que, sem deixar de respeitar qualidades dos paulistas, os fizesse compreender que a "obediência, prudência e humanidade" eram indispensáveis para bem servir ao rei e ao Estado. E que só assim far-se-iam merecedores de honras e bens.

Seria de bom alvitre conceder logo de início algumas distinções para os merecedores, mostrando também à população que seriam castigados os que "não parecessem descendentes dos honrados Paulistas". Só assim conseguir-se-ia "daquelles Povos, o que por outros meios e modos seria inteiramente impossível".

---

[7] Parecer pedido pelo próprio governador como fica mencionado no início deste ofício do marquês de Lavradio a Martim Lopes Lobo de Saldanha, Rio de Janeiro, 27 de maio de 1775 (BN, Lisboa, Seção Reservados, Cód. 4530, p. 26).

Com os oficiais, o procedimento tinha que ser semelhante, e entrava em detalhes quanto a preparação e organização de tropas para o Sul. O que Lavradio parecia querer deixar claro é que o governador antecedente não usara para com os paulistas o melhor modo de persuasão, permanecendo a gente tão arredia quanto antes.

O tom diretivo com que D. Luís Antonio escrevera a Lobo de Saldanha deve ter irritado o novo governador. Sentindo-se, talvez, auto-suficiente no diagnóstico que poderia fazer da área que vinha governar, não queria que lhe fossem apontados os caminhos a seguir. Desse modo, foi com implacabilidade que rebateu o "testamento administrativo" do antecessor.

Queremos considerar como rebate as "Notas as Instruções juntas, que me entregou D. Luís Antonio de Souza Botelho Mourão, General que foi desta Capitania...".[8] Foi por ela que o novo governador procurou pôr em dúvida, ou desmentir totalmente, a cada um dos parágrafos da carta-testamento de D. Luís Antonio. Dizia que a capitania estava em deplorável decadência, com falta e carestia de víveres; os paulistas desanimados e amedrontados – "padecendo extorçoens e violências". A Fazenda assoberbada com dívidas. As vilas despovoadas pelas expedições, especialmente as para o Iguatemi ("horroroso Semiterio de Paulistas"). Os índios aldeados estavam muito mal assistidos e trabalhando como escravos (e porque o bispo entrou em favor deles recebeu desatenções do Morgado de Mateus, ponderava Martim Lopes). Enfim, o quadro da capitania como o pintava Martim Lopes não era nada lisonjeiro para quem acabava de deixar um governo ocupado por dez anos.

Nos breves meses em que o governador deposto e o novo conviveram em São Paulo, suas relações devem ter sido bastante hostis. O tom que Martim Lopes imprimiu às "Notas às Instruções..." era de franca agressividade e contestação de tudo o que lhe afirmava o Morgado de Mateus.

Desmentia cabalmente que D. Luís Antonio tivesse entregue algum itinerário para o Sul,[9] e sim só um mapa. Julgava nula a importância que ele dava ao Iguatemi,[10] "similhante inutil Praça, que nada mais serve, que de infraquecer esta Capitania, e a

---

[8] "De Martim Lopes Lobo de Saldanha à Corte, São Paulo, 30 de novembro de 1775" (BN, Lisboa, Seção Reservados, Cód. 4530, p. 66, e DI 28, p. 185-203).

[9] Refere-se aos parágrafos 3 e 4 do ofício do Morgado de Mateus e dizia que "não entregou Itinerário para Viamão, e sim só um Mapa Geográfico que comprehende huma porção da America Meridional". Na realidade, não se comprehende porque D. Luís Antonio não teria entregue a "Demonstração do Caminho que vai de Viamão the a cidade de São Paulo" que estampamos retro no caderno de imagens, já que esta trazia delineada a estrada a ser palmilhada.

[10] Refere-se aos parágrafos 5 e 6 da mesma carta e afirmava: "Inculca a imaginaria importância da Praça do Guatemy".

Real Fazenda della, sem esperança alguma, nem de prezente, nem de futuro de poder ser conveniente". Rejeitava a idéia de fortificar o norte do rio da Prata,[11] por nada ter São Paulo que ver com aquela região.

Quanto à conquista do Tibagi,[12] não via meios de sustentá-la naquela distância, mormente agora que "a campanha do Sul he, e deve ser o Principal Ponto de vista de todos os Generais da America". A questão da criação de muares no Tibagi e Iguatemi era também rebatida pelo novo governador. Via enorme inutilidade nisso, pois de modo algum seriam encontrados compradores. Além do mais, isso prejudicaria altamente os paulistas que viviam de conduzir e vender bestas do Viamão.[13] Estranhava a referência. não muito clara sobre a arrecadação do Contrato dos Dízimos, no qual acreditava haver fraude de D. Luís Antonio. Notava Martim Lopes que, embora declarando ser o comércio tão importante, o Morgado de Mateus nos seus dez anos de governo não fizera por proporcionar condições de progresso para esse mesmo comércio.[14]

Para o estado militar, o Morgado de Mateus não dava números e possibilidades concretas.[15] Os regimentos levantados no governo anterior estavam em muito mau estado; seus recrutas eram muito velhos ou demasiado jovens. Martim Lopes acusava seu antecessor de proteger escandalosamente apaziguados seus entre os militares. E finalmente averiguara que as fortalezas e munições estavam muito mal conservadas.

A Fazenda Real fora descrita como que para "encobrir o estado em que de propósito deixou o Cofre da Real Fazenda". Dizia que D. Luís Antonio declarava ter encontrado a Fazenda empenhada em trinta e tantos contos, mas omitia que a deixara empenhada em mais de 120.

Sobre as povoações fundadas pelo Morgado de Mateus, afirmava o novo capitão-general que a maioria não passava de um pelourinho rodeado de "poucos Ranchos de alguns crinimozos, ou devidores que para li se refugião e de alguns pobres que obrigou a ir para as mesmas Paragens".[16]

O importante e nevrálgico ponto (pelo menos para D. Luís Antonio), que concernia aos magistrados, camaristas e clérigos, era analisado por Martim Lopes à luz dos próprios argumentos do antecessor. O entrave no caminho das Justiças não estava na razão direta da gente que laborava no Judiciário, e sim no próprio ex-governador. Era ele quem se

---

[11] Parágrafos 8 e 9 da carta do Morgado de Mateus.
[12] Parágrafos 10, 11 e 12 da mesma carta.
[13] Parágrafo 15 da mesma carta.
[14] Parágrafo 19 da mesma carta.
[15] Parágrafos 20 a 29 da mesma carta.
[16] Parágrafos 32 e 33 da mesma carta.

imiscuíra nas atividades de competência exclusiva da Justiça.[17] E as "pobres" Câmaras para Martim Lopes não queriam ser, por meio de seus camaristas, "árbitros da ação do governo" como acusava D. Luís. Os vereadores, em especial os de São Paulo, pareciam-lhe ser cumpridores mais fiéis das ordens régias. No bispo e no clero em geral não encontrava os defeitos que lhes pusera o Morgado de Mateus. Alegava não se intrometer na jurisdição eclesiástica. E o caso inverso também não ocorria. Ele e a Igreja estariam em harmonia desejável.

Finalmente, a respeito dos paulistas,[18] interpretando a palavra de D. Luís como acusatória ao "gênio" da gente, confessava não julgar o povo "indomável". Via-os como gente de "valor e boas dispozições para o Real Serviço para encherem as suas obrigaçoens".

É evidente que o novo capitão-general rebatia *a priori* a argumentação de seu antecessor. De outra forma não há como interpretar o seu juízo formado a respeito de fatos com os quais não tivera ainda tempo de se familiarizar. Na segurança de que seu antecessor caíra em desgraça perante a Corte, Martim Lopes sentia-se muito à vontade para atacar a obra do Morgado de Mateus. Sabia, outrossim, que esta também era uma forma de se colocar bem perante o vice-rei, o secretário do Ultramar e o próprio Pombal. Se enaltecesse o que o juízo da Corte condenara, estaria, por essa via, condenando a própria atitude de seus superiores.

O governador deposto não esperaria, provavelmente, outra atitude de seu sucessor. A experiência de Souza Coutinho já o havia advertido sobre a ocorrência de minimização e menosprezo da obra de um governador por seu sucessor. Com o rebate pelo qual Martim Lopes pretendera desmentir o balanço do governo Mateus não tinha ele outro objetivo senão o de, no momento, valorizar-se perante a Coroa.

Quanto menos visse de concreto e positivo na obra do antecessor, quanto mais São Paulo aparecesse arruinada e decadente, mais relevo teria o trabalho a que ora se dispunha. Assim, seria ele, mais que ninguém, quem figuraria aos olhos da Corte como o verdadeiro "restaurador". Mas a verdade é que o trabalho do Morgado de Mateus não era a imagem que dele fazia Martim Lopes. O destino que teria a obra administrativa de D. Luís Antonio de Souza fora traçado por ele próprio. E durante o seu governo.

---

[17] Parágrafo 35 da mesma carta.
[18] Parágrafo 39 da mesma carta.

Luta contra o ostracismo

busco a Vossa Excelencia para que me tire desta inacção
pois me hé pesado o viver quando passe o tempo sem
ser util ao Real Servisso e a minha Patria.

Do Morgado de Mateus ao bispo de Beja, 1785

A razão da primeira tentativa de justificação por parte do ex-capitão-general de
São Paulo só aparecer em julho de 1777 pode estar ligada ao afastamento de Pombal.
É provável que o Morgado de Mateus visse na "Viradeira" o momento de dirigir-se a
D. Maria. Certamente, não teria chance de ser atendido com comiseração pelo antigo
ministro, contudo tivesse sempre lhe protestado fidelidade. Os momentos finais de seu
governo tinham demonstrado que a má vontade de Martinho de Mello e Castro não
podia estar desvinculada dos desígnios do então poderoso marquês.

"Justificarme na Real Presença de Vossa Magestade he dificultoza empreza", começava o ex-capitão-general de São Paulo.[1] Afirmando estar certo de não ter obrado em
matéria grave contra o Real Serviço, pedia que se fizesse averiguar sua conduta à frente
do governo que lhe fora confiado. Apontava seus inimigos. Não eram os paulistas,
"aquelles animos inquietos e exquisitos que Vossa Magestade me mandou consolidar".
Estes, comprovadamente, até a presente data, elogiavam-lhe o governo. Eram, antes,
certas autoridades reinóis.

Pela primeira vez, D. Luís Antonio historiava os problemas que haviam precipitado o fim
de seu governo. Tudo começara em 1772, e o episódio-chave era, segundo ele, a recusa de
José Custódio de Sá e Faria de dirigir-se ao Iguatemi.[2] O relatório do brigadeiro fora escrito

---

[1] Ofício do Morgado de Mateus a D. Maria I, Lisboa, 29 de julho de 1977 (AHU, Lisboa, "São Paulo",
Doc., nº 2767).
[2] "[...] para não perder as suas comodidades [...]" (ibidem)

com um sentido propositadamente desmerecedor para que "fosse desnecessária ali a sua assistencia, conseguindo por este injusto meyo recolherse breve ao Rio de Janeiro".

Assim, o Morgado de Mateus insinuava a acusação de inverdade contida naquele relatório, peça fundamental na queda de seu crédito e prestígio em Lisboa. Assinalava, outrossim, episódios relativos ao comportamento do ouvidor José Gomes Pinto de Morais, causadores também de atritos. Tais episódios envolviam igualmente o bispo, D. frei Manuel da Ressurreição, em negócios relativos ao arrendamento de dízimos ao capitão-mor de São Paulo, afilhado daquele prelado.[3] O resultado teria sido a sistemática campanha de oposição tanto por parte do ouvidor, como do bispo. Após a saída do Morgado de Mateus para o Reino, o ouvidor teria perseguido os contradores do agrado do governador, ao mesmo tempo que desfazia muitas de suas disposições. Ele, que "nunca praticara extravios, nem compras de cousas proibidas", recebia essas acusações injustas. Do que tinha, fora tudo comprado e as transações estavam devidamente comprovadas.[4] Terminava por protestar que as riquezas não as levara de São Paulo, de onde chegara com muito pouco. Antes, sim, as deixara em Portugal, como deixara mulher e filhos, tudo pelo Real Serviço: "Não levei intento de riquezas, porque essas ajuntaria melhor do que em São Paulo, no retiro de Matheus". Finalmente, fazia um histórico de sua carreira,[5] querendo demonstrar com isso o quanto a atividade pública estivera sempre em primeiro lugar nas suas cogitações.

D. Luís Antonio esperava uma reabilitação. Mas sabia, certamente, que esta não viria em tempo imediato. Os trâmites necessários incluiriam sindicâncias, despachos, pareceres etc. Por isso não podia aguardar os acontecimentos em Lisboa. É compreensível que estivesse ansioso por retornar à sua Casa.

A 8 de setembro de 1777, solicitou ao secretário da Marinha e Negócios do Ultramar licença para se recolher à Casa de Mateus, da qual estava fora havia doze anos.[6] Na véspera, porém, havia encaminhado à rainha D. Maria I, por intermédio do mesmo secretário, um Auto de Justificação[7], no qual, em 19 itens, abordava questões de seu governo e se defendia de acusações que lhe tinham sido dirigidas, mormente as relativas ao Iguatemi, seguindo-se, para cada um dos casos, as cópias das respectivas provas, certidões, devassas, atestados e declarações de testemunhas.

Desde que chegara ao território metropolitano, a idéia obsessiva do Morgado de Mateus era a da sua reabilitação. E esta só poderia configurar-se em termos de promoção

---

[3] A acusação de D. Luís Antonio era a de que o ouvidor prometera arrendar os dízimos ao afilhado do bispo, mas a Junta dera a outro contratador, lançador de quantia mais vantajosa.

[4] Essa defesa provavelmente era feita em razão de alguma acusação direta, da qual teria tido conhecimento.

[5] Repetindo os dados que já citamos no capítulo a ela referente.

[6] Ofício do Morgado de Mateus a Martinho de Melo e Castro, Lisboa, 8 de setembro de 1777 (AHU, Lisboa, "São Paulo", Doc., nº 2777).

[7] Arquivo da Casa de Mateus, Vila Real, Grupo 995, alínea 2.

na carreira militar. Para tanto, não cessara de requerer a sua justificação. Esta começou a ser obtida através de uma "Residência" e de depoimentos de testemunhas, ouvidas em São Paulo.

Por Provisão Régia de 25 de junho de 1781, a rainha ordenava que fosse feita a sindicância sobre o procedimento do Morgado de Mateus, no tempo em que governou a Capitania de São Paulo.[8]

Em 33 itens estabelecia-se detalhadamente qual deveria ser o procedimento dos letrados encarregados das deligências. A notícia da Residência devia ser apregoada em São Paulo, para que todos tivessem igualmente oportunidade para depor, se o desejassem. Ditava-se o que devia ser perguntado, a respeito do ex-capitão-general, desde sua atuação na Administração Geral, na Justiça, na Fazenda, até sua conduta pessoal.

A Residência, que deveria durar trinta dias, de 31 de maio até 1º de julho de 1782, ouviu 69 testemunhas. A quase totalidade dos depoentes era de funcionários da Justiça ou militares. Eram portugueses, com poucas exceções, e seus depoimentos assemelham-se bastante, uma vez que as perguntas eram as mesmas. Não obstante, uns eram mais detalhados e precisos que outros.[9]

---

[8] "PROVISÃO, Dona Maria, por graça de Deos, Rainha de Portugal, e dos Algarves de Quem e da Lem, Mar, em Africa, Senhora da Guiné, etc. Paço saber a Voz Ouvidor Geral da Commarca de São Paulo, e em vossa falta, ou impedimento a Voz Juiz de Fora de Santos que por ser conveniente a meu Serviço tirar-se Rezidencia a Dom Luis Antonio de Souza Botelho Mourão do procedimento que teve no Governo dessa Capitania de São Paulo, Hei por bem, e voz mando como Rainha Governadora, e Perpetua Administradora que sou das trez Ordens Militares de Christo, Aviz e Santhiago guardeis na ditta Rezidencia a forma seguinte [...]" (AHU, Lisboa, "São Paulo", Doc., nº 2718).

[9] As testemunhas e os cargos que ocupavam em 1782 eram os seguintes: João Moreira da Rocha, juiz de órfãos de São Paulo e advogado nos Auditórios; Antonio Vaz Pinto Ribeiro, juiz ordinário de São Paulo; João de Sam Payo Peixoto, procurador da Coroa e da Fazenda; apitão Francisco Cardozo de Menezes Souza, morador de Santos, negociante; Antonio Correia Pinto de Macedo, capitão-mor regente de Lages; capitão José Galvão de Moura e Lacerda, moço fidalgo e escodeiro da Casa Real e servindo na Tropa Paga; sargento-mor Theotonio Joze Zuzarte, do Corpo de Auxiliares de São Paulo; sargento-mor Custodio Francisco Pereira, de Apial; Silvestre Henrique Aires da Cunha, escrivão e deputado da Junta da Real Fazenda em São Paulo; João da Silva Machado, escrivão da Câmara de São Paulo; João Batista de Morais, tabelião; Antonio Vemandes do Valle, tesoureiro geral das Rendas da Fazenda Real; sargento-mor Manoel Caetano de Zuniga, do Regimento de Infantaria Auxiliar de São Paulo; sargento-mor João Francisco de Abreu Guimarãens, de Taubaté; Clemente José Gomes Campones, contador geral da Junta da Fazenda Real; doutor Jose Vaz de Carvalho, advogado dos Auditórios em São Paulo; Fabião Carneiro Soares, escrivão da Receita e Despesa da Casa da Fundição; Antonio Marques Fortuna, ensaiador da Casa da Fundição; guarda-mor Agostinho Delgado de Aroche, agricultor; Manoel do Espírito Santo Peixoto, contínuo da Caza da Junta da Fazenda Real; Domingos Teixeira de Morais, vereador da Câmara de São Paulo; alferes Domingos Luis Cabral, agricultor; Joze Wenceslao de Andrade, ajudante do fundidor da Casa da Fundição; João Evangelista Tavares, vereador da Câmara de São Paulo e negociante; capitão Ignacio Joze da Silva, agricultor; tenente João de Castro do Canto e Melo, da Cavalaria de Voluntários Reais e moço fidalgo da Casa Real; sargento-mor Jeronimo de Castro Guimarães, negociante; Joze da Silva Leite, furriel da Cavalaria Auxiliar e negociante; tenente Ignacio Antonio de Almeida, negociante; capitão Martim Alvares de Figueira Leme, das Ordenanças e agricultor; doutor Joze Aroche de Toledo, advogado nos Auditórios de São Paulo; capitão Joze Gonçalves

Muitas das testemunhas tinham sido auxiliares diretos do sindicado, e alguns ainda prestavam serviços ao governo de São Paulo. Entre eles os sargentos-mores Theotonio José Zuzarte, Antonio Manoel de Zuniga, e o povoador de Lages, Antonio Correa Pinto.

Os depoimentos pautavam-se justamente pelas grandes vias pelas quais tentara o Morgado de Mateus encaminhar São Paulo: oportunidade de melhoria de rendas para a capitania; militarização e aplicação da justiça aos infratores; expansão geográfica e urbanização. Assim, as perguntas envolviam os objetivos a que o Morgado de Mateus viera: a "restauração" de São Paulo em seus aspectos econômicos, sociais e políticos. De início, todos eram unânimes em reconhecer-lhe "limpeza de mãos, inteireza e honra". Aludia-se provavelmente às acusações de ter o governador se apoderado de objetos da Sé e de ter fundido ouro para si e outras. Da mesma forma reconhecia-se que havia ele agido em benefício da capitania, quer fosse na sua fortificação e defesa, quer fosse na criação de vila e povoações, quer fosse no aumento de rendimentos para a Fazenda Real.

Dos depoimentos resultaram os Autos de Residência.[10] O ofício do ouvidor de São Paulo, que funcionara como juiz sindicante, confirmava a visão positiva com que o governo do Morgado de Mateus era visto pelos depoentes.[11] De posse desses documentos pôde a

---

Coelho, da Tropa de Auxiliares e negociante; capitão Balthazar Rodrigues Borba, da Cavalaria de Auxiliares e agricultor; Gabriel Antunes da Fonseca, negociante; Januario de Santa Ana Castro, ajudante no Cartório da comarca episcopal; capitão Manoel Antonio de Araujo, negociante, arrematador do Contrato das Entradas de Viamão; capitão Joze Pedro Galvão de Moura e Lacerda, da Tropa Paga; Antonio de Araujo de Toledo, escrivão dos órfãos; tenente Joaquim de Almeida, morador desta cidade, negociante; Manoel, Teixeira Coelho, negociante; guarda-mor Domingos Francisco de Andrade, negociante; doutor Francisco Joze de São Payo, advogado nos Auditórios de São Paulo; tenente Antonio Manoel da Rocha Leite, da Cavalaria Auxiliar, agricultor; capitão Joze Machado Vasconcelos, negociante; Tenente Joze Ribeiro Machado, de Infantaria; tenente Joze Antonio de Lacerda, boticário; capitão João Dias Cerqueira, tesoureiro geral das Fazendas dos Defuntos e Atizentes; Jeronimo Rodrigues, cirurgião-mor de São Paulo; sargento-mor Antonio Rodrigues de Oliveira, de Lages, agricultor e negociante; João Correa da Silva, cirurgião; Tenente Joze Francisco de Mellog da Infantaria Paga; capitão Antonio Branco Ribeiro, agricultor; tenente Antonio da Cunha Lobo, negociante; capitão Carlos Bartholomeu de Arruda, negociante e agricultor; Alferes Antonio Galvão de França, do Regimento de Cavalaria Voluntário; capitão Joze da Rocha Leite, agricultor; Joze Vieira Valle, negociante; Antonio Bernardino de Senna, escriturário na Junta da Fazenda Real; Manoel Joze de São (*sic*), tesoureiro da Casa da Fundição; Manoel Joze Pereira de Andrade, cirurgião; sargento-mor Francisco Nunes Ramalho, da Tropa de Auxiliares; sargento-mor João Pinto de Abreu, de Mogi das Cruzes, negociante e agricultor; Tenente Joze Joaquim Mariano da Silva Cezar, da Tropa Paga; capitão-mor Vicente da Costa Taques Goes e Aranha, de Itú, negociante do Contrato dos Dizimos Reaes; capitão-mor Manuel Lopes de Leão, de Taubaté, negociante; sargento-mor João Baptista Pimentel, de São Paulo.

[10] Em RIHGB (tomo especial VII, 1957) estão resumidos os "Autos de Residência do Governador e Capitão General da Capitania de São Paulo, D. Luís Antonio de Souza, passados pelo escrivão José Ezequiel da Costa por ordem do Ouvidor-Geral da Comarca de São Paulo, bacharel Sebastião José Ferreira Barroco em cumprimento da Provisão de D. Maria de 25 de junho de 1781, constantes do doc., nº 2718, do AHU, Lisboa, "São Paulo").

[11] O ofício data de São Paulo, 15 de junho de 1782 (Também consta de documento nº 2718, nota supra). Dizia o ouvidor Sebastião José Ferreira Barroco que "achando estes Povos quaze em huma Anarquia por que

rainha baixar a portaria para que se ultimasse o processo na Relação.[12] Do acordão por ela emitido, em vista dos Autos de Residência, constava que o sindicado havia servido no governo de São Paulo, com "inteireza e prestimo".[13]

Por uma outra certidão, o juiz relator dos Autos de Residência, o ouvidor geral da Comarca de São Paulo, os arcediagos e cônegos da catedral, o juiz de fora, camaristas e oficiais auxiliares de Santos, o tenente-coronel do Regimento dos Dragões de São Paulo atestavam ter sido o ex-governador "cumpridor das obrigações de seu ministério", empenhando-se em resolver os problemas mais aflitivos da capitania.[14]

Em vistas da existência dessa documentação podia o Morgado de Mateus requerer, com maiores possibilidades de êxito, a sua promoção a brigadeiro, a seu ver a única forma admissível de reabilitação.

Assim, em oficio datado, provavelmente de 1785,[15] D. Luís dirigia-se ao secretário do Ultramar. Pedia que lhe fosse concedido o posto de brigadeiro. Reportava-se aos onze anos que governou São Paulo, tempo demasiado longo para que não suscitasse descontentamentos.[16] Referindo-se à Residência e aos atestados que haviam demonstrado estar "não só ileso de quanto lhe imputarão, mas que a sua memória era querida daquelles Povos", tinha agora forte argumentação para pleitear a almejada promoção. Ela seria o "sinal publico de que estava reintegrada a sua conducta, e caracter perante sua Magestade". Um ano depois, era D. José Maria do Carmo de Souza, por procuração de seu pai,[17] quem se dirigia à rainha. Outra vez frisavam-se os merecimentos de D. Luís Antonio, desde o seu ingresso na vida militar, passando por seus préstimos na Campanha de 1762, até a nomeação para São Paulo. Servira dez anos como governador daquela capitania "restaurando-a da decadencia em que se achava, fazendo nella muitos e bons serviços [...]" e agora, recolhido há outros dez no Reino, se achava "sem posto nem mesmo o que antes tinha". Suplicava, agora, como forma de sanar a sua situação desonrosa, mesmo que não lhe dessem a patente de brigadeiro, ao menos que se lhe confirmasse a de coronel.

---

havia annos que não tinhão Governador próprio que sobre elles Vigiase soube o Sindicado faser respeitar a Justiça [...] levantar por todas as Villas do Certão Auxiliares Ordenanças [...] creou muitas villas facilitou o commercio [...] defendeo as fronteiras [...] suprindo com grande economia a falta das Rendas Reaes [...] sendo limpo de mãos deixando de si huma boa memória nesta Capitania [...]".

[12] Portaria de D. Maria I. Lisboa, 24 de março de 1783 (idem).

[13] O Acórdão da Relação com despacho do Conselho Ultramarino dava a residência por "corrente", isto é, não se averiguara que depusesse contra o ex-governador de São Paulo (ibidem).

[14] "Copia dos Documentos que mostrão os bons serviços de D. Luís Antonio de Souza na Capitania de S. Paulo pello Cabido, Tropa, Clero e Povo" (ibidem).

[15] Embora sem data, o ano deve ser 1785, pois diz o texto: "os seus inimigos o fizerão vir no Regio dezagrado; cuja pena sofre já nove anos [...]" (AHU, Lisboa, "São Paulo", Doc., nº 2744). Ora, se chegara a Lisboa em 1776, nove anos depois, chegava-se ao ano de 1785.

[16] "A dilação de hum tão longo governo, em que se não pode nunca agradar a todos" (ibidem).

[17] AHU, Lisboa, "São Paulo", doc., nº 2718.

Outro apelo bastante semelhante, era dirigido à rainha, por D. Luís, provavelmente em 1786.[18] Repisava nos mesmos argumentos: o zelo que tivera nos dez anos em São Paulo e o fato de estar há outros dez em Portugal, sem poder galgar a "primeira plana na Corte". Os esforços, desde Mateus, para que tal se desse não se circunscreveriam aos pedidos à rainha. Na sua luta contra o ostracismo o Morgado de Mateus dirigia-se também ao bispo de Beja,[19] ao duque de Lafões[20] e ao conde de Tarouca.[21]

Ao bispo de Beja, D. frei Manoel do Cenaculo,[22] escreveu várias vezes, solicitando-lhe o interesse no caso de sua reabilitação.[23] Relembrava os aspectos mais relevantes de sua carreira em Portugal. Depois, referia-se à sua vinda para São Paulo, "com amplíssimas Ordens para rebater os progressos que D. Pedro de Savalos tinha feito na Provincia do Rio Grande" e como tinha levado a efeito sua obra em São Paulo. Justamente quando esperava que seu desinteresse e zelo, mais o tempo de serviço militar pesassem para obter, ao menos, a sua promoção, constatava não haver nenhum indício a respeito. Até o momento, nada resultara de seus inúmeros requerimentos. Confiava na mediação do bispo ("Bem sei que V. Excia. esta muito distante, mas o grande poder e respeito de Vossa Excelencia chega a toda a parte [...]").

É possível notar no teor dessas missivas o quanto a situação em que achava atormentava o Senhor de Mateus. Queria voltar ao serviço real: "Não busco o Real Servisso pelas utilidades e honras que dele podem resultarme porque a minha Filosofia se acomoda perfeitamente com a tranquilidade emque me acho, busco sim a V. Excia. para que me tire desta inacção pois me hé pesado o viver quando pasçe o tempo sem ser útil ao Real Servisso e a minha Pátria". O que era solicitado ao conde de Tarouca[24] já não era intercessão junto à rainha para que conseguisse sua promoção, mas a possibilidade de obter um cargo público. A "inacção" a que aludia feria-o tanto quanto a não promoção na carreira militar. A administração de seu senhorio não lhe preenchia a ambição de uma atividade mais dinâmica. Sentir-se confinado à Casa de Mateus, ser apenas o senhor rural, depois da experiência do governo da capitania paulista não poderia satisfazer o espírito irrequieto e empreendedor que existia em D. Luís Antonio de Souza. Entretanto, não foi chamado a ocupar posto algum. A reforma no posto de brigadeiro veio, afinal, em 1791. Representava a reabilitação mínima

---

[18] BPE, Évora, CXXVII/2-7.
[19] BPE, Évora, CXXVII/2-7.
[20] Menciona que enviara carta a Lafões em carta ao bispo de Beja.
[21] BPE, Évora, CX/2-5.
[22] D. frei Manoel do Cenaculo e Villas Boas, na época, bispo de Beia, era pessoa de prestígio na Corte e muito ligado à Casa de Mateus, da qual seria aparentado, pois é tratado por "tio" por D. Luís Antonio.
[23] Existem na Biblioteca Pública de Évora oito cartas de D. Luís Antonio a D. Manoel do Cenaculo, datadas de Mateus, entre 1785 e 1789 (BPE, Évora, CXXVII/2-7).
[24] BPE, Évora, CX/2-5.

que o Morgado de Mateus podia desejar. E era justificada apenas por motivos de seu tempo de serviço e das suas condições de saúde: "Concedendo a reforma no posto de brigadeiro, em atenção às suas moléstias, anos de serviço, e avançada idade, ao coronel de infantaria D. Luís Antonio de Souza Botelho.[25]

Os sete anos que medeiam entre a promoção a brigadeiro e a sua morte, os passou praticamente sozinho em seu solar[26]. Doente, vítima de constantes insônias e de fortes dores reumáticas, desinteressou-se da administração de seus domínios, deixando a Casa na situação de extremo "desarranjo" como notou seu filho, ao regressar da Dinamarca, onde era embaixador, por ocasião da morte do pai[27].

Foram tempos marcados por desavenças sem fim e de amarguras com contornos pouco precisos. Avultavam, nesta altura, os desentendimentos com D. Leonor, causados, como ela mesma declarava, pela influência que, contra ela e seu filho, a filha bastarda de D. Luís, exercia junto a seu pai. Ela, que desde os seus três anos de idade vivia em Mateus, por morte de sua mãe, foi, pouco a pouco, desentendendo-se com sua madrasta, sobretudo quando o Morgado vivia em São Paulo.

Neste período, além dos problemas familiares, ele polemizava em vizinhos confinantes de suas terras, com as autoridades da Justiça, algumas das quais, havia legitimado a separação do casal e alimentava conflitos com o filho, que vivia no exterior como diplomata. Era dele o filho, D . José Luís, o futuro conde de Vila Real, de cuja educação se ocupava, em Lisboa, D. Leonor, desde seu nascimento, quando lhe morrera a mãe, D. Teresa de Noronha. Essa incumbência era o grande pretexto de D. Leonor para permanecer em Lisboa, aliada às intermináveis demandas e litígios que o marido mantinha ali e das quais era procuradora eficaz, graças a seu grande leque de amizades junto aos áulicos da Corte. Na verdade, D. Leonor nunca se adaptara à vida em Mateus, a não ser quando soube levar, com bastante eficiência a administração da Casa, durante o período paulista da vida do seu marido.

O Morgado de Mateus apegara-se à religião, mais do que nunca, e, segundo dados apresentados por Vasco de Graça Moura, passou a colecionar relíquias de toda espécie

---

[25] ANTT, Lisboa, "Conselho de Guerra", Ano 1791, Maço 149, maio, nº 75, dia 23.

[26] Os informes são de Anne Gallut, op. cit., p. 28-9. e da correspondência entre ele e sua mulher, formada por mais de quatrocentas cartas, escritas durante os 42 anos de seu casamento, custodiada e hoje aberta ao público, no Arquivo da Casa de Mateus. Essa correspondência foi objeto de estudo, transcrição e notas de nossa autoria, resultando em livro a ser proximamente publicado em Portugal.

[27] O filho mais velho, José Maria do Carmo, servia à Embaixada de Portugal em Copenhague; a filha, Maria do Carmo, casara-se com o barão de Mossamedes e vivia em Lisboa; o filho mais moço, Antonio Luís, servia em sucessivos postos de carreira militar, e a mulher, D. Leonor, passava a maior parte do tempo em Lisboa com o neto mais velho, cuja educação lhe fora confiada.

e tamanho, e constantemente reunia pessoas, amealhando-as para o seu fanatismo cristão[28].

A morte do antigo capitão-general de São Paulo, aos 76 anos, está assim documentada no Registo Civil do Distrito de Vila Real: "Dom Luís Antonio de Souza Botelho Mourão, Morgado da Casa de Matheus, desta freguesia de São Martinho do mesmo, faleceo da vida presente com todos os sacramentos de moribundo aos 3 dias do mês de outubro de mil setecentos, noventa e oito, aos 5 dias do mesmo mês e anno, foi sepultado dentro da Igreja desta freguesia: fis testamento e para constar fis este termo que asignei. O Cuadjutor Francisco Jose de Carvalho/Matheus. Declaro, que foi sepultado na sua Capella de Nossa Senhora dos Prazeres".[29]

Não obstante todas as solicitações feitas, desde que regressara do Brasil, D. Luís Antonio não conseguira nenhum posto no serviço da rainha. Morria como brigadeiro do exército português e como ex-governador e capitão-general da Capitania de São Paulo, seu mais honroso título.

Morria no mesmo ano em que começavam a frutificar, por justas medidas do governador Antonio Manoel de Mello Castro e Mendonça,[30] as sementes que lançara em território paulista. Em 1798 abria-se a livre exportação para os portos de São Paulo e a agricultura, e a criação de gado começava a mostrar animadores resultados.

---

[28] Em sua obra *Figuras de Mateus*. Lisboa, Quetzal Editores, 2002.

[29] Registo Civil do Distrito de Vila Real, Vila Real, Livro de óbitos, 1786-1833, p. 19v.

[30] Antonio Manoel de Mello Castro e Mendonça governou São Paulo de 1797 a 1802, sucedendo Bernardo José de Lorena (1788-1797), que também trouxera grandes benefícios à vida econômica da capitania. Ver Maria Theresa Petrone, *A lavoura canavieira*, p. 15-9.

Considerações finais

> Distinguindo as minhas idéias que nellas não levo
> outro fim, mais que o descubrir a verdade [...]
>
> Do Morgado de Mateus
> ao conde de Oeiras, 1766

A trajetória da evolução administrativa e as atribulações geopolíticas que caracterizaram a Capitania de São Paulo por quase todo o século XVIII definem um processo singular dentro do quadro das unidades que compunham a América portuguesa. Nenhuma outra capitania ou governo subalterno terá sofrido tantas mutações de ordem administrativa e tantas "injúrias" do ponto de vista territorial, ao mesmo tempo que, paradoxalmente – ao menos em aparência – nenhuma outra terá tido seus habitantes tão valorizados pela consideração metropolitana.

O paulista temerário, que se fez credor do respeito das autoridades portuguesas por todo o século XVII, através de suas desordenadas atividades no sertão, em meados da centúria seguinte, seria chamado a capitalizar sua índole e sua experiência em benefício de Portugal, contra a Espanha, na nevrálgica região do Prata.

São Paulo sofreu no século XVIII o impacto de contradições metropolitanas: valorizada, tornou-se capitania autônoma; espoliada, foi extinta e subordinada ao Rio de Janeiro; restaurada, recebeu a urgente responsabilidade de "salvar" as fronteiras e a economia do Estado do Brasil! Devia ser o "tampão" entre a área hispano-platina e as regiões a serem primordialmente defendidas: o Rio de Janeiro e a zona mineira. Ou, então, deveria ser o celeiro, com o qual triunfariam as correntes fisiocratas, contra a excessiva valorização do metal (ainda que isso ocorresse quando as minas mostravam irreversível decadência de produção).

Estudar a história da gente paulista no século XVIII é acompanhar sucessivos momentos de euforia, insubordinação, submissão, júbilo e resistência ao governo, seguidos de relativo equilíbrio e acomodação nos últimos decênios. Foram momentos que variaram ao sabor das determinações metropolitanas e dos rendimentos que lhe traziam as atividades econômicas a que se dedicara.

À euforia da descoberta do metal precioso, há muito procurado, seguiu-se a insubordinação, evidente na Guerra dos Emboadas. As rivalidades e os choques de interesses nas zonas de mineração trouxeram tempos conturbados para os paulistas. A solução metropolitana para os problemas que ali se levantaram seria criar a Capitania das Minas de Ouro, constituindo-se a primeira de uma série de perdas territoriais sofridas por São Paulo.

Com espantosa rapidez – dadas as coordenadas da época em que ocorreram – sucederam-se as espoliações ao território da antiga capitania vicentina. Após a alienação da zona da mineração, foi privado do Rio Grande de São Pedro, da Ilha de Santa Catarina e de outras porções, do litoral, antes integrantes do território paulista. Por todo esse período não foram poucas as atribulações dos paulistas, em freqüentes choques com capitães-generais demasiadamente envolvidos nas questões de arrecadação dos rendimentos reais do ouro e pedras preciosas.

Em 1748, quando da separação de Goiás e Mato Grosso, que viriam a constituir capitanias autônomas em decorrência da necessidade de controle de suas áreas mineiras pelo fisco real e das argumentações geopolíticas que aportariam no Tratado de Madri, em 1750, São Paulo passava a contar só com a área entre o litoral e o rio Paraná, e, no sentido norte-sul, com a área entre o Rio Grande e os Campos de Vacaria. As suas duas comarcas passaram a ser subordinadas ao capitão-general do Rio de Janeiro e ao governador militar da Praça de Santos.

A extinção de São Paulo é resultado das diretrizes de Alexandre de Gusmão, ligando-se diretamente à criação de Mato Grosso e a necessidade de um bloco coeso de combate ao inimigo no Sul. Mato Grosso, como capitania constituída, assegurava e consolidava os princípios do *uti possidetis*. E o Sul do Estado do Brasil, "sob um só mando", permitia o fortalecimento da organização das forças militares destinadas a combater os espanhóis na área meridional da colônia. Não que lhe interessasse a Colônia de Sacramento. Sabia que a pequena possessão acarretava para Portugal mais transtornos do que benefícios. Os ingleses, sim, eram os beneficiados. Como, de resto, nem a Espanha interessava à Colônia, a não ser pelo motivo expresso de subtrair aos ingleses um ponto cômodo para carrear o contrabando originado do Alto Peru e do Prata. Daí a necessidade de combater os espanhóis se devia, antes, aos seus avanços por território luso, tomando áreas estratégicas e ameaçando o Rio de Janeiro e Minas Gerais.

A extinção da Capitania de São Paulo, em 1748, prende-se, portanto, aos desentendimentos entre Portugal e Espanha graças às suas respectivas possessões no Oeste e no Sul do Brasil. Ao mesmo tempo, segundo palavras emanadas do governo, São Paulo não tinha "dependencias, habitantes nem comercio" que justificassem a existência de um capitão-general especialmente destinado a dirigir seus destinos.

As razões aventadas para que se lhe sonegasse o galardão de ter um capitão-general – ao final e ao cabo – haviam sido geradas pelas próprias determinações governamentais: se não possuía suficientes "dependências" o era pelos cortes que haviam sido infligidos a seu território; se os habitantes eram escassos, era por terem ido ao sertão "buscar o remédio de suas vidas" ou por terem instalado em regiões mais interessantes economicamente, como as de Minas Gerais; se inexistia atividade mercantil, era por não haver lavoura nem gente para ativá-la: o comércio que os paulistas praticavam era o do gado muar, do Viamão para as Gerais ou o do abastecimento da arca mineradora de Mato Grosso, através das Monções.

Os dezessete anos de extinção foram de vigência deste *status quo*, enquanto circunstâncias alheias à vida interna de São Paulo concorriam – ainda que não propositadamente – para que aquela situação de submissão ao Rio de Janeiro chegasse a seu termo.

Durante esse período mudou a política da metrópole em relação à possessão americana. Com a ascensão de D. José ao trono e de Sebastião José de Carvalho, o futuro conde de Oeiras e marquês de Pombal à Secretaria dos Negócios do Reino, foi iniciado um processo de fortalecimento do poder central. Ao mesmo tempo, acirravam-se os ânimos entre as duas monarquias ibéricas, no tocante às suas fronteiras na América. E as minas entravam, a partir da década de 1760, em franca decadência.

Ora, em torno das tentativas de solução para essas três questões, abriam-se novas perspectivas para a capitania extinta. A sua restauração viria em razão direta delas.

1. Para a centralização do poder, ao contrário do que possa parecer, não interessava o "Sul sob um só mando". É que a autoridade de um capitão-general, e outros prepostos do governo central, só se exerceria a contento se lhes coubesse uma área de jurisdição compatível com os recursos de que poderiam dispor.

2. Para melhor desenvolver as atividades bélicas na área invadida pelos espanhóis, junto à Lagoa dos Patos, não era de proveito algum que o Sul estivesse unificado administrativamente. O capitão-general do Rio de Janeiro, o vice-rei, agora com mais encargos, já que aquela cidade se tornara a capital do Estado do Brasil a partir de 1763, não poderia responder por todo o vasto território sob sua jurisdição. E mais a mais, o governo esperava contar com os paulistas para constituírem respeitável barreira a conter o inimigo, se os espanhóis pretendessem tomar as importantes áreas de Minas Gerais e do Rio de Janeiro.

3. A diminuição da extração do ouro e do diamante manifestada, a partir de 1760, na redução do afluxo aurífero ao Porto de Lisboa, aliado à idéia endossada pelo próprio Pombal de que a riqueza e o progresso das nações estava antes na agricultura do que na posse dos metais, produzira mudanças no comportamento de Lisboa relativo à colônia. Por essa razão, buscava o governo português fomentar ativamente a produção agrícola de exportação. Não fugia aos princípios do Pacto Colonial, porém, mesmo a despeito

dos próprios desígnios da Coroa, o fomento redundaria em benefícios para a colônia. Medidas governamentais que visassem dinamizar a economia de São Paulo, cuja pobreza e decadência eram por demais evidentes, tinham que ter como ponto de partida a sua própria restauração administrativa.

Assim, pelos três principais elementos da restauração – centralização do poder, combate ao espanhol e fomento econômico – é possível taxá-la de caracteristicamente pombalina. Realmente foram essas as diretrizes para as quais mais esteve voltada a atenção do ministro D. José I. Para a aplicação eficaz dos três objetivos, certamente concorria a maneira de ser do restaurador escolhido, D. Luís Antonio de Souza Botelho Mourão, Morgado de Mateus, fidalgo e militar distinguido na Campanha de 1762 contra a Espanha, era certamente um pombalista; ativo e dinâmico, contava com o maior apoio da Corte para iniciar a tarefa da qual fora encarregado: restaurar a capitania, promovendo a economia e tornando-a apta a fornecer soldados e meios para derrotar os "ardilosos vizinhos".

Abriu-se, então, para a Capitania de São Paulo, um processo administrativo de nuanças peculiares: sob a aparência de obediência as determinações impostas pelo poder central, um administrador colonial, dentro do regime absolutista, imprimia naquelas normas a marca do seu personalismo e as cumpria segundo suas próprias preferências.

A verdade é que, desde os primeiros tempos, patenteou-se a dissociação – pelo menos na ordem das prioridades que competiam a cada uma das direções que a administração devia tomar – entre as Instruções de governo e os desígnios do novo capitão-general, definidos na sua Oração de posse. E é de notar que os intentos ali proclamados foram se distanciando do que podiam ter de indefinidos e, perdendo as arestas que pudessem ter, tornaram-se bem claros e diferenciados.

No fato daquela dissociação ir-se diluindo através dos dez anos que durou o governo Mateus, chegando, ao cabo da gestão, a constituir harmoniosa superposição, das intenções de Pombal e as do governador, embora fatos concretos parecessem demonstrar o contrário, reside, a nosso ver, um dos mais importantes feitos do Morgado de Mateus.

A confrontação entre Instruções, proposições e o que deixou aquele capitão-general ao partir do Brasil torna possível a conclusão de que foi uma administração que tomou feições peculiares, mesmo que a desobediência às determinações superiores nunca tenha sido admitida. Segundo suas próprias palavras, procurava D. Luis Antonio cumprir à risca as normas de Lisboa: "como me he ordenado, sem pertender, como não pertenderei nunca adiantar-me em couza alguma, mais alem do que he prescrito e determinado [...]".[1] Porém, imprimiu sempre a elas a marca de sua interpretação.

---

[1] Carta do Morgado de Mateus a Luís Diogo Pinto de Sousa, capitão-general de Minas Gerais (dia e mês ilegíveis) 1765. (DI 72, p. 135).

Outrossim, permite-nos concluir que se o capitão-general não atingiu plenamente os fins a que viera, foi capaz de criar condições para que seus sucessores o fizessem. Se não vejamos.

As Instruções reiteravam, sobretudo, a necessidade do combate ao espanhol e o preparo militar que a situação requeria. Era, portanto, na defesa do território que elas se assentavam. Seu teor é, antes de tudo, militar. Usando os paulistas, usando os índios e, em ação conjunta com o vice-rei, era preciso dispor de todos os recursos para afastar as pretensões espanholas das nossas fronteiras. E se as "Instruções" aludiam às possibilidades de franqueio de novos sertões, era unicamente no sentido de melhor poder contar com os paulistas, e fortificar mais a fronteira.

As questões postas pelo Morgado de Mateus ao conde da Cunha, como meio de esclarecer as Instruções, abordavam, obviamente, os mesmos temas: militarização e defesa.

A Oração de Posse traduzindo as diretrizes que D. Luís Antonio traçava para seu governo, mostra, entretanto, intentos diversos dos das Instruções. Dado o quadro geral da administração pombalina, tanto em território metropolitano como nas demais regiões do Estado do Brasil e do Estado do Maranhão, não é possível crer que São Paulo fosse posto à margem desse mesmo quadro. Portanto, é ilógica a suposição de que o governo central tivesse pensado apenas em esquemas militares para a capitania reinstalada. Certamente terá fornecido instruções orais a D. Luís Antonio. Mesmo porque, nada faz supor, na vida pregressa do Morgado de Mateus, que ele tivesse elementos para estar tão a par, como o demonstrava na sua Oração, dos problemas magnos da capitania. Ao mesmo tempo, é improvável que o primeiro-ministro lhe tenha apontado as vias para a restauração, da maneira clara e precisa como elas aparecem na mencionada Oração.

Pelo exposto, inferimos que às diretrizes estabelecidas por Pombal – marca comum em toda sua política ultramarina – D. Luís Antonio teria juntado, com objetividade, a sua intuição e a sua inclinação dinâmica por realizar, na capitania que lhe cabia restaurar, um governo progressista. "Acrescentar as povoações, estender os domínios, fertilizar os campos, estabelecer fábricas, idear novos caminhos, penetrar sertões incógnitos, descobrir ouro, fortificar Praças, armar o Exército e fazer observar as leis" foram os propósitos que se dispôs a cumprir, em simbiose com a determinação máxima da metrópole de combater o inimigo espanhol.

Em tudo isso, é também preciso não esquecer que os governadores e capitães-generais tinham um "Regimento" a obedecer. E é notório que o "Regimento de Governadores" até o século XIX foi o outorgado a Roque Costa Barreto, na segunda metade do século XVII. Um rápido exame desse Regimento é o quanto basta para se verificar que grande parte das "iniciativas" de D. Luís Antonio – mesmo as apontadas como reformistas e progressistas inovações de despotismo esclarecido – não são de sua lavra, nem de Pombal. Figuram claramente nas ordens de D. Pedro II a seus administradores coloniais!

Os resultados concretos a que chegou o Morgado de Mateus é o que menos pesa na dialética deste trabalho. Procuramos, antes, mostrar que nenhuma das proporções feitas pelo Morgado de Mateus em 1765 ficou intocada. O que não realizou é o que não pretendeu. Estudamos todas as vias tentadas para realizar a obra a que se dispusera como capitão-general, chegando mesmo a detalhes insignificantes muitas vezes no afã de tudo documentar, sem a preocupação de apontar êxito e continuidade.

O exagerado lugar que a empresa do Iguatemi recebeu no exercício em foco demonstra a simbiose a que acima aludimos. Se na maior parte da ação governativa, em todos os setores, o Iguatemi esteve presente, que outra interpretação dar para o fato a não ser que se tentava (bem ou mal) combater o inimigo com "ardilosos artifícios" como aludira Pombal?

É incontestável que D. Luís Antonio de Souza Botelho Mourão encontrou sempre a resistência dos paulistas a entravar-lhe os planos. Aprisionado entre as determinações da metrópole e a oposição de seus governados, lutava também com a dificuldade fundamental para qualquer administrador, qual seja, a precariedade de recursos materiais para levar a bom termo o ato de governar. Que renovação de resultados imediatos poderia conseguir o Morgado de Mateus dos paulistas, se seus governados, afinal, simplesmente refletiam uma situação geral da colônia, e que só a longo prazo poderia ser sanada?

A historiografia brasileira freqüentemente tem visto o Morgado de Mateus apenas como o executor do Iguatemi, "obra fracassada".[2] Mesmo os que – e não são poucos – sabem reconhecer-lhe a mentalidade avançada e a atilada percepção dos problemas que afligiam a colônia passam de imediato a enumerar-lhes os fracassos. É o que nos leva a admitir, para o Morgado de Mateus, a idéia concebida por Robert Southey a respeito de Pombal, de que este acabou por ser mais conhecido pelo mal que fez do que pelo bem que inquestionavelmente queria ter feito.

A feição que os primórdios da restauração tomou caracteriza-se por um impulso demasiadamente forte, com conteúdo demasiadamente denso, para o qual o arcabouço da capitania recém-restaurada não estava preparado. E sendo que, em princípio, também a metrópole acreditava na eficácia dessa estratégia de renovação. A restauração estava sendo encaminhada a contento, ao menos sob a óptica do capitão-general e da Coroa: militarização, exploração territorial, urbanização e dinamização econômica.

---

[2] "Não ha no passado paulista nome que recorde mais sinistras lembranças quanto esse do rio mato-grossense" (Afonso d'E. Taunay, na introdução ao "Diário de Theotonio José Juzarte", AMP, São Paulo, v.1, p. 31-118, 1922).

Mas quando o personalismo do capitão-general quis levar longe o desvio da diretriz superior, cortaram-lhe a marcha. A isso aliou-se – ou disso se aproveitou – a oposição constituída. A certa altura, já não havia clima possível entre governador e governados; entre governador e governo central.

Com seu estilo pessoal de governo, o Morgado de Mateus deixou profundamente marcada sua presença na Capitania de São Paulo nos tempos iniciais de sua restauração.

Conclui-se que essa administração recebeu um pesado encargo: o de reconstituir São Paulo a partir do estado em que a deixaram os sucessivos desmembramentos territoriais de áreas mais favorecidas. E foi ora em concordância com os desígnios metropolitanos ora afastando-se deles para levar a cabo toda uma empresa de restauração que o Morgado de Mateus iniciou o preparo da infra-estrutura política e econômica que só começaria realmente a frutificar no fim do século, com o capitão-general Bernardo José de Lorena (1787-1798).

Exercício da direção, ruptura na ação, defesa do mesmo exercício: o Morgado de Mateus jogou e perdeu. Até o fim de seus dias acreditou na legitimidade da sua posição. São Paulo, através do início da revitalização da sua economia e da reorganização da ordem social, ganhou. Esta deve ter sido, muito provavelmente, a intenção de D. Luís Antonio de Souza. "Adonde não ha erro de vontade tão bem não pode ser culpável de dezacerto", afirmou em 1767 ao conde da Cunha. Pensou longe demais, para o momento, na sua intenção de acertar.

As suas palavras, ao tentar se justificar a Pombal sobre a sua demora em Santos, nos primeiros e ainda auspiciosos meses de governo, cabem aqui como a justificativa final para o seu governo à frente da Capitania de São Paulo: "Vossa Excelencia me perdoe se nisto tenho obrado mal, porque a minha detreminação foy só a fim de querer obrar melhor".

Abreviaturas

Arquivos

AESP – Arquivo do Estado de São Paulo, São Paulo.

AHI – Arquivo Histórico do Itamarati, Rio de Janeiro.

AHM – Arquivo Histórico Militar, Lisboa.

AHU – Arquivo Histórico Ultramarino, Lisboa.

AM/BN – Arquivo de Mateus, Biblioteca Nacional, Secção de Manuscritos. Rio de Janeiro.

ANTT – Arquivo Nacional da Torre do Tombo, Lisboa.

BMP – Biblioteca Municipal do Porto, Secção de Manuscritos.

BN – Lisboa – Biblioteca Nacional de Lisboa. Secção de Manuscritos.

BN – Rio de Janeiro – Biblioteca Nacional do Rio de Janeiro. Secção de Manuscritos.

BPE – Biblioteca Pública de Evora. Secção de Manuscritos.

IEB/USP – Instituto de Estudos Brasileiros da Universidade de São Paulo. Manuscritos da Coleção J. F. de Almeida Prado.

Revistas e Coleções de Documentos

ABN – Anais da Biblioteca Nacional, Rio de Janeiro.

ACSP – Atas da Camara Municipal de São Paulo, São Paulo.

AMP – Anais do Museu Paulista, São Paulo.

DH – Documentos Históricos, Biblioteca Nacional, Rio de Janeiro.

DI – Documentos Interessantes para a História e Costumes de São Paulo, São Paulo.

RAM – Revista do Arquivo Municipal de São Paulo, São Paulo.

RAPL – Revista da Academia Paulista de Letras, São Paulo.

RGCMSP – Registro Geral da Camara Municipal de São Paulo, São Paulo.

RBE – Revista Brasileira de Economia, Rio de Janeiro.

RH – Revista de História, São Paulo.

RIEB – Revista do Instituto de Estudos Brasileiros, São Paulo.

RIHGB – Revista do Instituto Histórico e Geográfico Brasileiro, Rio de Janeiro.

RIHGSP – Revista do Instituto Histórico e Geográfico de São Paulo, São Paulo.

Fontes Manuscritas

Arquivo da Casa de Mateus
Vila Real, Portugal.

Arquivo do Estado de São Paulo
São Paulo.

A documentação existente no Arquivo do Estado que está publicada em "Documentos Interessantes" está arrolada em "Fontes Impressas". Os documentos não publicados consultados foram:
Tempo Colonial. Avisos e Cartas Régias
No. de ordem 420 – Lata 62 – Livro 169 (1765-1767)
No. de ordem 420 – Lata 62 – Livro 170 (1774-1777)
Tempo Colonial. Ofícios de Vice-Reis aos Generais de São Paulo e vice-versa.
No. de ordem 410 – Lata 52 – Livro 139
Tempo Colonial. Provisões Régias
No. de ordem 427 – Lata 69 – Livro 189-190
No. de ordem 428 – Lata 70 – Livro 191-192
Tempo Colonial. Ordens do dia. Bandos e Índices.
Anos 1765-1820.
No. de ordem 281 – Lata 44

Arquivo do Instituto Histórico e Geográfico Brasileiro
Rio de Janeiro

Lata 71, Manuscrito 14: "Rellação dos passageiros e prezos que vão na Fragata Nossa Senhora da Graça".

Arquivo Histórico do Itamarati

Rio de Janeiro.

Arquivo Particular de Duarte de Ponte Ribeiro
Lata 266 – Maço 2 – Mato Grosso. Limites – Diversos
Lata 267 – Maço 6 – São Paulo

Arquivo Histórico Militar

Lisboa.

Caixa 1, no. 5, Secção 37.a, 3.a Divisão
Caixa 1, no. 1, Secção 37.a, 3.a Divisão
Livro 19, 3.a Secção, 1.a Divisão

Arquivo Histórico Ultramarino

Lisboa.

Códices do Conselho Ultramarino:
no. 3, 194, 236, 237, 242, 415, 423, 424, 426.
Documentos dos Maços "São Paulo":
1885, 1884, 2113, 2180, 2220, 2215, 2216, 2217, 2221, 2279, 2354, 2331, 2332, 2372,
2383, 2414, 2415, 2423, 2432, 2454, 2526, 2556, 2562, 2569, 2611, 2618, 2619, 2620,
2644, 2659, 2661, 2663, 2664, 2668, 2677, 2675, 2678, 2680, 2681, 2692, 2693, 2696,
2706, 2707, 2708, 2711, 2718, 2744, 2767, 2777

Arquivo de Mateus, Biblioteca Nacional Do Rio De Janeiro

Códice I, Documentos 4455 a 4494
Códice II, Documentos 1268 a 1280 ("Diário de Governo")
Códice II, Documentos 2863 a 3012

Arquivo Nacional da Torre do Tombo

Lisboa.

Chancelaria de D. José:
Livro 44. Livro 26 e Livro 29
Chancelaria de D. Maria I:

Livro 4

Conselho de Guerra

Ano 1735, Maço 94, no. 6, 27 maio.

Ano 1739, Maço 98, no. 40, 1o. maio.

Ano 1749, Maço, 108, Decreto no. 23, 12 julho.

Ano 1762, Maço 121, Decreto de 29 de setembro.

Ano 1763, Maço 123, Decreto de 10 de maio.

Ano 1764, Maço 124, Decreto no. 55, 17 de junho.

Biblioteca Municipal do Porto

Porto. Secção de Manuscritos.

Manuscrito 425, p. F, 8: SOUZAS, BOTELHOS da Casa de Matheus.

Biblioteca Nacional de Lisboa

Manuscritos da Secção Reservados.

Códice 223: "Rellação de Villa Real e seu termo"

Códice 238: "Livro de Ordens Régias que se acham na Capitania de São Paulo"

Códice 4530: "Documentos da Capitania de São Paulo".

Códice 467: "Brazil. Memorial das Vilas Limites".

Códice 174: "Provisões e Alvarás de D. João V e D. José respeitantes ao Brasil".

Códice 6.601: "Coleção de Leis" (1769-1780)".

Coleção Pombalina:

460 - "Maximas de D. Luís da Cunha".

476 - "Testamento Politico de D. Luís da Cunha".

487 – Luís Antonio Verney – Verdadeiro methodo de estudar.

629 – Tratado de Madrid.

634 – Política – período 1760-1766.

642 – Jesuítas. Iguatemi. São Paulo (entre eles o manuscrito de Marcelino Pereiraq Cleto).

720 – Memórias.

Biblioteca Nacional do Rio De Janeiro

Secção de Manuscritos.

Ofício do Morgado de Mateus ao Conde de Oeiras. 18 ago. 1765. (II, 35, 21, 2).

Série de documentos referentes à questão de limites entre as Capitanias de São Paulo e Minas Gerais. Lisboa, 1720-1811. (II, 31, 19, 7).
Arquivo de Mateus (ver acima)

Biblioteca Pública de Evora
Evora. Secção de Manuscritos.

Códices	CXXVII ;	CXXVII ;	CX 76
	2-7	1-5	2-15

Instituto de Estudos Brasileiros da Universidade De São Paulo
São Paulo.

Manuscritos da Coleção João Fernando de Almeida Prado (numeração do Catálogo):

Ms 11: "Diário das três partidas de demarcação da América em Virtude do tratado de limites ajustado entre as duas Coroas de Espanha e Portugal. 1759".

Ms 5: "Colleção de todas as Ordens que se acharão para a administração das Fazendas que forão dos Padres Jesuitas cometidas pela Meza da Junta do Rio de Janeiro ao Governador e Capitam General D. Luís Antonio de Souza Botelho Mourão. Anno de 1776".

Ms 35-36: "Projecto ou Palno ajustado por ordem de Sua Magestade Fidelissima entre o Governador e Capitam General de S. Paulo D. Luís Antonio de Souza e o Brigadeiro Jozé Custódio de Sá e Faria. De todos os Serviços que se devem obrar, e de todos os Socorros com que se devem sustentar nesta parte Meridional da America Portugueza. Anno de 1772".

Ms 39: "Rellação das Festas Publicas que na Cidade de S. Paulo fez o Ilmo. e Exmo. Senhor D. Luís Antonio de Souza Bot.o Mourão Governador, e Cap.m General dad. a Cap.tia. Com a occazião de collocar a Imagem da Senhora Santa Anna em a Capella nova, que mandou fazer na Igreja do Collegio desta Cidade, em que rezide: cuja celebridade se fez no dia 19 de Agosto de 1770, q hê juntam.to dia de S. Joaquim, e Sam Luis Bispo, prológando-se a mesma festividade com o motivo de fazer annos dia 3.a feira 21 do mesmo mez o Sereníssimo Senhor D. Jozé Principe da Beira, eno Sabbado seguinte ser dia de S. Luiz Rey de França, Santo de que tem o nome o mesmo Ex.mo Snr. General, eter felizes noticias dos grandes descobrimentos, e Conquista do Tibagy 1770".

Fontes Impressas

Actas da Camara Municipal de S. Paulo
São Paulo, Archivo Municipal.

v 12: "1774-1748" (1918).
v 13: "1749-1755" (1918).
v 14: "1756-1770" (1919).
v 15: "1765-1770" (1919).
v 16: "1771-1776" (1920).

ANTONIL (Giovanni Antonio Andreoni) – *Cultura e opulência do Brasil*.
Texto e edição de 1771; introdução e vocabulário por A. P. Canabrava. São Paulo, Ed. Nacional (1967) (Roteiro do Brasil, 2).

ARAÚJO, José de Souza Azevedo Pizarro de – *Memórias históricas do Rio de Janeiro. Rio de Janeiro*. Rio de Janeiro, Imprensa Nacional, 1945-48. 9 v. (Biblioteca popular brasileira, v. 4-12).

BOLETIM DO CONSELHO ULTRAMARINO. Legislação antiga. Lisboa, 1876, 2 v.

CATALOGO dos Capitães Morés, Governadores, Capitães Generais e Vice-Reis. RIHGB, Rio de Janeiro, t. 2 3.a ed. 1916, p. 92.

CHICHORRO, Manoel da Cunha de Azeredo Coutinho Souza – Memoria em que se mostra o estado economico militar e politico da Capitania Geral de S. Paulo, quando do seu governo tomou posse a 8 de dezembro de 1814. *Revista do Instituto Histórico e Geográfico Brasileiro*, Rio de Janeiro, 36:197-242, 1873.

CHRONICAS DE CUYABÁ ou Relação chronologica de estabelecimentos, factos, sucessos mais notaveis que aconteceram nestas minas ou Cuyabá. *Revista do Instituto Histórico e Geográfico de São Paulo*, São Paulo, 4: 4-217, 1898-99.

CLETO, Marcelino Pereira – Dissertação a respeito da Capitania de S. Paulo, sua decadencia e modo de restabelecel-a... 25 de outubro de 1782. *Annaes da Biblioteca Nacional*, Rio de Janeiro, 20: 193-254, 1899 (De original da Biblioteca Nacional do Rio de Janeiro, n.o II, 35, 24, 14).

COLLECÇÃO DAS LEYS, DECRETOS E ALVARÁS que comprehende o feliz reinado d'El Rey D. Jose ... Lisboa, Na Officina de Antonio Rodrigues Galharda, 1797. (v. 1, 2, 3, correspondendo à legislação entre 1750 e 1775).

COLOMBIA, Francisco Tosi – *Descobrimento das Terras do Tibagy*. Introdução e notas de Carlos de Araújo Moreira Neto. Maringá, Universidade Estadual de Maringá, 1974.

CUNHA, Luís da – *Instruções inéditas de D. Luís da Cunha a Marco Antonio Azevedo Coutinho*, revista por Pedro de Azevedo e prefaciadas por Antonio Baião ... Coimbra, Imprensa da Universidade, 1929 (Ed. Academia das Sciencias de Lisboa).

DEUS, Gaspar da Madre de – *Memória para a história da Capitania de São Vicente hoje chamada de S. Paulo do Estado do Brazil...* Lisboa, Typ. da Academia, 1797.

DIARIO da navegação que fez o Brigadeiro José Custódio de Sá e Faria da cidade de S. Paulo à Praça de nossa Senhora dos Prazeres do rio Iguatemy. *Revista do Instituto Histórico e Geográfico Brasileiro*, Rio de Janeiro, 39:217-291, 1876.

DIARIO da navegação do Rio Tietê, Rio Grande, Rio Paraná e Rio Guatemy em que se dá Rellação de todas as cousas mais notáveis destes Rios, seu curso, sua distancia, e de todos os mais Rios que se ncontrão, Ilhas perigos, e de tudo o acontecido neste, pelo Sargento Mor Theotonio Jozé Zuzarte, *Anais do Museu Paulista*, São Paulo, 1, 2.a parte: 29-118, 1922.

DOCUMENTOS INTERESSANTES PARA A HISTORIA E COSTUMES-DE SÃO PAULO. São Paulo, Arquivo do Estado. (a data de publicação segue-se ao título de cada um dos volumes consultados):

V. 4 – *Diversos*. 1896.

V. 5 – *Yguatemi*. 1901.

V. 6 – *Yguatemi*. 1902.

V. 7 – *Yguatemi*. 1902.

V. 8 – *Yguatemi*. 1901.

V. 9 – *Yguatemi*. 1901.

V. 10 – *Yguatemi*. 1895.

V. 11 – *Divisas de S. Paulo e Minas Geraes*. 1896.

V. 12 – *Bandos e portarias de Rodrigo Cesar de Mednezes*. 1901.

V. 13 – *Bandos e portarias de Rodrigo Cesar de Menezes*. 1895

V. 14 – *Correspondencias diversas*. 1895.

V. 17 – *Correspondencias do Vice-Reu, de Martim Lopes Lobo de Saldanha e outros (1775-1779)*. 1895.

V. 19 – *Correspondencia do Capitão-General Dom Luiz Antonio de Souza (1767-1770)*. 1896.

V. 20 – *Correspondecia interna do Governador Rodrigo Cesar de Menezes (1721-1728)*. 1896.

V. 22 – *Bandos, regimentos e ordens dos capitães-generaes Conde de Sarzedas e D. Luiz Mascarenhas (1732-1748)*. 1896.

V. 23 – *Correspondencia do Capitão-General Dom Luiz Antonio de Souza Botelho Mourão (1766-1768)*.

V. 24 – *Cartas régias e provisões (1730-1738)*. 1898.

V. 25 – *Patentes, provisões e ordens régias (1768-1796)*. 1898.

V. 28 – *Correspondencia do Capitão General Martim Lopes Lobo de Saldanha (1775-1778)*. 1898.

V. 32 – *Correspondencia e papéis avulsos de Rodrigo Cezar de Menezes (1721-1728)*. 1901.

V. 33 – *Bandos, ordens e portarias de D. Luiz Antonio de Souza (1771-1775)*. 1901.

V. 34 – *Correspondencia do Capitão-General D. Luiz Antonio de Souza (1770-1771)*. 1901.

V. 35 – *Correspondencia do Capitão General D. Luiz Antonio de Souza (1772-1775)*. 1901.

V. 39 – *Correspondencia do Capitão-General Antonio de Mello Castro e Mendonça (1797-1803)*. 1902.

V. 40 – *Correspondencia do Conde de Sarzedas (1732-1736)*. 1902.

V. 42 – *Correspondencia de Martim Lopes Lobo de Saldanha (1775-1777)*. 1903.

V. 43 – *Correspondencia do Capitão General Martim Lopes Lobo de Saldanha (1774-1781)*. 1903.

V. 44 – *Diversos*. 1915.

V. 47 – *Documentos relativos á creação, extinção e desmembramento das capitanias de que resulotou S. Paulo, como circunscripção política do Brasil, ou respeitantes à sua extensão jurisdiccional e às suas questões de limites – peças históricas essas existentes todas no Archivo nacional, e copiadas, colligidas e annotadas, de ordem do governo do Estado*. 1929.

V. 48 – *Documentos relativos à história da Capitania de S. Vicente e do bandeirismo (1548-1734), existentes no Archivo do Instituto Historico e Geographico Brasileiro, colligidos, copiados e annotados, de ordem do Governo do Estado*. 1929.

V. 54 – *Relação dos documentos historicos existentes no Arquivo Nacional e respeitantes a São Paulo (compreendidas as circunscrições que ao tempo lhe estavam anexas), de 1534 a 1879*. 1932.

V. 62 – *Recenseamentos (1765-1767)*. 1937.

V. 64 – *Oficios do Capitão General D. Luiz Antonio de Souza Botelho Mourão aos diversos funccionarios da Capitania (1772-1775)*. 1939.

V. 65 – *Oficios do Capitão General D. Luiz Antonio de Souza Botelho Mourão aos diversos funccionarios da Capitania (1765-1771)*. 1940.

V. 67 – *Oficios do Capitão General D. Luiz Antonio de Souza Botelho Mourão (Morgado de Mateus) aos diversos funcionarios da Capitania (1766-1767)*. 1943.

V. 68 – *Oficios do Capitão General D. Luiz Antonio de Souza Botelho Mourão (Morgado de Mateus) aos diversos funcionários da Capitania (1767-1768)*. 1944.

V. 69 – *Oficios do Capitão General D. Luiz Antonio de Souza Botelho Mourão (Morgado de Mateus) aos Vice-Reis e Ministros (1771-1772)*. 1946.

V. 70 – *Oficios do Capitão General Martim Lopes lobo de Saldanha aos diversos funcionarios da Capitania (1775-1776)*. 1946.

V. 72 – *Oficios do Capitão General D. Luís Antonio de Souza Botelho Mourão (Morgado de Mateus) (1765-1766)*. 1952.

V. 73 – *Oficios do Capitão General D. Luís Antonio de Souza Botelho Mourão (Morgado de Mateus) (1765-1766)*. 1952.

V. 75 – *Oficios do General Martim Lopes Lobo de Saldanha (governador da Capitania) (1776-1777)*. 1954.

DOCUMENTOS relativos ao bandeirismo paulista e questões connexas, no período de 1664 a 1700 – peças históricas todas existentes no Archivo Nacional, e copiadas, coordenadas e annotadas de ordem do governo do Estado de S. Paulo, por Basilio de Magalhães. *Revista do Instituto Histórico e Geográfico São Paulo*, São Paulo, 18:257-502, 1913.

DUMOURIEZ, Charles-François – *Etat présent du Royaume de Portugal, em l'année 1766*, ausanne, Chez François Grasset, 1766.

GORANI, Giuseppe – *Portugal*; a corte e o país nos anos de 1765 a 1767. Trad. de Castelo Branco Chaves. s.l.p. Ed. Atica (1945).

INFORMAÇÃO do Estado do Brasil e de suas necessidades. *Revista do Instituto Histórico e Geográfico Brasileiro*, Rio de Janeiro, 25:465-478, 1862.

NOTÍCIA da conquista e descobrimento dos certões do Tibagi na Capitania de S. Paulo no governo do General D. Luís Antonio de Souza Botelho Mourão, conforme as ordens de Sua Magestade offerecido à raynha Nossa Senhora por Afonso Botelho de S. Payo e Sousa ... Acampamento da Esperança, 9 jan. 1774. *Anais da Biblioteca Nacional*, Rio de Janeiro, 76:4-290, 1956 (1962).

MENDONÇA, Antonio Manoel de Melo Castro e – Memória economico política da Capitania de S. Paulo ... em 1800. *Anais do Museu Paulista*, São Paulo, 15:83-242, 1961.

OLIVEIRA, José Joaquim Machado d' – *Quadro histórico da Provincia de S. Paulo até o anno de 1822*, 2a. ed. São Paulo, Typ. Brasil, 1897.

OLIVEIRA, Antonio Rodrigues Velloso de – Memórias sobre o melhoramento da província de São Paulo ... *Revista do Instituto Histórico e Geográfico Brasileiro*, Rio de Janeiro, t. 31, 1a. parte, 1868.

RATTON, Jacome – *Recordações de Jacome Ratton sobre ocorrências do seu tempo, de maio de 1747 a setembro de 1810*. 2a. ed. Coimbra, Imprensa, da Universidade, 1920.

REGIMENTO DE Roque da Costa Barreto – *Documentos Históricos*, Biblioteca Nacional, Rio de Janeiro, 6:312-357, 1928.

REGISTO GERAL DA CAMARA MUNICIPAL DE SÃO PAULO. São Paulo, Archivo Municipal:

    v. 9 : "1748-1750" (1919).

    v. 10 : "1750-1763" (1920).

    v. 11 : "1764-1795" (1920).

RENDON, José Arouche de Toledo – Reflexões sobre o estado em que se acha a Agricultura na Capitania de São Paulo. *Documentos Interessantes para a História e Costumes de São Paulo*, São Paulo, Arquivo do Estado de São Paulo, 1915.

REVISTA DO INSTITUTO HISTÓRICO E GEOGRÁFICO BRASILEIRO, Rio de Janeiro, tomo especial: "Catalogo de documentos sobre a história de S. Paulo existentes no Arquivo Histórico Ultramarino de Lisboa", 1956-59, 13v.

SANCHES, Antonio Nunes Ribeiro – *Cartas sobre a educação da mocidade*, Colonia, 1760, reeditadas por Maximiano Lemos. Coimbra, Imprensa da Universidade 1922 (Biblioteca dos Autores do século XVIII).

SANDE, Antonio Paes de – Relatório (...) em que indica as causas do malogro das pesquizas das minas do Sul e propõe o alvitre para se obter de uma maneira segura o seu descobrimento. *Annaes da Biblioteca Nacional*, Rio de Janeiro, 39: 198-200, 1917.

SCHAUMBURG-LIPPE-BÜCKBURG, Wilhem, conde de Lippe – *Direcçõens que ham de servir para os senhores coroneis, tenentes coroneis e majores dos Regimentos de Infantaria dos Exercitos de Sua Magestade Fidelissima executarem com precizão os grandes movimentos das Tropas* (...) (Lisboa), Impressas na Secretaria de Estado, 1767.

–––– *Regulamento para o exercicio e disciplina dos Regimentos de Infantaria dos Exercitos de Sua Magestade Fidelissima* (...). (Lisboa) Impresso na Secretaria de Estado, 1763.

–––– *Memoria sobre os exercicios de meditação militar para se remetter aos Generaes*. (Lisboa), 1782.

SORIANO, Simão José da Lus – *História do Reinado d'El Rei D. José e da administração do Marquez de Pombal*. Lisboa, Typographia Universal, 1867.

TRATADO DE LIMITES das Conquistas entre os (...) senhores D. João V Rey de Portugal e de D. Fernando VI Rey de Espanha, pelo qual foi abolida a demarcação meridiana ajustada no tratado de Tordesilhas ... Impresso em Lisboa, na Officina de Joseph da Costa Coimbra, 1750.

VERNEY, José Antonio – *Verdadeiro método de estudar*. Lisboa, Clássicos Sá da Costa, 1950.

VILHENA, Luis dos Santos – *Recopilação de noticias soteropolitanas e brasílicas*. Bahia, Imprensa Oficial do Estado, 1922.

–––– *Recopilação de notícias da Capitania de São Paulo*. Bahia, Imprensa Oficial do Estado, 1935.

Bibliografia consultada

Obras de referência

ALMEIDA, João Mendes de – *Dicionário Geographico da Provincia de São Paulo, São Paulo*, Typ. a Vapor Espinola, 1902.

ALVES, Francisco Manuel – *Portugal*: Tras-os-Montes. Lisboa, Imprensa Nacional, 1929.

BLUTEAU, Raphael – *Vocabulario português e latino áulico, anatomico, architectonico, biblico, botanico* (...) Coimbra, Collegio das Artes da Companhia de Jesus, 1712. 10 v.

BRANCO, Jose Barbosa Cannaes de Figueiredo Castello – *Costado das familias ilustes (sic) de Portugal, Algarves, Ilhas e Indias* ... Lisboa, Impressão Régia, 1828, t. 1.

DICIONARIO de História de Portugal, dirigido por Joel Serrão. Lisboa, Iniciativas Editoriais, 1963-70, 4 v.

FRANCO, Francisco de Assis Carvalho – *Dicionário de bandeirantes e sertanistas do Brasil, sec. XVI, XVII, XVIII*. São Paulo, Comissão do Quarto Centenário, 1954.

GAYO, Felgueiras – *Nobiliário de famílias de Portugal*; títulos dos Souza ... Braga, Of. Pax, 1941.

LEAL, Augusto Soares d'Azevedo Barbosa Pinho – *Portugal antigo e moderno; diccionario geographico, estatistico* ... Lisboa, 1875, v. 5.

LEÃO, Ermelino Agostinho – *Contribuições históricas e geographicas para o Dicionario do Paraná*. Curitiba, 1926. 6. v.

MARQUES, Manoel Eufrasio de Azevedo – *Apontamentos históricos, geográficos, biográficos, estatísticos e noticiosos da província de São Paulo. São Paulo*. São Paulo, Martins (1954) (Biblioteca Histórica Paulista, 1).

MEDRANO, Sebastian Fernandez – *Geographia moderna o moderna concepcion del mundo y sus partes*, dividida en dos tomos. Amberes, Henrico y Cornelio Verdusse, 1709.

NOVO DICIONÁRIO de História do Brasil. São Paulo, Melhoramentos (1970).

PINTO, A. Antero da Silveira – *Resenha das Famílias titulares e grandes.* Lisboa, t. 2.

SAINT-ADOLPHE, J. C. R. Milliet de – *Diccionario geographico, historico e descriptivo do Imperio do Brasil.* Pariz, Em Casa de J. P. Ailland, 1845. 2 v.

SAMPAIO, Antonio Villas Boas – *Nobliarchia portuguesa: tratado de nobreza hereditaria e politica.* Lisboa, 1759.

SILVA, Antonio Lambert Pereira da – *Nobres casas de Portugal.* Porto, Tavares Martins, s.d. v. 1.

SOUSA, Sampaio e – Condes de Vila Real. *Ceramica Brazonada*: revista de arte e de heraldica. (Lisboa), 1(3):48-50, abr. jul. 1928.

TAUNAY, Afonso d'E – *Collectanea de mappas de cartographia paulista antiga.* São Paulo, Melhoramentos, 1922.

VITERBO, Joaquim de Santa Rosa do – *Elucidário das Palavras, Termos e Frases Que em Portugal Antigamente se usarão ...* Lisboa, Oficina de Simão Tade Ferreira, 1798.

OBRAS ESPECÍFICAS

ABREU, Capistrano de - "Sôbre a Colônia de Sacramento". In: ––––– *Ensaios e estudos*: crítica e história. (Rio de Janeiro) Sociedade Capistrano de Abreu, 1938. 3.a série, v. 3, p. 55-105.

ALDEN, Dauril – *Royal Government in Colonial Brazil with Special Reference to the Administration of the Marquis of Lavradio, Viceroy, 1769-1779.* Berkeley, University of California Press, 1968.

ALMEIDA, Aluísio – Estradas e impostos do sul do Brasil. *Revista do Arquivo Municipal*, São Paulo, 19(153): 73-8, nov. 1952.

––––– O maldito Iguatemi. *Revista do Arquivo Municipal*, São Paulo, 9(96): 111-53, maio-jun. 1944.

––––– *O tropeirismo e a Feira de Sorocaba.* Sorocaba, s.c.p., 1968.

ALMEIDA, Elisabeth Darwiche Rabelo – *A elite na sociedade paulista na segunda metade do século XVIII.* São Paulo, 1972 (tese mimeogr.).

ALMEIDA, Fortunato – *História de Portugal.* Coimbra, Imprensa da Universidade, 1926-27. v. 5.

ALVES, Helle – Participação leiga na Academia de 70. *O Estado de S. Paulo*, São Paulo, 31 dez. 1961 (Supl. Lit.)

––––– O sonho da Academia de 70. *O Estado de S. Paulo*, São Paulo, 13 de maio 1961 (Supl. Lit.).

AMARAL, Luís – *História geral da agricultura brasileira*; no tríplice aspecto político-social-econômico. 2.a ed. São Paulo, Ed. Nacional (1958) 2v.

AMARAL, Pedro Ferraz do – O Morgado de Mateus. *O Estado de S. Paulo*, São Paulo, 26.5.1962 (Supl. Lit. p. 6).

AVELLAR, Helio de Alcântara – A administração pombalina. In: *Historia Administrativa do Brasil*. (Rio de Janeiro) DASP, 1970.

AZEVEDO, Aroldo de, ed. – *A cidade de São Paulo*: estudos de geografia urbana São Paulo, Ed. Nacional (1958). (Brasiliana, 14, 14A a 14C).

———— *Vilas e cidades do Brasil colonial*; ensaio de geografia urbana retrospectiva. São Paulo, 1956. (Boletim no. 208 da Faculdade de Filosofia, Ciências e Letras da Universidade de São Paulo, Geografia no. 11).

AZEVEDO, João Lúcio de – *Epocas de Portugal economico*. Lisboa, Classica Ed., 1929.

———— *O marquês de Pombal e sua época*. Lisboa, Seara Nova (1922).

———— Política de Pombal relativa ao Brasil. In: ———— *Novas epanáforas*: estudos de História e Literatura. Lisboa, Classica Ed., 1932.

BERLINCK, E. L. – *Fatores adversos na formação brasileira*. São Paulo, Ed. do Autor, 1948.

BOXER, Charles – *A idade do ouro do Brasil*; dores de crescimento de uma sociedade colonial. Trad. de Nair Lacerda. São Paulo, Ed. Nacional, 1963.

CAETANO, Marcelo – *O Conselho Ultramarino*; esboço de sua história. Lisboa, Agencia Geral do Ultramar, 1967.

———— As reformas pombalinas respeitantes ao Ultramar. In: BAIÃ O, Antonio, ed. – *História da expansão portuguesa no mundo*. Lisboa. Atica, 1940, v. 3, cap. 7.

CAIEIRO, José – *Jesuítas do Brasil e da India na perseguição do Marques de Pombal*: século XVIII; primeira publicação do manuscrito inédito de José Caeiro. Salvador, Escola Salesiana, 1936.

CALIXTO, Benedito – *Capitanias paulistas*. São Paulo, Duprat, 1927.

———— A verdade histórica relativa a Capitania de Itanhaem. *Revista do Instituto Histórico e Geográfico Brasileiro*, Rio de Janeiro, 20: 403.

CAMARGO, Paulo Florêncio de – *A Igreja na História de São Paulo*. São Paulo, Instituto Paulista de História e Arte Religiosa, 1953. 6 v.

CAMPOS, Dulce de – O governo de Martim Lopes Lobo de Saldanha (1775-1782) *Revista do Arquivo Municipal*, São Paulo, 117-4-50, 1948.

CANABRAVA, Alice P. – Uma economia de decadência: os níveis de riqueza na Capitania de São Paulo, 1765-67. *Revista Brasileira de Economia*, Rio de Janeiro, Rio de Janeiro, 26(4): 95:123, out. dez. 1972.

CARNAXIDE, Antonio de Souza Pedroso – *O Brasil na Administração pombalina*: economia e política externa. São Paulo, Ed. Nacional, 1940. (Brasiliana, 192).

CARVALHO, Laerte Ramos de – *As reformas pombalinas da instrução publica*. São Paulo, 1972 (Boletim no. 160. Faculdade de Filosofia da Educação, no. ilegível.

CASTRO, Armando de – Morgado. In: *Dicionário de História de Portugal*. Lisboa, Iniciativas Editoriais, 1963-70, v. 3, p. 109-12.

CASTRO, O. Viveiros de – História tributária do Brasil. *Revista do Instituto Histórico e Geográfico Brasileiro*, Rio de Janeiro, 78:9-283, 1916.

CINTRA, Assis – *Geographia politica de São Paulo e de Minas Geraes*. Rio de Janeiro, Benjamim Castellat, s.d.

CID, Antonio José Babula – *Unidades de Infantaria*: sua evolução desde 1640. Lisboa, s.c.p. 1956.

CIDADE, Francisco de Paula – *Lutas ao sul do Brasil, com os espanhóis e seus descendentes, 1680-1828*; notas de história militar brasileira. Reexame de questões políticas e militares. Rio de Janeiro, Biblioteca Militar, 1948.

–––– *Notas de Geographia militar sul-americana*, 2.a ed. Rio de Janeiro. Biblioteca Militar, 1940.

CHANTAL, Suzanne – *A vida quotidiana em Portugal no tempo do terremoto*. Trad. de Alvaro Simões. Lisboa, "Livros do Brasil" (1962, orig. francês).

COELHO, J. M. Latino – *História militar e política de Portugal desde fins do século XVII até 1814*. Lisboa, Imprensa Nacional, 1855-91.

CORREIA FILHO, Virgilio – *História de Mato Grosso*. Rio de Janeiro, Instituto Nacional do Livro, 1969. (Cultura Brasileira, Série Estudos, 29).

CORTESÃO, Jaime – *Alexandre de Gusmão e o Tratado de Madrid*. Rio de Janeiro, Ministério das Relações Exteriores, 1952-1969. v. 1 a 7.

–––– *Fundação de São Paulo, capital geographica do Brasil*. Rio de Janeiro, Livros de Portugal, 1955.

–––– *Raposo Tavares e a formação territorial do Brasil*. (Rio de Janeiro) Ministério da Educação e Cultura (1958).

CORVISIER, André – Le soldat français au XVIII siècle. *L'Information Historique*, Paris, 27(5): 209-16, nov. dec. 1965.

COSTA, Emília Viotti da – Introdução ao estudo da emancipação política do Brasil. In: MOTA, Carlos Guilherme, ed. - *Brasil em perspectiva*. 3.a ed. São Paulo, Difusão Européia do Livro, 1971 (Temas político-economicos) p. 64-125.

CURSO DE BANDEIROLOGIA: conferências por Afonso Taunay e outros. são Paulo. D.E.I. 1946.

DEFFONTAINES, Pierre – As feiras do burro de Sorocaba. *Revista Geografia São Paulo*, 1(3). 1935.

DIAS, Gastão de Souza – *D. Francisco Inocencio de Sousa Coutinho*; administração pombalina em Angola. Lisboa, Cosmos, 1936 (Cadernos coloniais, 27).

DIAS, Manuel Nunes – *Fomento e mercantilismo*: A Companhia Geral do Grão Pará e Maranhão (1755-1778). (Belém do Pará) Universidade Federal do Pará, 1970. (Coleção Amazônica) 2 v.

DORNAS FILHO, João – *Aspectos da economia colonial*, 2.a ed. Belo Horizonte, Itatiaia, 1959.

DURAND, George – *Etat et institutions*: XVème au XVIIIème. Paris Colin (1969). (Collection V, Série Histoire Moderne).

ELLIS, Myriam – *A baleia no Brasil colonial*. São Paulo, Melhoramentos/Ed. USP, 1969.

–––– Contribuição ao estudo das áres mineradoras no século XVIII. Rio de Janeiro, Ministério da Educação e Cultura, 1950.

–––– O monopólio do sal no Estado do Brasil (1601-1801) ; contribuição ao estudo do monopólio comercial português no Brasil durante o período colonial). São Paulo, 1955. (Boletim n.o 197, Faculdade de Filosofia, Ciências e Letras da Universidade de São Paulo. História da Civilização Brasileira, 14).

–––– São Paulo, de Capitania a Provincia (Pontos de partida para uma História político-administrativa da Capitania de São Paulo). *Revista de História*, São Paulo, 52 (103, t. 1): 147-216, 1975.

ELLIS JUNIOR, Alfredo – *O ouro e a Paulistânia*. São Paulo, 1948. (Boletim n.o 96. Faculdade de Filosofia, Ciências e Letras da Universidade de São Paulo. História da Civilização Brasileira, n.o 8).

ELLIS JUNIOR, Alfredo e ELLIS, Myriam – *A economia paulista no século XVIII*. São Paulo, 1950. (Boletim n.o 115. Faculdade de Filosofia, Ciências e Letras da Universidade de São Paulo. História da Civilização Brasileira, n.o 11).

FALCON, Francisco e Novais, Fernando – A extinção da escravatura africana em Portugal no quadro da política econômica pombalina. *Anais do VI Simpósio dos Professores Universitários de História*, São Paulo, 1973, v. 1, p. 405-32.

FAORO, Raimundo – *Os donos do poder*; formação do patronato brasileiro. 2.a ed. Porto Alegre/São Paulo, Globo/Ed. USP, 1975. 2 v.

FERREIRA, Tito Livio – *Historia da educação lusobrasileira*. São Paulo, Saraiva, 1966.

FERREIRA, Waldemar – *O direito público colonial do Estado do Brasil sob o signo pombalino*. Rio de Janeiro, Ed. de Direito, 1960.

FERREIRA FILHO, Artur – *História geral do Rio Grande do Sul (1503-1964)*. 3.a ed. Rio de Janeiro/Porto Alegre, Globo (1965).

FRANÇA, José Augusto – *Lisboa pombalina e o iluminismo*. Lisboa, Livros Horizonte, 1965.

FRANCO, Artur Martins – *Diogo Pinto e a conquista de Guarapuava*. (Curitiba) Edições do Museu Paranaense, 1943.

FRIEDERICI, Carl George – *Caráter e descoberta da América pelos europeus*. Rio de Janeiro, Instituto Nacional do Livro, 1967.

GALLUT, Anne – *Le Morgado de Mateus, L'Editeur des Lusiadas*. Paris, Klingksiek, 1970. (Collection Portugaise sous le patronage de l'Institut Français au Portugal).

GARCIA, Emanuel Soares da Veiga – A Real Fábrica de São João do Ipanema. In: *São Paulo em quatro séculos*. São Paulo, Comissão do Quarto Centenário, 1953/1954. v. 1, p. 337-8.

GARCIA, Rodolfo – *Ensaio sobre a história política e administrativa do Brasil (1500-1810)*. Rio de Janeiro, José Olympio, 1956.

GODINHO, Vitorino Magalhães – *A estrutura da antiga sociedade portuguesa*. (Lisboa) Arcadia, 1971.

GOULART, José Alipio – *Tropas e tropeiros na formação do Brasil*. (Rio de Janeiro) Conquista (1961).

GUERRA, Luiz de Bivar – O Brasão dos Morgados de Mateus (sua interpretação). *Revista Armas e troféus*, Braga, 2.a série, 4(1): 1963.

GUIMARÃES, José Maria Moreira – Organização de força militar. *Revista do Instituto Histórico e Geográfico Brasileiro*, Rio de Janeiro, 78: 425-75, 1915.

HOLANDA, Sergio Buarque de – Caminhos do sertão. *Revista de História*, São Paulo 28(57): 69-111, jan. mar. 1964.

————— *Caminhos e fronteiras*. Rio de Janeiro, J. Olympio, 1957.

————— A herança colonial, sua desagregação. In: —————, ed. - *História geral da civilização brasileira*, Época colonial. São Paulo, Difusão Européia do Livro, 1965. t. 2, v. 1:9-39.

————— *Monções*. Rio de Janeiro, Casa do Estudante do Brasil, 1945.

————— Movimentos de população em São Paulo no século XVIII. *Revista do Instituto de Estudos Brasileiros*, São Paulo, 1:55-111, 1966.

————— *Raízes do Brasil*. 3.a ed. Rio de Janeiro, José Olympio, 1956.

————— *Visão do Paraíso*; os motivos edênicos no descobrimento e colonialização do Brasil. são Paulo, Ed. Nacional (1969) (Brasiliana, 333).

JARDIM, Caio – A Capitania de São Paulo sob o Morgado de Mateus. *Revista do Arquivo Municipal*, São Paulo, 5(53): 7-27, dez. 1939.

JARDIM, Caio – São Paulo no século XVIII, *Revista do Arquivo Municipal*, São Paulo, 4(41): 149-80, 1937.

KEITH, Henry e EDWARDS, S.F., ed. – *Conflito e continuidade na sociedade brasileira*. Trad. de José Laurênio de Melo. (Rio de Janeiro) Civilização Brasileira (1970). (Retratos do Brasil, 79).

LAMEGO, Alberto – As invasões francesas no Rio de Janeiro, Duclerc e Duguay Trouin. *Anais do IV Congresso de História Nacional*, Rio de Janeiro, 6: 117-245, 1950.

LEITE, Beatriz Westin de Cerqueira – *Região bragantina*: estudo economico-social (1653-1836). Marilia, Faculdade de Filosofia, Ciências e Letras (1974).

LEITE, Serafim – *História da Companhia de Jesus no Brasil*. Lisboa, Livraria Portugalia, 1938-50, lov.

LEONZO, Nanci – *As Companhias de Ordenanças na Capitania de São Paulo*: das origens ao governo do Morgado de Matheus. São Paulo, 1975. (tese mimeografada).

LIMA, Yêdda Dias – *O festejo público comemorativo em São Paulo, 1770*; edição diplomática, com estudo crítico e vocabulário. Aix-en-Provence, 1973, (tese mimeografada).

LISANTI, Luis – *Comércio e capitalismo*: o Brasil e a Europa entre o fim do século XVIII e o início do século XIX... São Paulo, 1962 (tese mimeografada).

LOPES, Carlos da Silva – *Ensaio sobre a nobreza portuguesa*. Lisboa, 1929. (Sep. da Nação Portuguesa, série V, 1929).

LORETO, Aliatar – *Capítulos da história militar do Brasil*. Rio de Janeiro, Biblioteca Militar, 1946.

MACEDO, F. F. Azevedo – *Conquista pacífica de Guarapuava*. (Paraná), GERPA, 1951.

MACEDO, Jorge Borges de – Absolutismo. In: *Dicionário de História de Portugal*. Lisboa, Iniciativas Editoriais, 1963-70, v. 1, p. 8-14.

–––– Povo. In: *Dicionário de História de Portugal*. Lisboa, Iniciativas Editoriais, 1963, v. 3, p. 458-9.

–––– Portugal e a economia "pombalina". Temas e hipóteses. *Revista de História*, São Paulo, 5(19): 81-101, jul. set. 1954.

–––– *Problemas da história da industria portuguesa no século XVIII*. Lisboa, Associação Industrial Portuguesa, 1963.

–––– *A situação econômica no tempo de Pombal*: alguns aspectos. Porto, Portugalia, 1951.

MACHADO, Lourival Gomes – Politica e administração sob os últimos vice-reis. In: HOLANDA, Sergio Buarque de, ed.– *História Geral da Civilização Brasileira*. São Paulo, Difusão Européia do Livro, 1960, t. 1, v. 2.

MAFFEI, Lucy de Abreu e NOGUEIRA, Arlinda Rocha – *O ouro na capitania de São Vicente nos séculos XVI e XVII*. São Paulo, 1966 (Sep. de Anais do Museu Paulista, São Paulo, t. 20, p. 7-135).

MAGALHÃES, Basílio de – *Expansão geográfica do Brasil colonial...* 2.a ed. São Paulo, Ed. Nacional, 1935 (Brasiliana, 45).

MAGALHÃES, José Calvet de – *História do pensamento econômico em Portugal*; da Idade Media ao Mercantilismo. Coimbra (Coimbra Ed.) 1967.

MARCILIO, Maria Luiza – *A cidade de São Paulo*; povoamento e população (1750-1850). São Paulo, Pioneira/Ed. USP, 1974 (Biblioteca Pioneira de Estudos Brasileiros).

MARTINS, J. P. Oliveira – *História de Portugal*, 2.a ed. Lisboa, Bertrand, 1880. 2 v.

MARTINS, Romário – *Lages*; histórico de sua fundação até 1821. Documentos e argumentos. Curitiba, Anibal Rocha, 1910.

MATOS, Armando de – *A Casa de Mateus*. Vila Nova de Gaia, Ed. Apolino, 1930.

MAXWELL, Kenneth – *Conflicts and conspiracies*; Brazil and Portugal. 1750-1808. Cambridge, At the University Press, 1973.

MENDONÇA, Marcos Carneiro de – São Paulo na era pombalina. *Revista de História*, São Paulo, 50(100). 769-75, 1974.

―――― *Aspectos da legislação pombalina relativa ao Brasil*. Rio de Janeiro, Graf. Tupy, 1969.

―――― *O Marquês de Pombal e o Brasil*. São Paulo, Ed. Nacional (1960).

―――― *O Marquês de Pombal e a unidade brasileira*. Rio de Janeiro, Andes (1953).

―――― O pensamento da metrópole portuguesa em relação ao Brasil. *Revista do Instituto Histórico e Geográfico Brasileiro*, Rio de Janeiro, 257: 43-61, out. dez. 1962.

―――― *Raízes da formação administrativa do Brasil*. Rio de Janeiro, Instituto Histórico e Geográfico, 1972.

MERÊA, Paulo – A solução tradicional da colonização do Brasil. In: *História da colonizaçãoo portuguesa no Brasil*, Porto, Litographia Nacional, 1923, v. 3, cap. 4.

MESGRAVIS, Laima – *A Santa Casa da Misericórdia de São Paulo (1599-1884)*; contribuição ao estudo da assistência social no Brasil. São Paulo, 1972 (tese mimeografada).

MONCADA, Luís Cabral de – Mística e racionalismo em Portugal no século XVIII. *Boletim da Faculdade de Direito*, Coimbra, 28. 1952.

MONTEIRO, Jônatas da Costa Rego – *Dominação espanhola no Rio Grande do Sul*, 1763-1777. (Rio de Janeiro), 1937.

―――― *A Colônia de Sacramento*. Porto Alegre, Globo, 1937, 2 v.

MORATO, Francisco – *Divisas de S. Paulo e Minas*. São Paulo, Revista dos Tribunaes, 1937.

MORSE, Richard – *Formação histórica de São Paulo* (De comunidade a metrópole). São Paulo, Difusão Européia do Livro (1970). (Corpo e Alma do Brasil, 30).

MOURA, Américo Brasiliense Antunes de – O governo do Morgado de Mateus, no Vice-Reinado do Conde da Cunha. *Revista do Arquivo Municipal*, São Paulo, 52: 9-156, 1938.

NEME, Mário – Piracicaba no século XVIII. *Revista do Arquivo Municipal*, São Paulo, 45(4): 133-186, mar. 1938.

–––– Um Capitão General reformista. *Anais do Museu Paulista*, São Paulo, 24: 11-53, 1973.

NOGUEIRA, Jofre do Amaral – *Angola na época pombalina...* Lisboa, Publicações Europa-América, 1960.

NOVAIS, Fernando – O Brasil nos quadros do antigo sistema colonial. In: MOTA, Carlos Guilherme, ed. – *Brasil em perspectiva*. São Paulo, Difusão Européia do Livro, 1971 (Temas político-econômicos) p.47-63.

PANTALEÃO, Olga – *A penetração comercial da Inglaterra na América Espanhola*. São Paulo, 1946. (Boletim n.o 62 da Faculdade de Filosofia, Ciências e Letras da Universidade de São Paulo. História da Civilização Moderna e Contemporânea, n.o 1).

PERALTA, Inez Garbuio – *O caminho do mar*; subsídios para a história de Cubatão. (Cubatão) Prefeitura Municipal, 1973.

PETRONE, Maria Theresa Schorer – *Comércio e tributação do gado*. São Paulo, 1971. (tese mimeografada).

–––– *A lavoura canavieira em São Paulo*: expansão e declinio (1765 – 1851). São Paulo, Difusão Européia do Livro, 1968 (Corpo e alma do Brasil, 21).

PETRONE, Pasquale – Os aldeamentos paulistas e sua função na valorização da região paulistana. São Paulo, 1963, 2 v. (tese mimeografada).

–––– Povoamento e caminho no século XVIII e primeira metade do sec. XIX. In: *Baixada santista*; aspectos geográficos. (São Paulo) Edusp, 1965, v. 2, p. 75-138.

PÍVARO, Hilda – *Processo de recuperação da economia paulista de 1765 a 1850*. São Paulo, s. d. 2 v. (tese mimeografada).

–––– *Reflexos da política pombalina na área paulista*. UNIMAR. Maringá, 1: 67-82, 1974.

PRADO, João Fernando de Almeida – *Bahia e as Capitanias do centro do Brasil*. São Paulo, Ed. Nacional, 1945. (Brasiliana, 347). 3 v.

–––– *São Vicente e as Capitanias do sul do Brasil*. São Paulo, Ed. Nacional, 1961. (Brasiliana, 314).

PRADO JUNIOR, Caio – *Evolução política do Brasil e outros estudos*. São Paulo, Brasiliense, 1953. (Grandes Estudos Brasilienses).

PRADO JUNIOR, Caio – O fator geográfico na formação e no desenvolvimento da cidade de São Paulo. In: – *Evolução política do Brasil e outros estados*. São Paulo, Brasiliense, 1953. (Grandes Estudos Brasilienses).

–––– Formação dos limites meridionais. In: *Evolução política do Brasil e outros estudos*. São Paulo, Brasiliense, 1953. (Grandes Estudos Brasilienses).

–––– *Formação do Brasil contemporâneo*: colônia. 4.a ed. São Paulo, Brasiliense, 1953.

–––– *História e desenvolvimento*. São Paulo, Brasilienses, 1975.

–––– *Histórica econômica do Brasil*. 4.a ed. São Paulo, Brasiliense, 1956.

–––– Problemas de povoamento. In: - *Evolução política do Brasil e outros estudos*. São Paulo, Brasiliense, 1953.

QUEIROZ, Suely Robles de – Algumas notas sobre a lavoura da cana-de-açucar em São Paulo no período colonial. *Anais do Museu Paulista*, São Paulo, 21: 109-277, 1967.

RANGEL, Alberto – *Fura-mundo*. (1773-1794). Paris, Ducharte, 1930.

REGO, A. da Silva – *O Ultramar português no século XVIII (1700 a 1833)*. Lisboa, Agência Geral do Ultramar, 1966.

REIS, Artur Cesar Ferreira – *O governo de Gomes Freire de Andrade*. Estudos Históricos, Marília, 3-4:235-54, dez. 1965.

REIS FILHO, Nestor Goulart – *Contribuição ao estudo da evolução urbana do Brasil (1500-1720)*. São Paulo, Pioneira (1968).

RIBEIRO, Eurico Branco – *Esboço da história do Oeste do Paraná*. Curitiba, Diretoria Regional de Geografia do Estado do Paraná, 1940.

RIBEIRO JUNIOR, José – *Colonização e monopólio no Nordeste Brasileiro*: a Companhia Geral de Pernambuco e Paraíba, 1759-1780. São Paulo, HUCITEC, 1976. (Estudos Brasileiros, 3).

–––– *Extrato da legislação para o Brasil durante o Reinado de D. José*. Assis, 1969. (Sep. de Anais de História, Assis, 1: 76-130, 1969).

ROCHA, Maria Luiza Franco da – Biografia de D. Bernardo José de Lorena. *Revista do Arquivo Municipal*, São Paulo, 64(6): 105-45, fev. 1940.

RODRIGUES, Alfredo Duarte – *Pombal e seus biógrafos*. Lisboa (Minerva) 1947.

SALES, Ernesto Augusto Pereira – *O Conde de Lippe em Portugal*. Vila Nova de Famalicão (Minerva), 1936. (Publicações da Comissão de História militar, 2).

SALVADOR, José Gonçalves – Os transportes em São Paulo no período colonial. (Subsídios para a história de São Paulo). *Revista de História*, São Paulo, 19(39): 81-141, jul. set. 1959.

SANTANA, Nuto – *Metrópole*. São Paulo, Divisão do Arquivo Histórico Municipal, 1953. 3 v

SANTOS, Corcino Medeiros dos – *O comercio do Porto do Rio de Janeiro com o de Lisboa, de 1763 a 1808*. Marília, Faculdade de Filosofia, Ciências e Letras, 1973 (tese mimeografada).

SCHWARTZ, Stuart B. – A magistratura e a sociedade no Brasil colônia. *Revista do Instituto Histórico e Geográfico Brasileiro*, Rio de Janeiro, 296: 3-20, jul. set. 1972.

–––– *Sovereignty and society in colonial Brazil*: the High Court of Bahia and its Judges (1609-1751). Berkeley, University of California Press, (1973).

SELVAGEM, Carlos – *Portugal militar*; compendio de história militar e naval de Portugal. Lisboa, Imprensa Nacional, 1931.

SILVA, Golbery do Couto e – *Geopolítica do Brasil*. Rio de Janeiro, José Olympio, 1967.

SILVA, Osmar Romão – Rotas pioneiras de Santa Catarina. *Revista Brasileira de Geografia*, Rio de Janeiro, 3(4): 805,14, 1941.

SILVA, Raul de Andrada e, MATOS, Odilon Nogueira de, PETRONE, Pasquale – *A evolução urbana de São Paulo*. São Paulo, 1955 (Coleção Revista de História, 5).

SIMONSEN, Roberto – Evolução econômica de São Paulo. *Paulistania II*, São Paulo, 6: 1940.

SOARES, José Carlos de Macedo – *Fronteiras do Brasil colonial*. Rio de Janeiro, José Olympio, 1939.

SODRÉ, Nelson Werneck – *História militar do Brasil*. Rio de Janeiro, Ed. Civilização Brasileira (1965).

SOUSA, Washington Luis Pereira de – *Contribuição para a história da Capitania de São Paulo* (governo Rodrigo Cesar de Meneses). São Paulo, Garraux, 1918.

SOUTHEY, Robert – *História do Brazil*. Rio de Janeiro, Garnier, 1862.

–––– *História do Brazil*. 3.a ed. bras. São Paulo, Obelisco (1965).

–––– *History of Brazil*. London, Longmann, 1810-9.

SOUZA, José Antonio de – A população de São Paulo em 1766 e 1772. *Revista do Instituto Histórico e Geográfico Brasileiro*, Rio de Janeiro, 223: 3-15, 1954.

STADNIK Hilda Pívaro – Ver Pívaro Hilda.

TAUNAY, Affonso D'Escragnolle – *A Cidade de São Paulo no século XVIII*. São Paulo, Divisão do Arquivo Histórico Municipal, 1951, v. 2, 1.a parte: 1765-1801. (Coleção Departamento de Cultura, 44).

–––– *História geral das bandeiras paulistas*. São Paulo, Ideal, 1924. 11 v.

–––– O Morgado de Mateus. *Jornal do Commercio*, Rio de Janeiro, 11, mar. 1952.

–––– A primeira Academia Paulista de Letras (1770). RAPL, S. Paulo, 43: 150-3, set. 1948.

–––– *Relatos monçoeiros*. São Paulo, Martins, 1953 (Biblioteca histórica paulista, 9).

TAUNAY, Affonso D'Escragnolle – *Relatos sertanistas*. São Paulo, Martins, 1953 (Biblioteca histórica paulista, 7).

TAUNAY, Affonso D'Escragnolle – Um Capitão General esticista: Antonio Manuel de Melo e Castro; o seu governo. *Anais do Museu Paulista*, São Paqulo, 15: 51-245, 1961.

TAVARES, Augusto Lyra – *A engenharia militar portuguesa na construção do Brasil*. (Rio de Janeiro) Secção de Publicações do Estado-Maior do Exército, 1965.

VARNHAGEN, Adolpho – *Historia geral do Brasil*. 3.a ed. integral. São Paulo, Melhoramentos, s. d.

VASCONCELOS, Diogo de – Linhas gerais da administração colonial (...) o vice-rei, os capitães-generais, os governadores, os capitães-mores... *Revista do Instituto Histórico e Geográfico Brasileiro*, Rio de Janeiro, tomo especial: 1.o Congresso de História Nacional, parte 3, p. 281-98, 1916.

VASCONCELOS, Luiz Mendes de – *As doutrinas da população em Portugal nos séculos 17 e 18*. Lisboa, 1947.

VIANA, Helio – Fortificações coloniais portuguesas no Brasil. *Cultura politica*, Rio de Janeiro, 22 dez. 1942, p. 177.

―――― *História das fronteiras do Brasil*. Rio de Janeiro, Laemmert, 1948. (Biblioteca militar, 132-33).

―――― *História da viação brasileira*. Rio de Janeiro, Laemmert 1949.

―――― Liquidação das donatarias. *Revista do Instituto Historico e Geográfico Brasileiro*, Rio de Janeiro, 273: 46-158, 1966.

―――― *História diplomática do Brasil*. São Paulo, Melhoramentos (1958).

―――― *São Paulo no Arquivo de Mateus*. Rio de Janeiro, Imprensa Nacional, 1969.

VIANA, Oliveira – *Evolução do povo brasileiro*. 2.a ed. São Paulo, Ed. Nacional, 1933 (Brasiliana, 10).

―――― *Instituições políticas brasileiras*. São Paulo, José Olympio, 1949.

VIEIRA, Dorival Teixeira – A política financeira. In, HOLANDA, Sérgio Buarque de, ed. – *História geral da civilização brasileira*, Época colonial. São Paulo, Difusão Européia do Livro, t. 1, v. 2, p. 340-51.

ZEMELLA, Mafalda – *O abastecimento das Minas Gerais no século XVIII*. São Paulo, 1950. (Boletim n.o 118 da Faculdade de Filosofia, Ciências e Letras da Universidade de São Paulo, História da Civilização Brasileira, n.o 12).

ZENHA, Edmundo – *O município no Brasil (1532-1700)*. São Paulo, Instituto Progresso Editorial (1948).

―――― *Mamelucos*. São Paulo, Revista dos Tribunais, 1970.